本书编委会

主　　任：李绍美

副 主 任：蓝　青

成　　员：(按姓氏笔画为序)

甘宗礼　白荣敏　张龙贵　林成峰

卓光毅　郑　坚　钟而赞　高燕君

主　　编：陈振团

副 主 编：陈雪兰　黄宝成

编　　委：(按姓氏笔画为序)

朱有东　庄纯穗　宋国莲　陈孔同

陈绪龄　郑斯汉

点头

政协福建省福鼎市委员会文化文史和学习委◎编

海峡出版发行集团 | 海峡文艺出版社

图书在版编目（CIP）数据

点头/政协福建省福鼎市委员会文化文史和学习委编. －福州:海峡文艺出版社,2024.4
（福鼎文史.乡镇专辑）
ISBN 978-7-5550-3547-3

Ⅰ.①点… Ⅱ.①政… Ⅲ.①乡镇－文化史－福鼎 Ⅳ.①K295.75

中国版本图书馆 CIP 数据核字(2023)第 219298 号

点头

政协福建省福鼎市委员会文化文史和学习委　编

出 版 人	林　滨
责任编辑	邱戊琴
出版发行	海峡文艺出版社
经　　销	福建新华发行（集团）有限责任公司
社　　址	福州市东水路 76 号 14 层
发 行 部	0591－87536797
印　　刷	福建新华联合印务集团有限公司
厂　　址	福州市晋安区福兴大道 42 号
开　　本	787 毫米×1092 毫米　1/16
字　　数	500 千字
印　　张	28　　　　　　　　　　插页　5
版　　次	2024 年 4 月第 1 版
印　　次	2024 年 4 月第 1 次印刷
书　　号	ISBN 978-7-5550-3547-3
定　　价	136.00 元

如发现印装质量问题,请寄承印厂调换

总　序

李绍美

福鼎古属扬州，晋属温麻县，隋开皇九年（589）废温麻县改原丰县，唐武德六年（623）置长溪县，清雍正十二年（1734）为霞浦县辖地，归福宁府。清乾隆四年（1739）由霞浦县划出劝儒乡的望海、育仁、遥香、廉江四里设福鼎县，县治桐山。1995年10月，福鼎撤县设市，现辖10个镇、3个街道、3个乡（其中2个畲族乡）、1个开发区。

福鼎建县虽不足300年，但人文历史悠久，早在新石器时代就有先民在这块土地上繁衍生息，并因山海兼备的地理特征创造出丰厚和多元的文化，如滨海名山太姥山孕育了太姥文化，依海而生的马栏山先民则开辟了海洋文化。随着时代的发展，福鼎的文化愈发精彩和独特：与浙江交界的叠石、贯岭、前岐等乡镇，接受瓯越文化较为明显，其方言与温州的腔调接近；与长期作为闽东文化中心的霞浦县相近的硖门乡和太姥山镇，受儒家文化影响较深，文风盛于其他乡镇；地处山区的管阳、磻溪等镇和地处滨海的沙埕、店下等镇，在生产方式与生活习惯上均有很大的不同……新中国成立以来，特别是改革开放后，福鼎各乡镇立足各自的区位特点和地方传统，抓住历史机遇，走出了各具特色的发展之路，在经济建设、社会治理、文化繁荣等方面都取得了长足的进步，变化可谓翻天覆地。

基于市情，我们改变常规文史工作立足县市层面，把视角下移，提出为辖下的13个乡镇、3个街道、1个开发区编纂文史资料并合出一套丛书的思路，使得政协文史工作更细致入微、更接地气。这一思路得到了福鼎文史界和各乡镇（街道、开发区）的积极支持和大力配合。为了做好这项工作，市政协总体协调，聘请文史研究员跟踪、指导、参与丛书具体编纂事宜，努力推进这项工程量巨大的工作。各个乡镇（街道、开发区）成立工作小组具体落实，有的乡镇与高校合作，借助高校的科研力量；有的乡镇聘请当地文史工作者，借助当地"活地图""活字典"的力量……可谓"八仙过海，各显神通"，使得丛书的编纂进展顺利。

本次系统挖掘整理各乡镇的文史资料，是文史工作的一次创新，而且以乡镇为单位编纂成书，使每个乡镇零散的资料归于系统化，实乃为每一个乡镇写史纂志，对各乡镇的文化建设意义重大。在工作中，很多史料的价值以文史的眼光审视得到重新"发现"，更有不少内容属于抢救性的挖掘整理，十分难能可贵。也因此，这项工作具有开拓性，也更具挑战性。自工作开展以来，镇里、村里的老干部、老"秀才"和"古董"们，市里各个领域的文史爱好者，以及高校研究人员，纷纷热情参与其中，为完成这项浩大的文化工程付出了艰辛的劳动。大家既科学分工，又团结协作，怀抱对乡土的热爱、对家乡的厚谊及对文史的关怀，兢兢业业，埋头苦干，无私奉献，终于使煌煌几百万字的"福鼎文史·乡镇专辑"丛书与大家见面了。该丛书的出版，拓展了福鼎文史工作的广度和深度，使福鼎文史工作有了新的突破、质的提升。

　　文史工作是政协工作的重要组成部分，是一项有益当代、惠及后世的文化事业，在传播优秀文化遗产、繁荣发展文化事业、推进建设和谐社会等方面都具有十分重要的意义。市政协历届领导班子有重视文史工作的优良传统，以对历史负责的求实态度，尊重社会各界的意见、建议，注重文史人才的培养并发挥他们的积极作用，守正创新，破立并举，推进福鼎政协文史工作长足发展，为福鼎地方文化建设做出了积极贡献。在此，谨向所有关心和支持这项工作的各界人士表示诚挚的谢意！

　　读史可以明智。历史是昨天的客观存在，是我们认识现实、走向未来的前提和出发点。迈入新时代的福鼎，正孕育着新的希望，让我们紧密团结在党的领导下，一如既往地秉承"肝胆相照，荣辱与共"的方针，与全市人民一道，团结拼搏，鼎力争先，不忘初心，接续奋斗，为加快建设宁德大湾区沙埕湾生态临港产业城市发挥我们应有的作用，做出我们应有的贡献。

　　是为序。

（本文作者为福鼎市政协党组书记、主席）

序：追昔抚今，点头致意

唐 颐

一个镇，名曰"点头"，初闻其名，甚感有趣；而今阅读《点头》，追昔抚今，又感觉到，古韵悠然且现代时尚的点头镇，就像一位儒雅有为的君子，正在向过去、向现在、向未来，点头致意啊。

近些年，点头镇有一批热爱乡土文化的有识之士，在陈振团的带领下，先后出版了《宸山史话》和《古韵大柏柳》两本著作，今又在这两本的基础上，扩充编撰而成《点头》。本书计30多万字，图文并茂，共收录约170篇文史作品，分山川故里、往事钩沉、宗族聚落、文物古迹、民风信俗、人物春秋、文教卫生、茶叶飘香、物华吟赏等篇章，内容丰富翔实。

本书在回眸历史过程中留住了乡愁，记下了乡音，忘不了乡思。这种美好真挚的主旋律贯穿始终，让读者收获甚丰，受益匪浅，不啻为乡民提供了一本丰富厚重又通俗好读的乡土作品。掩卷而思，启发颇多，归纳为五大特色：

一、历史厚重，文物珍稀

早在3000年前，点头沿海一带就有古人类活动遗迹。考古工作者在江美虎头山等9个地方发现了新石器时代遗址，共采集石器标本120多件。在官洋碗窑村，又发掘出唐宋时期的碗窑遗址和一批珍稀瓷器。

该地区的妈祖信仰被确定为宁德市非物质文化遗产，是研究闽东"海丝文化"的重要例证，域内的天后宫被列入福建省重点文物保护单位，有《闽书》记载的以马仙文化著称的马冠山炼丹遗址，有《方舆纪要》记载的驻履亭遗址。马冠寺始建于唐乾宁三年（894），是福鼎早期寺院之一。岐尾村的古烟墩遗址，是明嘉靖年间抗击倭寇所筑，于1989年列入首批县级文保单位。"寨团顶"则是清咸丰年间梅氏先人为抗击流寇建立的山寨遗址。以上都可见点头悠久而厚重的历史。

二、文风鼎盛，英才辈出

据民国《福鼎县志》记载，唐至清福鼎共考录进士44名，其中点头籍占17名，足见当地文脉之盛。宋代长溪知县孙宥和学者孙调，在闽东历史上很有名气，多版《福宁州志》《福宁府志》与《霞浦县志》都为他俩立传。孙调学识得朱熹之传，曾在点头孙店开设"孙调书堂"，著书立说，兀兀穷年，据称"时闽浙士子下马求教者逾千人"。福宁府感其成就，以乡贤祠奉祀。"孙调书堂"于1997年被列入福鼎市重点文保单位。

果阳人朱腾芬，18岁考取福宁府头名秀才，后留学日本东京法政大学，结识孙中山，加入同盟会，被选为国会议员，是孙中山为大元帅时期的顾问。后为开发福鼎嵛山岛竭尽心力，于1932年病逝岛上。国民党元老邹鲁以四言长诗吊唁，誉之"亦儒亦侠，有武有文"。

民国初期的英才还有果阳人朱辅良，1924年官费留学日本东京工业大学，获得化学学士学位；龙田村人李得光，1923年考入北平中国大学法律系。

红色人物有叶克守和雷七妹等。叶克守，翁溪村人，1935年参加红军，1938年跟随叶飞北上抗日，参加了著名的郭村、黄桥、上岗与火烧虹桥机场等战役，解放战争中屡建奇功，新中国成立后任晋江军分区、福安（宁德）军分区司令员，宁德地委书记，福建省军区副司令员等职，1955年被授予大校军衔，荣获许多勋章。

雷七妹1935年和其兄雷盛敏一起参加革命，曾任霞鼎县委执行委员、县妇联会干事。她天生一副好嗓子，喜欢用山歌宣传革命，歌声像绵绵春雨，醉人心田，群众称她为"小雨田"。1937年，雷七妹不幸被捕，受尽酷刑，坚贞不屈，在被押赴刑场中面无惧色，一路高歌："朱毛呀，彭方（彭湃、方志敏）呀！领导无产者，打破旧世界，建立苏维埃！快快做革命，打倒反动派！"牺牲时年仅17岁。

福鼎民间一度流传着"前岐出区长，点头出校长"的俗谚。据统计，新中国成立至"文革"前，全县14个区（乡镇）的学区校长中，点头籍的占一半以上，由此可见点头文风之盛、人文素养之高。

三、白茶故里，茶荈璨然

"华茶1号""华茶2号"分别是新中国茶树优良品种"福鼎大白茶""福鼎大毫茶"的称号，仅从称号即可估量其分量之重。点头之所以被称之白茶故里，与之密不可分。陆羽《茶经》"永嘉（今温州）县东三百里有白茶山"，指的应是太姥山。清光绪年间，柏柳村人陈焕从太姥山移种茶种回村，精心栽培成功，后相继在福鼎白琳、翠郊、磻溪、黄岗、湖林等地栽培推广，为柏柳村成为福鼎大白茶品种原产地明确了地标。

翁溪村人林圣松被誉为福鼎大毫茶发现者。传说19世纪末，林圣松在后山采药时，发现一株茶树叶片特别肥厚，将之移植到村里栽培，取名"大号茶"，用之制作白毫银针，其香、味、形、色俱佳，在茶界引起轰动。20世纪50年代，福建省茶科所专家前来调查，根据"大号茶"谐音定名"大毫茶"。80年代，"福鼎大毫茶"经全国茶树品种审定委员会审定，与"福鼎大白茶"一起，被审定为"华茶2号"与"华茶1号"。

历数点头茶人，清末民初的梅伯珍名气最大。梅伯珍祖居柏柳村，毕生致力茶事，曾在福州设立商号"恒春祥"，将福鼎白茶推销到国内外。他还发明茉莉花茶，被榕城人誉为"梅占魁"。晚年撰写的自传体笔记《筱溪陈情书》，是研究福鼎茶业历史的重要文献资料。现在的国家级非遗项目福鼎白茶制作技艺代表性传承人梅相靖是他的孙子。梅相靖50多年来在茶园管理、茶叶采摘与制作上总结出的一套技艺，堪称国宝。

点头街广顺里人陈炽昌、柏柳人梅秀蓬、龙田村人李得光等，也都为福鼎白茶发展做出重要贡献。

近些年，点头先后获得"宁德市十佳产茶先进乡镇""福建省产茶明星乡镇""福建省名茶之乡""中国白茶特色小镇"等称号。

四、溯源祖脉，记忆百工

"我从哪里来？要到哪里去？我是谁？"这是人生的终极追问。有意思的是，普通百姓与哲学家不一样，对终极追问更注重付诸行动——寻根问祖。其实，这种行动是中华民族的传统美德，也是每个人对自己文化身份认同的一种方式。

本书中收录并探寻孙、李、朱、郑、翁、庄、缪、史、陈、石、薛等姓氏和宸山十里村落的来龙去脉，让后人深深感悟，先人千辛万苦创业、育人，为家族、为社会做出了重要贡献，我们这一代人只有传承得更好，才能无愧先人，开启未来。

历史，不仅记录轰轰烈烈的人和事，也记录着人们不断消失的生活记忆。书中的《供销合作社的时代烙印》《搬运社的沿革》《点头粮站的年代记忆》等作品，今天读来，虽然那些旧行业已销声匿迹，但蓦然回首间，它们依然镌刻在心灵深处。

五、山川形胜，美丽富饶

点头依山傍海，山海交响，既有层峦叠翠、茶园清溪，又有海域滩涂、岛屿错落，古有十二景观，如"九峰林海""永安石桥""翁溪茶山""瓜坪渔火"等。点头濒临海湾"八尺门"，海岸线曲折绵长，有7000多亩的滩涂，盛产对虾、海蛎、青蟹、蛏、泥蚶、大小黄鱼等海产品，是舌尖上的乐园。陆地文明与海洋文明在这里交汇，农耕文化与工商文化在这里融合；这里物产丰富，山珍海味交加辉映；这里人们勤劳务实，鼎力争光，性情淳朴，乐施好义；这里富庶包容又充满朝气，是一个宜业宜居宜游胜地。

点头至今尚存大量明清时代古民居、古建筑，如：举州连山大厝，气势恢宏，可与翠郊大厝媲美；洋中黄氏古民居，追求美学，古雅精致。还有大山下古民居、马冠古民居、果阳朱腾芬故居、龙田李得光故居、柏柳梅筱溪故居等，不仅烙刻着明清时代和民国的文化印记，还见证着一个个名人的传奇历程。

点头地方传统文化与民俗活动异彩纷呈，如碗窑的传话节与龙灯、龙田龙灯、码头狮灯、点头街马灯与鱼灯、广顺十三太保抬轿、大峨布袋戏等。

总之，《点头》可列入乡村志书范畴，是人们快速了解农村历史与现状的最好读本，可为当政者科学决策提供借鉴。我相信，书中许多作品必将传世不朽。

（本文作者为宁德市委原副书记）

目 录

🍂 山川故里

🍂 往事钩沉

宗族聚落

🐚 文物古迹

人物春秋

茶韵悠悠

🍵 物华吟赏

附录：

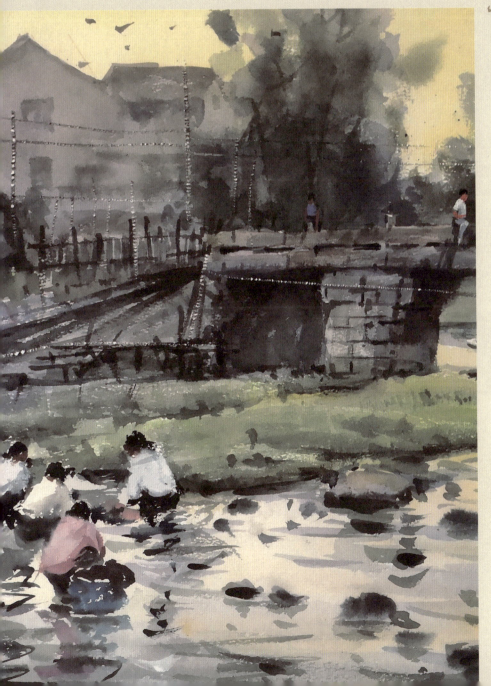

山川故里

点头概况

🌿 陈振团

点头，旧称店头，因有宸山（普照山）屹立其间，故别称宸山。点头原属福宁州劝儒乡遥香里二十都，福鼎置县后改为十五都，民国初期为点头区，1940 年设点头镇，后复设点头区，1958 年 8 月成立点头人民公社，1983 年再为点头区，1987 年改为点头镇。

点头镇依山傍海，地理区位独特，集镇紧靠福鼎市区，东临八尺门内湾，西与柘荣县接壤，南抵白琳镇。温福铁路、国道 104、县道 973 和滨海大道（白茶大道）贯穿域内。全镇面积有 119 平方千米，辖宸山、山柘、西洋美、果洋、三沙溪、马洋、后梁、大峨、上宅、观洋、江美、柏柳、后井、翁溪、过笕、大坪、龙田、举州等 18 个行政村和点头、文昌、镇江三个社区，总人口约 5 万人，集镇人口 2 万多人。

2017 月点头镇获批"中国白茶特色小镇"，2019 年被评为福建省商务特色镇，2020 年被列为宁德市小城镇综合改革建设试点镇。2020 年 6 月 29 日，入选省级乡村治理示范乡镇名单。

历史悠久　人文荟萃

早在 3000 年前，点头沿海一带就有古人类在此繁衍生息。考古工作者先后在江美虎头山、早田洋、马洋头山、马洋大山下山、马洋大山下南坡、洋尾村下尾山

点头人民公社成立（夏于民 供图）

等 9 处发现了新石器时代的遗址。

宋代是点头人文发展的一个重要时期。在观洋碗窑村，挖掘出了唐宋时期的碗窑遗址。而宋代长溪知县孙宥及理学家孙调则是点头文史中光辉的一笔。

孙宥、孙调父子在《福宁府志》《福鼎县志》及《霞浦县志》等中都有传。清嘉庆《福鼎县志》载："其（孙调）学得朱子之传，以排摈佛老，推明圣经为本。著有《易诗书解》《中庸发题》，共五十卷。《浩斋稿》三卷，《策府》五十卷。学者称'龙坡先生'。祀乡贤。"孙宥、孙调父子初在孙店大墓下原有的简陋禅宇中附设村塾讲学，名曰"孙氏学堂"，后移设孙氏老屋。孙调才名远播，浙南及闽东之学子，负笈从学者颇多，讲学十年，培育人才几百人。孙宥墓于 2002 年公布为福鼎市第三批文物保护单位，孙调神道碑于 2013 年公布为福鼎市不可移动文物。

点头名胜古迹众多，有著名的马冠山炼丹遗址、驻履亭遗址、寨团顶山寨遗址等。马冠山作为马仙文化的发源地，《闽书》道："马仙炼丹于此，仙去，井臼犹存。"驻履亭是马冠山南里人程氏修筑的，位于铁障山间。《方舆纪要》道其山"壁立千仞，其色如铁"。时任长溪知县孙宥也作诗曰："闻说君家千仞岗，看亭山麓费平章。"清嘉庆《福鼎县志》把马冠山、驻履亭列为福鼎名胜古迹。寨团顶山寨为梅氏先人所建，现如今虽败落，但遗址犹存，可约见当年气象。在点头岐尾村山上，还有一座建于明嘉靖年间的古烟墩遗址，是古代海防设施。烟墩为方柱形，石构，1989 年 1 月被公布为县级首批重点文物保护单位。

点头至今尚存大量明清时代的古建筑，其中单体面积最大的是举州连山大厝，建筑风格恢宏大气，木雕饰品精美绝伦。位于洋中的黄氏古民居，整体建筑别有风韵和情趣，是美学、史学与建筑学的完美结合。还有"崀山十里"（广顺里、游厝里、茂兴里、合义里、袁厝里、振盛里、源兴里、萧厝里、长顺里、泉通里）、大山下古民居、马冠古民居、果阳朱腾芬故居、龙田李得光故居、柏柳梅筱溪故居、门楼里林氏民居等几十座古厝，亦工艺精湛、布局巧妙，见证了一个个家族的传奇历程，刻印了明清时代的文化印记，让人由衷感叹先人的智慧。

点头信仰多元，各教和谐共存。据载，马冠寺是福鼎乡村发现的最早寺院之一，始建于唐乾宁三年（894）；国华寺始建于北宋，为点头一大寺院，近代名僧智永祖师曾主持该寺；观音寺，宋至和元年始建，至今香火不断；普照寺、东兴寺等，一度兴盛于明朝；清代先后建起了莲华寺、大觉寺以及妈祖宫、临水宫等宫庙，更为多元。点头道教经过漫长的传承与融合，逐渐发展和演变为两大流派，即正一派、净明派。清光绪三十二年（1906），点头开始设立教会，在扶贫济困、修桥铺路等方面都做出了一些贡献。

文教炽盛　人才辈出

点头先贤历来重教兴文。清乾隆二十一年（1756），知县萧克昌建社学所，点头社学就是其中之一。清末废科举，立学堂。清光绪三十二年（1906），萧景森先生创办点头中心小学，校址设海墘路文昌阁，为私塾学堂，设斋教学。1925 年，清庠生朱少徐邀秀才蓝菁莪、石华暨和商界陈鹄生、朱子明、陈岩生等热心教育人士一道筹建岋山小学，1927 年改为官立小学，定名"岋山初等小学"，1931 年更名为"桥头小学"。

1932 年，农村国校陆续开办。点头农村第一所"后井国校"于 1932 年 3 月在后井保开办；1935 年 3 月，"翁江国校"在肖氏宗祠开办（当时翁江归属点头）；1937 年 3 月，"浮柳国校"在浮柳（柏柳）保开办；1939 年 3 月，"果阳国校"在西华宫开办；1939 年，在时任福鼎教育局局长梁翰秋的支持下，"后梁国校"在后梁祠堂前开办；1944 年 3 月，"后昆国校"在后昆（后坑）新厝里庄宅开办。

福鼎九中始建于 1968 年 10 月，初为点头学区"戴帽"初中。1975 年正式成为完中，定名为"点头中学"。1981 年秋，该校高中部改为职业高中（福鼎市点头职业高级中学）。1997 年秋，更名为"福鼎市第九中学"。为适应点头镇经济社会的发展和教育布局的调整，2009 年职高与点头镇初级中学合并，成为今天的农村完全中学。该校办学成果多次受到省、市有关部门的充分肯定和褒奖，荣获"福建省农村中学教育改革先进集体"等荣誉。

点头民间以"耕读传家久，诗书继世长"作为家训几成共识，历朝历代英才绵延不绝。据民国《福鼎县志》记载，唐至清福鼎进士 40 多人中，点头籍就出了赵汝似、赵师峨等 17 名进士。清光绪二十四年（1898），点头果阳村人朱腾芬参加福鼎府试，中秀才，名列第一；光绪三十一年（1905），他考取官费留学生，入日本陆军学校，继转东京法政大学，获得法学学士学位，因品学兼优得到校长富井政章等人的赏识，介绍认识了孙中山，同年加入同盟会，致力于国民革命。朱辅良，点头果阳村人，1924 年官费留学日本东京工业大学化学科深造，获化学学士学位。李得光，又名华卿，点头龙田村人，1923 年考入北平中国大学法律系。叶克守，点头翁溪人，参加过淮海战役、渡江战役、上海战役和福州战役，1955 年被授予大校军衔，1988 年获中国人民解放军二级红星勋章。杜青，点头过笕人，曾任龙岩军分区后勤部部长。董德兴，点头大坪七斗冈人，参加过虹桥机场、黄桥决战等著名战役，中华人民共和国成立后，历任福建省建宁县人民政府县长，福州市台江区人民政府区长、区委书记，福州市粮食局局长等职。

福鼎民间曾流传"前岐出区长，点头出校长"这样一句佳话，因为1949—1966年福鼎县14个乡镇的学区校长中，点头籍校长占了一半以上。由此，也可见点头有着深厚的人文积淀和人文素养。

同时，点头还不忘发展具有地方特色的传统文化和民俗活动，主要有碗窑龙灯，龙田龙灯，果阳龙灯，码头狮灯，街道马灯、鱼灯，大峨布袋戏，碗窑"九月九"传话节，妈祖信俗文化活动，广顺十三太保茶轿等，这些活动为群众所喜闻乐见，极大地丰富了人们的业余生活。

2019年12月，崀山书院在点头广林福成立，这是1949以来福鼎乡镇第一所书院，掀开了点头文化新的一页。

点头历史上还涌现出一批医苑杰出人物。清乾隆三十年（1765），点头孙店郑开泽开设"松竹堂"中药铺，为福鼎县第一家专营中药铺。清光绪元年（1875），夏盛钊从桐山溪西桥迁到点头开办"夏广裕"中药铺，历经五代累计有学徒、伙计百余人，先后分散到各地开业，有的远涉台湾及东南亚等地开办中药堂。名医张育章（1891—1945），柏柳村石桥头村人，幼承医训，造诣颇深，1911年开设"菊泉堂"药店，坐堂行医，以善治温热病著称。郑敏生，孙店村人，自学中医，后遇名医梅亭指点，在点头开设"得寿堂"药店，求诊者甚众，妙手回春。

1956年5月，李国安等5人首办联合诊所。1958年10月，按"自愿结合、自筹资金、自主管理、按劳分配"的原则，西医李国安（负责人）、陈承律、陈仲雁，中医郑敏生、郑锦方，药剂员夏德淦、李承根、吴春敦、郑章华，外科医生池淑庭以及护理员等16人建立了联合诊所。1986年，建成了点头镇卫生院，院内科室齐全，医疗设备明显改善。如今，全镇18个行政村、3个社区，共设23个卫生所（室），乡医38人，点头卫生院走在了全市基层卫生院前列。

山川秀美　白茶故里

点头镇自然资源丰富，沿海马洋等4个村海岸线曲折，水域宽阔，2020年以来，发展滩涂面积近7000亩，网箱养殖达1000多口，年产对虾、海蛎、青蟹、泥蚶、大小黄鱼等4000吨。矿藏资源开发潜力巨大，有普照花岗岩和梅山辉绿岩。生态环境良好，森林覆盖率高，风光秀丽，旅游景点丰富。

点头的茶叶久负盛名。点头从明清时就开始发展茶叶，清末民初最为盛行。约1857年，柏柳乡竹栏头村陈焕引山中茶树繁殖了福鼎大白茶，1985年经全国农作物品种审定委员会审定，列为国家级茶树良种，编号为 GS13001-1985，这就是"华茶 1号"。光绪六年（1880），点头镇翁溪村汪家洋村林圣松在老家五蒲孔发现并移种了"大号白毛茶"（简称"大号茶"），20 世纪 50 年代初根据谐音改称为"大毫茶"，1985 年，经全国农作物品种审定委员会审定，列为国家级茶树良种，编号为 GS13002-1985，即"华茶 2 号"。

点头山水毓秀，茶川延绵，有着深厚而独特的茶文化，孕育了一批著名的茶人。梅伯珍（1875—1947），号筱溪，毕生精心研制茶叶，20 世纪 30 年代时还在福州设立两处会馆，商号"恒春祥"，声闻闽浙。陈炽昌（1889—1969），字云盛，早年创办茶叶商行，即以迁居地"广顺"二字作招牌名，并注册"联成"商号。梅秀蓬（1903—1951），字贤莱，柏柳人，于民国初年随父辈在福州鼓楼区建造规模较大的茶商会馆，商号名"协和隆"，是民国时期福鼎茶商在福州最大的商务会馆。李得光（1902—1981），又名观国，1939 年创办了"福鼎白茶合作社"，并第一个用茶票向茶农收取茶叶。

十一届三中全会后，点头茶业得到快速发展。2000 年春，建成了福建省最大的"闽浙边贸点头茶花批发交易市场"。2006 年，福建省第一个农业部茶叶国家良种繁育场项目落地点头大坪。目前，点头注册的茶企达到 1578 家，茶叶加工企业 239 家，其中省级龙头企业 8 家，福鼎市级农业龙头企业 21 家，取得 SC 认证茶企 134 家。全镇 80%以上人口从事涉茶行业，有 5000 多人在全国各大、中、小城市创办 1000 多个经营网点。全镇约有茶园 51160 亩，茶叶总产量达到 4.2 万吨，总产值 25 亿元。点头的茶产量和茶产值双居福鼎市首位，先后获"宁德市十佳产茶先进乡镇""福建省产茶明星乡镇""福建省名茶之乡"等称号。点头，从一个沿海山乡小镇，迈向了"中国白茶第一镇"。

点头古有十二景观，为文人墨客心之向往地，留下了一篇篇华丽章句。妈祖宫、普照山、玉佛寺、孙店古村、连山大厝等，吸引众多游览者；"永安石桥"横跨宸水，如龙卧波；"临流浣女"皂沫沾襟，引人驻足；"马峰夕照"落日浮金，堪为胜景；"九峰林海"层林烟雨，幽鸟嘤鸣；"瓜坪渔火"犹如天穹繁星，千帆竞发；"长堤烟景"诗意盎然，风光旖旎；"大峨水库"湖光山色，交相辉映；"古韵柏柳"茶香氤氲；碗窑的"凤谷"飞瀑不断，涧水悠悠；马冠尖下的"逍遥谷"内群山叠翠，栖鸟高歌……古村、古屋、古井、古树、古道、古桥，一幅幅美景犹如流动的山水画，令人流连忘返。

点头交通发展概况

 黄宝成

点头位于福鼎西南部，与福鼎城区毗邻，古代福鼎沿海地区通往霞浦、福州的必经之路——福温古道穿境而过。据清光绪《福鼎县乡土志》载："自治南迎薰门出石湖桥至岩前，十里……过岩前桥逾岭为王孙，十里。上半岭亭，下官洋亭，抵店头，十里。"福温古道穿越点头域内全长约20里，路宽约1.5米，路面皆用石铺砌，随地势展开，特别是王孙地段，古道盘旋于高山峻岭，坎坷不平。宋参知政事陈与义当年经福温古道北上至点头王孙写下《王孙岭》，诗曰："已过长溪岭更危，伏龙莽莽向川垂。斜阳照见林中石，记得南山隐去时。"行旅之艰难，可见一斑。王孙是福温古道上的一个关隘，清朝时设"塘汛"。所谓"十里为塘，二十为汛"，就是道上设置关卡，平时为民众、商贾往来提供服务，战时起到抵御外侵、保护一方平安的作用。清乾隆年间，驿道、铺馆非常完善。王孙古道不仅设铺，还建有司箭。福鼎共12铺，县前设铺兵4名，王孙设铺兵3名，其余各铺仅2名，可见王孙铺的地位。

历朝历代不断修建道路、桥梁、路亭，福鼎域内省际、县际干路和县内支路也逐渐形成。

福温古道支线

福温古道点头支线情况如下：

1. 县内支路

（1）点头王孙——吴洋——西洋美——山柘——山门里——柯岭，与桐管线相接。

（2）点头——观洋——三沙溪——果阳——亭边——唐阳，与桐管线相接。

（3）点头——大垅——上宅——小峨——大峨——枫树墩——尖老——廖山——管阳，与桐管线相接。

2. 县际路线

点头——大坪——翁溪——柏柳——管阳——乍阳——柘荣——福安——寿宁。

3. 省际路线

白琳——石床——举州（点头）——柏柳（点头）——管阳——西阳——天竹
——沈青——泰顺——庆元。

福温古道（陈雪兰 摄）

陆路交通离不开桥梁，点头域内溪流纵横，现存的石板桥、廊桥、石拱桥等大部分修建于明清时期，有的屡圮屡建，多数保存完好。据《福鼎县乡土志》载，点头修建于清代的桥梁有 11 处：

青石桥，在王孙，清乾隆四十一年（1776）贡生朱驯建。

横溪桥，在柏柳，清嘉庆五年（1800）叶得玉等建。

宫冈桥，在观洋半岭亭下，清嘉庆十五年（1810）重修。

王孙桥，清嘉庆十一年（1806）朱士培倡建。

双平桥，在双头溪，清道光二十五年（1845）贡生吴德衍倡建。

交通桥，在后昆，清同治十一年（1872）庠生庄翊倡建。

小溪桥，在举州洋尾，清同治五年（1866）贡生吴德衍同弟吴德惇倡建。

虾蛄桥，在官洋亭下，也称"夏姑桥"（今永安桥），建于清同治十二年（1873）。

泰和桥，在后洋溪，同治年间朱、梁两姓建。

庆成桥，在官洋亭东，建于清代。

迎瑞桥，在果阳，光绪年间建。

未载入《福鼎县乡土志》的有：

后坑桥，单孔廊桥，建于清乾隆二年（1737）。

凤山桥，在点头碗窑村，清乾隆年间余氏先祖余良深建造。

岭口桥，在山柘岭口，建于清代。

集成桥，在马冠村，始建年代无考，清道光二十四年（1844）庄、翁两姓重修。

东门岭东溪桥，在过笕村，清同治三年（1864）建。

新中国成立后，点头又新建了连心桥、富民桥、洋中桥、岐尾桥、马洋桥、水尾桥、洋尾桥、金钱桥、翁溪桥、坝头桥等。其中最具代表性的是973县道马洋路段的坝头桥。坝头桥是福鼎市区通往点头、白琳方向的咽喉，桥长39米，桥面宽9米，为三孔上承式拱桥，柱式桥墩，混凝土路面，桥双侧还开通人行道。

路亭

古道上还配套了路亭，也叫"茶亭"。路亭是驿道上不可缺少的，大致五到十里即有一亭，供过往行人遮风挡雨、歇脚小憩。据不完全统计，点头域内处在福温古道上的有街头顶亭、三坡岭亭、观洋亭、半岭亭、王孙亭等，处在福温古道支线（点头至柘荣）的有后坑亭、马冠亭、翁溪亭、民心亭、柏柳庄亭、柏柳亭、横溪亭、石马岭亭、马坪亭、第三坑茶亭等，处于山柘古道上的有外岭口亭、清水亭等，点头至果洋、后梁线有乌岩里亭、佛塔亭、梦坑亭，点头往梅山一带有银坑亭、驻履亭，点头举州往管阳方向有举州亭、双头溪亭，举州往后井方向有东门岭亭、天岗来亭、过笕亭、岔门亭、赤岩宫亭、水牛塘亭，王孙往西洋美方向有王孙岭亭、白石岭亭，共计亭32座，数量之多为福鼎之最。

碇步

点头属丘陵地貌，沟壑纵横，发育出密集的溪流水系。人们过溪涉水，除桥梁外，还依靠碇步。碇步是特殊桥梁。点头碇步数量众多，王孙曾流传着这样一句话："七桥八坝九碇步。"沧海桑田，许多碇步已消失在历史的长河里了，现留存下来的最具代表性的是举州碇步和洋尾碇步，均位于举州溪上。举州碇步长45米、67齿，清同治年间连山村吴德衍、吴德淳倡建；洋尾碇步长50米、73齿，始建时间无考。

据不完全统计，点头各村碇步分布情况如下：山柘4道，西洋美7道，果阳3道，后梁2道，马洋9道，江美2道，观洋2道，大坪4道，翁溪3道，柏柳2道，过笕2道，后井1道，点头村7道。

水路

　　点头水路运输历史也十分悠久，最早可追溯到南宋。点头孙店在南宋时期是福鼎沿海地区一个物资的集散地，沿溪开设半爿街，泰顺、柘荣、管阳的山民带着山货在这里交易。当时运载物资的舟楫可达孙店村口，老埠头遗址至今尚存。

　　点头渡，是福鼎的十八渡之一，兴于清中后期，至 20 世纪 70 年代一直是福鼎的主要渡口之一。点头依山面海，地处八尺门内湾，起运物资可直抵八尺门，然后进入外海。点头老街是福鼎沿海重要的物资贸易集散地。据《福鼎县乡土志》载："折转而北，逾东门岭，为浮柳（柏柳）、翁溪两村。行旅络绎不绝，听其音，蛮杂不胜解，泰顺、霞浦、福安人为多，由店头（点头）贩运鱼盐者也。"可见点头渡为当时的交通、经济发展发挥了重要作用。

点头乡村水碓概述

黄宝成

　　点头多山，水资源丰富，昆溪、王孙溪、翁溪贯穿全域。这三支溪流具有流程长、自然落差大、降水汇流快、水流量大的特点，给建造水碓创造了得天独厚的条件。水碓，又称翻车碓，为旧时山区农用器具。《古今图书集成》载："凡水碓，山国之人，居河滨者之所为也，攻稻之法，省人力十倍。"

　　建水碓的位置一般多选择溪畔，为防止所碓之物不受日晒雨淋，方便使用，各地的水碓都建有水碓房，建房资金多由村民集资。由于水碓运转声音大，一般设在与村庄有一定距离的地方。

水碓

　　点头素来盛产竹木、油茶、水稻等，水碓就成了点头人民必不可少的生产工具。观洋村纸蓬寮、王孙古作坊，都是远近闻名的制作土纸的古作坊。制作土纸离不开水碓，没有水碓，捣刷这项工艺就无法完成。观洋碗窑村历史上烧制陶瓷，村民就利用

水碓捣土，提高生产效益。王孙溪上游在清代有个著名的长坑油坊，利用水碓先碾碎油茶籽，再送油坊榨油，不但省力，而且出油率也高。在点头村的昆溪之畔，曾有两个水碓，即坊间所称的"上水碓"和"下水碓"，历史都比较悠久。其中下水碓为清末民初点头街陈氏家族所建，陈氏先辈在溪畔建石坝，截溪水，通过水渠，引水到水碓的水轮机上日夜不停地运转。

点头水碓分布一览表

序号	村名	数量	具体位置
1	点头村	4座	永安桥上下首各1座、孙店1座、后坑1座
2	柏柳村	2座	柏柳溪水尾2座
3	翁溪村	2座	翁溪1座、和尚岩1座
4	举州村	2座	举州1座、洋尾1座
5	大峨村	3座	梅山1座、大峨2座
6	观洋村	2座	碗窑1座、纸蓬寮1座
7	三沙溪村	1座	三沙溪1座
8	马洋村	2座	王孙亭1座、马洋头1座
9	西洋美村	1座	长坑1座
10	后梁村	3座	后梁溪1座、双泰桥下1座、水碓洋1座
11	山柘村	1座	山柘里1座
12	过笕村	1座	东门岭1座

明清以来，点头先民普遍应用水碓舂米、造纸，后来碾米机、榨油机、造纸机械等陆续得到广泛应用，水碓正式完成其历史使命。

点头老地名趣谈

 庄纯穗

老地名蕴含着丰富的人文信息，是老祖宗生活的印记，是历史的"活化石"。

点头旧时隶属于福鼎十五都，有"纸蓬寮""蛤蟆墓""上水碓""下水碓""四境"和"十里"。所谓"四境"，就是回龙境、永丰境、上清境和长春境。从"纸蓬寮"到"金龙巷"这一段称为"回龙境"，从"金龙巷"到"十八岭级"便是"永丰境"，从"十八岭级"到"街头亭"是"上清境"，而"横街里"就是"长春境"。这些老地名不仅是地理坐标，更珍藏着一个个耐人寻味的故事。

所谓"十里"，即广顺里、游厝里、茂兴里、合义里、袁厝里、振盛里、源兴里、萧厝里、长顺里、泉通里。这些"里"大都是明清时期的建筑，四合院，火墙包顶，青石门楼，一派古色古香；大厅连着小厅，两庑通向走廊，有大小天井，梁柱窗门皆雕刻着栩栩如生的祥禽瑞兽；后院有古水井，摆放着花卉盆景，体现主人的情调。

上清境十八岭级（陈雪兰 摄）

一个老地名承载着一段历史。地名的源起很大程度上与山水、年号、祈福、祥瑞等因素相关。如："岐"字多指大山上分布着几座岔开去的小山，歧头、歧尾是也；"屿"为小海岛，海屿、青屿头是也；马冠村、连山村以山得名；赤岩和赤脚礁有红岩石；碗窑、瓦窑岗则有残存窑址；后井、后坑是四面环山的小村庄；四箩、箩八、六箩岗、四斗、七斗垅都是以田租数量为地名；小峡谷为"垅"，大垅村地是也；翁溪、孙店、朱家洋、海屿陈厝下、孙店谢厝里、王家洋等地名，与始迁祖有关联；观洋、马洋、龙田则有一片平整田园，呈小小的洋（旧为"垟"）面；柏柳，原先应该有柏树、柳树吧；山柘即"山漈"，是小瀑布；大山下又称"王孙"，传说居民是皇亲国戚后裔；大峨、小峨，巍峨也，山势高峻；等等。

有些地名美化了，龙田当初是"垅田"，江美原来叫作"江尾"；有些地名俗化了，后昆叫"后坑"。

我们由衷赞叹老地名给后人留下的丰富信息，虽然有些地名并不十分高雅，但它凝聚着老祖宗的人文情感，也显示着乡村文化脉络，增添了点头的古味和乡愁。

点头的山和川

🍃黄宝成

　　点头地处福鼎西南部，依山傍海，域内苍莽起伏的群山，或平地兀立，或峥嵘奇崛，孕育了众多溪流。以下对一些山和川做些介绍：

　　普照山　　别称"宸山"，面积约 20 平方千米，主峰海拔 374 米，长约 5 千米。其山形如覆船，呈南北走向，磴道盘曲。岭上有寺，曰"普照寺"，为明崇祯元年（1628）建。据清嘉庆《福鼎县志》载："普照山，在大坪村南。西北为上南山，下南山；北为溪头冈，九头湾；东为汉山、大冈、水木山、卜山。"人们登上普照山，可观朝日出海，云霞出岫，田畴阡陌，大地苍茫。

普照山远眺　（朱有东 摄）

　　铁障山　　位于上宅村。《方舆纪要》载："铁障山，壁立千仞，其色如铁。"古时铁障山建有"驻履亭"，据清嘉庆《福鼎县志》载："驻履亭，在十五都昆田铁障山下。宋里人程氏建，为游息之所。"宋长溪县令孙宥曾为驻履亭题诗，其中有一句："闻说君家千仞岗，着亭山麓费平章。"铁障山现为点头地标性自然景观。

马冠山　　位于大坪村，一峰独秀。面积约 2.5 平方千米，主峰海拔 386.4 米。山势险峻，山峰似锥，峰顶有一块约 50 平方米的大草坪。《闽书》载："马仙炼丹于此仙去。"马冠山是马仙文化的发源地。清代吴念祖游马冠山时触景生情，写下《冠峰凌云》，诗曰："嵯峨拔地气何雄，云蒙熏蒸望渺濛。谁得履跻登绝顶，翘闻鸡犬吠空中。"宋代诗人杨谆游马冠山时也留诗一首，诗云："陈家宅废桑畦暗，马道冠亡羽观空。惟有山南古程氏，雕檐一簇翠烟中。"诗中第二句说的是马仙修道马冠山羽化一事，第三、四句说的是里人程氏在马冠山山南（即铁障山）所建的驻履亭景观。

石马岭　　位于柏柳村，因古道上有一巨石状如立马，故称。据清嘉庆《福宁州志》载："巨石危立，厥形马也，石乳流沫其下。俗传马有神灵，能啖西乡之粟，以故岁恒不升，乡人遂凿其口。"此岭山高路险，行旅艰难，历来是福鼎沿海通往浙江、福州的商贸大官道。清光绪《福鼎县乡土志》载："渡石桥头，西上石马岭，鸟道盘空，接天无际，出别境矣。"石马岭上还有多处宋代碑刻，分布古道两边，是不可多得的历史文物。

梅山　　原名叫长岗，主峰海拔 560 米。据《梅氏族谱》载："北宋仁宗景祐年间，梅姓一世开山始祖梅仲文从浙江景宁大际迁徙至点头梅山。"梅仲文饱读经书，清傲高洁，隐居僻壤，为一方绅士，人们尊称他"梅处士"。据传梅仲文一生好梅，房前屋后多植梅，故改"长岗"为"梅山"。梅山位于大峨村、翁溪村，气势磅礴，终年云雾缭绕，云海浮托起青黛色的山头，处身期间，仿佛置身于一幅水墨山水长卷中。清代柏柳文士梅上英游梅山留诗赞曰："万幅浮岚锁翠苔，逋仙放鹤几时回？邨非彭泽门垂柳，地岂孤山夜种梅。"

碗窑山　　在观洋，因南宋时期有点头先民在此烧碗制陶，故名。碗窑山似一只展翅的凤凰呈向上起飞之势，素有"上山凤"之称，一条溪水从村前而过，经村口的百丈崖飞流而下，水花四溅，腾起漫天白雾，实为壮观。瀑布下形成一口龙潭，潭中有石，上面写着"聆妙"，十分雅致。碗窑山上有古建筑，如双忠庙、白马宫、天一宫、马仙宫等。据《福鼎县乡土志》载："碗窑山，在治南三十里，东北为半岭亭、林家山、河边寨、三跳冈，东为天地冈、龟山、苗米冈……距海五里。"

后梁山　　在后梁，绵延数里，其峰峦雄峻，峭岩峥嵘。游目四望，时而云截山腰，时而雾锁峰头，时而山岚似纱，时而霞光尽染，韵味独特，扑朔迷离。据清嘉庆《福鼎县志》载："后梁山，顶常有云雾覆之，乡人以卜晴雨，辄验。"后梁山上有一景曰"燕峰洞天"，为天然岩洞。洞穴内巉岩嶙峋，怪树倚壁，深邃幽奇。

金山　　位于马洋大山下，呈"金"字状。据《福鼎县乡土志》载："金山，在王孙村，上尖下侈，形如金字，距溪里许。"金山地处福温古道南侧，山下曾是"王孙朱"望族聚居地。这里人杰地灵，景色天然，历来为人们所称道。据传，宋庆元三年杨通老陪同朱熹游浙江雁荡山，途经王孙，对金山及周边审视了一番后，极力盛赞，曾留有诗篇。乾隆辛卯年王孙朱元万向皇上请授九龙牌"圣旨"，建官厅于金山下。

九峰山　位于山柘村，因山中有九峰层峦叠嶂宛若九朵莲瓣得名。清嘉庆《福鼎县志》载："九峰山，在三潦村。旁有石鼓岩，两山对峙，高各数丈，中夹一石如鼓。"相传南宋时期杭州天竺寺住持净晖禅师在此结庵，由明朝开国皇帝朱元璋之国师慧明禅师开山启建，初赐名"开元兴国禅寺"，后孝宗皇帝因山赐名"九峰禅寺"。20世纪70年代，国家为了大力发展林业，把7000多亩沟壑纵横的九峰山变成一片苍茫的林海，成为福建众多林场建设的先进典范。

三元峰　位于果阳村，与管阳亭边毗连，因有三叠驼峰而下得名，是典型的笔架山地貌。据《福鼎县乡土志》载："三元峰，在果阳。三峰平列，高凌霄汉。"三元峰脚下为朱姓聚居地，村前左龟右蛇，欣然相得，前山拱立，一水潆回。朱腾芬、朱辅良、朱镇邦等均出此地。

铁帽山　亦称灵狮山，位于104国道西洋美段南侧，因形似铁帽而得名。20世纪50年代末，福安军分区曾有部队驻守该山，山上建有防空洞等军事设施，为福鼎海防要地。铁帽山左侧有古建筑杨府圣王宫，始建于清光绪元年（1644）。铁帽山下还建有金竺寺、灵蛾宫等。

羊洞山　因山上有岩洞，曾是山羊存身之处，故名。该山位于大峨村，面积约3.5平方千米，主峰海拔927米，北接尖下村，东邻小后洋，南连梅山，西界管阳乡廖山村。山上石多树少，山顶较平，山腰稍陡。

尖下尖　因在尖下村附近，故名。该山位于大峨村，面积约1.2平方千米，主峰海拔834.3米，山坡较陡。

山牛蛋　因山形似伏牛，山上布满大小不一蛋形岩石，故名。该山地处点头镇西北侧上宅与大峨交界处，最高处海拔473.8米，面积约1平方千米，山坡较平缓，山上有灌木林。

虎头山　位于点头镇东北侧江美与马洋交界处，南麓属江美村，北麓属马洋村，面积约0.6平方千米，主峰海拔82.9米，江美茶场建于此。山坡较平缓，虎头山新石器时代遗址就分布在山体上，相对高度约30米，面积约300平方米，出土石锛等实物。根据采集器物考证，这是一处青铜时代的聚落遗址。

西楼山　因过去山上建有草楼以照顾山林，故称。该山位于点头镇西侧，地处翁溪、柏柳、大峨三地交界处，面积约3.2平方千米，主峰海拔599.5米，山坡较陡，山上有松杂木和灌木林。

长坡山　　因人们需经很长的山坡才能翻过山顶，故名。该山位于点头镇西北侧的后梁村，面积约 1.5 平方千米，主峰海拔 637.6 米，较平缓，西侧属管阳镇地界。

东头冈　　因在丹担秧村东面而得名。该山位于马洋村，面积约 0.9 平方公里，主峰海拔 156.1 米，山坡较平缓，山上有明代建的烟墩。

冈头顶　　因冈头顶村而得名。该山位于山柘村，面积约 0.9 平方千米，主峰海拔 323.1 米，山坡较陡，山上覆盖着松杂木和灌木林。

南山尖　　在后井南面，呈圆锥形，故名。该山地处后井村与白琳镇牛埕下交界处，主峰海拔 772.6 米，面积约 2.5 平方千米，山坡较陡，山上有松杂木和灌木林。

大冈顶山　　因山冈较大而得名。该山位于后井村，面积约 1.9 平方千米，主峰海拔 351.1 米，山坡平缓，属红土山丘，现开辟成茶园。

大坪山　　该山位于举州村，举州村曾隶属大坪村，山因村而得名。其面积约 1.4 平方千米，主峰海拔 288.9 米，前缓后陡，山上遍布茶园。

天地冈　　山上有高低两座相连对小山峰，故名。该山位于观洋村，面积约 0.9 平方千米，主峰海拔 174.5 米，山上植被茂密。天地冈村在山麓处。

昆溪　　后雅化为"宸水"，因宸山屹立于昆溪之畔。昆溪是点头人民的母亲河。据清嘉庆《福鼎县志》载，昆溪源出马冠山，自后昆东流过孙店，中有七星石，水方折为贵潭，经庆成桥入海。昆溪水流平缓，水至孙店后，溪床逐渐开阔。古时舟楫可达孙店，那里还设有埠头，曾经繁华一时，现遗址犹存。

王孙溪　　点头较大的一条溪流，据清嘉庆《福鼎县志》载："王孙溪，源二：一出乌石门，一出后梁。合流为三叉溪，东达江尾塘入海。"王孙溪一路跌宕多姿，特别是长坑峡谷至三沙溪溪段，两岸悬崖峭壁，枯藤盘杂，灌木丛生，瀑流倾泻，水浪如烟。王孙溪深潭遍布，水清如玉。在众多深潭之中，三沙溪猪刀潭水深莫测，寒气逼人，因潭状若猪刀而得名。

翁溪　　源出廖山，经柏柳进入，西流为双头溪，南至于举州后，溪床逐渐开阔，形成了四大塘，分别是金钱塘、康美塘、暗井塘和将军塘。河道水源清可见底，溪畔茂林修竹，水里游鱼，山水倒映，野趣横生，人们徜徉于溪畔，放眼四野，其情其景，正如辛弃疾描述的那样："溪边照影行，天在清溪底。天上有行云，人在行云里。"翁溪之水最后由举州经石床，汇于百步溪入海。

山柘溪　　源出九峰山，是福鼎岩前溪的源头之一。溪流一路向东，经岭口村折入峡谷，形成三级瀑布，俗称"三漈"，后谐音为"山柘"。该瀑布三级相连，气势磅礴，潭上飞花四溅，雾气腾腾。置身其间，聆听山水清音，仿佛心随飞瀑，一路放歌而去。

点头的福鼎之最

✎ 黄宝成

点头镇历史悠久，文化底蕴深厚，孕育着众多福鼎"第一"，现略述如下：

福鼎最早开办中药铺　　清乾隆三十年（1765），点头孙店郑开择创设"松竹堂"中药铺。

福鼎分布最广的药堂　　点头夏广裕药堂创办于清光绪元年（1875），历5代，累计有学徒、伙计百余人，分布各处开业，有的远涉新加坡、马来西亚、缅甸等地经营中药业。

福鼎唯一双忠庙　　碗窑村的双忠庙占地面积约560平方米，距今已有300多年。它是为纪念唐代安史之乱守睢阳城献身的张巡、许远、雷万春、南霁云四位忠臣而建的。庙内有清嘉庆二年（1797）香炉、清道光十六年（1836）制公王灵显签诗板等文物。

福鼎唯一存留的双斗望柱　　点头天后宫始建于明代，宫埕前立一对青石双斗望柱，也叫旌表，由台座、石柱、双斗组成，是福鼎域内天后宫建筑唯一存留的双斗望柱。

福鼎第一位留日法学学士　　朱腾芬，字馨梓（1881—1932），果阳村人。光绪二十四年（1898）中案元（头名秀才）。光绪三十一年（1905），考取官费留学生，入日本陆军学校，继转东京法政大学，获法学学士学位。

福鼎第一位留日化学学士　　朱辅良，生于1898年，果阳村人。中学毕业后，官费选送留学日本，于1924年东渡日本入东京工业大学化学科深造，获化学学士学位。

福鼎第一位畲族女烈士　　雷七妹（1920—1937），女，畲族，后井村人。1935年秋参加革命，曾任福鼎下南区苏维埃政府工作人员，参加了霞鼎（霞浦、福鼎）革命根据地的土地革命斗争、反"围剿"作战和闽东、浙南苏区的三年游击战争。1936年12月国民党调集重兵"围剿"闽东苏区，雷七妹随党组织和红军游击队转移山区坚持革命斗争。1937年7月在霞浦金竹反"围剿"斗争中牺牲。

福鼎籍第一位少将　　郑庆亦，男，汉族，1950年3月出生，1968年4月入伍，2015年退休。曾任全军烧伤专业委员会副主任委员、南京军区烧伤整形专业委员会主任委员、福建省烧伤外科学会副主任委员、《中华烧伤杂志》编委、解放军第909医院（原175医院）烧伤中心主任，主任医师、教授、硕士研究生导师。2008年被中央军委授予专业技术少将军衔。

福鼎"农业学大寨"劈山造田面积最多的乡镇　　20世纪70年代，大坪的"劈山造田"是当时福鼎"农业学大寨"的一面红旗。点头人民举全镇之力，劈掉大坪13座山头，填平17座大沟，挖填土石30多万方，造地面积300亩，为福鼎之最。

移植"华茶1号"第一人　　陈焕（1813—1888），字凤炜，生于柏柳乡竹栏头村。距今150多年前，陈焕把太姥山原始母树绿雪芽古茶树分株移植家中繁育了福鼎大白茶。1985年，该茶经全国农作物品种审定委员会审定，编号为GS13001-1985，即"华茶1号"。

移植"华茶2号"第一人　　据清嘉庆《福鼎县志》载，福鼎大毫茶相传是清光绪六年（1880），点头镇翁溪村汪家洋村林圣松在老家五蒲孔发现移种的，时称"大号白毛茶"（简称"大号茶"），因产量高品种优而逐渐向全县重点茶区传播。20世纪50年代初，福建省茶科所科研人员调查茶树品种时，根据谐音定名为"大毫茶"。1985年，该茶经全国农作物品种审定委员会审定，编号为GS13002-1985，就是"华茶2号"。

推广白茶第一人　　清末民初，柏柳著名茶商梅筱溪第一个把福鼎白茶推向香港和南洋各地。

福建首个农业部茶叶项目　　2006年，福鼎市农业局争取到农业部茶叶国家良种繁育场项目，并落地点头大坪，这是福建省第一个争取到农业部的茶叶项目。

第一个白茶合作社　　李得光先生于1939年成立福鼎白茶合作社，并第一个用茶票向茶农收取茶叶。

中国白茶第一村　　柏柳村是国家茶树良种大白茶原产地，2009年通过中国国际茶文化研究会专家组的考察论证，因具有深厚独特的茶文化历史内涵，被确定为"中国白茶第一村"。

福鼎首位国家级白茶制作技艺传承人　　梅相靖从小就跟随祖父学习制作白茶，至今沿袭家传古法，坚守传统制作工艺，对工艺流程精益求精，是福鼎荣获"国家级非物质文化遗产项目白茶制作技艺（福鼎白茶制作技艺）代表性传承人"称号第一人。央视6集的纪录片《茶，一片树叶的故事》里，就有梅相靖先生讲述福鼎白茶制作流程的身影。

福鼎种植白茶面积最大乡镇　　点头镇茶园面积 36676 亩，占全市面积的六分之一，居福鼎之首。

涉茶加工经营规模最大乡镇　　点头镇共有茶叶加工企业 236 家，其中省级农业龙头企业 8 家，宁德市级农业龙头企业 14 家，福鼎市级农业龙头企业 20 家，取得 SC 认证茶企 134 家。

福鼎第一大茶叶交易市场　　闽浙边贸茶花交易市场位于福鼎市点头镇，于 1988 年自发形成。1992 年，建成占地 1200 平方米的点头镇茶花交易市场，随着时间推移，由于无法满足日常茶花交易的需要，于 2000 年春建成了福建省最大的闽浙边贸点头茶花批发交易市场。如今，茶花市场占地面积已扩大为 8000 平方米，高峰期交易人数达 2 万多人次，年可实现交易量 8000 吨。

涉茶从业人口最多乡镇　　点头镇 80% 以上的人口从事涉茶行业，5000 多人直接从事茶叶的生产和营销，有 3000 多人在全国各大中城市创办 1000 多个经营网点，8000 多人获得了季节性的就业机会，10000 余人从外地涉及点头从事茶叶生产交易。

福鼎第一个白茶诊所　　2021 年 9 月，福鼎第一个白茶诊所在点头成立。

商港史料

🍃 朱挺光

　　福鼎县海岸线绵长，自八尺门以内是一片烟波浩瀚的内海，点头地处内海之滨，是个鱼米之乡，背枕宸山，有来自西北及东北两道溪流，为福鼎、霞浦两县交通要道，南北商贾云集于此，是一大市集。点头港为沙埕港的一个主要内港，是一个避风良港。从当地孙姓和郑姓族谱中，可知宋代就有外地商人到此经营，船只是主要交通工具。之后，因人口繁衍和经济发展，港口便逐渐形成了。码头运输有人出卖劳力，由个体户进为集体，即解放前之"埠头帮"，和解放后之"点头搬运社"是也。

　　点头商港的发展，可以分为三个阶段。

　　自宋迄清的几百年中，海运并不发达，商贾稀落，都纷纷寻找市场和通商口岸而摸索前进，缓慢发展。

　　清末，点头港渐趋发展，货运日臻流畅，进口物资远如辽宁和山东半岛，近如舟山群岛和南镇、霞关、沙埕口岸的鱼货，转销闽东闽北和泰顺等山县，都必须由此港

点头旧码头（谢发树 绘）

中转。至于山区的大量茶叶和竹木等特产，也同样通过此港转销外地，因是肩挑负贩，塞满街头巷口，船只往来如鲫，岸边桅樯林立，货运如流，经常通宵达旦。每日货运流量根据估计，最高可达 15 吨之多。港口吞吐力之强，实驾乎全县各港口之上。

抗战时期，海口虽被封锁，但内海运输却影响不大，本港仍呈活跃状态。

新中国成立后，随着港口的发展，码头工人组织搬运社，公路运输虽代替了部分船舶的往来，但海运仍未减色。

本港成袋形，港口左端的"岐头"和右端的"海屿"相隔仅 1570 米。在围海造地中，筑堤连接两端，围成 2418 亩的土地。

点头港口码头，现已外移围堤之外，距原码头有数里之遥。虽不利于当前的运输，但堤外水位较深，有利大船来往。堤内海涂又提供养殖基地，待他日新的市集建成，当更可观，将不失为"鱼米之乡"的传统美名。港口的发展，自在意中了。

老街纪略

✎ 黄宝成

点头原名"店头"，这名字一直沿用至民国初期。因点头镇区坐落在孙店之头，故得名。清末民初，店头有文士把"店头"改为"点头"，意取魁星执笔"点上头"之意。

点头历史悠久，水陆交通发达。点头渡口是福鼎十八渡之一，兴于清中后期，至20世纪70年代一直是福鼎的主要渡口。清嘉庆《福鼎县志》载："店头、后坪等地，商船往来，大者可载五百名，鱼盐之利亦贸易一大宗。"点头由于地处八尺门内湾，起运物资可直抵八尺门，然后进入外海，赢得了闽东北物资集散地的地位。

孙店曾有"孙店半爿街"之称，是点头最早形成集市的地方。元代以后，孙店的街市逐步转移到了点头。到了明代，点头横街里便形成了点头最大的集市。

横街南北走向，全长约300米。明清鼎盛时期，横街集市非常繁荣，商贾云集，货柜林立，有当铺、渔行、客栈等。那时，柘荣、管阳一带的山民们越过石马岭，沿着柏柳、翁溪古道南下，经大坪、后坑，抵达点头横街，源源不断地把山货送到这里进行交易。泰顺、柘荣的商贩常常在此下榻过夜。更有柘荣人在横街租店经营棺椁生意，使横街上几米之间就有一间棺材店，故有"横街棺材头"之称。

点头集市从横街开始，逐渐发展出了上街、中街、下街。在点头坊间，流传着这样一句顺口溜："上街拳头，中街钱头，下街人头，横街棺材头。"上街拳头，指的是清末民初上街曾出了很多习武之人，以陈春泉为代表。中街钱头，是说中街店铺林立，尤其是海产生意做得风生水起，许多渔民把海产品寄存于水产批发店代卖，老板从中赚取"转手费"，收入颇丰。下街人口比较密集，狭长的街市上，有手提海鲜竹篓叫卖的渔民，有挑着山货沿街晃悠的山民；早晚时间，更有荷锄早出晚归的农民和上下学的稚童穿梭其中；遇到农闲时期，街市上更是人头攒动，摩肩接踵，川流不息。

清代中叶以后，来点头经商、务工的外地人陆续增多，并在此定居，逐步形成远近闻名的"宸山十里"。点头集市愈发人烟鼎盛，人们在这里相互融合、繁衍生息，构成了点头早期多元化社会形态。

点头老街（陈雪兰 摄）

　　走进点头老街，如同走进一部厚重的古文化历史文献，天后宫、临水宫、永安桥等古建筑以及当地的民俗风情，处处让你感到老街的魅力，让你流连忘返；以萧功超、陈夏氏、陈春泉、陈炽昌、黄家万等为代表的一批文武英才各领风骚，会让你受到熏陶。

　　随着时光的流逝以及市场中心的转移，老街的繁华被一层层地剥离下来，在沸沸扬扬的变迁里，开始静静享受远离喧嚣的宁静。在古韵犹存的横街里，很多明清时期的建筑保存完好，总是在不经意间唤起人们内心深处那些古老而悠长的记忆。老屋里依然居住着许多居民，他们延续着近千年不断的烟火，让归乡的游子倍感亲切。可惜的是，"宸山十里"成为故事，一些老房子终究是躲不过衰老和颓废的宿命，那爬满青苔的石阶、门厅留给人们的是一声嗟叹和浓浓的感伤。

　　老街虽然风华不再，但在烟雨的长日里，撑一把油纸伞，走过那宛转悠长的街巷，你依然可以走出万种风情。

点头

钟灵毓秀话柏柳

🍃 黄宝成

柏柳，古时称"浮柳"。《梅氏宗谱》载："芦门旧壤，鼎邑新疆，溯莺宋代，籍隶温麻，鸠族闽区，地名浮柳。"柏柳村下辖 19 个自然村，耕地面积 14459 亩，林地面积 8917 亩。柏柳村是国家茶树良种大白茶原产地，拥有独特的茶文化历史内涵，2009 年通过中国国际茶文化研究会专家组的考察论证，被确定为"中国白茶第一村"。

区位及交通

柏柳村位于点头镇的西南方，距集镇 10 公里。它地处梅山脚下，一条古驿道贯穿全域，北接管阳、柘荣，南接白琳。清光绪《福鼎县乡土志》载："逾东门岭为柏柳、翁溪两村，行人络绎不绝……谷雨过，人行路中，茗香扑鼻。"明清鼎盛时期，村中因白茶的发展，助推了集贸街市的形成，人称"柏柳街"。柏柳街东西走向，全长约 200 米，千百年来，是沙埕良港、点头埠头通往柘荣、福安、寿宁以至浙江、江西等地"货贸大关道"的必经之地，商贾云集，挑夫日夜穿梭，各种叫卖声此起彼伏、不绝于耳。"通街茶酒米粉味，彻夜羊蹄驮脚声"，描述的正是当时街市的

柏柳老街（陈雪兰 摄）

繁华景象。

如今，点头通往管阳的公路穿村而过，并与国道、省道互通。便捷的交通和独特的区位优势，为柏柳的白茶发展提供了良好的条件。

村史悠久　古迹众多

北宋仁宗景祐年间，梅姓开山始祖梅仲文从浙江景宁大际迁徙至点头梅山，筚路蓝缕，垦山植树，广辟田园，泽被后昆。繁衍至十九世梅顺，约在明成化年间，梅氏一分支迁至柏柳。到了清乾隆年间，梅氏先人凭借柏柳丰富的山地资源，凿山垦田，开辟茶园，极力发展白茶。梅家人谨记家训："处世唯读书，居家宜积善。躬耕之余暇兼以课读，以贻后人。"漫长的历史长河中，柏柳积淀了深厚的文化底蕴，存留众多的文物古迹，现选介如下：

白茶作坊　位于柏柳村中洋1号，清末民初是方氏茶人的白茶作坊，沿袭传统古法制作白茶，产品畅销国内外。古作坊建于清末，属砖木结构，通面阔46米，通进深36.5米，占地面积约1679平方米，抬梁式重檐悬山顶。中轴建筑由门楼、天井、正厅组成；大门正面额书"远茗韵宸"，背面书"柏柳聚秀"。进入大门，中间通道，左右两侧偌大的天井均为主人当年晒茶场地，现设置为鱼池等。大厅左右楼房原作为白茶作坊和主人的生活起居之所，现开辟为白茶制作体验馆和柏柳白茶历史发展的宣传园地。每年3月，都会在这里举办白茶传统技艺培训班。央视《茶·一片树叶的故事》纪录片也在这里取景拍摄。这两层的古建筑尽显古韵悠长，安静地立于一片绿色的茶园中间，就像一位饱经沧桑的茶农在诉说着往昔。

梅筱溪故居　俗称"下新厝"，始建于清嘉庆年间，为梅筱溪曾祖父梅光国（1770—1841）所建，属一进合院砖木结构。通面阔39.5米，通进深27米，面积1066.5平方米。门额书写"宛陵风韵"四字。大厝左右对称，厅堂、天井、房间和走廊连通一体，形成以厅堂为主轴，以天井为中心的格局。天井采用古朴厚重的条石铺砌，两侧回廊环抱，体现"四方聚财"的理念。正厅悬挂牌匾"积厚流光"，题款"赐进士翰林院庶吉士加福鼎县事加五级记录十次陈为梅光国立　道光三年岁次姑上浣穀旦"。厝内梁柱、斗拱、雀替、窗棂等雕刻精美，尽显主人当年的财力和地位。2013年，故居被列为福鼎市第四批文物保护单位。

横溪桥　高跨两岸，是通往管阳、柘荣的必经之道。清康熙年间里人梅以鲍、徐廷孔等人倡建木桥，嘉庆五年（1800）叶得玉募资修建石拱桥，后几次重建，始成气势恢宏的石拱廊桥。该桥呈南北走向，长16米，宽4.41米，跨度15米，为点头唯一尚存的廊桥，屡损屡建，古韵犹存。先人有《桥路横街》赞诗二首。其一："长波一碧雾初销，鳄柱虹梁架作桥。路转溪横山远近，踏花常送马蹄遥。"其二："亭长亭短旅魂销，路转羊肠过画桥。宛似半空飞鹊翼，浑如一水跨虹腰。"横溪石拱廊桥为柏柳二十二景之一。

石马岭摩崖石刻　《读史方舆纪要》载："石马岭在州北百三十里，有巨石危如立马。"民国《福鼎县志》载："山以铁障山、石马岭二者最高……石马岭高傍五区管阳南山。俗传马有神异，能瞰西乡之粟，乡人凿其口乃止，即此岭也。"石马岭古道左右两侧的天然岩壁上共有9处摩崖石刻，绵延百米，堪

石马岭古道（黄宝成 摄）

称"摩崖石刻群"。由于年代久远，历经风雨剥蚀，许多石刻风化严重，大多字迹模糊，有3处可识别一二。如往管阳方向的第一处石刻，部分字迹尚清，经仔细识别后，其镌刻内容为当年修建这条古驿道募捐者的名字。在众多募捐者中，管阳广化寺、象山寺、上兴福寺捐款的字样赫然在列，落款时间为北宋绍圣四年（1097），距今已有900多年历史。再往前行至石马岭上的马坪亭附近，几处石刻较为集中，其中一处石刻落款时间为北宋绍兴三十二年（1162），镌刻的内容也是捐款情况，但具体是修路还是建亭，无法识别。这些石刻、铭文，为后人提供了可触摸的人文脉络。

春柳桥　位于柏柳溪水尾。柏柳溪源出梅山，一路跌宕而来，入村后一水中分，水流趋于缓和，春柳桥就横跨于柏柳溪出水口之上，小桥流水，天蓝水泱；桥头柏树翁郁，溪边柳树成行，人与山水共谐，不负"柏柳"之美名。

水尾宫　又名华光大帝宫，位于柏柳村下街17号。华光大帝是中国民间传说中的道教神仙，俗姓马，名灵耀，又称五显华光大帝、华光尊皇、灵官马元帅等。华光大帝是火神的象征，也是道教护法四圣之一，因生有三只眼，所以中国民间又称"马王爷三只眼"。水尾宫始建于清道光年间，为一进合院式结构，通面阔12米，通进

深 19.3 米，占地面积约 231.6 平方米。宫宇建筑由前厅、天井、两廊、正殿组成。水尾宫自建宫以来神明显赫，香火不绝。每年正月初，村民都会请戏班子搭台唱戏酬神，还会在固定的时间举办祈福活动。

寨团顶遗址　　清咸丰年间，闽地盗贼四起，民不聊生。点头梅山居于南北通道的必经之路，村里财物常遭往来流寇洗劫，民众苦不堪言。梅氏先祖为生计，选择后溪山构筑山寨自卫，平时教习乡勇、训练子弟、备粮蓄薪。后溪山危峰兀立，三面峭壁千寻，易守难攻。村民每遇盗贼侵扰，族首立即组织乡勇持械迎敌，盗弱则战，盗强则退往山寨。后溪山因曾经设有寨子，后人称其为"寨团顶"，现遗址犹存。

人才荟萃　茶叶飘香

柏柳茶乡历史悠久，村民历来崇尚白茶文化，以耕读经商传家。古时仁人雅士，青史留痕；近代村风淳朴，能人志士誉满鼎邑。

梅光国　　据清嘉庆《福鼎县志》载，梅光国，字华翁，浮柳（柏柳）人。家产颇丰，光国主其事，与昆季分爨时毫无私积，视侄如子。族中事无巨细，处置有方。性好施，嘉庆间倡建桥梁，并砌其乡石路千余丈。平日助人丧葬嫁娶，替人排忧解难，悉行之不倦。

陈　焕（1813—1888）　　字凤炜，柏柳乡竹栏头村人，是福鼎移植栽培白茶第一人。坊间流传，陈焕家贫，母得眼疾，无钱治病，痛心疾首。一日在山中劳作忽生困意，迷糊中睡去，梦见一女，手指一木，曰："此乃山中佳木，系老妪所植，此叶可治你母眼疾。"问及姓名，曰："吾乃才山老母是也。你可采叶熬汤，每日洗眼，不日可愈。"陈焕醒后，按梦中所示，母眼疾果然治愈。陈焕感念其灵验，将佳木移植本家田园培育，并不断扩大培植，此茶便是后来的"华茶 1 号"。陈焕依靠种植白茶，使家庭走向小康。

梅伯珍（1875—1947）　　号筱溪，柏柳人，生于光绪元年（1875），是清末民初鼎邑著名茶商，一生充满传奇。他是一位儒商，博学多才，懂英文，把茶叶销往天津、香港及东南亚国家。梅伯珍善于研制茶叶新产品，发明了茉莉花茶，有"梅占魁"之雅号。20 世纪 30 年代，梅伯珍在福州设立两处会馆，商号"恒春祥"，声闻闽江，誉满榕城，人们都尊称他为"梅伯"。晚年的梅伯珍撰写了《筱溪陈情书》《筱溪笔记》两本书，平静地讲述了自己一生经营白茶的经历，有辉煌的过往，也有起起落落的沧桑。在他 66 岁生日的时候，福建省建设厅庄晚芳局长亲赠寿匾一方，文曰"舜苑耆英"，匾右题了跋文"筱溪经理业茶有年，素抱提高国产为宗旨，对于产制之研究，尤有心得。本年曩助鼎厂改良制造，足为诸商示范。将来闽茶之生色，实有赖于先生之赐也。爱弁数语，以志厥功。时民国二九双十纪念"。这一方寿匾，堪作福鼎茶业的重要资料。

梅秀蓬（1903—1951）　　字贤莱，柏柳人，其祖辈采办茶叶极有规模，常年在福州、上海等地经营茶叶，于民国初年随父在福州鼓楼区建造茶商会馆（福州八一服务社前身），商号"协和隆"。北伐时期，国民党将领何应钦率部进驻福建时，梅秀蓬捐献钱粮物资，得到当局的嘉奖。1927年春，其母六十大寿，何应钦以福建全省执政名义赠寿匾一方，匾文"纯嘏尔常"。抗美援朝时期，梅秀蓬把自己多年苦心经营白茶所积蓄的73斤黄金，全部捐献给政府。

何应钦赠送梅秀蓬母亲的寿匾（黄宝成 摄）

山清水秀　风景独特

茶区柏柳自然风光秀美，景中蕴茶，茶里有诗，历代文人曾流连于这恬静秀丽的田园风光中。清乾隆年间，柏柳先贤梅上英留诗配画赞美柏柳"聚秀二十二景"（全图计诗二十四首），现录诗篇如下：

廖峰后耸

巍然卓立耸寰中，雨后晴开露半峰。
拔地色含云气白，冲天影射日光红。

姥岱前迎

秀毓名山不计年，嵯峨太姥列当前。
莫云此地无佳趣，水色天光共碧鲜。

右逗虹腰

小别溪桥路向东，浑然柳外挂残虹。

行人果识回头看，笑指村庄似画中。

左横雁齿

绿杨树下步行人，忽转沙汀认未真。

花扑一溪烟外路，如排雁齿是前津。

梅山倚背

万幅浮岚锁翠苔，逋仙放鹤几时回？

邨非彭泽门垂柳，地岂孤山夜种梅。

溪水环门

晴光掩映日斜西，鳞屋家家住柳堤。

对面有山皆入诱，沿门无水不环溪。

远碓砧声

知非砧杵急岩冬，莫认深山响梵钟。

林密因风闻野碓，岩空咽水闹村舂。

深岩瀑响

泉飞玉漱韵如琴，入耳谁知水落深。

待到夜间倚枕听，更阑漏寂鼓钟音。

石梯步月

莲漏声残月转西，何人夜半步仙梯？

莫非谢客石门过，共上青云履迹齐。

蝠洞藏云

凿穴何年迹尚新，多藏蝙蝠小飞尘。

云开不似桃花洞，漫说当时是避秦。

屏风插汉

危峦插汉近稀星，掩映岚光入画屏。
黛碧烟苍融月白，花红柳绿乱山青。

又

摩空有色草垂青，石作芙蓉绵作屏。
雨后浮岚烟不断，气冲云汉斗牛星！

桥路横溪

长波一碧雾初销，鳄柱虹梁架作桥。
路转溪横山远近，踏花常送马蹄遥。

又

亭长亭短旅魂销，路转羊肠过画桥。
宛似半空飞鹊翼，浑如一水跨虹腰。

葫芦门畔岩锁青云

葫芦胜境赛龙门，遗迹全销斧凿痕。
倘遇拐仙肩负去，灵枢阖辟转乾坤。

又

鬼斧神斤异迹存，开然岩穴削为门。
人间那有葫芦样，样仿仙家石上痕。

和尚潭边瀑飞白练

潭名和尚岂无因，难辨当年羽化真。
细听岩吞泉籁响，如鼓钟磬动行人。

又

真迹犹须问水滨，潭中明月是前身。
升仙李白沉何处？和尚空传步后尘。

小桥石板

先茔山下路双条，转指村南步小桥。
石桥有霜人迹过，寻花问柳任逍遥！

路接鹧鸪岩边

湾环曲折别歧途，静听岩边唤鹧鸪。
路滑欲行行不得，哥哥也厌语重呼。

长锭田墩

对面墩横几亩田，依然银锭叠窗前。
芳塍阡陌形如绘，宝气深含水色鲜。

山连壶瓶丘下

连塍丘内漾浮萍，谁指中田号作瓶。
水满常如壶载酒，临风疑带杏花馨。

柳庄偕柳水齐辉

薄暮何人过柳庄，青山绿水两苍茫。
数家烟火邻长在，絮惹狂风散夕阳。

龙井与龙门对峙

山门对峙水横冲，一跃深渊上九重。
变化风云时作雨，方知石井起潜龙。

（本文参考了《福鼎县志》及梅氏网等的资料）

翁溪概述

✍ 黄宝成

翁溪，位于福鼎西南部，古时因溪两岸的树林里栖息着大量的鹩鸟，故称"鹩溪"，后谐音为"翁溪"。清乾隆四年（1739）福鼎设县，该地属遥香里十四都，民国时期归柏柳保管辖。这里居住着叶、池、许等姓氏，以叶姓居多。据《叶氏家谱》载："叶蒙生有八子，宋初由温州入闽居长溪福宁州，其长子看公一路跋山涉水，寻至翁溪，见三面环山，一溪绿水绕山而过，犹如玉带环腰，看公笃信此处必是风水宝地，便捷足先登，成为最早迁居翁溪之人。"

翁溪里风景（陈雪兰 摄）

翁溪向西北里许有山曰梅山，其峰屹立千仞，怪石突兀。山旁有溪，溪门宽阔，水声漱玉。据清光绪《福鼎县乡土志》载："翁溪之水，东流为双头溪，与百步溪汇。秋后潭水澄清，游鱼可数，每夕阳欲下，黄叶满山，有钓叟把杆，箕踞石畔，野趣幽绝。"村舍背山临流，临高俯视，一谷中开，昔日过往行人沿溪岸古道进出，对溪山罨画，水木清华，赞不绝口。清代柏柳秀士梅岳卿在此留诗一首："层层云岭若秦关，梓里何妨去又还。觅胜每添新景界，寻芳不厌旧溪山。水因源远潆徊汇，路为峰多曲屈弯。游罢感怀今古事，盛衰气运几循环。"

翁溪村居于福温古道支线上，是兵家商贾出行的要道。《福鼎县乡土志》载："折转而北，逾东门岭，为浮柳、翁溪两村。行旅络绎不绝，听其音，蛮杂不胜解，泰顺、霞浦、福安人为多，由店头贩运鱼盐者也。"翁溪古道沿溪蛇行，四周的山岭小道纵横交错，向东北过横溪，上石马岭可达管阳、泰顺，便于与外界交通信息；向西南过举州可达白琳、秦屿等地，直通省垣；过柏柳直达后井，然后进入管阳地界。

翁溪地理位置独特，进可攻退可守。土地革命时期，霞鼎县西北区就是利用翁溪交通之便和较好的群众基础，曾在这片红土地上发动群众，开展革命活动。他们在翁溪里叶瑞勤烈士家秘密建立地下交通站，为地下党组织和红军游击队传递情报、输送枪支弹药和给养、接送过境革命同志等，为闽东革命根据地的创建和发展发挥了重要作用。

明清时期，翁溪古道是鼎邑西南的交通枢纽。村里的农副产品在这里进行交易，给当地带来了繁荣。为此叶氏家族开始广置良田，事农种茶，以茶为著，闻名遐迩，曾经富甲一方，招来盗匪的觊觎。明朝嘉靖年间，翁溪有一歹徒暗中勾结红毛盗匪，妄图洗劫本村。翁溪族首得知此事，便组织村里 16 岁以上男丁持械埋伏在距村里许的双头溪峡谷两岸，准备歼敌于家门之外。盗匪本来是沿着福温支线进翁溪的，匪首得知内情后，临时改变入村路线，改为从过览东门岭入村。进村后，他们挨家翻箱倒箧，各家细软被洗劫一空，进而进行惨绝人寰的大屠杀。当时留在村里的小孩和妇女悉数被杀，翁溪血流成河。当埋伏在双头溪多时的叶家村丁，看到溪水染红，空气中弥漫着血腥味，知道村里出事了，急着返回。此时，狡狯的匪首已兵分两路，上下夹击埋伏在双头溪的叶家村丁。叶家人为报家仇，奋勇迎敌，终因寡不敌众，全部遇难。这就是翁溪历史上骇人听闻的"红毛屠村"传说。

叶氏先祖看公 8 个兄弟，本是将门之后，个个武艺高强。叶家子孙自屠村事件后忧患安保意识极强，延聘拳师，教习乡勇，以护卫家族安宁。从此翁溪青壮年习武成风，世代相传。叶氏族人通过习武取得功名者有之，存于叶氏宗祠的清代"武魁"古匾，便是有力见证。20 世纪 30 年代初，村里的青年武术爱好者叶瑞勤、叶瑞增、叶细古等人参加了红军，所学的拳技在对敌战场上发挥了作用。

翁溪地处北纬 37 度，气候温和湿润，土地肥沃，是福鼎大毫茶的发源地，明清时期这里出产的茶叶就走俏市场。据民国《福鼎县志》载，林圣松在老家后山五蒲孔采药过程中发现一株比较奇特的茶树，移植到汪家洋村纪下垅。他开始还不敢断定是不是茶树，采摘一些芽叶请白琳的茶师鉴定。经过鉴定后，确定是茶树，但与平常茶树有区别，便取名大号茶。林圣松将茶树进行分株、压条，共繁育了几十株。清末民国初期，正值福鼎茶业繁荣时期，林圣松用大号茶制作白毫银针，其香气、滋味、条索、色泽俱佳，在福鼎茶界引起轰动。20世纪50年代初，福建省茶科所科研人员根据"大号茶"谐音定名"大毫茶"。1985年，经全国茶树品种审定委员会审定通过，列为国家级茶树良种，编号为GSI3002-1985，俗称"华茶2号"。清末民初白琳著名茶商吴观亥对翁溪汪家洋生产的白毫银针情有独钟，把它视为茶叶极品，称为"盖面"，撒在"白琳工夫"红茶上面销往国外。《中国茶经》载，欧洲有的人在泡饮红茶时，于杯中添加若干白毫银针，以示名贵。

翁溪地灵人杰，自宋代叶氏始祖肇基以来，人才辈出。清乾隆年间乡贤叶得玉，例贡生，授八品宽带，平生急公好义，性刚毅慷慨，轻财重义，人争仰之。嘉庆《福鼎县志》载："嘉庆五年（1800）叶得玉建横溪桥。"20世纪30年代，革命星火在这里燎原，这个村庄先后走出叱咤风云的共和国大校叶克守、革命传奇人物池方喜、威震闽浙边界的闽东独立师特务营营长叶瑞勤、"五纪英烈"（纪孔师、纪孔太、纪孔银、纪畲客、纪孔娜5位烈士）、叶瑞增、叶细古等一批英雄。

翁溪是美丽的，美在青山绿水；翁溪是醇厚的，醇厚在古韵悠悠。无论是漫步在风光秀美的翁溪之畔，还是徜徉于村里的鹅卵石铺成的古道；无论是踏访青砖黛瓦的古民居，还是探寻翁溪叶氏老宅深处的古井、古树、古匾、古石墙……那些盎然古意总会与你不期而遇，让你不知不觉地走进历史云烟深处。

古韵遗风碗窑村

✎宋国莲　陈雪兰

　　碗窑自然村坐落于福鼎市点头镇观洋村，离市区 15 公里，是福鼎客家人最多的一个古村落。随着碗窑遗址的发现和九月九传话节每年的举办，碗窑村逐步向外界揭开了她神秘的面纱。

技艺传承，历史悠久古碗窑

　　据《余氏族谱》记载，碗窑古村落的余氏始祖来自福建汀州府，最早落户时间应为清代康熙初期，大都从事陶瓷制作，村子也因之得名"碗窑"。碗窑村目前还留存两处烧瓷作坊遗址，分布在村东北面的三五个小山头上，面积约 5000 平方米，现山坡上尚有厚厚的瓷片堆积。据专家考证，这两处遗址系宋代古窑址，这说明在余氏迁入碗窑村前已经有先民在此制作陶瓷了。

　　余氏先民在碗窑村繁衍生息，开枝散叶，世代烧窑为业，至清乾隆时期达到鼎盛，人口达 800 人。碗窑生产的陶瓷和碗在当时的福建、浙江、广东、台湾都极负盛名，并且远销海外。近年来，文物专家从窑址内先后发掘出碗、盘、杯、碟、壶等瓷器碎片，有的为白瓷，有的呈灰白或灰色，胎体坚致厚重，保存最为完整的是圆形垫饼等窑具，这些遗存为青白瓷的研究及调查提供了丰富的实物资料。

尊祖崇贤，香火不息双忠庙

　　说到碗窑村，不得不提双忠庙，它是为纪念唐代安史之乱守睢阳城献身的张巡、许远、雷万春、南齐云四位忠臣而修建的。据传，大约在清康熙年间，碗窑村余氏先祖感怀双忠王的不朽功勋，携炉同行，将双忠公王视为保护神。庙前对联上写"国士无双双国士，忠臣不二二忠臣"，庙内有清嘉庆二年（1797）香炉、清道光十六年（1836）制公王灵显签诗板等文物。双忠庙给碗窑村增添了厚重的历史文化底蕴，使其成为一座有故事有乡愁的历史文化名村。

碗窑双忠庙（宋国莲 摄）

双忠庙庙口墙上题有一行红字，上书："闯过分水关，追平阳，赶平阳，力举千斤。"这句话有个故事。古时碗窑村中有村民家的牛被浙江苍南平阳县五岱村的贼人掳去，碗窑村民十分气愤，有8个壮士决定去将牛追回来。他们路过当时的福鼎县衙时被县太爷拦住，县太爷说那贼人武艺高强，不可贸然前往。然而那8人早已下定决心，说此去哪怕是刀山火海也定要将那贼人俘获。县太爷见他们去意已决便不再阻拦，并承诺若能成功将牛牵回，便为他们披红并题字褒奖。几天后，8位壮士一路闯关大败贼寇，顺利把牛牵回碗窑归还原主。县太爷依诺骑马到碗窑村，亲自为8位壮士披红挂彩，并亲笔题词弘扬他们的壮举，也就是现如今我们在庙口看到的那行红字。这段故事已无法考证，但从侧面反映出数百年来碗窑淳朴、好义的民风。

历代以来，碗窑村民尊儒尚祖，热心建宗祠、庙宇、桥梁等。村中留有余氏宗厅三座，黄氏宗厅一座，邓氏宗厅一座。庙宇除双忠庙，还有白马宫、天一宫、马仙宫和两座喜大王等。除村东头一座石拱桥，村口还有一座石板桥名为"凤山桥"，是清乾隆年间余氏先祖良深公建造的，清光绪七年，后人还在此立碑以感念先人义举。

寓意吉祥，青龙昂首盘旋舞

碗窑村的"龙灯"极具当地民俗特色。据余振翻介绍，碗窑村舞龙灯始于清乾隆年间，龙身为9节，长22米，全身为青黄色，共有"龙缠柱""龙翻身""龙超井""龙拜寿""贺八仙"等多套特色表演。舞龙之日，旌旗飘扬，锣鼓、号角齐鸣，每隔五六尺有一人撑竿，由一人持竿领前，竿顶竖一巨球，作为引导。舞时，巨球前后左右四周摇摆，龙首作抢球状，引起龙身蜿蜒游走，似青龙昂首摆尾、盘旋起舞，慢舞时雍容大度，快舞时激越奔放，别具一格。

碗窑村的舞龙灯有着特定的传统形式和独特的艺术内涵。舞龙灯的表演者将32张八仙桌改为更美观的高台，围绕高台舞成龙灯"全台"。"全台"按照三才、五行、七星、九州等寓意分别摆放，青龙以各式动作穿插通过台与台间并不大的间隔进行着高难度的表演。整个龙灯表演分别对应与其相称的吉祥寓意，表达了客家人对风调雨顺、五谷丰登的美好祝福，以及对人丁兴旺、平安健康的殷切期盼。

碗窑龙灯队的队员全部都由碗窑村村民组成，在方圆百里颇具名气。每年春节，碗窑的龙灯都会在点头镇和其他各乡镇演出。1995年，在福鼎撤县设市文化汇演活动中，碗窑村为福鼎市民送上了精彩的舞龙灯表演，受到了福鼎市民的热烈围观与赞扬。如今，碗窑村将舞龙灯作为一张文化特色名片加以传承与发扬。

民风浓郁，历久弥新传话节

据说清朝三藩作乱时期，余氏先祖们为了生存，先后有三批人从汀州府漈城（现连城县）逃出来，分别迁居现在的福鼎管阳后溪、苍南桥墩和福鼎点头观洋碗窑村。碗窑余姓一族始终遵循古训，至今依然保留了故乡的语言，即闽西的客家方言（姑田话），俗称"汀州话"或"碗窑话"。每年农历九月九日重阳节，碗窑村都要举行"祭祀酒"活动，庆祝一年来五谷丰登并感念先祖的功德。村民们以喝酒的形式要下一代和刚进门的媳妇学讲"姑田话"，说上三句以上才可以进去参加酒宴。这就是碗窑村"九月九传话节"的来历。村民们就是通过这种喝"祭祀酒"传话的形式，使碗窑客家话得以延续至今。

2015年，碗窑村举办了第一届"九月九传话节"。据余振翻介绍，一开始举办传话节的经费并不充裕，活动的规模也不算大，自2016年茶企陆续赞助后，传话节的规模逐渐扩大，知名度也得以提升。"老茶镇"的张金川就是赞助商之一，他连续赞助了两届传话节。随着碗窑传话节知名度的不断提升，其产生的社会影响力也逐渐得到各界的认可和重视，2018年的传话节便由点头镇政府牵头，带动30多家点头当地茶企参与活动。这样良好的趋势让老余等人看到了未来，对办好传话节充满了信心。2021年，碗窑"九月九传话节"成功申报福鼎市级非遗，村中供小孩子学碗窑话的学堂也在筹备之中。

自2015年起连续五年，每逢重阳节前夕，台湾高雄师范大学客家文化研究所的吴中杰副教授都会带着他的学生，不远万里来到碗窑这个小村落。正在做两岸客家文化研究的他十分重视碗窑话，同时也是他帮助碗窑话寻到了根。他将碗窑与同时期汀州迁往台湾的汀州文化进行对比，认为碗窑文化具有相当珍贵的历史价值和研究价值。

碗窑村不仅客家文化底蕴深厚，还具有浓郁的畲族文化风情。凤溪畲族自然村就在碗窑村内，当地流传着大量传统的畲族民间歌谣和山歌，也有小曲和小调。畲族山歌一般以七字句为准，每首四句，类似绝句，通俗、易懂、易学，朗朗上口。常唱的山歌有《十劝郎》《十劝妹》《十送郎》《洗衣情歌》《单身歌》《五更鼓》等，有些山歌是即兴创作的，看什么唱什么，想什么唱什么，信手拈来，出口成章。

飞瀑流泉，风光旖旎古村落

碗窑村是一座环山抱水、古色生香的古村落。前面群山相拥，似蛇龟把守水头，又成狮象守口之势；后山顺缓而下，似一只振翅欲飞的凤凰，素有"凤山"之称。一条小溪从村前流过，古老的石拱桥横跨小溪，倒映溪中，水接连环如长虹卧波。桥头立有一棵百年老榕，苍老翁郁，须髯飘飘，荫如华盖。峥嵘的虬枝嵌入苔痕斑斑的青石板中与之相互盘结，浑然一体，虬枝蜿蜒伸入桥底犹如盘龙饮涧。桥下流水潺湲，坡堤浅草平铺，一座座错落有致的老屋或沿溪而建，或立于山边。走在迂回曲折的村道中，周围青翠回环。小溪流过村口的百丈石崖便跌宕而下，形成一道美丽的瀑布，

碗窑百年古榕（宋国莲 摄）

苍壁皎皎，远远望去犹如一条银龙飞身跃入深潭，顿时银珠四溅，飘飘洒洒如雨，如烟，如雾。潭中有石，上书禅意满满的"妙聆"二字。飞瀑流泉，在这幽深雅静的凤谷中仿佛晨钟暮鼓萦绕在心头，让人忘却劳顿，心生欢喜。

如今，碗窑村以独特的人文景观和自然风光，打造出了一个休闲庄园——凤谷。这里群山叠翠，峡谷幽深，涧水长鸣，怪石林立，吸引着众多游客前来观光休闲。

碗窑古村，立于尘世之中又远离尘世的纷扰，无论外面如何喧嚣，村民们依然过着原生态的乡村生活，晨炊暮爨、鸡犬相闻。走进其中，看鱼儿摆尾清溪，看日光穿梭树林，听百鸟山谷呼应，你就仿佛走进了悠闲随性的山居岁月。

点头

古韵绵长话王孙

✎ 黄宝成

点头王孙即现在的马洋、江美一带。福鼎置县后属福鼎十六都，民国初期始属点头镇至今。旧时战乱频繁，王孙相对偏僻，依山傍海，土地丰腴，福温古道沿线游离着许多从中原腹地辗转而来的大批衣冠贵族选择在这里栖身。

其实王孙的历史可追溯到商周时期，那时就有古人类在这一带繁衍生息。人们在马洋头山遗址、大山下遗址、大山下南坡遗址中采集到大量石锛标本、陶片等，经专家鉴定，均为商周时期的器物。

明永乐二年（1404），为躲避官兵的追剿，黄德善率家族外逃，迁居王孙，过着隐居生活。他们取村名"黄村"，因与"王孙"谐音，遂称为"王孙"。这是王孙地名由来的一种说法。

一说王孙地名与迁鼎的赵宋皇族有关。宋朝灭亡后，大量赵姓皇族及近亲逃难。王孙赵氏始祖赵惟增，于明隆庆六年（1572）迁入点头王孙定居，为不忘自家身世，故取地名为"王孙"。入鼎时，他们在王孙周围购买了很多田户，购买的田地称为"官洋"（现为观洋村），平常养马的地方称为"马洋"（现为马洋村）。

赵姓迁居王孙后，经过几代人的繁衍生息，家族逐渐壮大，清康熙至乾隆间最为兴旺，人口发展到700人以上，遂成为福鼎的名门望族。修于清光绪年间的《福鼎县乡土志》载："若王孙赵、激城杨为世代望族。"

赵氏皇族南迁入闽的过程中，不仅携带了护卫和马匹，还从宫中带来了厨官。随着皇室的逐渐平民化，那些宫廷美食菜谱也流传到了民间。据传福鼎传统老菜"八盘五"中的"蹄髈扣"就从宫廷菜谱"东坡肉"演变而来。还有一道是宋皇室从高丽国引进的，菜名就叫"高丽"，原本是以鱼肉为原材料，本地厨师创造出了以猪肥膘、福鼎芋、番薯为原料的菜品，称为"假高丽"。

王孙赵姓的迁入也带来了传统的中原文化精髓，他们世代延续着"耕读传家，诗书济世"家风遗训，这种文化理念有着极强的感召力与渗透力。后续迁入的朱、张、缪等姓不断加以光大与追崇，这在各姓的族谱中可找到印证。《朱氏族谱》载，朱姓乾隆年间迁入王孙后，簪缨累代，曾授六品至八品衔官绅及贡生、监生、庠生不乏其人。张、缪两姓也是人才辈出，有为官者造福一方，有从商者济世扶困，有从教者诲人不倦，族中孝子更是多不胜数，历代乡贤们赈灾、修亭、建桥、铺路等义行善举传为佳话。

据清嘉庆《福鼎县志》载："王孙溪源二，一出后洋，一出乌石门，合流为三叉溪，东达江尾塘入海。"每年夏季至秋初，山洪频发阻隔通途，不便行人由来已久。清乾隆年间，当地首事张振杨在王孙溪之上倡建了"通济桥"，石料全部采用花岗岩，桥上不设护栏。桥碑载：咸丰三年、同治十一年，通济桥分别被洪水冲垮，后都由当地族首倡修。时至2005年9月1日又遭遇"泰利"台风摧残，石桥被彻底冲毁，经点头镇及各界人士的捐助，在通济桥原址上修成一条钢筋混凝土结构的桥梁。如今，王孙溪依然风光无限，通济桥如长虹卧波，桥下溪光澄碧，一棵棵老树披着满身的藤萝蕨草，依然执着地坚守在桥头溪畔，颇具诗意。

连接通济桥两端的是一条古道，是南下福州、北上温州的重要通道。古道宽约1.5米，路旁芳芳萋萋，蜿蜒伸向远方。

王孙古驿道历经风雨沧桑，承载着许多历史。千百年来，古道上有不绝于途的商贾贩夫、赶考学子，也有走马上任的官吏和游历的学者。宋代著名诗人陈与义，字去非，号简斋，洛阳人，当年从南向北经过王孙古道，留诗一首曰："已过长溪岭更危，伏龙莽莽向川垂。斜阳照见林中石，记得南山隐去时。"南宋著名政治家、爱国诗人

大山下古民居（黄宝成 摄）

王十朋在南宋乾道五年（1169）冬天，从泉州知府任上退休回老家浙江乐清，取道福温古道，经过王孙。1158 年，爱国诗人陆游赴宁德任主簿，从家乡绍兴途经永嘉、瑞安、平阳，越过分水关，经王孙古道南行到宁德。往事悠悠，古道不语。

王孙历史悠久，人文丰厚，域内有观音寺、长福寺、泗州佛、古戏台、朱元千古墓、大山下古井等。其中，观音寺建于明成化元年（1465），距今有 500 多年历史，为福鼎名古刹之一；长福寺建于清光绪十八年（1893），由王孙乡绅朱琼楼倡建，坐落在王孙古道旁；泗州佛寺位于王孙海滨一隅，寺内设有神龛，供奉着泗州佛。

据《闽书》卷三十七记载，福鼎域内有龙亭铺、杜家铺、官洋铺、王孙铺、岩前铺、半岭铺、分水铺等。古时，王孙设王孙铺，民间称为"乞儿厂"，是清乾隆间福鼎设县后建立的一个门户，主要是管理当地治安及官方公文投递。福宁知府李拔曾在门披上题曰"芳草留青"，清翰林编修何西泰到此留诗云："孤店当门野水流，空山乔木叫钩辀。兰舆春晚王孙路，芳草萋萋又远游。"

随着时代的流转，"王孙"这名字渐渐淡出了人们的记忆，但抹不去它曾经的繁荣，那些古桥、古井、古屋、古驿道、古遗址所释放出的古韵，无不拨动着人们的心弦，引人驻足回望。

观洋村叙旧

✍ 黄宝成

点头观洋村南接宸山，东临马洋村，北至三沙溪村，周围群山起伏，纸蓬楼溪、金仔溪分别由北向南跌宕而来，两溪沿村夹流，洞鸣铮铮。观洋村因"官洋"谐音日久而得名。清嘉庆《福鼎县志》载："自治南迎薰门出石湖桥至岩前，十里……过岩前桥逾岭为王孙，十里。上半岭亭，下官洋亭，抵店头，十里。"历史上，由于福温古道、973省道穿村而过，观洋交通便捷，宜居宜业，许多姓氏纷纷入迁观洋。观洋村人文发祥于宋代，文化底蕴深厚，特别是明清时期更是闻名遐迩，在一千多年的历史长河中演绎了许多精彩。

凤谷瀑布（陈雪兰 摄）

村史悠久 文化厚重

福温古道是一条千年古道，历史上观洋是古道上的一个节点，往来商贩极为频密，茶叶、南货、瓷器等特产都经由这条古道转销外地，多元文化在这里交汇融合，经久不衰，造就了观洋古意盎然的人文风物。2016年福建省考古调查得之结论，观洋碗窑古窑址主要以生产民用瓷碗为主，工艺有些仿芒口瓷；从碗窑出土物的种类、特点均表明，其年代可上溯南宋，一直延续到清。可见，早在宋代，就有先民在这块土

点头

地上繁衍生息。

观洋紫云寺，又称"半岭亭寺"，据传始建于梁武帝时期。明朝时，观洋先民在中湾宫后田角挖出一尊六光佛石像，据考证是东晋时期的文物，确切地说，应是六角石经幢。该石经幢分为幢顶、幢身和基座，石幢的六面皆刻有文字，分别是"南无释迦文佛""大方广佛华严经""大乘劝世宝藏经""大乘真明法世经""大乘妙法莲花经""大佛顶首楞严经"，刻有"南无释迦文佛"的一面，底下还雕有佛像，因此被称为石佛像。

观洋方圆十里禅风炽盛，除了紫云寺外还有东兴寺、光明寺、兴福寺、福善寺、国华寺、紫竹寺、隐灵寺等，这些寺庙大多数建于明清时期。

迁入观洋较早的有洋中黄氏，中湾陈氏、董氏，半山顾氏，陂兜江氏、罗氏等。清乾隆年间，洋中肇基始祖黄成国自白琳入迁观洋洋中后，筚路蓝缕，艰苦创业，其后代先后在点头横街开办米行、南货店、布行、茶庄，生意做得风生水起，富甲一方，横街因此有"黄半街"之称。

一方山水　人物风流

观洋村出现过众多著名人物。

一代名僧智水祖师曾经住持观洋国华寺多年。智水祖师，字楞根，法号心源，曾任瑞云寺住持、福州怡山西禅寺方丈，民国时期曾任福建省佛教学会会长，是佛教临济宗在福建怡山长然寺第 58 代传人。祖师生平持戒甚严，尤精于梵典，擅长诗词、书法，平日喜作蝇头小楷，神韵圆润，著有《佛陀救世精义》《华藏楼诗集》，写景抒情极尽宋人风格，间亦作禅语，有《风山十景诗并序》传于世。

清代洋中黄氏出了两个人物，据洋中《黄氏家族》载："景旺公例授太学生，遵闽省防赈捐输，例加布政理问。光绪甲辰年加捐一级，例授五品衔，诰封奉政大夫。景旺公早逝，梁氏矢志孀守，经福建如心社以第六届采访节孝注册呈报，蒙督抚学政同咨请礼部题奏奉旨旌奖节孝，准予建坊入祠，春秋祭典，永享千年。"其圣旨牌匾内容曰："兵部尚书杨昌濬，兵部侍郎刘铭传，钦命提督福建全省学院陈学芬为'节孝'故儒士黄钟琚妻梁氏立。光绪十三年岁在丁亥大昌之月吉旦。"又据嘉庆《福鼎县志》载："黄家万，字若邦，店头洋中人，平生好义举，尤厚待戚属。有林、张两姓厝棺于家，经二三世弗克葬，万为谋窀穸。又有朱姓贫不能娶，为之置室。他若减谷价赈荒歉以及义仓、义冢诸事，靡不乐为，闾里服之。"

江履森是观洋村陂兜自然村人，一生颇具传奇色彩。他早年经商，贩羊失意后，发愿在观洋亭里烧茶施茶。三年后，他到点头镇上开了一间茶叶铺，生意十分红火，茶叶销往福州、宁波、上海等地，进而买田雇工，成了当地的富户。因生意繁忙，在观洋亭烧茶施茶便无暇亲为，江履森就花钱请人代劳。20世纪30年代，当地游击队经常往返观洋亭，有个叫鸿弟的同志遭到国民党反动民团追捕，当他飞身进入观洋亭时，江履森让他躲进草房后面的酒缸里，盖上木盖，躲过一劫。1949年后，江履森被认定为地主身份，押到县城流美坝下公审，没想到老红军鸿弟正坐在公审的主席台上，连忙喊停，救下了江履森。

顾齐寿，观洋人，福鼎农业学大寨时期的风云人物。他一生躬耕田野，踏实为人，为村里人所称道，后来当上了宁德地委委员。即便如此，他依然身居陋室，生活节俭、一心为公，积极向上，努力践行大寨精神，成为那个时代的楷模。

山清水秀　风景独特

凤谷观景　凤谷位于观洋村域内，其谷幽静深长，枯藤盘杂；急流飞瀑，跌宕多姿；两峰对峙，一水中流；两岸植被繁茂，野性十足，溪边小筑，别具一格，宛若世外桃源。

洋中黄氏民居　三座古宅建于清乾隆年间，先后由黄成国、黄圣齐、黄家修所建，按"福""禄""寿"顺序一字排开。古宅典雅古朴，民居内构件精雕细琢，有浮雕、透雕、彩绘，具有浓郁的地方特色。三座古宅占地面积、建筑风格、坐向等相近，体现有机统一的和谐之美。古宅之间虽有间距，但立面相连，前后廊道相同，其建筑布局十分严谨。黄氏古民居总占地面积5669多平方米，建筑规模之大，堪称点头古建筑之最。

宋代碗窑遗址　碗窑遗址位于福鼎市城北15公里的观洋碗窑自然村。早在宋朝时期，先民就在这里开始烧制瓷器。走进碗窑古窑址，遍地都是碗、盘、杯、碟碎片，透过时空不难想象当时烧制瓷器的规模和热闹的场景。碗窑遗址如今成了观洋村的一处旅游景点。

烽火古墩　据嘉庆《福鼎县志》载："点头烟墩遗址，位于福鼎市点头镇岐尾村外200米的一座山丘上。明嘉靖年间为抗倭而筑，烟墩为方形，石构。"平面63.96平方米，高3.5米，宽7.8米，长8.2米。内亦为方形，只留一墩口。现基本保留完整，成为点头十二景之一。1989年，被福鼎市人民政府公布为县级文物保护单位。

岐尾古梅　观洋岐尾原有古梅百株，奈无人眷顾，冷香零落；今名园重整，迎春早发，引人入胜。近代诗家朱挺光先生诗赞："红梅岁岁报春光，十载凋零暗自伤。

古树于今重放彩，迎春要作惜春郎。"

长堤烟景　该景点位于观洋村赤沙岔。原点头港口成钳形，今围海垦地，从海屿连到赤脚礁筑起了一条 1500 多米的海堤，垦区内良田千亩，市肆林立。倘若烟雨霏霏，雾锁长堤之日，海上小岛若隐若现，山光水色似有若无，长堤不见首尾，置身其中，如入仙境。"长堤烟景"如今也成为点头十二景之一，朱挺光先生诗赞："一堤飞筑贯西东，天堑成衢两岸通。市肆如林渔唱晚，风光绮丽景交融。"

河滨公园　公园系新辟，位于点头观洋中湾溪上，首期面积 35 亩，筑有楼台亭榭，广栽异卉奇葩；公园双湖环绕，桥连岛岸，百亩茶园，十里溪山，遥相呼应，风景如画。朱挺光先生诗赞："十里溪山曙色开，天光云彩共徘徊。人工巧垒双瀛岛，疑是巨鳌并驾来。"只可惜，公园后因河道清理而废弃。

碗窑村古道（陈雪兰 摄）

后梁：世外古村，百年遗韵

✍ 黄宝成

　　后梁村位于点头镇西北部，104国道南侧，距离市中心20公里。后梁原名"后洋"，因梁姓在后洋聚族而居，故改为"后梁"。域内群山拱秀，风景清幽，岭上有云山梯田，路边茶园环翠，是一个将生态山水与人文底蕴融为一体的传统古村。

藏风聚气的传统村落

　　后梁村深藏于崇山峻岭之中，村落在明末逐渐形成，以山区沟壑为路，由传统民居、宗祠、墓园、宫庙、农耕设施等组成，是具有典型散点式布局特征的传统村落。这里山清水秀，风土人情极具山区特色，文物古迹资源丰富，特别是以梁氏家族为中心的家族历史底蕴深厚，构成了一部明末以来的村落发展史。

　　古村落选址独特，据《梁氏族谱》载，后梁肇基始祖福建南安象运五十三世祖梁风宁、梁乌、梁华明三兄弟于明末崇祯年间迁徙到后梁旧厝。该老厝背枕燕峰山，面朝巍峨的福鼎山，门前有"风宁塘"。水塘呈"品"字形，寓意"三品、五德"之意。塘内塑造三条鲤鱼日夜喷泉，寓意着梁氏后裔世泽绵长。

　　在漫长的岁月中，梁家先祖勤俭持家，筚路蓝缕，到了清代，他们先后在旧厝、里厝、上洋、大岗、里村建起了几座古民居。这些民居就坐落于藏风聚气的群山谷底，山岭植被良好，溪谷农田肥沃，昔日古道把各个自然村连为一个整体，清澈溪水从村内流过，为梁氏家族提供生产灌溉之用，是王孙溪源头之一。

　　以里厝民居为例，该古民居建于清乾隆年间，由监生梁志纲所建。古民居坐西北向东南，一进合院式土木结构，通面阔约30米，通进深25米，中轴建筑由门楼、天井、正厅组成。正厅面阔六间，进深七柱带前廊后檐，抬梁式重檐歇山顶。民居建筑独特，造型丰富，外观朴实低调，内在别有洞天，屋内雀替、架梁、门框等雕刻十分精美，后门置消防鱼池及寒泉冽井。古民居生活功能齐全，具有较高的艺术价值。200多年来，古民居的主体结构依然完整无损，巍然屹立于后梁山水之间。

梁氏宗祠

梁氏宗祠建于清嘉庆戊寅年（1818），坐西朝东，占地面积1680平方米，建筑面积346平方米。宗祠背靠燕峰山，面朝秀丽的鲤鱼山，左砂手呈龟状，右砂手似蛇形，暗含"蛇龟相守，水聚气生"格局。宗祠为一进合院式砖木结构，穿梁式、硬山顶。中轴建筑依次由祠堂埕、门楼、前殿、天井、走廊、正殿等组成。上下厅设24根柱子，每根柱子上的楹联都体现梁氏渊源。正殿供奉着梁氏列祖列宗神位。梁上悬挂着清嘉庆以来历史名人的题词牌匾，如清咸丰兵部侍郎福建巡抚部院瑞、光绪年间福建督司左副部御史提督等的题

梁氏宗祠（陈雪兰 摄）

词。大埕前有清咸丰年间贡生梁学卿树立的旗杆，以此来彰显功名荣耀，同时也发挥激励后人勤奋读书、努力进取之效用。

200多年过去，由于风雨侵蚀及人为破坏，梁氏宗祠有些破败。2016年10月，梁氏族人本着以旧修旧的原则还原宗祠原貌。宗祠整体设施和装饰体现了深厚的家族历史文化内涵，贯穿孝、悌、忠、信以鞭策教育后人，为弘扬祖德、树立尊宗敬祖的优良传统以及新农村文化建设发挥着积极的作用。

风光独特　古迹众多

后梁是福鼎历史比较悠久的传统村落之一，历史文化底蕴厚重，历史古迹众多。村前古驿道通往福鼎点头，与福温古道连接；有修建于清代的横跨鲤鱼山水口的石拱桥以及下洋溪石桥；有始建于清代的灵显寺、安泰宫、马仙宫；有龟盾、鲤鱼山等古墓；有清代文物寿帐、上洋梁学辉贡生旗杆和梁氏宗祠梁学卿贡生旗杆等；有红色遗址上洋炮台以及燕窝防空洞……这些文物古迹至今依旧闪烁着悠远而深邃的光芒。

这里的自然景观也十分独特，略概述几处如下：

古井茶树　后梁村一老厝旁有井名曰"茗寿泉"。茗寿泉井深 2 米许，井口直径 1.5 米，井壁用石块垒砌，上小下大。井水清冽甘甜，冬暖夏凉，四季从不枯竭。据说古井是后梁肇基始祖风宁公所挖，至今已有 300 多年的历史。井水潺湲，迎来送往几十代人，村中年长的老人至今依然喜欢到古井打水烧茶做饭。井边植有古茶树一株，茶树根深入井中，受井水滋润，根深叶茂，村人称之为"太姥白"。

宋梁克家《三山志》中提到：闽中有茶，曰"太姥白"。清嘉庆十四年（1809），翰林侍讲梁同书劝勉后辈，题《茶道》："茶观太姥《三山志》，道耀梁门

茗香益寿井（黄宝成 摄）

万世辉。"后梁梁姓据说系梁克家后裔，族人视"太姥白"为茶中良种而加以保护。

榕松合抱　古树位于后梁老厝门楼下首的古道旁，据传是梁姓先祖所植，历百年沧桑，树大荫浓。民间有俗语称"榕树不上山"，而后梁村这棵百年老榕却偏偏生长在山中。榕树身上还长出一棵松树，松榕合二为一，共荣共生。松树奋力向上，榕树另谋出路，犹如一对恋爱中的情人，村民称"夫妻树"，颇具观赏价值。

古道红枫　枫树位于老厝门楼下首的古道旁，树高约 20 米，胸围约 7 米，虽历经数百年风霜，至今干壮体美，被村民奉为树神。每到深秋，万物萧索，但见古道与红枫相映、霜叶与秋絮翻飞，沧桑中透着浪漫，热烈中带着寂寞，引人流连，寄托情思。

隘口拱桥　该桥位于梁氏宗祠下首的出水口。桥名曰"善嵩桥"，呈东西走向，修建于清光绪十三年（1887）。桥边枯藤盘杂，山石嶙峋，草木丛生，溪流碧澄，一幅怡然的山水画卷。这里以溪谷山峰环绕、万壑归泉的原生态及其野趣和神秘征服了许多来访者。

鲤鱼上山　　鲤鱼山位于梁氏宗祠正前方，山体酷似鲤鱼上山。神奇的是，鲤鱼山拥有鲤鱼所具备的各项要素，"鲤鱼头"朝西，像是在不断吮吸着从西而来的淙淙溪水；"鲤鱼尾"呈现分叉，连接着一片茶园，好似尾鳍摇摆；还有"鲤鱼嘴"，形态惟妙惟肖很是奇特。

燕峰洞天　　亦称燕窝防空洞，位于后洋山的燕峰山巅。据嘉庆《福鼎县志》记载："后洋山，顶常有云雾覆之，乡人以卜晴雨，辄验。"燕峰山峭壁千寻，直插云天，从远处望去便见岩石仁立，古木从石罅中伸出。石壁下方有天然石洞，弯腰跨入寂静的洞中，顿觉寒意袭身。洞内四壁巨石森然屹立，头顶别有洞天，阳光从树缝石罅中投射洞内，光芒照顶，恍若进入奇幻之境。

传承书香文脉

梁氏族人秉持"耕读传家，诗书济世"之家风祖训，使得家族成为一方名门望族。后梁自明末以来，累代簪缨，仕外宦绅不乏其人，其中有布政司梁丕昌、千总梁廷缙，在科举中获得功名的有进士2人梁学卿、梁学辉、贡生2人、廪生1人、太学2人、监生9人、庠生4人。近现代也涌现出大批人才，有大学教授、学者官员等，他们或以文采风流骄人，或以松柏之志垂青。书香墨韵以及孝道文化已经深深植根于这片土地之中，融为后梁人血液里的基因密码。

青山绵绵，溪水潺潺，山路弯弯，古树葱郁，民宅古雅，构成了一幅原始、古朴的美丽乡村画卷。在这方山水之间，后梁百姓世代繁衍生息，过着自给自足、耕读传家的世外桃源生活。

岐头略记

黄宝成

点头岐头村位于美丽的八尺门内湾，依山面海，是一座僻静古朴的滨海村庄。这里毗邻马洋，与八尺门大桥隔海相望。岐头古称"旗头"，源于村后山丘状如旗子，后谐音为"岐头"。村庄布局依山而建，临水而居，两侧山体环抱，具有藏风聚水之格局。

岐头村民风淳朴，世代耕田牧渔，居住着郑、魏、张、夏等各姓族人，闾里之间和睦相处。据传岐头古时因地僻人稀，村民出海打鱼经常遭遇海盗，村庄亦曾遭侵扰，郑、魏、张、夏等姓氏合力同心，共同御敌。出于健身和自卫，全村习武成风，世代相传。

岐头魏姓人居多，占全村人口的70%以上。魏姓肇基始祖魏高四，因慕名岐头山水之秀，于康熙年间自福建柘荣泰阳迁居而来。魏高四经营棺椁生意，节俭持家，家道渐丰，传至魏茂武（字秉韶，号车朋，监生，人称"岐头武"）由于致富有道，事业蒸蒸日上，开始广置良田，年田租收入达2500担，特别是海洋捕捞生意做得风生水起。魏茂武生二子树菡、树柏。魏树柏为人豪爽，斥巨资承包下福州码头，由于经营不善，散尽千金而宣告破产，从此家道中落。

历经百年沧桑，岐头积淀了深厚的文化底蕴，人文景观遍布于村中各处，存留有古樟树、地主宫、高四公古墓、魏氏宗祠等。其中，河边寨烟墩曾经作为抗倭的前沿哨所而声名远扬。

烟墩又称烽堠，俗称烽火台，是防止敌人入侵而修筑的高台，是古代重要的军事预警和防御设施，如遇敌情，则白天放烟，晚上点火，台台相连，以传递敌情。岐头地处八尺门内湾，地理位置得天独厚，河边寨居高临下，海上一举一动，一目了然。

从烟墩下来，路的左侧有一棵300多年树龄的古樟木，它吸岁月之精华，得山水之灵气，冠大荫浓。树高约30米，树围7.3米，平均冠幅20米。周围民众一直对其存有一种敬畏之心，视古树为风水树。古樟木为岐头魏姓先祖所植，是300多年来岐头兴衰的见证者。

点头

古樟木挂过明月，泊过白云，驻过缕缕炊烟，历尽风雨洗礼，如今更显得苍劲古雅。

古樟木左侧的小山丘平园顶上，坐落着魏氏宗祠。宗祠建于2015年，祠堂分两进，前屋是大厅，后屋是拜谒祭祖的厢房。青砖黛瓦，飞檐斗拱，朱漆圆柱，雕梁画栋，古朴高雅。祠阁一体，屋宇相连，祠堂大门两侧一对石狮威武高大，气宇轩昂，雕刻精致，生态逼真。紧挨祠堂左侧便是迁居岐头始祖魏高四之墓，成"风"字形建制，建于清乾隆四十二年（1777），距今已有240多年历史了。

岐头古樟（黄宝成 摄）

如今，滨海大道途经村前而过，村民们乘新农村建设的热潮，通过自筹统建，整合土地集中建设，改善生活环境，新村建设初具规模，形成了"一轴两片"的规划格局，创造了一个布局合理、设施完善的生态宜居新村。

身处海滨一隅的岐头正变得生机勃勃。每当夕阳西下，海面上波光粼粼，渔船归航，蓑子行舟，这场景颇具诗意，人们漫步海堤，凭海临风，惬意而安然。

古韵山柘

✏ 黄宝成

点头山柘村原名"三漈"，因村前小溪瀑布经三漈飞泻而下得名，后谐音为"山柘"。山柘交通便捷，104国道、福温古道支线绕村而过，成为点头东北角重要的货物集散地。如今虽然不再拥有昔日的繁华，但这个枕山、临水的古村魅力依然，由溪流、小桥、古道、古树构成的田园风光，让人驻足流连。

山柘为朱姓聚居地，朱文英为迁居岗后肇基始祖，派衍天、地、人、长四大房，地房朱干于明弘治十三年（1500）分居山柘，人称"山柘朱"。

英才辈出

朱氏族人历来重视教育，世代在山柘朱氏宗祠设立私塾，秉持"诗书继世，耕读传家"的家训，族内设书灯田（奖学租），逐年收租以资鼓励族人耕读，培养仕进人才。"山柘朱"人才辈出，簪缨累代，史上贡生、秀才、耆宾、儒商不乏其人，近现代也走出一批优秀人才。

朱奇峰　　一代盐商朱奇峰即来自山柘。清光绪年间，朱奇峰在福宁府经营盐业，生意做得风生水起，并以护税恤民而誉满福宁大地。清光绪四年（1878）福宁府知府富乐为其立传赠匾，一时名噪鼎邑。《朱氏家谱》有《赠奇峰朱先生小传》："予自戊寅季夏来守是邦，询知盐商朱奇峰办盐之法，事事以卫课恤民为心，尤能革从前之陋习，而鹾务日见起色，于是课赋有加，民情愈洽，鱼盐中当必以君为巨擘焉。然怀才未遇，而姑托业于此，倘他日登进有期，政事虽繁，君必措置裕如也。吾念其才，吾知其先人之令德积累有由矣。兹因修为额之曰'令德维馨'。"

朱有约（1915—1938）　　曾任鼎泰红军游击队战士，参加了闽浙边区三年游击战争，抗日战争爆发后随所在部队编入新四军，为新四军第二支队四团三营战士。1938年北上安徽后失去音信。

朱彝庭　　少聪慧，好习文弄武，是福鼎点头著名拳师陈春泉的高徒，膂力过人，以指功见长。他积极投身革命活动，置自身安危于度外，负责地下党联络工作，广泛接触社会，联系当地群众，宣传革命道理。他积极配合郑丹甫、王烈评、陈辉等革命同志开展地下革命活动，曾多次被国民党当局逮捕，都经革命同志朱敬伍营救保释。

朱世佃　　艰苦创业模范朱世佃，曾任九峰山林场场长。在 20 世纪 70 年代，为了响应国家大力发展林业的号召，他远离尘嚣来到九峰山，带领职工艰苦奋斗，经数十载的不懈努力，把 7000 多亩沟壑纵横的大山，变成一片苍茫的林海，成为福建众多林场的先进典范。现九峰山林场的森林覆盖率达到 90% 以上，为国家级森林保护区，曾经的荒山野岭变成绿水青山，成了金山银山。朱世佃一生无私奉献，以场为家，将平凡与寂寞留给山谷，让坚韧与信仰植根于葳蕤的山林，在九峰山上矗立起一座永恒的绿色丰碑。

随着教育事业的发展，山柘人民在新的历史条件下，继承先辈的文化传统，一批批莘莘学子先后考入全国各种大学。他们在各条战线上，正在为社会主义事业做贡献，确实不愧为人文荟萃之村。

人文荟萃

九峰禅寺　　九峰禅寺位于山柘村九峰山。九峰山是因山中有九峰层峦叠嶂，宛若九朵莲瓣而得名。相传南宋时期杭州天竺寺住持净晖禅师在此结庵，明朝慧明禅师开山启建，初赐名"开元兴国禅寺"，明孝宗皇帝因山赐名"九峰禅寺"。禅寺历经百年风雨沧桑，一度倾圮，清乾隆三十九年（1774）重建。

西兴寺　　西兴寺位于山柘村吉象山，始建于明嘉靖九年（1530），为管阳章峰李枝发所建，并施周围山田数十亩。由于地僻人稀，寺院历来提倡农禅并举，僧人几乎与外界隔绝。一代高僧青意法师曾隐居西兴寺，专修净业，声名远播。

碗窑遗址　　遗址位于九峰山主峰的半山腰上，窑址周边布满瓷器碎片。从出土的碎片看，器形基本为碗、盘、杯、碟，瓷片或灰或白，大小不一，胎体坚致厚实。这些遗存为青白瓷的调查提供了丰富的实物资料。

岭口石拱桥　　该桥是一座单孔石拱桥，具体建桥时间不详。桥面跨度约 6 米，宽约 2.5 米，孔高 3 米，呈东西走向。桥面用青石板铺设，中间设方形定心石。桥两侧设石栏板，栏杆柱头装饰着两对精雕细琢的小狮子，石拱桥虽然规模不大，但工艺考究，造型别致，至今保存完整。

水碓遗址　　水碓原位于山柘村口麒龙潭下首，地名水碓坑。明清以来，山柘先民利用麒龙潭倾泻而下的落差，建设水碓，提高生产力。山柘水碓坑由于地处山柘里、岭口两村之间，每天碾米、碾米粉的人流络绎不绝，碓杆声起伏不绝，使静谧的小山村充满活力。

朱氏宗祠　　朱氏宗祠为砖木结构，建筑面积约 400 平方米，进深五柱，廊厅宽敞，为单檐穿斗式结构，顺脊檩式人字顶，曾作为私塾教学和族亲议事、祭祀与演戏等用。宗祠内悬有一方匾额"令德维馨"，为光绪四年（1879）福宁知府富乐所赠，大门门楣上题额"朱氏宗祠"四字为著名书法家赵朴初所书。

风景明秀

三溁飞瀑　　三溁龙井上瀑布从峭壁的高处飞流直下，潭上飞花四溅，雾气腾腾。飞瀑宛若银河飞泻，尤其是第三井更是惊涛怒浪，山鸣谷应。这里山清、境幽、瀑变、井奇、崖峭，是不可多得的自然景观。

九峰林海　　九峰山在点头东北面，冈峦浩瀚，竹木苍茫，山中有九峰禅寺，树木环抱，别有洞天。近代诗家朱挺光先生诗赞："九峰飞峙宸山东，烟雨层林景色融。鸟语花香僧旦暮，桃源世外俨相同。"

山柘九峰山观光栈道（陈雪兰 摄）

春牛静卧　　山柘山明水秀，村后山丘自西向东逶迤而来，呈西高东低，状若睡牛，村前流水清澈，乐鸣铮铮。

水尾隘口　　水尾隘口在山柘村头，其峡谷幽静深长，两峰对峙，一水中流，两岸植被茂盛，藤蔓相绕，苔迹纵横，入目皆画意诗情。当地流传着隘口的顺口溜："左至坑，右至坑，上至麒龙潭，下至水碓坑。"

寒泉冽井　　古井位于蓬山脚下山柘溪之畔，井形状若元宝，井水清澈可见，一眼见底，终年泉涌不息。若遇霜天冻土之时，便热气腾腾，雾气袅袅，成一奇观。

岁月悠悠，百年来，山柘村村前那条光滑鹅卵石古道，印证着山柘过往的繁华，那掩不去的厚重历史文化依然熠熠生辉，令人神往。

明辉清韵话举州

✎ 陈雪兰

　　举州位于点头镇西南部,东临白琳车阳,西至点头翁溪,南靠白琳棠园,北接点头大坪。举州离点头镇区约7公里,一路绿竹夹道,翠幕绵延。车随山形万转,行至举州村,只见一谷中开,眼前豁然开朗。村头廊桥横立,翁溪珊珊,绿意深沉;凉风穿林过水拂面而来,几只轻鸥携来三五闲鸭悠然自得地于溪水中沐浴梳妆;举目村中,翠微横陈,田野掌平,阡陌纵横,屋舍井然,绿树荫荫。

举州连山吴氏古民居 (陈雪兰 摄)

　　举州依山傍水,村头有双峰形似"双狮拱卫"。因地处连山坪古道旁,是白琳等乡镇通往柘荣、泰顺的必经之地,明代以来商旅走卒络绎不绝。明末为避倭寇,许多沿海地区的大家族纷纷携家眷由福温古道迁入山区,至康乾时期,点头乡村繁荣达到鼎盛。

　　吴氏等大家族定居举州后,不仅与原居民一起垦荒种地,还依托古道经商创业,并因此发家致富,后开始广置田地,兴建大厝。在这些古民居中,至今保存较为完整的是连山的吴氏古厝和洋尾的林家老宅，它们承载着康乾时期的乡土风情和人文底蕴。

连山和洋尾是举州的中心村。连山村就在连山坪上。折拐入村，便可看见吴氏古厝的白墙黑瓦，飞檐翘角。古厝大门正上方的门额上赫然写着"双峰拱翠"四个大字，是对古厝所在地形的形象概括。

据《吴氏宗谱》记载，清康乾年间，吴氏七世祖吴应卯领着一支族人从江苏无锡出发，沿着古官道辗转浙江温州、泰顺，一路徒步迁徙，最后选中今福鼎和柘荣交界地带作为族人的栖息地。据说，吴应卯年轻时最早经营雨伞生意，后改行经营竹木和茶叶生意，他的茶庄还开到了北京城。发家后吴家开始置田收租，逐渐富甲一方。到了八世吴子望一代，家族已经积累了大量的财富。吴子望分别为四个儿子大境、大鹏、大焕、大挺建了四座风格相近的古厝，并封其为"元、亨、利、贞"四房。其中，元房位于磻溪蛤蟆袋村，亨房在柘荣乍洋的凤岐，贞房为白琳翠郊古民居，而利房就是连山吴氏古厝。除了元房的大宅因大火损毁外，其余三座仍保存至今。连山吴氏古厝，为吴子望三儿子吴大焕所有。可以想象，当年吴氏族人倚坐在这古色古香的门楼花窗里，"笑指双峰翠，坐看落日红"是何等悠闲。

连山吴氏古厝迄今已近200年历史，其建筑结构和风格与翠郊古民居相仿，被称之为"姐妹楼"。古厝呈"四水归堂"布局，以3个三进合院为主体；厅进台阶呈梯形式，共有5层台基、18个天井、98个花窗；内外两重围墙，四周花园；总占地面积达3800多平方米，主体建筑面积3000多平方米。古民居内木雕饰品精美绝伦，所有的梁、柱、窗、门皆饰以图案，或人物花鸟或祥禽瑞兽，栩栩如生。相比翠郊和凤岐两座大宅，连山古厝门楼显得低调质朴，没有雕刻避邪祈福的灵兽和祥云之类，屋内的木制风水墙也简单朴素，大门两边的门神不雕神像，而是直接刻上"神荼""郁垒"两位门神的名字。历经风雨洗礼，"神荼""郁垒"四个大字已经深深融进木板的纹理之中，如同古厝的年轮，又如祖先那写满沧桑的皱纹，散发着独特的民间乡土气息。据说这座古厝的整体装饰设计出自女主人之手，从其简约的窗花、细腻的门饰图案和人物形象的端庄优雅，可略窥一二。

"闲云潭影日悠悠，物换星移几度秋？"古厝今虽风采不再，但那些窖藏着岁月的斗拱悬梁、彰显荣耀的古老牌匾、雕刻精美图案的雀替，无不诉说着这个家族的历史。可惜的是，面对寂寞空堂，留给你我的只有一声"不可复制"的长叹了。

林氏古宅建于清乾隆、道光年间。据《林氏家谱》载，林氏先主在举州洋尾建有三栋古宅，其建筑结构和风格与连山古民居相仿，当地人称为"一队""二队""三队"，而族人则习惯称之为"上厝（新厝）""下厝""外厝"。

举州洋尾林家老宅（陈雪兰 摄）

三座林家老宅中，上厝的建造风格比较大气，不仅筑有山墙，内部装饰也颇有特色。这座古宅属于三进四合院结构，占地面积 2500 平方米，建筑面积 1000 平方米。虽然上厝的规模远远不及吴氏古厝，但门楼设计却比吴氏大厝巧妙且造型优美。大门由三层飞檐翘角亭式构成，门楼两边分别嵌有金蟾、飞鹤、蝙蝠等形象；飞檐周围饰以祥云、花鸟等图案；门额正上方是"泽衍婆湖"四个白底黑字，字的两旁对称刻有松柏、梅花、翠竹和亭台楼阁等；门口有一副对联，字迹依然清晰可辨，上书"风承梅坞标高格，韵叶松坡播远声"。整个门楼的设计和布局，足见主人的审美情趣和自我期许。院内有一条鹅卵石路直通厅堂。老宅内所有的梁、柱、窗皆装饰以花鸟草虫或人物瑞兽；堂前雀替丰富多彩且非常精致，不仅雕有龙、禽之类的动物纹，还雕有形形色色的人物故事形象，从出将入相到市井风情，造型生动，雕工精巧，至今依然保存完好。

林氏家族自迁居举州以来，世代秉承"耕读传家、诗书继世"的传统，求学入仕，人才辈出。老宅厅堂的房梁上高悬着一块"梅花报甲"的匾额，其落款为"福鼎县知事罗汝泽为五十寿太学生林麟清立。中华民国十一年瑞月吉日立"。"太学"是明清两代对国子监的俗称，1904 年，清朝虽然停止科举，但并没有遣散太学生。林麟清为清末太学生，他才识渊博，为人儒雅，深得乡民推崇，村中有大小事务都会请他帮忙协调，县府也常差人请他前去参政议政。民国时期，林家还出了一位黄埔先贤林礼梓。林礼梓，字楚材，别名林超，1939 年毕业于黄埔军校第十六期，抗日战争期间为中国国民革命军第三战区政治部军官。

如今，林家老宅也已是风雨飘摇，瓦披绿装，蜘蛛挂堂，人们只能从残存的字画中去找寻这个家族曾经的辉煌了。

在举州，除了连山大厝和林家古宅等古民居，至今还存留土地宫、观音井、马仙宫等许多古建筑。

土地宫就在连山村入口处，为吴氏先人选址连山并规划方位建造家宅的同时筹建，待大厝建成之后便建起了这座占地30平方米的土地宫，历代奉祀，香火不绝。

离土地宫几米开外有一口建于明代的古井，村民称之为"观音井"。古井占地20平方米，井沿1.2米，井边供有小香炉一座，上刻"饮思堂"三字，两边是一副对联："山岩井古井，神台山连山。"古井旁流泉汩汩有声，井水潺潺不绝。饮其流者怀其源，村民还在古井边建造了一座观音堂，冉冉香烟散发着人们对万物的感恩之情。

马仙宫位于举州村委会旁。这座建于乾隆年间的宫庙占地面积1000平方米，建筑面积900平方米，先后经过六次修复成现在规模。宫庙为三进四合院结构，上下二层，中间留有一天井；宫内还有古戏台一座，戏台梁柱雕龙画凤；宫庙正厅供奉着马仙娘娘和陈靖姑、林默娘二位女神，旁边还有土地公等神像。

听村里人说，马仙宫旁原有一座亭子，建于清同治年间，是为放置"禁赌碑"而建立的。清朝时期，举州地处福温古道支线上，那些往来柘荣和泰顺的商旅经常在此投宿歇脚，人来客往的，村里十分热闹。因地处山区，官府不好管控，村中有不法之徒乘机设"花会"赌局以捞取钱财。"花会"属于彩票类赌博，又称"字花""打花会"。村里自从有了"花会"，每至上午押注和开注之时，赌客纷至沓来，村中人头攒动、人声鼎沸，加之穿梭其中的叫卖小贩和看热闹的人们，赌场俨然成为一处通衢闹市。渐渐地，许多村民见有利可图，也纷纷开设赌局，以赌博为业。到了晚清时期，举州村中已经到了无人不压"花会"的境地，更有人因沉湎"花会"而倾家荡产也不思悔改，可见其危害之烈。乡贤们对此深恶痛绝，纷纷联名上书福鼎县衙，请求官府禁赌。时任福鼎知县陈庆生为此特颁布了禁赌法令，并勒石刊碑，以纠正风气。

如今亭毁碑在。禁赌碑为青石质地，高90厘米，宽65厘米；石碑正面为小楷字，共385个，历数了赌博的危害以及为禁止村民赌博而立下的村规和惩戒条例。只是亭毁后，原址上盖起了村委会，亭子的八个石础也被随意堆叠于马仙宫的戏台下，禁赌碑只得暂借宫庙外墙一角作为容身之处。

吴氏等大家族发家致富后，除了兴建家宅、宫庙，还不忘修桥铺路以反哺乡村，那些静静躺在山水间的古桥、古碇步无不留下了他们行善积德的义举和仁心。

清光绪《福鼎县乡土志》载："双平桥，在双溪头，道光乙巳（1845），贡生吴德衍同弟太学生德惇建。"双平桥是一座花岗岩石板桥，它屹立于双平溪上。明清以来，双平溪双平桥茶道是通往西南茶区的必经之处，上抵霞浦，下达莒州、石床。今大坪村遗留有《重建双平》残碑一方，捐金名单中列有周赓慈、邵维羡、袁合茂、梅伯珍等众多著名茶人、茶号的名字。古往今来，在向无限迁延的古道上，在荒凉孤寂的旅途中，古桥曾偶遇过多少才子佳人、美女少年，也曾绽放过多少风花雪月的缠绵，只是如今还有谁记得那年的它也装点过秋山，目送过繁华！

小溪桥（陈雪兰 摄）

举州水系密集，双平溪、翁溪绵延数公里，翁溪进入举州后汇入举州溪，两溪合流萦回过洋尾出举州，奔向百步溪，村民称之为"大溪"。村中另有一条小溪从东门岭旖旎而来，随大溪穿村而去，村民称这条溪流为"小溪"，而"小溪桥"也因此得名。

小溪桥如苍龙横卧于举州通往白琳方向的村口，由贡生吴德衍和其弟太学生吴德惇于清同治五年（1855）倡建。青石板结构，长29.8米，宽1.7米，是村民来往屋舍、田间地头的通道，也是清朝时期举州通往白琳、霞浦茶道的必经之路。站立小溪桥上，只见左右青山连连，竹林叠翠，翡色不尽；小溪绿如暗玉，水草摇波，溪鱼成群；桥下溪水浅吟低唱，浮云悠悠，鸭群照影；溪头蓼花点点，艳若玫红，镶嵌绿丛、绽满溪岗；桥旁土地平旷，绿树绕舍，田夫荷锄，相见依依。只是如今，车马不沾碧草，溪水不映耕牛，小溪桥定是横生些许落寞吧！幸有溪旁的两块古碑留住了商旅走卒骑马过桥的印迹，也存留下了牧童晚归、野老候荆扉的乡村风情。

与小溪桥一起静立溪头接倦鸟迎惊湍的还有两座古老的碇步桥，分别是举州碇步桥和洋尾碇步桥。举州碇步位于举州溪，东西走向，全长 45 米、有 67 齿，也是清同治年间由吴氏先贤吴德衍、吴德淳倡建。洋尾碇步桥长 50 米，73 齿，何时所建无可稽考。两座桥凌波而卧，溪水为弦，浅涧为琴，碇步为键；微步其上，滴滴答答，如是和音；那声音里有浅浅的清欢，更有弹不尽的乡愁情怀。

徜徉于举州的古建筑，就如同穿越时空一次次与先人不期而遇，他们倚杖山间地头、井边厅堂，向你细数着这个古老乡村的前尘过往，细数着他们家族筚路蓝缕的坚韧与光荣，也细数着乡村的闲逸与安然。倚立桥廊，洗耳清溪，濡染着它的古貌古心，濡染着它的明清风韵，濡染着它的乡野情趣，不觉超然物外，气息明净。

三沙溪村述略

🍃 黄宝成

三沙溪古名"三叉溪",为王孙溪上游,村因溪而名。嘉庆版《福鼎县志》载:"王孙溪,源二:一出乌石门,一出后洋,合流为三叉溪。""三叉溪"谐音"三钗溪",后又改名为"三沙溪"。三沙溪位于点头镇的北部,东临西洋美村,北与果阳村毗连,南望观洋,西北与上宅接壤。民国时期,三沙溪设保,属金阳乡管辖;新中国成立后,三沙溪属点头镇至今。

三沙溪和福鼎其他农村一样,经历了土地改革、农业互助组、农业初级社、农业高级社和人民公社化的发展过程。解放初期成立三沙溪乡,辖山柘、西洋美、三沙溪等村,地域之广,为点头之首。三沙溪乡成立以后,积极推进农业生产,创造性地创办了福鼎县第一个"五星"初级社——林成蔡初级社。据 2003 年版《福鼎县志》记载,林成蔡初级社实行田地入社,评产分红,田地所有权仍属农户。分红比例农户和初级社一般是:好田四六开,中等田三七开,差田二八开,极差田一九开。社员参加集体劳动实行农活定额管理,由作业组或个人承包,按其完成农活的数量和质量记给工分或发给工分票,参加社内分钱分粮。1956 年春,全县贯彻中共中央《关于农业合作化问题的决议》和《农业生产合作社示范章程》后,三沙溪乡林成蔡初级社转为高级农业生产合作社,为福鼎推进农业合作化提供了借鉴作用。

三沙溪村居住着罗、林、蔡、

清代宫灯(黄宝成 摄)

章等姓氏，他们于明清时期迁徙而来，在长期的生产生活中融合成一个和睦的大家庭，留下许多人文积淀，如古圃、宫灯、水碓、茶亭、桥梁等。在三沙溪的文成新村，门厅上挂着一块清代木制的牌匾，长约1.5米，宽约0.9米，正面书"五世同堂"四个苍劲敦厚的大字，题头为"钦命翰林院编修提督福建全省学院冯光禄为九十寿耆宾罗鼎盛立"，落款为"光绪十年岁在乙酉端月毂旦"。此匾虽历经百年风雨的侵剥，字迹依然清晰可辨。罗家后代还保存着清光绪十年制作的2盏宫灯。宫灯由樟木制成，高0.9米，宽0.7米，呈六边形，6条小木梁头部雕刻有龙头造型，分别代表着招财、镇宅、旺家、长寿、富贵、吉祥等意思。宫灯的挂钩分别由鹤首和葫芦组成，鹤首寓意美好、贺寿之意，葫芦谐音福禄。宫灯的底部雕刻着祥云，寓意祥瑞之云气，表达了吉祥喜庆、幸福美满的愿望。这宫灯是当年耆宾罗鼎盛90岁做寿时开门迎客用的。

水碓遗址位于猪刀潭下游，建于20世纪50年代初，碾米磨面，便利周边民众。20世纪70年代农村碾米机出现后，水碓逐渐淡出人们的视野。陆游诗句中"虚窗熟睡谁惊觉，野碓无人夜自春"碾米磨面的场景，如今只能留存于老人们的记忆中了。

乌岩里茶亭，亦称旺营里茶亭。三沙溪村处于福温古道支线两侧，域内古道蜿蜒曲折，跬步皆山，行旅艰难，罗姓族人为了给过往行人提供小憩和避风雨之所，于清乾隆十六年（1751）独资捐建乌岩里茶亭煮茶待客，并捐置田产供守亭开支。该亭为双拱门式，亭内两侧各有四对立柱，道路从亭中贯穿而过，侧面开窗，上铺瓦，单脊双坡，础座垒石，墙体叠砖，底宽厚，呈梯形向上收缩。乌岩里茶亭因年久失修，现已荒废。

当地罗姓望族为了村民出行方便，免于常年赤脚涉水过溪，于清乾隆年间修建三沙溪碇步。碇步全长计29齿，约15米，现保留完好。

三沙溪佛塔位于梦坑峡谷的右侧，原名"凤山林"，相传明清时期这里建有佛塔和尼姑庵，人们习惯呼之"佛塔"。佛塔后山地形状如栖凤，称为"凤山"。山岗上有两块大小不一的巨石犹如凤冠，形态逼真，惟妙惟肖，人称"凤冠"。林乃勤民房里的一块石头，其色如铁，高2米，宽约3米，呈椭圆形，占据了民房一层的三分之一，村民称它为"凤胆"。佛塔村出口处的两块石头，形似双狮，被称为"双狮把门"。有到过佛塔的人，都啧啧称赞大自然的鬼斧神工。

（本文据章朝西、章朝琴、章万亮口述整理）

点头十二景

🍃 朱挺光

临流浣女

永安桥下浣衣裳，皂沫沾襟尚有香。
绿叶红花无褪色，何曾爱你没商量。

临流浣女（谢发树 绘）

岐尾古梅

红梅岁岁报春光，十载凋零暗自伤。
古树于今重放彩，迎春要作惜春郎。

岐尾古梅（陈瑞麟 绘）

烽火古墩

烽火墩头报敌情，千年几见息刀兵。
而今纵是逢明世，保国人人责不轻。

烽火古墩（唐新福 绘）

永安石桥

桥通霞鼎路悠悠，人自匆匆水自流。
夕照初随长虹没，晨曦又逐白云浮。

永安石桥（谢发树 绘）

长堤烟景

一堤飞筑贯西东，天堑成衢两岸通。
市肆如林渔唱晚，风光绮丽景交融。

长堤烟景（江绍贵 绘）

瓜坪渔火

万籁无声夜色蒙，江干渔火眨青穹。
归舟满载争潮汐，美酒酣歌乐不穷。

瓜坪渔火（朱有号 绘）

甘泉榕树

千载双榕荫路旁，甘泉宋井久闻香。
炎炎酷暑人游憩，一饮琼浆口自凉。

甘泉榕树（陈孔同 绘）

孙调书堂

长溪县宰有贤昆，设教家堂世泽存。
一代鸿儒崇理学，文风长此启泉源。

孙调书堂（刘向红 绘）

马峰夕照

峭壁千寻卓笔峰，丹霞焕彩镜中容。
凝眸坐爱宸山晚，阳谷回车兴更浓。

马峰夕照（郑家守 绘）

九峰林海

九峰飞峙宸山东，烟雨层林景色融。
鸟语花香僧旦暮，桃源世外俨相同。

九峰林海（谢作琴 绘）

水库明珠

拦溪大坝锁蛟龙，浩荡烟波一棹中。
灌溉农田兴水利，明珠万串耀苍穹。

水库明珠（江绍贵 绘）

江心公园

十里溪山曙色开，天光云彩共徘徊。
人工巧垒双瀛岛，疑是巨鳌并驾来。

江心公园（施长宏 绘）

攀龙十景诗

✑ 黄宝成

据清翁瓒臣《鼻祖肇迁暨高祖移民记》载，大坪翁氏九世翁书庵由旧居地园坪迁移到大坪，在新址骑龙冈的中心地带"观其流泉分八字于左右，乃建堂构而居之"，并命名"攀龙"。大坪山冈四合，一水映带，风光秀美，翁瓒臣（1801—1881）留下《攀龙十景诗》，至今脍炙人口。现敬录如下：

龙背倒骑

天生神物有谁骑，山势盘旋以喻之。

缅想前人营此地，前身张果又何疑。

又

毕竟吾庐即禹门，飞来神物大渊源。

坐看面面风云散，尽好峰峦是子孙。

蜂腰隐伏

山似行文不喜平，但仰屈曲脉分明。

垂头展翼知多少，惟此蜂腰最显名。

水分八字

八字明明画两旁，水分左右体相当。

南流遁入翁江港，北出昆田派亦长。

峰耸一冠

一峰卓立笋奇观，岂若寻常翠岫蟠。

景仰巍巍尤雅致，书香继起整峨冠。

前案铺青

得气何妨水有无，明堂广大案横铺。
茂林一片连山秀，草色青青入画图。

后屏列翠

层峦叠叠两三重，罗列入屏积翠浓。
势自纡徐腾普照，后来居上白云封。

双井清泉

凿来双井水清莲，左右咸宜混混泉。
向晚取水若庭市，家家汲趁夕阳天。

一林修竹

修竹由来暑不侵，况当绕屋绿成林。
蝉吟鸟语声声好，洗尽嚣喧惬素心。

又

石竿绿竹密阴阴，先祖栽培手泽深。
世与为邻宜左右，此种佳土古犹今。

春晴茶市

春晴日日客如梭，卷市风来笑语多。
儿女满筐饶雀舌，并肩齐唱采菱歌。

又

漫道村居境异尘，采茶儿女各争先。
新芽带露盈筐满，每闹晴和近午天。

夜静溪声

连宵阴雨自徘徊，忽送潺潺入耳来。
料是溪泉鸣静处，明朝霁日莫疑猜。

海屿十景诗

黄宝成

醉美海屿，扆山一隅。东邻金磐，西毗翁江，北临普照，南接青屿。小岛状若卧凤，浮江吻海，浩气四盈。环境静幽秀丽，鸥鹭欢歌，堤岸浪鸣。埠头之畔，古榕蓊郁，虬枝旁逸，垂荫古今。陈氏古祠，巨丽巍焕，香火氤氲，文脉延绵。登岛入山，林木森森，山顶如昀，渔村屋舍，坐落其间。居高望远，云空浩渺，百舸争流；近亲田塘，阡陌交通，稻黍风翻。观岛屿胜景，乃邑内绝胜，风清土洁，秀色盈眸。陈氏旺族，世居于此，耕田牧渔。人们朝饮晨雾，夕啜晚霞，享“落霞与孤鹜齐飞，秋水共长天一色”。真乃鼎邑之福地，人间之仙乡！

现敬录海屿先贤陈于五先生《海屿十景》诗如下：

卧凤朝阳

不卧高梧卧海中，阳光拱照满山红。
何时叫醒长春梦，展翅翱翔上太空。

石井清泉

天开古井傍山丘，混混源流不断流。
满岛渔人来掬饮，延年益寿乐无忧。

桔树垂纶

桔树渔翁快似神，丝纶垂钓向深渊。
当年吕望深居此，凉必高车迓大贤。

猫墩捕鼠

一片石墩似玉猫，严威整肃鼠魂销。
邀朋伫立观形迹，春水绿波日日朝。

新溪鼓浪

新开沧海非新闻，风鼓浪恬水起纹。
自古闾门踪迹在，魑魅何敢乱纷纭。

牛母喘月

桃林之野放吴牛，母子成群喘月流。
丙吉向前垂首问，阴阳颠倒把心忧。

三宝谈经

三尊佛祖下天庭，坐对阎浮论宝经。
般若一声龙虎伏，大千世界众生听。

犬蟠绿草

青山绿草色鲜妍，小畜长眠不记年。
慈主迎宾浑弗解，一生蟠伏听潮连。

四条分垒

昔年曾有八阵图，诸葛安排欲破吴。
今日石垒分作四，未知此地有兵无。

野渡横舟

一叶轻舟驾海滨，浮沉顺水渡行人。
桨声欸乃横渡过，免得高贤来问津。

普照山公园记

薛宗碧

普照北麓，有地杂芜，纵广方圆，二十余亩。主政苦心，慧眼识金，乡贤襄举，群策风行，辟为公园，以山命名。

或曰：园小焉，陋焉！诘之：果然？

公园无门无垣，不屏瞻视，曲径通幽，广场如砥，虚亭娉婷，长廊迤逦，花草芬芳，竹木云翳，并无妖冶之腻，实富淡雅之趣。亭廊中，宜独处，发幽思，观景物；可众聚，说长短，论世事。广场上，或散步，或练武，或放歌，或起舞。朝霞旭日，燃希望之绚丽；明月晶星，蕴梦境之温馨。男女长幼，旦夕晴阴，来者匆匆，去者欣欣。

普照山公园（朱乃章 摄）

园之背普照山也，若扆屏；园之前杨府岗也，如案几。岗上楼宇错落有序，中学也。园丘之间，小溪潺湲，游鱼翕忽，岸花烂漫。园后平安宫、玉佛寺，金碧熠熠，聊可一觑。钟磬悠悠，经诵朗朗，宁神静心，欲念涤荡。寺前宋古井，水甘而清粼，凭万人饮用，从未干底，虽数月无汲，不见满溢。井旁老榕，苍翠蓊茸，得井水滋养，数百年葱茏，浓荫匝地，绿冠蔽空。俯井仰树，春风盥沐。

山之东，有石岭，沿山脊，达极顶。山不高而岭斜缓，间或立廊亭翼然。两坡青青，林木榛榛，春树杂花，鸣禽嘤嘤；夏荫如幂，爽籁盈听；秋叶斑斓，薰风撩情；冬日暄暖，寥廓空灵。诚可谓一川紫气来天地，四季青山变画音。及登山巅，气象万千。集镇闾阎，扑地严俨。田畴平展，谁绣锦缎？八尺门港，波光闪漾，鸥鸟翔集，船只如织，渔排联井，岛屿钤印。游目骋怀，放浪形骸，心旷神怡，思接九垓。

稍憩，顺岭下西山，眺远马冠尖，无朋大冥斋，供奉天地间，马仙道场，千年名扬，一方圣地，朝者江鲫。山脚六妙庄园，茶类良种茂育，白茶故里，声名彰著。路过孙𪩘墓道，岂可不往凭吊？理学名人，茔故道存，继踵先哲，策我后昆。

逡巡一遭，半日时耗。身心开放，意兴酣畅。

善哉！敞开式公园，纳山川之大方，涵自然之大美。大方无隅，大美无华，具佳景之旖旎，足游娱之潇洒，洵怡情养性，强身健体，丰富文化生活，提高生活质量之瑶圃也。况事善于渐续，而非就于一蹴，如何以庸常之大小、华陋论之欤？

普照公园，福光普照，镇民宏祉，文明新貌。能不感佩主政者之大智、大气、大愿、大力乎？

点头

078

往事钩沉

"摩诃策忍"背后的故事

肖传希

点头镇上有四条历史悠久的古街，其中，中街水产品批发店林立，专卖当地渔民从海上捕捞来的海鲜。横街是最长的一条，也是周边县、乡人来人往的必经之路，是旧时客栈的集中区，曾有几十家客栈，许多泰顺、柘荣一带的商贩来点头镇都曾在此下榻。在横街、中街之间，原有数个大富人家的四合院，如陈家的广顺里、游家的游厝里等。这些家族的祖上皆是福鼎有名的茶商，沧海桑田，目前保留下来的痕迹已然不多。而前门抵中街、后门通横街的萧厝里四合院仍默默矗立着，见证着点头茶乡的变化。

穿过沿街低矮的一条幽深小径，隐藏其中的萧厝里四合院顿时明亮起来，迎面的门楼上写着"亦□第"，"亦"和"第"中间的字会是什么？这里原来住的是个怎样的人家？让人未进院门就开始了遐想。穿过门楼再回头看，门楼背面"咲春凨"三个字估计又难倒了很多人。如果告诉你这三个字是"笑春风"，是不是也能让你想起那句"人面不知何处去，桃花依旧笑春风"？这个院子人家是否也有过这样的故事呢？

走过大堂，穿过耳房，来到萧家的前厅，"摩诃策忍"匾额就静静悬挂在前厅正中央。匾额左书"大梵修归萧门胡令范大衍额曰"，右书"中华民国戊辰年春月毂旦告立"，落款"福建省长萨镇冰题"。"摩诃"为佛学用语，是梵文音译，有伟大的意思；"策"，有策励、勉励之意；"忍"，这里作耐心、毅力解。"摩诃策忍"连在一起，意为褒扬家主意志坚忍，堪为表率。

萧厝里"摩诃策忍"牌匾（肖传希 摄）

时任福建省省长的萨镇冰为什么会送萧家匾额呢？这与福鼎旧时桐江堤下段被称为"萧家坝"，后又演化为该坝附近地段的地名有渊源。福鼎县城萧家坝系白琳翁潭萧家萧仰山先生捐巨资修建。萧仰山一生乐善好施，1920年前后，闻悉桐山桐江防汛围堤建坝工程缺资金无法竣工，不顾自己体弱多病，步行至桐山向县政府提议，愿意捐巨资促工程早日完工。桐城百姓为纪念萧先生的功德，就把桐江堤下段称为"萧家坝"。萨镇冰对萧家的善举深为感佩，特造金匾"乐善好施"赠予萧仰山先生。

　　点头萧家系白琳翁潭萧家的二房分支，建坝之时也捐资巨多。萨镇冰听闻点头萧门胡氏事迹后，也同样赠匾勉励。萧胡氏生于1879年，14岁时与同龄的萧世辅订婚。不料过门在即，萧世辅却因在1898年科举不中，加之赶考途中染病，不久离世。听闻噩耗，胡氏卸下所有饰品，以萧门媳妇身份深居娘家闺房，足不出户，靠日常缝补和刺绣纳鞋等贴补度日，至1928年已寡居整30年。按封建礼法，寡居30年便可向朝廷申请贞节牌坊，适逢萨镇冰到福鼎，于是萧家人便向省长申报了胡氏的事迹。而1928年，萧胡氏刚好49岁，符合"大衍之数五十，其用四十有九"，这就是"大衍"一词之源。

　　据《萧氏族谱》记载，萧胡氏于1960年逝世，享年81岁。

日寇过点头的暴行

陈中砥

日军独立六十二混成旅团司令乔木率领直属第三支队和第七联队约 5000 人，从 1945 年 5 月下旬开始，由福州、连江、罗源向宁德、霞浦方向，沿福温古道狼奔豕突窜入福鼎，过磻溪、白琳，进入点头。时值农忙季节，当地农民正在田间地头耕作。龙田、点头群众闻讯后纷纷躲进偏僻的上普照禅寺。岂料，狡猾的敌人抄小路从三官堂后门迂回上了普照山，寺内群众悉数被围。光天化日之下，日寇奸杀鞭打，无恶不作。

日寇下山途中，有平民郑阿瑶、黄阿兰来不及躲藏，就把她们抓来做活靶比试枪法，二人各中数弹后毙命。窜入点头街道的日寇，日夜搜索商店、民居，翻箱倒箧，将民家细软洗劫一空。丧心病狂的日寇又置手榴弹于民房灶膛，事后点头街道爆炸声此起彼伏，毁了屋子，伤了人畜。

日寇向城关逃窜时，被驻扎在堵柴坪制高点的县自卫队发现，自卫队就鸣枪报警。日寇循声赶往堵柴坪，守军见寡不敌众，匆忙撤离。气急败坏的日军窜至堵柴坪村后就开始疯狂地焚烧民房，抢夺粮食，造成堵柴坪村上百人流离失所，无家可归。

日寇沿福温古道进入王孙，正在田间劳作的村民看见后，惊慌之中纷纷躲进山林，日寇见状便举枪朝人群射杀。日寇进村后，村民家里的金银首饰被掠夺一空，鸡鸭猪羊悉数被宰。日寇还在村民家里随意排泄，弄得村里乌烟瘴气，一片狼藉。

日寇离开王孙后兵分两路，一路往王孙岭方向，经西洋美、山柘，然后进入福鼎县城；另一路则从王孙经宝庙、外墩进入福鼎县城。

供销合作社的时代烙印

🍃 陈雪兰

　　供销合作社是农民群众自愿联合、自筹资金、自主经营、自负盈亏的经济组织。其组织系统在中央设中华人民共和国供销合作总社，在地方设各级供销合作社，在乡镇设基层供销合作社，村级设购销站和代办点。

　　点头供销合作社属于基层合作社，在半个多世纪的发展历程中，始终以综合门市部和村级综合服务站为支撑开展为农产前、产中、产后系列化服务，并配合政府宣传、发动、组织引导农民群众发展农村经济，增加农民收入，提高农民组织化水平。是"三农"服务的前沿阵地。

点头供销合作社的体制演变

　　农村合作事业始于 1937 年，当时的国民政府设立"合作指导员办事处"。1943 年 12 月，点头成立了工作站，负责指导各合作组织开展业务活动。1947 年，点头成立乡镇合作社，但在 1949 年就濒临瓦解。

　　1952 年 5 月 1 日，福鼎县合作社总社成立，同月，成立点头区供销合作社。社员经批准入社，缴纳入社费和股金后，即取得会员资格并发给社员证和股票，入社费为每人 0.10 元，股金每股 2 元。

1952 年点头区供销联合社社员证

　　1953 年，国家对私有制商业和手工业实行社会主义改造，供销社开始公私合营。1955 年开始，点头农村的私营商业、私营商店全部纳入供销合作社组织。1958 年，对供销社大搞"升级过渡"，点头区供销合作社和全县其他区供销社一起与商业、服务、工商"大合并"，改集体为全民。1958 年 4 月至 1960 年 11 月，改名为"点头区商业办事处"，期间，供销合作社曾一度下放给

点
头

"人民公社"，进行"五社合一"（农业社、信用社、手工业社、搬运社、供销社），按生产大队行政建制设立农村购销站和代销点。1961年7月恢复县供销社体制，点头商业办事处改为"点头供销合作社联合社"。1962年9月至1965年5月，改为"点头区供销合作社"。1968年9月后，改为"点头供销社革命领导小组"。1970年，供销社与商业局二度合并。1971年12月，改为"点头人民公社革命委员会商业服务部"。1973年12月2日，改为"福鼎县点头人民公社供销社"。1974年，点头供销社开始实行贫下中农管理，成立"贫下中农管理委员会"，下属购销站、代购点建立"贫管小组"。1977年，建立大队一级"双代店"（代购代销）。1978年4月，供销社与商业局分属，恢复全民所有制，改名为"福鼎县点头供销合作社"。1981年，点头供销合作社实行职工大会和社员群众代表会相结合的民主管理体制。1983年，供销合作社实行体制改革，改"官办"为"民办"，恢复合作商业性质，提倡"三性"（群众性、民主性、灵活性），同时，放手发动群众，入社参股，发展商商、工商、农商联营。1987年以后，点头供销社开始推行"门点定额经营承包管理责任制"，实行利润大包干，全奖全赔。1995年5月，点头供销社申请破产。1996年1月1日至今，点头供销社破产职工53人集资投股组建成"福鼎市崳山供销合作社"。

供销合作社经营的业务

点头供销社自成立以来，不仅承担着民众生活必需品的供应和农业生产资料供应两大业务，还担负着收购农产品、副业产品两大任务。

首先是生活必需品的供应。点头供销合作社自1952年成立起就在老街各处建立门店，经营大米、食盐、陈酒、香烟、火柴、棉布、针织品、小百货、酱油、咸鱼等几十种社员生活必需品，推销烟叶、黄麻等当地农副产品。

从1954年开始，供销合作社取消了对社员的优待价，营业对象不分社员和非社员。供销社的供应品种由1952年的几十种增加为食品、工业品、土产日杂三大类。其中，食品类主要有粮食、食用油、猪肉、食盐、卷烟、酒、水烟、调味品，工业品类，主要有棉布、针纺织品、毛线、煤油、柴火、肥皂、胶鞋、手电、电池，土产日杂类主要有草席、土瓷器、木炭、柴片、木材等。

1955年，供销社与夏广裕、郑德寿、吴九余堂等药铺以公私合营方式成立医药门市部，经营中西药品，为群众开展日常用药服务。1971年，供销社在下街"石门头"成立医药经理部，经营中西药批发零售业务。

20世纪50年代初，点头供销合作社就开设了新华书店门市，除了经营各类文化用品，还销售各种图书，同时还一直承担着全镇中小学的课本发行任务。那个年代，供销社的图书店网点还遍布各个乡村，在卖搪瓷脸盆和糖果布匹的柜台上，总是给图书留着一个角落。

1958年物价上涨，生活资料商品供应紧张，为保证人民生活需要，国家对生活必需品和主要副食品开始实行凭证供应方法，由政府统一规定或由商务部门规定供应定量标准，发给定量供应的票证。当年，点头供销社凭票证供应的商品主要有四大类：

第一类，水产品、烟酒、食糖等，按月按户定量照证供应。

第二类，主要工业品，如毛巾、袜子、民用线、汗衫背心、棉毯和棉布、卫生衫裤、被单、线毯、成衣等，凭布票供应。

第三类，其他日用品，如肥皂、胶鞋、皮鞋、卫生纸、雨伞、草席、煤油等，按户凭证供应。

第四类，棉花，按不同地区不同作业确定不同定量，渔民每人定量八市两，山区为六市两，一般民用都规定每人五市两。

十一届三中全会以后，随着国家经济的发展，市场商品供应有所好转。至1985年前后，供销社凭证凭票供应的除电视机、自行车、洗衣机等大宗商品外，其他各类商品基本敞开供应。1993年，"票证年代"终结。

其次是农业生产资料的供应。1952年，在县合作总社的组织下，点头供销合作社建立伊始就开始经营农业生产资料。1955年，点头供销社专门设立了生产资料门市部，为农民供应化肥以及猪牛骨等商品杂肥。1965年后又开始供应马面鲀（剥皮鱼）鱼头、鱼皮、内脏等海杂肥。

20世纪六七十年代，点头供销合作社开始向农民供应以"六六六"和"滴滴涕"为代表的胃毒型与内吸型的化学农药。

1954—1970年，供销合作社还供应喷雾等喷洒农药的工具，以及经营农业生产使用的全部中小农具，并做到产、购、销、代、修一条龙服务。1970年，点头人民公社供销社还组织竹器工人代松溪、政和、建瓯、古田、屏南等地加工竹片、谷垫、尿桶等以弥补供应不足。1970—1989年，掀起了农业机械化高潮，点头供销社开始推广插秧机、打谷机、粉碎机、饲料机、切菜机、球肥机等半机械化设备。

除了农机农具，当时的点头供销社还千方百计调剂耕牛支持农村农业生产。1964年，供销社曾专门组织干部5人深入全区8个公社20个大队120个生产队进行调查摸底，调剂了17头耕牛为支农服务。

1973年，福鼎县委提出了"紫云英种子要自给"的口号，县供销社组织点头、管阳等 4 个供销社干部前赴温州、瑞安学习种植技术，后在大坪等地搞试点、做样板，全面推广供应"闽紫 1、2、3 号"紫云英良种。1980 年，点头供销社又建立了菇苗商品基地，采取温床育苗，为农民增收服务。

进入 20 世纪 80 年代，点头供销社率先建立起科技服务部，大坪等购销站建立科技询问处，指导农民科学用肥、用膜，合理使用农药。

此外，供销合作社还为马洋、海屿、岐头、龙田等 4 个沿海村渔民供应钓、钩、网、绳麻、桐油、棕片、毛竹、杂竹、蛎竹及竹制渔具等。1964 年，渔业生产资料归由水产部门统一供应，供销社转为组织地产渔需物品，如毛竹、蛎竹、桶竹、渔篮、染料、桐油等。

总之，整个计划经济时代，点头供销社在"发展经济，保障供给"的方针指引下，从生产领域的化肥、农药、农具等农资的供应，到生活上的吃、穿、住、用等生活必需品的供应，无一不是"包打天下"；棉花、柑橘、茶叶等重要农副产品，以及小至碗筷等日用杂品的采购、销售，亦由供销社承担。供销社的服务经营额，曾占到农业经济份额的 90% 以上。

再次是农副土特产品和废品收购。1952 年 5 月，点头供销社成立了土特产品收购站和水产收购站。1953—1954 年，供销合作社承受国家委托收购粮食、生猪、菜油、茶油、桐油、鲜蛋、木材、柏油等农副产品，夏荒之际，又收购了柴片、木炭、纸竹等支援抗旱救灾工作。1954 年，增加收购棉布、化肥、黄麻、杂毛皮等，还有海产品鲨等。1955 年后，粮食代销代购业务划归粮食部门，供销社开始增加油菜籽、羽毛、山羊、牛皮、兽杂皮、竹炭等农副产品的收购。1958 年供销社并入国营，开展了"向野生植物进军"的收购活动。1959—1960 年，连续开展了"小春收""小夏收""小秋收"的群众性野生植物采集运动，收购野生纤维、野生油料、野生烤胶、野生淀粉、野生化工原料等。"小秋收"群众性运动，一直延续到 1980 年。

"文革"时期，供销合作社经历了"大销大购"和"议购议销"，点头供销合作社干部职工组织起货郎担，下乡挨家挨户收购农副土特产品。1980 年，在所有的基层供销社中，点头供销社收购的兔毛、槟榔芋、蘑菇等农副产品率先突破百万关。

20 世纪 60—70 年代，许多家庭里当废品卖给供销社的常用东西有碎玻璃、骨头、废铜烂铁、橘子皮、杏核仁、废旧报刊、牙膏壳、破鞋、烂套子等。小孩子们卖掉这些废品换取几分几角零花钱，用来买玻璃珠、宝塔糖、山楂纸和制作弹弓的皮筋等等，其中最快乐的事情莫过于到供销社抢购一本小人书了。

还有服务业。1974 年，点头供销社把原收购站改造成了旅社，配备了 40 个床位，并安排 3 个职工参与旅社的经营管理。供销社旅社是点头镇当时最高档的旅社，不论是接待规格、住宿条件和入住率都优于同行业，年营业额达 3 千元左右。1985 年承包给职工，年上缴利润达 1 千元。此外，供销社还在旅社旁办起了大食堂，不仅为旅客也为职工提供三餐服务。

供销社的生产与商办工业

点头供销合作社自创立开始，就积极扶持大队、生产队发展多种经营，开发山区经济。1973 年，县供销社率先在点头、大坪采取垦复和扩种相结合的办法扶持毛竹生产。同年，将广西调回的毛竹种子放在马冠村实验育苗，分株培育成功，并再分株磻溪和仙蒲等其他公社繁殖。

1965 年，点头供销社在湾后生产队开始布种乌桕树，到 1979 年，点头成为省林业厅和省供销社的乌桕生产基地。1973—1982 年，点头供销社在大坪、后井、山柘等大队建起了油桐专业场，生产销售桐油。在这期间，点头供销合作社还发展榨菜生产和长毛兔生产，增加贫困户的收入。1985 年，点头供销社又建成了县级杨梅种植基地，发展果树生产。1976 年，点头供销社在袁厝里成立了菌种站，并扶持农民种植蘑菇，产品销往三沙、瑞安、温州、乐清等四家罐头厂，为本县三大主要拳头商品的出口做出了积极贡献。

20 世纪 50—60 年代，点头供销合作社就地取材，选取当地生产的毛竹、黄麻等开展日杂品的生产，并实行店厂挂钩，就地销售。其中，麻袋厂留给老街人的印象最为深刻。麻袋厂创办于点头商业办事处时期，厂址最初设在夏厝里一个二层小楼上，招收的工人都是镇上十几岁的小姑娘，利用本地苘麻（即青麻）的茎皮来编织麻袋、搓绳索。后随着生产规模的不断扩大，厂址搬迁至袁厝里、中街文化站、广顺里、岭头坪、上水碓等地。50 年代中期，麻袋厂划归手工业联社管理。点头麻袋厂见证了供销社手工业合作社的发展历程，承载了老一辈妇女的青春岁月和辛苦记忆。

20 世纪 70 年代起，点头供销合作社在广顺里旁办了冰棒厂和糕饼厂。冰棒厂以本地生产的绿豆作为原材料，选取白糖、香精作为辅料，并采用井水生产冰棒，批发给个人销售。每至夏日，镇上不少男女老少会争相提着保温桶或保温箱到冰棒厂批发冰棒，然后游走于大街小巷销售，以补贴家用。供销社糕饼厂以大众化的白糕糖、初级饼为主，生产、加工糕点在自己的门市部出售。点头供销社糕饼厂规模虽小，却入编了《福鼎县供销合作社志》，郑庆言老伯制作的糕饼至今想起依然让人回味无穷、垂涎三尺。

点头鱼露厂旧貌（傅克忠 摄）

1976年，点头供销合作社利用本地沿海的优势，从附近渔民手中收购小鱼小虾等海鲜品，在海墘下建起鱼露加工厂。1978年在县社商办工业指导科的指导下进行技术改革，于1983年和县社联合办厂，厂区占地面积4500平方米，改名为"福鼎鱼露加工厂"，注册商标"水仙牌"。1984年，鱼露厂成为本省粮油食品试销出口公司的定点厂家，产品远销新加坡、马来西亚等十几个国家和地区，内销宁德、周宁、柘荣、古田、永安、福州等地，成为全县供销社三大外向型企业之一（其余两个是福鼎县供销食品加工厂、服装针织联营厂）。

辉煌的历史和当今的式微

点头供销合作社历经风风雨雨、分分合合，在广大干部、社员披荆斩棘、艰苦创业之下，其事业从无到有、从小到大。供销合作社联社刚成立时，借用了永丰中街一户包姓人家的民房作为办公场所，后随着体制的演变，辗转广顺里等地。直到20世纪70年代初期，点头供销社征用了位于合祥里的裁缝社，建起了两层集营业、办公、宿舍为一体的综合性大楼，从此才有了固定的办公场所。

20世纪50年代是点头供销社发展的黄金时期，那时供销社门店就已经遍布老街最繁华地带。计划经济时代是供销社发展的最鼎盛时期。供销社在点头老街上街有棉布店两间、南货店两间、五金店两间、针织纺衣店两间，中街有新华书店、小卖部、冷饮店、果品食杂店等，下街有南货店、中西药零售店和医药批发部；还有大坪、柏柳、大娥、后阳、果阳、山柘、西洋尾、马洋、后井、三沙溪、上宅等11个村级购销站和翁溪、龙田、观洋、后坑4个代销点；供销社综合性大楼的一层设有棉布柜、纺织品柜、百货柜、南货门市部、生产资料门市部、生产采购站、收购站等 15 个门店，二层为办公场所和职工宿舍，还有旅社、食堂等。至 80 年代末，除了上述门店外，供销社在九头湾还建有油库、农资仓库。期间，点头供销合作社还先后建了工厂，以本地原材料为主要原料生产农产品、日杂用品和食品。在人们生活水平普遍低下的年代，点头供销合作社的辉煌历史，不仅充分显示了自身强大的经营销售能力和雄厚的资产支撑，更不愧为商品流通领域中举足轻重的力量。

点头供销合作社历任主要负责人一览表（1952—1989）

单位名称	任职时间	主任	副主任	备注
点头区供销合作社	1952.4—1954.1		郑复生	
点头区供销合作社	1954.1—1956.7	郑复生	黄仁涛	
点头区供销合作社	1956.7—1958.4	朱国英	朱国珍、吴继元、冯存宝	
点头商业办事处	1958.4—1960.11	朱国英	朱国珍、李信法、冯存宝	
点头区供销合作社联合社	1960.11—1962.8	张祖鹊	冯存宝、董恒勇	
点头区供销合作社	1962.9—1965.5	朱国英	朱维帮、张诗穆	
点头区供销合作社	1965.5—1971.12	周恒钟	朱维帮、张诗穆	周恒钟 1965 年任政治指导员
点头区供销社革命领导小组	1971.12—1975.12	孔岩荣	黄孝潭、朱月花、张诗穆	商业服务部
点头人民公社供销社	1975.12—1978.5	黄孝潭	朱月花、庄淑卿	
点头供销合作社	1978.5—1983.5	黄孝潭	朱月花、郑庆意、陈位露、陈明伯	
点头供销合作社	1983.6—1985.11	黄孝潭	潘必端、陈继梅、林品华	
点头供销合作社	1985.12—1986.12	黄体祥	林品华、夏兆华	
点头供销合作社	1985.4—1985.11	潘必端	林品华、夏兆华、陈继梅	
点头供销合作社	1986.12—1989		林明森、陶国祥、朱端松	林明森主持

沧海桑田，随着我国改革开放的不断深入和市场经济的发展，计划经济体制下的供销合作社事业受到了各种冲击，点头供销合作社慢慢失去竞争优势，逐渐淡出人们的视野。但是，点头供销合作社作为一个时代的标签，依然烙印在几代人的记忆里。

搬运社的沿革

🍃朱挺光

点头依山濒海，处福鼎县中心部位，乃福鼎、霞浦两县交通枢纽，南北商贾必经之道。水路直通大海，港道颇深，数千担船舶，可以直达码头。四山环抱，又是避风良港，农业发达，有"鱼米之乡"的称号。

可点头在宋代以前，系穷乡僻壤，是人烟稀少的村落。如今的数千亩良田，当年都是一片内海。海墘下和街头顶一带，属埠头范围，多数居民系邹、郑两姓人家，而埠头以外，则为坑下石姓养殖海产的滩涂。埠头和海涂，双方各有管理之权，他人不得介入。后因人口增多，各业兴旺，埠头的劳务供应由个体走向集体，于是海墘下和街头顶各成一帮名曰"埠头帮"，领导人称为"甲头"。海墘下帮甲头为郑庆筹和沈陶古二人，街头顶帮甲头为董义新和黄彦情二人，工人有50多人。嗣因坑下石姓提出，埠头的滩涂互相关联，对埠头的劳务拟予插手，以致双方打起官司。邹、郑两姓当事人邹继端出示埠头管理契据，并将该契据送赠埠头帮管理，此事遂寝。

迨至1949年全国解放，埠头两帮成立码头工会，为点头总工会的分支机构，由陈朝瑞担任主席。1950年以后，继任主席有庄启钦、沈希要和林石寿等。1956年机构移归福鼎县交通局管辖，改名为"点头搬运站"，由蒋兵良和李道术担任正副社长。1958年，由陈寿接任社长。1961年，蒋兵良复任社长，工人计65人。旧社会，点头搬运社工人为了反抗剥削统治，曾掀起抗捐护粮斗争；新中国成立后，工人翻了身觉悟更加提高，为国家和人民做了很多有益的事业。

响应抗美援朝积极献金

1950年，码头工人利用劳动空隙，在附近九头湾山上，开垦荒地5亩，种上地瓜和蔬菜，并分组养猪饲鸭，将全部收入作为抗美援朝的集体献金。个人则在自愿的基础上踊跃认献，有许多工人家属把多年劳动储蓄捐献出来。这些捐献，都是汗水换来的，特别是在粮食困难的年头从千方百计中争取，更显得难能可贵，表达了工人阶级的爱国热情。

援建公路铁路参加义务劳动

码头工人们为了响应祖国号召，1954年由陈世妹带领工人16人，前往福州亭头工地，支援闽浙公路建设，4个月计1720工日；1955年由林石寿带领工人16人，支援闽浙公路福鼎县下厝基工改建设，历时8个月计3840工日；1956年林石寿和汪丹伦率领工人18人，参加鹰厦铁路建设一整年，计5880工日；1957年又有工人15人参加福鼎县区间公路王孙工地建设，3个月计2250工日。

支农方面，1952年10月至次年3月，由林石寿带领工人18人，参加点头乌岩里水库建设，连续5个月计2700工日；杨祖榜等10个工人参加店下水库建设，1个月计300工日。后来，工人们陆续支援倪家山水库、朱家洋水库、秦屿巨口水库和吉坑水库等处建设，计4000工日。以上合计，支援公路、铁路建设13690工日，支援农田水利建设7000工日，总计20690工日，为交通及农业做出了贡献。在这些支援中，膳食由当局供应，工资由社里发给，是半义务性质劳动。

开山种地，筑坝围海

1966年，工人们在宸山北麓开荒16亩，植茶种地。因该山系码头工人所开垦，人称"码头山"。1970年，工人们在附近海湾筑坝围地18亩，每年收入稻谷120多担，增加了工人的副业收入。

充实运输设备逐步解放繁重体力劳动

点头主要流通物资为鱼货、粮食及竹木等项，全凭工人们的双手和双肩来装卸。物资流向：水道直通沙埕口外，陆路近到县城，远连闽东北地区及浙泰边境，流量每年为300担左右。1966年交通局发来木轮车1架，1967年自置板车11架，对于体力劳动有所解放。1976年，社里将以前围垦之田18亩，向农民换来拖拉机1部，。之后，不断改善生产条件，并以积累之款陆续购进12型拖拉机4部，基本代替了繁重的体力劳动，物资流量高达1000担。

盐运积累建筑房屋

1962—1963两年间，国家备战盐4000吨分两次在夏秋时运来点头，设仓藏储，因任务紧迫，工人和家属们日夜奋战，连续3个月才完成进仓任务。每吨运费6元计，合24000元，按20%提取公积金4800元。1964年，点头搬运社动用盐运公积金建筑砖木结构双层楼房 5 榴，面积 100 平方米。当时楼房建设，除材料及技工须付现金外，其他一切杂务由工人劳动，历经一载，胜利落成。地处水陆六通冲要，便利工作之进行。

点头搬运社旧址（朱有东 摄）

搬运社的落幕

20 世纪 80 年代，搬运社管理人员有正副社长、会计和出纳共 4 人，每月平均工资不足 50 元；退休工人 12 人，每人每月退休金仅 15 元；生产工人 34 人，1986 年时每月人均工资 67 元。

该社历年收支均失平衡，至 1986 年底亏损累计为 12000 多元。因会计制度未臻完善，核算资料不能提供，以致无法进行分析。大概原因如下：

第一，市场开放，私人车辆迅速发展，物资可以自由运输，影响了搬运社的收入；

第二，人人寻求生财致富之道，社里工人自不能例外，因而投入个体经营者不乏其人，对集体收入大有影响；

第三，点头码头因围海造地，船舶均停泊新筑海堤之外，距离原有码头有 10 里之遥，两地公路尚未建筑，大部分外来物资改运福鼎登陆。

搬运社曾经为点头的繁荣做出了不可磨灭的贡献，见证了点头的发展，其衰落也是社会发展的必然结果。沧海桑田，改革开放的洪流终将淘汰落后的事物，只有顺应时代的发展，与时俱进，前途方无可限量。

点头粮站的年代记忆

✎ 陈绪龄

"民以食为天，食以粮为先。"自古以来，粮食是人类生存之本，是关系到国计民生的重要物资，是经济社会发展的基础。粮站，指调拨、管理粮食的机关。点头粮站，是点头粮油管理站的简称，新中国成立后随着国家粮食流通体制的不断变革，职能职责也不断调整，经历了从无到有、从小到大、从大到小的发展过程。

点头粮站的设立

据 2003 年版《福鼎县志》记载，1950 年 3 月，为支援中国人民解放军顺利南进，点头成立粮草站，这应是点头粮站的前身。从 1953 年 11 月开始，国家取消粮食自由市场，实行粮食统购统销政策。是时，全县 13 个集镇均设立国营粮站，点头粮站也在其列。其职能是既肩负着收购农民交公粮统购粮的任务，又要日常供应企事业机关单位及城镇居民吃商品粮户口的粮油定量供应，及"三半、回销粮"供应，还要为国家库存预防自然灾害的粮食。其内设机构逐步完善为人秘室、财务室、票证室、统计室、购销组、保管组和门市部等。1992 年，点头粮食加工厂并入点头粮站。

点头粮站仓库

义仓　义仓，又称上桥仔仓，位于洪振盛后门左侧，相传建于清朝晚期，由点头有名望的乡绅自愿筹集资金而建，是民间应对天灾人祸而互助自救的一种形式。义仓内的粮食也是由当地乡绅自愿捐助以及向居民"劝课"而来，坚持自愿捐助原则。当时义仓共建上下两座，上下座之间有 15 米左右的空地，均为砖木结构，规模较小，每座可存放粮食约 1000 担（50 吨）。上座在土改时期就倒塌损毁，后来，点头大队第二生产队在原来的地基上盖简易仓库，也作为生产队社员开会或重要议事场所。下座因地处民房小巷，车辆不达，交通不便，便作为职工宿舍，现已坍塌荒废。

祠庙仓　解放初期政府征用寺庙宗祠为粮仓，称"祠庙仓"，共有两处。一处在妈祖宫，该仓系砖木结构，仓房及地坪为木板结构，可存放粮食 85 吨。另一处在三官堂，原是供奉天、地、水三官的庙宇，因有僧人入住修行，故称"三官堂寺"。该仓房及地坪为木板结构，可储粮食85吨。该处于1957年归还寺院。

民房仓　民房仓共有两座，一座是义昌隆，一座是管阳仓，是土改时期政府没收征用地主官僚资本家的房屋作为粮仓的。因这两座仓库征用前是茶仓，特别适合作为粮仓。义昌隆位于海埭下，系砖木结构，仓房及地坪为木板结构，可存放粮食200吨。管阳仓位于横街双井旁边，系砖木结构，仓房及地坪为木板结构，可存放粮食400吨。

苏式仓　20世纪50年代中期，全国各行业都向苏联学习，粮食建仓也学习引进了苏联的机械化房式仓，即"苏式仓"。1956年，点头粮站也兴建"苏式仓"，位于海埭下，长

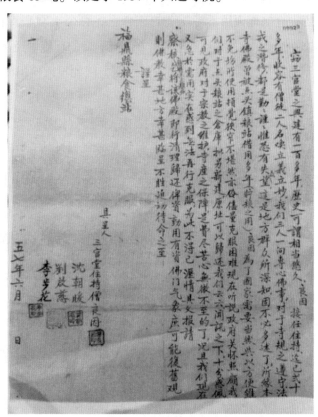

"三官堂"住持良因给福鼎粮食局的申请报告

32米，宽15.5米，面积496平方米，设计堆粮高3米，设计容量1050吨，沥青砂地面，墙刷热沥青防潮，砂浆抹面。该仓地处海埭下沙吕线内侧，水平线低于外面公路，每当连降大雨或突发暴雨的时候，就会形成雨水倒流，给粮食安全保管造成一定困难。1988年，县粮食局对该仓进行低水位改造重建，人称"基建仓"。

20世纪60年代初，国家经济形势有所好转，毛泽东主席向全国提出了"备战、备荒、为人民"的号召，要求全国各地大力增加粮食储备。到60年代末，粮食经营量和库存量继续上升，储备粮也增加不少，在这种情况下，土圆仓应运而生，它不需要钢材、水泥等紧俏材料，造价低廉，技术含量不高，储粮容积也较大。当时有顺口溜说："土圆仓是个宝，一把泥一把草，既防鼠又防盗，抗地震效果好，家家户户都能搞。"1971年前后，点头粮站在岭头坪兴建3个土圆仓。土圆仓是由圆柱体和圆锥体两部分构成，圆柱体墙身基础先用石块砌成约1米高，其上墙身用节状稻草拌黄泥

巴，用夯筑技术逐层而建。建锥顶的时候，先架设三角形梁架，然后逐条斜放木条，钉上木板，圆锥顶模型成形后，再铺上雨毛毡，涂上沥青做好防漏，最后用水泥铺面。仓底地面用不易返潮的三合土。每个土圆仓直径 8 米，柱墙高约 5 米，可储粮25—30 吨。这种土圆仓在北方低温干燥的环境中经济实用，而南方高温潮湿，土圆仓不易散热排湿，粮食容易发热发霉，因此投入使用没几年就被淘汰了。

高型基建仓　高型基建仓，粮站职工称其为新建仓，位于岭头坪，即在土圆仓旁边，建于 1981 年。砖木结构，沥青地面防潮，长 34.5 米，宽 13.9 米，面积479.55 平方米，设计堆粮线高 3.5 米，设计容量 1000 吨，是点头粮站目前唯一保存完好且还在使用的仓库，现承储县级储备粮。2016 年后陆续通过功能提升改造，实行机械通风、环流熏蒸、电子测温等科学保粮措施。

山柘和柏柳粮食收购点

20 世纪 70 年代后期，为了方便山区农民收购粮食，点头粮站先后在山柘和柏柳设立粮食收购点。山柘粮食收购点建于 1976 年，砖木结构，沥青地面，长 10.5 米，宽 6.9 米，面积 72.45 平方米，设计堆粮线高 2 米，设计容量 75 吨。该点负责山柘、西洋尾、果阳、后梁及管阳亭边等村的粮食收购，2001 年出让给山柘村使用。柏柳粮食收购点建于 1978 年，砖木结构，沥青地面，长 17.6 米，宽 9.4 米，面积 165.44 平方米，设计堆粮线高 2.6 米，设计容量 250 吨。该点负责柏柳、翁溪、过笕、后井等村的粮食收购，现出租柏柳一茶厂经营使用。

点头粮站门市部

20 世纪 50—80 年代，粮站门市部可是时代宠儿，城镇居民到此买米、买面或买油，每天总有居民跟它打交道，可谓门庭若市。点头粮站门市部设过两个地方，解放初期征用妈祖宫为粮食仓库，并在一楼开设门市部。随着粮油销量的日益增长，妈祖宫门店太小，已无法满足日常供应的需要，加上地处海埭下靠上街位置，给下街及横街的居民买粮带来不便，为此，大概在 1968 年，点头粮站选址管阳仓前面空地兴建办公楼，将一楼作为门市部。这里门店开阔，地理位置靠中心，方便了四面八方的群众。

粮食的收购与供应

1953 年，中共中央和国务院公布了《关于粮食统购统销的决议》和《关于实行粮食的计划收购和计划供应的命令》，统购统销就成了粮站的两大基本任务。

粮食收购主要是公粮征收，即征购任务，是农业税征收和粮食统购的总称。"征"是农民向国家无偿地以粮食交农业税的一种方式，"购"是政府下达的有偿粮食统购任务。老百姓俗称"交公粮"。点头镇每年公粮征收任务8000多担（400多吨），统购任务20000担（1000吨），这两项是每年基本的收购任务。1985年开始加上加价粮、议价粮收购，粮站每年最多的时候收购粮食33000多担（1650多吨）。每到粮食收购季节，一般是夏季和秋季，主要是夏粮收购，偌大的粮站大院里聚集着来自四面八方的农民，车来人往，人声鼎沸，热闹非凡。质检的、划价的、司磅的、开票的、灌包的、上仓的、过风扇的，吵吵闹闹，一片繁忙景象。2005年，第十届全国人大常委会第19次会议通过关于废止《农业税条例》的决定，从2006年开始，农民不再向国家交公粮。

全国通用粮票

1955年8月25日，国务院出台了《市镇粮食定量供应暂行办法》。同年9月，以中华人民共和国粮食部名义制订的1955年版的全国通用粮票开始在全国各地发行使用，粮票和购粮证作为"第一票"进入了新中国的票证历史舞台，中国自此拉开了长达约40年的"票证经济"帷幕。

城镇居民实行定量计划供应粮油，粮油供应由县粮食局按规定对不同工种、不同年龄的人制定定量标准。据福鼎县粮食局1956年公布的按工种粮食定量标准，其中，从事体力劳动的171个工种定量标准为28—50市斤/月，定量标准最高的强体力或重体力劳动的工人，如炉前高温冶炼工、高空作业工为50市斤/月，而轻体力劳动的工人，如针织工、印刷工、油漆工等为28市斤/月；机关工作人员、企业工作人员和其他脑力工作者为 27 市斤/月；初中学生为 25 市斤/月，高中学生为 26 市斤/月；小孩未满一周岁为 7 市斤/月，2—6 周岁每增加一周岁加 2 市斤/月，6—10 周岁每增加一周岁加 1 市斤/月，10 周岁以上的一般居民为 24 市斤/月（三年自然灾害时期降为成人 20 市斤/月，小孩 12 市斤/月），到 20 世纪 70 年代中期，成人定量粮食标准提高到 31 市斤/月。1993 年，粮油全面敞开供应，城镇居民的每月粮食定量供应也就完成了历史使命。

2001 年，国家进一步深化粮食流通体制改革，粮站在这一轮改革中正式解体，曾经车水马龙，与点头人民息息相关的粮站从此落下了历史帷幕。随后点头粮站更名福鼎市粮食购销有限公司点头分公司，管辖原点头、白琳、磻溪等 3 个粮站粮库及资产，至今主要承担县级储备粮保管任务。

世事变迁，今非昔比。粮站是我国计划经济在农村的一个缩影，成为从那个年代走过来的人一个共同记忆。点头粮站的兴衰，见证着伟大祖国从一穷二白、百废待兴、物资匮乏，到市场繁荣、物资丰富、经济建设快速发展的新时代。

（本文参考了福鼎市档案局、福鼎市粮食局及陈万同、谢宗胜、林明森、薛益平、秦世成、林振侃等人提供的资料）

大炼钢铁的记忆

🖋 宋国莲

1958 年 9 月 1 日，中央发表公报，号召全党全民为生产 1070 万吨钢而奋斗。

为了完成这个艰巨的任务，点头公社和全国一样，全民都参加了轰轰烈烈的大炼钢铁运动。人们到处寻找铁矿石，到处修建土高炉土法炼钢。一时间，点头高炉林立，火光冲天，炼钢炉前歇人不歇马，人们轮班炼钢。

点头修建了十几个土高炉，最大最高的是岭头坪高炉，有 5 米多高，属于国营的。属于点头公社的有：点头中心小学操场 1 个，九中山上 1 个，洋中 1 个，广顺里后门 1 个，街头顶有七八个。这些土高炉都有四米多高，底部直径有 2 米左右，越往上越小，最上端约 1.5 米，炉壁厚度约 0.4 米。每个土高炉都设有风箱口，炼钢铁的时候，由一个人负责拉着风箱，使炉子里的炭火旺盛，保证炼钢铁的过程中不熄火。

炼钢铁需燃料。在点头公社党委的统一安排下，各生产大队分工协作。负责烧炭的是柏柳、过笕、后井等山区大队。各生产队在生产队长的安排下，派出大部分强劳力，有计划地到山上砍树，不分树种，一个山头砍完再到另外的山头继续砍，把砍下来的树木烧成木炭，再把烧好的木炭放进用竹篾围成的炭筐里。社员们挑着百来斤一担的木炭，走二三十里的山路到点头，再由公社分配给各个炼铁厂。在大炼钢铁的过程中，山上的树木几乎被砍伐殆尽。

炼钢铁需要铁砂。点头没有铁砂资源，按照县里统一安排，各公社轮流派社员到前岐沙滩挑铁砂。洗铁砂则由集镇周边大队负责，观洋、龙田、江美等大队派社员带着食物、筛子到前岐洗铁砂，多的一人一天可洗三五斤，少的也有两三斤。社员们把铁砂送回大队，各大队又把收集好的铁砂再送到公社，公社把铁砂分送到各土高炉进行炼钢铁。单凭收集来的铁砂炼钢铁远远不够，各生产大队只好另辟捷径。在吃大锅饭的年代，各家各户家里的大锅小锅都是多余的，有人献出自己家里的铁质厨具、餐具。

但是，不管是铁砂炼的还是铁质物品等投入高炉炼出来的，都是一块块铁疙瘩不合格，后来县里只得统一回收到正规钢铁厂重新再炼。

1958 年 12 月 19 日，历时三个月半的全民大炼钢铁运动落幕。

人民会场看大戏

✎ 陈孔同

提起点头人民会场，上了年纪的点头人对它都有挥之不去的深刻印象。

20 世纪 60 年代之前，已近千年开埠历史的点头街区人口近万。点头人喜欢看大戏，由于没有戏台，请戏之前必先搭台，戏过之后又要拆台，长此以往十分麻烦。如果看戏时中途下雨，观众只好高兴而来扫兴而归，有个固定的场所演戏、看戏是点头人民的共同心愿。

1962 年，经福鼎县和点头公社人民政府的多方努力，选址点头海墘下妈祖宫左侧的文昌阁旧址建一座人民会堂的计划开始实施。时任点头生产大队大队长的汪丹龙等人负责征地，在经历了一系列波折后，点头人民会场终于在 1964 年落成。

会场占地约 1600 平方米。基本构造为三角屋顶，立柱支撑，四周砖墙包围，坐南朝北，外观像个巨大的长方体。大门正上方舒同体"人民会场"系陈深炳手书。会场在建成之初如鹤立鸡群，给古老的点头街区带来一股浓郁的新潮气息，从那时起，点头告别了"看戏搭台"的历史。

有了人民会场，福鼎越剧团时常来演出，剧目有《孔雀东南飞》《梁山伯与祝英台》《钗头凤》等。青衣吕爱宝、老生王月楼、大花脸陶杏花、花旦陈菊英等一批由温州信陵越剧团派出支援福鼎越剧团建设的名角，成为点头戏迷心中的偶像。点头本地京剧团"阿九班"在会场上演的京剧《打渔杀家》《三打白骨精》等也是当年点头人喜闻乐见的好戏。老戏骨李成九与青衣陈爱珠联袂主演京剧《打渔杀家》，司琴是陈爱珠丈夫苏秉选，三位点头籍京剧艺术家精彩的表演至今还为点头戏迷传为梨园佳话。李成九还被点头戏迷称作"活猴"，他耍金箍棒时，或双手交替，或单腕拐动，金箍棒在周身飞舞如转轮疾驰，让人眼花缭乱，这一舞台绝活让人叹为观止。当年还有沙埕、前岐和浙江等地民间剧团光临点头会场献艺，会场成为点头人争相光顾的场所。

提起点头人民会场，引起我一段酸楚的回忆。当年看戏门票并不贵，但由于社会经济落后，一张几毛钱的戏票常常让人"望门止步"。于是，会场经常出现让现在的人们觉得不可思议的事情：在入口处，趁着人群拥挤时瞒过检票员"看白戏"的逃票现象时有发生；会场墙外的几个通风窗口离地面高近两米，总是有人爬上去挨在一起，把脸贴在窗口裂缝，眯着单眼往里窥视，由于窗台太窄，站不稳下跌受伤者大有人在；一群淘气的男孩子，经常在会场南端较为隐蔽的墙角下用细嫩的双手使劲扒开几块坚硬的砖头，然后一个接一个争相往会场里头钻，一旦被巡查人员的手电光照着，他们就猫着身子在黑暗的舞台下方四处躲藏；更多的穷戏迷听到从会场里传出来的锣鼓声、唱戏声而戏瘾大作，但他们大都是循规蹈矩的戏迷，耐心地待在门口等着"看戏懒"（点头方言）——每次演戏在剧终之前，为了观众的安全疏散，会场工作人员会提早将大门打开，在大门洞开的瞬间，为看戏尾久等在外的人群便蜂拥而入，对他们而言，能在大戏终场前几分钟一睹演员的芳容也是一番享受。

大戏散场，会场左边那条通往老街的狭长的海埭巷人流拥挤。当年举家看大戏是常见现象，于是有人扶老携幼，有人呼儿唤女……夜色深沉的街上一时间人声鼎沸。点头人喜欢吃宵夜，尚未打烊的几家小吃店一下子生意兴隆。上街"扁食节""米粉法"，中街"牛肉生"，店里都坐满了吃点心的顾客，就连桥头"鱼片生"的食担前也勺碗叮当，响个不停。人们一边吃着宵夜，一边对看过的大戏津津乐道，回味无穷。如果是遇到吕爱宝主演的好戏，直至第二天，点头的戏迷还会议论纷纷，赞不绝口。

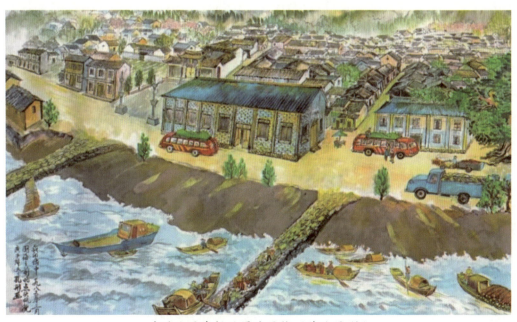

点头人民会场及周边风貌（陈孔同 绘）

自从建了会场，点头上演的大戏多了，点头戏迷对传统戏剧文化欣赏品位也不断提升，从看到学，一批酷爱戏剧的人士如陈孔延、陈孔锐、刘振霖、史忠亮、林玉碧等，他们利用剧团来点头的机会，经常与剧团人员交流学习，从"粉丝"变成了行家里手，他们能拉会唱，优美的京腔京调常使路人驻足良久。当年京剧《徐策跑城》选段"湛湛青天不可欺，未曾起意神先知……"，《苏三起解》选段"苏三离了洪洞县，将身来在大街前"及越剧《孔雀东南飞》选段"惜别离，惜别离，无限情思弦中寄……"等，是点头脍炙人口的"流行歌曲"。

20世纪80年代开始，点头街区面貌日新月异，点头人民会场一开始的"鹤立鸡群"，变成90年代的"鸡立群鹤"，搁置多年后一度成为茶叶加工场所，后被视为危房于1995年拆掉。如今，它的旧址上是一排拔地而起的民房，会场当年的景象，只存留在点头老一辈人的记忆中了。

上山下乡的经历

✍ 陈孔同

　　1968 年末，一场波及全国的知识青年上山下乡运动迅猛掀起。点头公社迅速成立知识青年上山下乡安置办公室，由李观闹同志任知青办主任，立马开展工作。年底，公社在人民会场隆重召开首批知青下乡欢送大会。会上，来自福鼎一中和三中的老三届学生洪桂波、张依云、李月凤等 8 人在主席台上就座，公社书记李云甫致辞。欢送会后，8 名学生胸戴红花在热烈的锣鼓声中沿街游行至桥头直接被送往过笕大队，领队的是公社派出所干部葛泽民同志。过笕大队支部书记陈旺成将这首批下放的 8 名知青分为两组，一组落户过笕里生产队，一组落户东门岭生产队。

　　随着第一批 8 名学生被安置之后，大量的老三届、新三届学生回家乡报到，安置学生成了点头公社的工作重点。我家兄弟三人也先后步入上山下乡行列，成为点头上山下乡子女最多的一家。公社采取知青自行联系安置地为主，公社与大队帮助寻找安置点为辅的安置办法，知青们三五成群在某大队生产队落户，称为"知青小组"。1972 年开始，公社从长计议，指定东方红茶场、柏柳茶场、九峰山林场、瓦窑岗茶场、石桥头茶场、大坪茶场、观洋大队畜牧场等为知青安置点，既改善了知青的生活环境，也便于知青管理工作的开展。当年的知青中，还有几位是来自福州的省下放干部的子女。

　　知青下乡第一年，公社发放每人每月 8 块钱的安置费和 30 斤地瓜米，还有生产工具锄头、畚箕、棕衣各一，生活用品棉被、床板各一，外加一本红色塑料封面的笔记本，本子的扉页上印着"知识青年上山下乡纪念"的文字。

　　我 1972 年从福鼎三中高中毕业，1973 年 2 月回点头上山下乡，头一年插队观洋大队南山下生产队，住在队长老彭的小楼头上，烧饭用煤油炉。当时生产队只有我一名插队知青。我从校园到田园，离开了相处多年的老师和同学，心头的孤寂、惆怅、失落等各种情绪交织，无以言表。幸好队长的儿子彭家寿年纪与我相仿，喜欢与我结伴，在队里参加生产劳动的过程中，经常得到他的热心帮助。

　　经历了春耕夏收劳作之后，同年 11 月，福鼎民生大型工程——南溪水库开工，福鼎县政府举全县之力投入建设。水库前期工程，即桐山柯岭到南溪石竹坑库区公路动工，观洋大队奉命从各生产队抽调农民工近三十人（包括我）组成工程队，以点头公社义务工的名义参加建设，担任工程队领队的是观洋大队干部朱宽邦同志。南水公路开工誓师大会在柯岭大队召开，会场周边红旗飘扬，"工业学大庆，农业学大寨，全国学习人民解放军"的巨幅标语在阳光下耀眼夺目。会后第二天，各公社施工队伍沿测定路基拉开距离各自开工，点头工程队施工地点在柯岭王家山。

时值隆冬，工地上寒风刺骨，民工们冒着严寒，挥舞洋镐、锄头，每天挖山不止，填方也全靠手提肩挑。挖山过程如果遇到巨大的岩石，就要炸药爆破。爆破是技术活，民工里只有少数人干得了。凿炸药洞时，一人双手紧握钢钎，另一人高举八磅大锤稳稳地砸在钢钎头上。借着钢钎反弹的瞬间，持钎者顺势转动钢钎以防卡钎。为了舒缓身心保持体力，他们每打一锤都要哼一句劳动号子，两人你唱我和十分默契。我也曾试着抡起磅锤学打钢钎，结果将持钎的郑大叔的手打了个正着，至今还后悔不已。各工程队发炮时间，都安排在收工后民工全数退场时进行。这时，太阳已枕在西山，哨声过后，刹那间工地上爆破声此起彼伏，巨大的声浪响彻云霄，飞扬的烟尘蔽住了残阳的余晖。经过民工们艰苦的劳动，一年后南水公路全线贯通。我站在王家山往下看，那条崭新的公路宛如一条米黄色的飘带，在群山中延伸。民工撤回点头后，我就没再回南山下生产队，申请到了社属柏柳茶场知青点。

柏柳茶场建在柏柳村与过笕竹栏头村两村交界的山口，主体由五榴双层木屋构成，楼下是茶叶加工车间、碾米和饲料加工场。二楼隔成若干小间为员工宿舍和茶、粮仓库。主楼两侧另盖简易平房各一间，左边是食堂，右边是晾青场所。屋前有一块长方形空埕，埕外是一条连接柏柳与过笕的石头路，靠左边的路面上有棵枫树，高大挺拔。我到场里时，场里已有茶农15人和知青11名，9名是点头籍，1名来自桐山，1名来自福州。

柏柳茶场场长陈招醉是过笕竹栏头人，年近四十，是大毫茶栽培和加工的行家里手。他对知青热情关照，时常向知青口授些茶叶技术要领，我们都叫他阿醉叔。场里的会计与出纳由知青兼任。知青与茶农们同工同酬，按劳分配。我是刚到的新手，第一年被农友评为六分工。

柏柳茶场有坡地茶山20多亩，茶山上的茶树和地瓜、马铃薯混合种植（当年免耕茶园尚未推广），场里还有一个小型养猪场，所以一年四季都有活干。清明节开始是茶场一年中最繁忙的时期，采茶嫂们每天太阳还没露脸就上山采茶，傍晚时分陆续收工，沉甸甸的茶篮扛在肩上，压得她们个个气喘吁吁，但丰硕的劳动成果，也给她们带来了满意的笑容。一时间茶青堆积如山，这时晾青是头等要事，晾青如果不及时，堆积在一起的茶叶由于温度的升高会变红，制出的绿茶品质下降，卖价就走低。

此时场里所有空地包括二楼通道都晾满青翠的茶叶。

在繁忙的茶季里，场里的一部十二匹柴油机日夜轰鸣，在杀青、揉捻烘干的机台前，茶农带领知青加班加点，一股股沁人心脾的茶香四处飘散。制成的茶干积累到一定的数量后，就要挑往点头茶站收购。当年，我体重不到百斤却挑着近百斤茶干，步行十公里到点头，回场还得搭上几十斤化肥，每次卖茶都累得精疲力竭。1975年点头到新岗头公路全线贯通，县里配一台手扶拖拉给柏柳茶场，知青许平通过培训成为第一位驾驶员。有了拖拉机，场里的生产效率得到了提高。

知青除了参加劳动锻炼，还要进行思想改造，场长经常组织员工学习毛主席著作和中央文件。茶场还设立了团支部，支部书记黄邦平是我三中的同学，在校时我俩都是文艺宣传队成员，还有知青许平，也是音乐爱好者，我们三人中两人拉小提琴，一人弹月琴。夏日的夜晚，知青们聚在屋前的空埕上拉琴唱歌，悠扬的琴声、深情的歌声在乡村夜色中飞扬。

当年没有电视，看电影是主要的娱乐方式，点头公社电影队隔三岔五下乡巡演，这时我们茶场空埕便成了露天影院。夜幕降临，五里三乡的村民都会赶来看电影，散场后，村民们点燃备好的干篾当火炬，一时间，山间的小路火光通明，远远望去，像一条条游动的火龙。

年终分红是集体生产的分配形式，就是提留公积金后将本年度的所有收成折算成人民币除以全场全年总工分，所得的商就是分值。当年分红最高的是东方红茶场，分值一角二分，柏柳茶场分值一角钱也算不错，当时生产队分红普遍只有六七分钱。

1975年，全国各地开始从工人、知青、士兵中推荐升学对象（这些人后来被称为工农兵学员）和招收职工。点头开始有知青被调走，柏柳茶场也有两人，一位去上大学，一人进企业。1976年5月，我也被调往教育部门当了小学教师。但是，大多数知青还是只能留在农村。1977年恢复高考，当时考生资格还限制在知青范围。为了获取高考资格，1977年点头还有"末代知青"应届高中生上山下乡。

知识青年上山下乡，是特殊的历史时期为一代青年提供的一条特殊的人生道路。"知青"二字已不只是单纯的字面含义，而是那段特殊历史的诠释。

柏柳茶场知青与茶农合影（前排左一为笔者）

花炮厂的兴衰

✑张忠仁　刘培旗

　　点头鞭炮厂创办于 1969 年，是集体所有制企业，隶属福鼎市城镇集体工业联合社（原二轻局）。改革开放以后，为适应市场经济体制和企业发展的需要，工商注册先后更名为"福鼎县花炮厂""福鼎市烟花爆竹总厂""福鼎市喜庆烟花爆竹有限公司"（以下统称"花炮厂"），主要业务范围为烟花爆竹的生产和销售。花炮厂生产的产品质量得到了省内外消费者及外贸出口商的一致好评，连续多年获得"福建省工艺美术百花奖"。

　　烟花爆竹是劳动密集型行业，企业效益和社会效益显著。20 世纪七八十年代，花炮厂进入发展鼎盛时期。1975 年，在点头镇政府的鼎力支持下，花炮厂于九头弯征地8000 平方米，建起了超过 3000 平方米的厂房。花炮厂搬迁到新厂址后，企业规模在

1982 年，花炮厂领导薛益成、刘培旗、杜宗强在厂房大门口同客户合影

全省同行业中名列前茅。党的十一届三中全会后，花炮厂进入发展快车道，成为二轻系统百万产值重点企业和纳税大户，不仅为地方政府安排退伍军人、村干部、待业青年、下岗职工和社会闲散人员400多人，还发展厂外加工2000多户。当年，花炮厂的爆竹加工遍布点头镇大街小巷和附近村庄，并先后在果阳、山柘、旺兴头、沈青、溪美等村设立分厂，为解决群众的生活来源和农村脱贫致富做出了积极贡献。

1986年，由省二轻厅批准的企业技术改造项目验收投产。该项目总投资123万元，其中建设银行贷款98万元，企业自筹25万元，在点头镇龙田村埕基里征用山坡地20400平方米，建筑厂房4200平方米，引进了先进技术和生产线，并重视人员培训和工艺改革，严抓安全生产和产品质量，产品从单一的爆竹扩展到喷花、火箭和礼花等几十类烟花产品，年产值达800多万元，在福建省同类企业中独占鳌头，成为全国烟花爆竹标准化合格单位、福建省一类烟花爆竹生产重点企业。

2009年，按照省政府关于全省烟花爆竹生产企业退出生产领域的统一部署，花炮厂以大局为重，全面停止烟花爆竹生产，企业转产转制，按照现代公司的要求进入新的经营模式。

大坪平整纪事

20世纪70年代，党中央提出了"以粮为纲，全面发展"的方针，并在全国上下掀起了"农业学大寨，工业学大庆"的热潮。时任点头人民公社书记夏于民下乡调研后发现，大坪多山少田，缺水情况比较严重，便提出开山造田方案，并计划引瓦窑岗溪水到大坪，一方面可以增加耕地面积，有利于完成粮食收购任务，另一方面又可以在全县树立起一面"农业学大寨"的先进样板。

点头公社党委在听取了夏书记的汇报后，从县里请来了专业技术人员对大坪村的地形地貌进行了勘察和测算，提出了一系列建议并形成了可行性报告：计划在大坪开山造地320亩，其中耕地面积286亩，并于两个月内完工。要达到这个目标，必须平整大小山头36座，填平深谷深坑23个。其中最深的谷坑是七斗岗山沟，深32米，整个工程需要挖填土石30多万方。大坪开山造田方案经公社党委、政府讨论，并将详细计划报县政府批准，获得通过。

1973年农历正月初三，各村民工陆续进入工地。每个生产队都按计划分派民工，由生产队长亲自带队，自带粮食和工具，以民兵的编制参加大坪会战。按原计划，每天需要5000个民工上场作业，可是由于工地作业面小，只能容纳3000人。他们用锄头挖、土箕装、扁担挑、板车拉、石墩夯等最原始的劳动方式参加工程建设。妇女、老人也不甘示弱，他们帮忙烧茶做饭，极力做好后勤工作。工地上红旗招展，人声鼎沸，劳动号子此起彼伏，到处洋溢着一派热火朝天的景象。高音喇叭里不停播放着革命歌曲，加强宣传造势，为大家加油鼓劲。那时候，每一个参加义务劳动的人都从心里感到无比的骄傲与自豪。

经过40天的奋战，大坪村的山头上被平整出了200亩田地，造田工程初战告捷，干部群众欢欣鼓舞。时任福鼎县革委会主任姬志立指示，先搞出成果，实验抢种早稻。但是，大坪平整出的土地，要种上水稻，必须先从瓦窑岗村水库引水，才能如期插下秧苗。由于刚平整出的是黄土地，渗水严重，保水困难。于是，又建造了蓄水池并挖沟引水；为防止渗水，还在沟底铺上了一层塑料纸，硬是把水引到了大坪，并抢插了 50 亩早稻。大家再接再厉，以惊人的意志，于 1973 年 5 月如期完成了造田计划。待秋后收成时，亩产达 600 多斤。

1974 年，时任福建省军区副司令员叶克守到大坪参观、指导工作，对大坪人战天斗地的精神给予了充分肯定。1975 年省军区司令员皮定均将军亲临点头大坪视察，并在县委扩大会议上表扬了大坪开荒造田的成果和感人事迹，还号召全省各地民兵学习点头大坪"愚公移山"的精神。

在大坪平整土地的过程中，大坪购销站也发挥了积极的作用。购销站调集了大量的锄头、竹箕等农具以及民工生活用品，保证了工地上的农资供应和后勤保障，为如期完成造田计划作出了很大的贡献。为此，福鼎县供销合作社把大

1973 年点头大坪劈山造田大会战现场（傅克忠 摄）

坪购销站作为商业系统的典型，号召全县"商业学大坪"。一时，点头大坪声名鹊起，来大坪参观学习的团队络绎不绝，大坪成为全县乃至全省学习的榜样。

点头大坪劈山造田大会战，花工 2 万，劈掉 13 座山头，填平 17 条大沟，挖填土石 30 多万方，造地 300 亩，大坪人这种战天斗地的精神被誉为"当代愚公"而载入福鼎史册。

如今，在当年开山平整的土地上种植了福鼎白茶，省龙头企业六妙茶产业有限公司建起了六妙白茶庄园。天赐大坪，源润古今，大坪村又焕发青春，茶山碧绿，茶园荟萃。2006 年，农业部的茶叶国家良种繁育场项目落地大坪，如今大坪正成为集茶旅文化于一体的旅游观光地。

（本文根据夏于民口述整理）

大峨水库建设记

宋国莲

　　大峨水库位于离点头集镇 10 千米的大峨村，流域面积 5.3 平方千米，总库容 236 万立方米，有效库容 212.6 万立方米，是一座以灌溉为主结合发电、供水的综合蓄水工程。水库库坝为黏土心墙坝，坝高 25.7 米。水库灌溉大峨等 6 个村 4416 亩农田，发电装机 2 台计 970 千瓦，供水 1.2 万人。水库 1977 年 12 月动工，1981 年 5 月停建，1989 年 10 月续建，1991 年 6 月竣工。

　　大峨水库的建设可谓一波三折。20 世纪 70 年代末，随着改革开放，点头工农业各方面得到了大力发展，电力紧张的情况日益突出，解决农田水利灌溉以及集镇居民饮用水的问题更加迫切。为此，镇党委研究决定在点头兴修一座水库，上报得到了县委的大力支持。随后，县委即派福鼎县技术人员到点头实地勘察。经过多方考察论证，专家一致认为大峨村是建造水库的最佳选址之地。方案经层层上报后获得了有关方面的一致肯定和全力支持，决定在大峨兴建一座水库，以解决点头集镇发展和群众用电、用水的问题。

　　要建水库，必先安置库区移民。为了做好库区移民的思想工作，点头镇党委与大峨大队及库区群众的协商多达几十次。他们晓之以理、动之以情，让村干部及群众认识到兴修大峨水库是一件有利于村民的大好事，也是改变命运的机遇。最终村民一致同意搬迁到小峨自然村简陋的过渡性安置点生活。

　　1977 年 12 月，兴修大峨水库的工程拉开了序幕。当时工程总指挥是点头武装部部长黄振弟同志，点头镇各大队从各生产队抽调最强劳动力参加水库建设，生产队给予参加大峨水库建设的社员记最高工分。大峨水库建设在如火如荼地进行着，到 1981 年，水库主体工程即将完工。可是，就在将要大功告成的时候，大峨村部分群众却以库区移民没有得到妥善安置为由，阻挠工程继续建设。镇政府和大峨村村民经过很多次协商无果，迫使工程在 1981 年 5 月停建。这时，国家已经投资 86 万元，投入劳力 26 万工日，完成工程量 91.2%，其中完成大坝工程量 95%。

　　大峨水库是重点基建项目，是点头镇广大人民群众长期以来的共同愿望。大峨水库虽然停建，但上级有关部门续建大峨水库的决心从来没有动摇过。停建后，县委立即组织水电工程学会24位技术人员到实地勘察，并评估停工后的损失。他们排除一切干扰，努力争取到省、地市的资金支持。县人民政府据此将情况上报到省和地区有关部门，省政府办公厅于1982年5月30日发出《关于续建大峨水库复函》，省地追拨专项经费70万元、镇自筹40万元用于大峨水库续建和水电站扩建。

在此期间，福鼎县政府和点头镇政府加大了点头围垦计划和实施力度，决定在点头镇围海建设大峨移民新村以安置库区移民。点头第一次围垦工程于1986年完工，镇政府划出垦区最好的滩地504亩，作为大峨移民在库区受淹土地的补偿用地，其面积超过原有面积的1.5倍。当年还拨款12万元，将该滩址平整成可机械化耕作的田地。1988年，点头镇投资48万元建成垦区引水灌溉石渠2305米，防洪堤892米，解决了移民户的农业生产用水，为移民耕地创造了旱涝保收的优越条件。另外，从垦区划出36亩连片土地作为移民生活用地，每榴地基占地面积达0.13亩，每幢房子还建一榴公厅，每榴拨给房屋拆迁费6000元，由移民户自拆自建，包干使用，镇政府负责完成自来水和照明用电的全部施工。为了完成移民新村的建设，省、地、县、镇四级财政共投资了212万元和大量的人力物力，保证了移民新村的顺利建成和库区移民的妥善安置。

1989年5月21日，县委、县政府在点头镇召开大峨水库续建问题现场办公会议。县委、人大、政府、政协、纪委等五套班子领导，县直有关部门、点头镇党委、镇政府负责人以及大峨村党支部书记、村委会主任共39人参加了会议。与会同志实地察看了大峨移民新村和分配给大峨移民的耕地及水利设施等，观看了大峨库区原貌的录像片，听取了点头镇党委、政府对大峨移民安置工作和水库续建问题的情况汇报。根据具体情况，大家进行了认真的讨论，统一了思想，一致认为续建水库的条件已经成熟。

1989年12月，大峨水库开始续建。然而这个时候，农民土地已经承包到户，生产队不可能再抽调人员以记工分形式参加大峨水库建设，政府只能采用按劳取酬的方式征用民工。1991年6月，续建工程完工蓄水，同年12月通过了原宁德地区水电局组织的竣工验收。

大峨水库工程枢纽主要由大坝、溢洪道、输水涵洞等三大建筑物组成。枢纽工程为Ⅳ等工程，工程规模为小（一）型，大坝等主要永久性建筑物级别为4级，次要建筑物级别为5级。根据规范，土石坝防洪标准为30—50年一遇设计，300—1000年一遇校核。水库目前的防洪标准为50年一遇设计，500年一遇校核。

水库在历经 20 多年运行后，大坝又出现了较多的安全问题：左岸山体岩石破碎，节理裂隙发育，致坝基与坝体接触面存在漏水，同时绕坝渗流，心墙黏土质量较差，造成左岸下游坝体出现渗流；坝顶局部沉降，防浪墙变形开裂；灌溉输水涵洞金属结构年久失修，闸门漏水，启闭设备磨损，无法正常运行；溢洪道挑坎下游冲刷严重；未设置水库水位尺及水位自动测报装置，未做坝体变形观测；坝体存在白蚁。

为了防范和解决大坝的安全隐患，2011 年 8 月，点头镇委托福鼎市鸿展水利水电勘察设计有限公司对水库进行了安全鉴定及初步设计。2011 年 10 月 30 日，经宁德市水利局"宁水审〔2011〕149 号文"出具审查意见，批复工程概算投资 539.86 万元，其中建筑工程概算 409.74 万元，设备及安装工程概算 20.80 万元，金属结构及安装工程概算 4.78 万元，临时工程概算 10.78 万元，独立费用 63.10 万元，争取中央专项资金 510 万元，点头镇财政配套资金 29.86 万元，这些资金全部用于水库的除险加固。

除险加固的主要内容包括：一是为了确保大坝渗流稳定，工程运行安全，对坝体进行防渗加固处理；二是对坝顶和防浪墙进行改造；三是对上下游堆石体进行表层局部翻砌并设置钢筋砼护面和下游面铺设砼预制块；四是增设排水沟、上坝道路；五是为了完善水文观测，在库区增设水文自动测报系统，并在大坝安装变形观测设施和测压管；六是为了溢洪道泄洪安全，拆除溢洪道原底板，重新浇筑钢筋砼改造，对高度不足的侧墙进行加高，对侧墙重新勾缝，新建溢洪道尾部冲刷坑二道坝，加高导流墙侧墙的高度；七是为了消除输水涵洞的安全隐患，更换输水涵洞口闸门及启闭设备，对已进行条石砌体的 22 米涵洞进行重新勾缝，对未衬砌的 77 米开挖涵洞进行固结灌浆后采取 C20 钢筋砼衬砌，对启闭房进行整修；八是为了便于水库日常运行管理，对水库管理房进行改造，并在坝区新增视频监控系统；九是为了便于防汛抢险交通，在现有防汛抢险通道上增设错车道及进坝道路至启闭房的人行道砼路面。本次加固防洪标准也采用 50 年一遇设计，500 年一遇校核，其设计洪水位为 343.58 米，相应库容 261 万立方米；校核洪水位为 344.20 米，相应库容 276 万立方米。

大峨水库大坝经过改造和加固，已是今非昔比。站在高高的大坝上，优美的库区景观一览无余，湖光山色倒映水中，清新的空气沁人心脾，四周层峦叠翠，水库犹如一块巨大的绿翡翠镶嵌其中。正是：水库含翠，层林尽染，踏遍青山人未老，风景这边独好。

赶着潮水送公粮

◎宋国莲

岐头村依山傍海，风景秀丽，离集镇仅4里路，滨海大道横贯新村前面。每当看到男女老少开着各种各样的交通工具，络绎不绝地来往于岐头和集镇中，我的心中不禁生起诸多感慨。

20世纪80年代以前，岐头村人出行可以水陆并进。沿海边小路行走花时间，特别是从街上买柴草，挑回岐头更是不便。如果是乘船，从岐头出发就可直达点头妈祖宫埠头，省时省力。岐头依靠这个得天独厚的地理条件，特别是在向国家缴纳公粮和统购粮食上，水上运输就显得尤为便利。每年到交纳公粮的时候，每个生产队都把最饱满的稻谷晒干扬净，就等潮水合适就往粮站交公粮。住在海边的人都知道潮汐时间，所以每逢农历初六至初十和廿一至廿五是乘船的最佳时间。

每到这几天，天才蒙蒙亮，远望海面上，一片轻柔的雾霭把一切渲染得朦胧而迷幻。这时候，岐头的海边就已经挤满了准备去镇上交公粮的小船。社员们挑着满满的一担担的谷子，吆喝着往船上装，直到船装不下了，船主便大声喊道："大家坐好，开船啰！"只见船桨用力地划过水面，咿咿呀呀的桨声响彻在清晨的海面上，就如奏响一首首美妙的乐曲。船上的人们叽叽喳喳地讲着村里的事，时而哄堂大笑，时而啧啧有声……不多时，船便来到妈祖宫埠头，大家又互相帮忙着，把船上的担子抬到岸上，一起嘻嘻哈哈地挑着公粮到粮站过秤。

交完公粮，女人们在街上买些家用；男人们聚在一起，在街尾沽上几斤糯米酒，叫上一碟花生米，或站或坐，犒劳自己。酒喝完，大家顶着红红的脸，挑着箩筐，又是嘻嘻哈哈地往埠头赶，趁着还没退潮乘船回家。来不及赶上船，手里提着或挑着沉甸甸物品的女人，嘴里骂骂咧咧的，只好自认倒霉，挑担走路回家。

公粮交完后，就是准备国家统购的粮食。如果是赶在十三、十四潮水，那就将近中午，大家交完统购的谷子，早已过了饭点。男人们又在街尾沽上几斤糯米酒，就着米粉汤，算是打牙祭，直呼吃得开心过瘾。吃完午餐，大家可以在街上买些柴草、米粉、面条、肥皂等物品。傍晚，大家把柴草等挑到埠头往船上装。夕阳西下，晚霞满天，海面上波光粼粼。满载着人和物品的小船又咿咿呀呀唱着，慢悠悠地向岐头划去，船上的人们又是大声而兴奋地交换着街上的见闻。

岐头风光（宋国莲 摄）

布票与假衬衣

宋国莲

　　20 世纪 50 年代初物资比较匮乏，国家对紧俏物资采用发票证的办法。买东西时，人民币加票证，缺一不可。当时，票证种类之多，使用范围之广，过来人一定都还记忆犹新。粗加分类，用来购买基本生活用品的有粮、布、油、煤等票；用来购买日用品的有肥皂、煤油、卫生纸、火柴等票；用来购买副食品的有鱼、肉、蛋、豆制品等票；用来购买大件的有自行车、缝纫机、手表等票。无论何种票证，都有一条硬性规定，即过期作废，没有商量余地。票证在那个年月，是非同小可的，"无粮票没饭吃，无布票没衣穿"是当年真实的写照。

　　就说布票吧！我国从 1953 年开始实行布票，由各省、自治区、直辖市商业部门印发，跨地购买时，需到指定地点兑换异地通行票证；特供军用的布票由国家统一发放，可在全国通用。布票的规格一般有 1 寸、2 寸、半尺、1 尺、2 尺、5 尺、10 尺等。各地方按人口发给城乡居民，每人每年两尺半。布票严禁买卖，只能供给家庭使用，所以每家布票都非常缺乏。当年就有"新三年，旧三年，缝缝补补又三年"的说法，一件衣服哥哥姐姐穿了，弟弟妹妹接着穿，穿破了洗洗补补还可以穿。

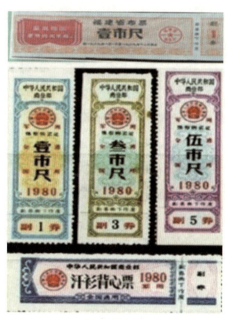

布票

　　记得我刚来福鼎时是秋季，看到街上很多女孩子穿着"的确良"衬衫非常羡慕，就想着自己也能做件穿穿，可家里布票早就用完了，惆怅之情油然而生。当年"的确良"是紧俏的时兴布料，每个村只能分配一张"的确良"券。我所在的江美村有 13 个生产队，可我连做梦也没想到，包村干部和大队干部经过再三讨论，最后决定把唯一的一张"的确良"券分配给我。那天，包村干部朱世驾、党支部书记缪扬出和支委魏步通三人步行 3 里路来到我家，支部书记小心翼翼地拿出一张盖着红红的公章、印有"的确良"字样、有半个小信封大小的券，并郑重地把券给了我，还认真地嘱咐我快点去买回布料来做件衬衫，要不然过期作废就可惜了。当年的情景至今依然历历在目，我为这无法预知而真实来临的一切欢呼雀跃，兴奋不已。这张薄薄的券凝聚着江美村所有人对我这个老师的深情厚谊，令我终生难忘。

在那布票短缺、做件外套布料尚且不足的年代，更不要说有布料去做件穿在内外衣服之间的衬衣了。我的先生是福鼎县民兵教练，经常要到公社、县、地区参加会议，为了让他穿得像样点，我突发奇想，没有真衬衣，假的也行啊；没有布票，就买不用布票的布头，而且价格只有一半，我为自己的奇思妙想激动不已。我随村里人乘船到点头布店，向营业员说出我想买布头做假衬衣的想法，她非常热情，为我挑选了两块布头，一块是纯白色的细布，一块是蓝白相间的细格子布，每块都有七八寸的样子。因为是布头，两块都是不规则的，但我还是感到无比的兴奋。

一回到家，我就迫不及待地把这两块布头裁剪成四个衬衣领子，然后剪好前襟、后片，再剪两根带子当袖子，用针细细地缝，最后打上扣眼，订好扣子，一件假衬衣真领子就成了。两天工夫，四件漂亮的假衬衫就完工了。

我的先生穿上内衣，套上假衬衣，再穿毛衣和外套，整个人气质瞬间提高了不少。后来，我还到点头布店再买其他颜色的布头做假衬衣，村里人都说我的先生衬衫真多真好看，而不知道那只是假衬衣真领子而已。这假衬衣省布省料，也容易清洗，既满足了人们的爱美之心，又保护了外衣领子。因我做的假衬衣挺入眼的，当时也成了我馈赠亲朋好友以及换取柴禾的最好方法。

布票是商品短缺形势下的产物，假衬衣是一个家庭的生活物资匮乏的变通之策。20 世纪 80 年代初期，随着农业和轻纺工业的发展，布匹供应日趋丰富，布票随之取消，如今则成了收藏家的新宠。

点头围垦工程

朱挺光

为了解决点头人多地少的问题，建设新型的点头集镇和解决大峨水库移民用地问题，点头择定于袋形内海筑堤围垦。这一工程经由镇政府呈报上级政府批准。1984 年冬，成立点头围垦工程指挥部。

切身利益

海涂养殖问题，被列为首位来抓。围垦之后，海岸线外移，势必影响沿岸依靠渔副业的农民的生活。为此，镇政府采取了三种措施：

第一，做好补偿工作。对投入海涂养殖巨资的个体户，平时依靠海涂生活的农户，进行摸底排队，给予补助，并答应给予耕地补偿和外海海涂补偿。

1986 年点头围海造田工程动工现场（傅克忠 摄）

第二，做好思想政治工作。通过会议、公告、广播、宣传栏等形式开展宣传，做到家喻户晓，带领人民向前看，说清围垦是解决子孙吃饭的大问题。

第三，解决工程用石问题。党的十一届三中全会以后，土地承包给个人，采取由山主农民限时包采、包运、包填的措施，一来能如期满足工程需要，二来增加了农民副业收入，两全其美。

工程规模

通过缜密的勘察和设计，制订出施工方案。南自海屿北至赤家礁，于1985年3月15日破土动工，历经3年又9个月的备战，至1988年底，一条长达1570米，基底宽38米，顶宽3.5米，高6至8米的长堤，终于竣工。它连接了南北两岸，填平了万古天堑，围就了3094亩的垦区。在长堤两端，各辟一个闸门，堤内开筑长1300米的河道和3000米灌溉渠道。全部工程，动用沙石30万立方米，投入10万个劳动日，投资总额为207万元人民币。

经济效益

围垦工程竣工后，镇政府立即研究分配问题：

其一，为建设大峨水库，移民大峨农户137户计580人，划给垦区561亩，其中屋基地40亩。1990年，大峨移民全部迁入新居。大峨水库的建成，供应了点头垦区的用电和生活用水，当年收益30万元。

其二，海屿、龙田、岐头、岐尾、观洋等村农民，划给886亩补偿地。围垦前这些村缺乏耕地，粮食多依靠政府回销。现在粮食生产基本能自给，生活日趋改善。过去依靠讨小海的人，不仅没有减少收入，相反生活得更好。

其三，为集镇建设解决了用地问题，共划出252亩地。改革开放之后，农村产业结构起了变化，个体商户大幅度增加，沿街摊点达700多家，日常上街的有七八千人，农闲节日成倍增多，全部挤在一条宽5米、长80米的狭窄小街上。店外有摊，摊外有店，肩挑手提，拥挤不堪。抢摊夺店，不时发生，争吵斗殴，秩序混乱。垦区划来的土地，由宁德地区建设局绘制蓝图，建造了一座商品、农贸综合性市场，占地4000平方米，安排600个摊点位。政府牵头，发动群众，从工商、个体、社会等多渠道、多层次集资，共投入资金50多万元，整个工程全面竣工落成。同时划出居民区，有计划地安排群众建盖住房，止住了占田盖房的歪风，解决了多年未解决的问题。

其四，新建码头。点头是福鼎县重要商港之一。原有码头太浅，只能通航一百吨以下的船只，围垦后，海岸线外移三里。新建码头长37米、宽5米，引道长93米、宽6米，堆场面积335米，站房、仓库设备齐全。海潮高时，400吨的船只可以直接到埠。有简便公路自市场直达。

点头石材加工业的艰辛三十载

✑陈中砥

　　点头曾是我市石材加工业重镇之一。早在 20 世纪 90 年代初，观洋和岐尾就分设了两个石材加工片区，占地约 250 亩，从事石材加工的厂家有 90 多家，每年从玄武岩矿山购入荒料约 2 万立方米，年产值近 2 亿元。石材加工业的发展，带动了点头镇建筑、搬运、运输、装饰、机修、餐饮等行业的同步发展，每年吸收 2000 多名集镇待业人员和农民工入厂就业。石材产品不但在国内市场十分畅销，还远销东南亚和欧美各国。石材加工业成为点头镇的支柱产业。

　　石材加工业在点头镇立足能达 30 年之久，是因为在持续发展的道路上，付出了诸多的艰辛。首先是治污，点头石材商会重视产业的发展与"治污"同步进行。朱乃斌同志接任点头石材商会会长时，在点头镇党政领导的大力支持下，借鉴外地治污经验，推出了"由政府监督，企业出资，商会运作"的市场化治污模式。

　　第一，由各厂按在矿山所持的荒料户头数，每个户头出资 1 万元，加上政府和环保部门拨款补助，以及向信用社、民间借贷等途径，先后筹款 300 万元，分别在 2004年 5 月于观洋片和 2006 年 9 月于岐尾片，各建污水处理厂一个，日处理石材生产污水3500—4500 吨。污水处理厂建成，实现了石材加工排出的污水全部导入处理厂进行及时、规范、达标的处理。污水处理厂还建立健全了生产管理、安全操作、应急措施、岗位职责等各项规章制度，以确保污水处理厂安全、高效运作。期间商会还投入 50万元用于安装先进设备——在线监测仪器，商会及省市环保部门可以直接对污水运作处理情况进行全日全程监控，同时还选择镇郊林家山和单担秧设堆碴场，统一堆放碴石污泥。在筹建两个污水处理厂的同时，2004 年点头商会前后投入 30 万元用于疏浚岐尾溪床，拓宽和加固沿岸部分溪堤，杜绝了水患，溪水也清澈畅流，母亲河昆溪的面貌焕然一新。

　　第二，石板材污水处理厂运作的费用是"取之企业，用于企业"，按各厂从矿山购入的荒料量，收取"排污费"作为污水处理厂日常运作的费用。

　　第三，石材加工业的发展壮大不仅得益于点头石材商会一系列的"治污"措施，更主要的是商会树立竭诚为维护厂家合法权益服务的理念，尽力尽责为石材加工业办实事、办好事。岐尾污水处理厂建造前，岐尾赤脚礁滩涂养殖因种种原因亏损，许多养殖户单纯地认为这是石材加工排出的污水流入内海所致，除了干扰企业生产，还向商会提出索赔要求。在镇领导的主持下，商会班子及时且多次与养殖户代表座谈，科学地分析造成亏损的各种因素，在此基础上与养殖户签订了"扶植滩涂养殖补偿合同"，并先后两次付给补偿费30万元，并为通村道路和困难户脱贫提供赞助。商会的主动作为和积极的沟通、协调，终于获得了养殖户的理解和信任，使得石材加工厂得以正常运转。

石材商会班子还尽力争取为企业减负。商会经常向玄武石材公司、环保、工商、税务、质检、运输、水政等部门反映厂家的合法要求，通过及时协调，有效地解决了实际问题。如：玄武岩公司取消了荒料10%倾斜供应的不合理规定，质检部门取消了"收取磨光监测费""行车年检费"；水政部门取消了收取地下水资源费；白琳车队规范了荒料运输的收费标准；工商、环保、税务、质检等部门为给厂家提供方便，还简化了申报、审批、年检等手续。特别是朱乃斌会长荣选为宁德市人民代表期间，提出了多条有关"维护厂家合法权益""力促石材加工业整合持续发展"等提案，得到了市委和市政府重视与采纳，使企业受益多多。

点头石材加工业有了收益，不忘回报社会。点头镇政府，筹建普照山公园，得到了石材商会的积极响应，赞助了50万元人民币。商会及会员企业积极参与诸如为困难户子女上大学提供资助、救济家庭缺乏劳力的重病患者、给遭受自然灾害的村民资解危难等。商会还积极参与社会上开展的文体公益活动，为中小学退教协赠送节日活动费、捐款改造旧道、维修名胜古迹和宫庙等。

近年，市委市政府为了石材产业的可持续发展，把全市石材加工业整合至白琳石材工业园区。为服从全局，点头镇石材加工业执行政府决定，于2020年全面停产，部分要续产的厂家自行组合后迁入了白琳工业区。

回首点头石材加工业30年来艰辛的发展历程，不禁心生感慨，点头的工业史上理应留下它宝贵的一笔。

宗族聚落

点头少数民族概况

🍃陈雪兰

据福鼎市民宗局 2020 年《福鼎市少数民族自然村基本情况调查》记载，点头有少数民族自然村 12 个，少数民族人口约 1305 人。

点头镇少数民族自然村基本情况调查摸底表（2020 年）

行政村名	人数	自然村名	户数	水	电	路	基础	特色
上宅村	1396	湖仔	35	无	有	水泥路		茶叶
举州村	1673	厝基坪	28	山泉水	有	水泥路		茶叶
翁溪村	1077	加丈	27	自来水	有	沙土路	水稻	茶叶
过笕村	1281	下四箩	16	自来水	有	沙土路		茶叶
柏柳村	1822	王招溪	22	无	有	沙土路		茶叶
后井村	1364	长久昌	28	山泉水	有	水泥路		茶叶
		金竹坪	15	山泉水	有	沙土路		茶叶
		岗尾	10	无	有	沙土路		茶叶
点头村	4344	普照	15	无	有	水泥路		茶叶
龙田村	4000	老鸭湾	45	山泉水	有	水泥路		茶叶
观洋村	3850	天地岗	12	山泉水	有	水泥路		茶叶
		柘头坑	12	自来水	有	沙土路		茶叶
		南山下	12	无	有	水泥路		茶叶
果阳村	1494	大坪头	18	无	有	沙土路		茶叶
山柘村	1400	洋里	12	山泉水	有	沙土路	水稻	茶叶
后梁村	1102	村楼	15	无	有	沙土路		茶叶
		安里	15	无	有	沙土路		茶叶
总计	24803		337					茶叶

注：以上图表资料系福鼎民宗局提供。

点头域内的畲族主要以蓝、雷、钟姓为主，还有部分吴姓和李姓。最早迁居点头的畲族是翁溪家宕吴姓。吴姓先祖来自浙江泰顺，于明嘉靖二十八年（1549）迁入福安九都社口桐湾村，子孙娶雷氏、蓝氏为妻，其中吴法东娶雷氏为妻，后裔亦与畲族联姻，讲畲语从畲俗，形成畲族一支。清顺治三年（1646），吴法东七世孙吴元通携家族由福安桐湾迁居鼎邑。

畲族服饰

继吴姓畲族迁入点头之后，清朝年间相继迁入了蓝、雷、钟和李等姓畲民。畲族各姓自迁居点头以来，结庐深山，白手起家，沿用刀耕火种的原始粗放耕作方式，垦山开荒，以种茶种粮为生。他们聚族而居，一般是几户或几十户聚居成村，形成大散居、小聚居的特点和布局，周围是汉族的村落，也有的村落有畲、汉两族杂居在一起。

域内畲族人口最多的聚居地是龙田村老鸭湾自然村，生活着45户、200余钟姓村民，而畲族人口最少的是观洋村柘头坑畲族自然村，只有蓝姓畲民12户12人。

畲民自称为"山客"或"山哈"，他们虽然通用汉语，但仍保留着自己的民族语言——畲语；有自己的民族服饰，点头的畲族妇女的头饰普遍流行"福鼎式"，衣着"福鼎装"，上衣的服斗、复领、衩角、飘带、袖口刺有各种图案和花边；畲族妇女的围兜、围裙、裤、鞋等也有自己的特色。织裙带更是畲族妇女世代相传最讲究的女红，裙带织得精美是衡量妇女巧慧的标准，更是婚姻六礼的主要礼品，男女相爱的定情物。历史上畲族实行本民族内婚一夫一妻制，即蓝、雷、钟、吴、李各姓互相婚配，同姓不婚，同姓不同祠堂的可婚，不与外族通婚。后来，逐渐打破了这些规矩，畲汉结亲已成常态。畲族同胞保留着自己的传统节日，如畲族传统的"二月二""三月三"等；还有畲歌，有男女对唱、有独唱、有二重唱等多种形式，使用的是畲族的语言和畲族的歌调；此外还保留着自己民族独具特色的传统畲医药。

据官方调查考证，福建回民有金、丁、互、马、郭、葛等姓，表现为"大分散，小聚居"的格局。点头的回族同胞主要集中在山柘洋里自然村，有12户40人，皆为郭姓。据《郭氏家谱》记载，洋里回族郭氏是清康熙末年由福建省上杭县三跳石迁入的，至今已有300多年历史。郭姓回族除和当地汉族人一样欢度各个传统节日外，还遵循伊斯兰教义，盛行过古尔邦节。

几百年来，点头的畲族、回族同胞与汉族同胞倚山坡筑梯田，为开发山区作出了重要的贡献。

孙店孙氏

✐黄宝成

闽东孙氏始祖溯至孙平章。其后裔孙光宪于五代时入闽受节度使辅佐王审知治理朝政，并居侯官（今闽侯县）。孙光宪有三子方殊、方谏、大琪，于公元925年入闽东秦溪，由黄岐溯西卜居秦溪前埔（福安甘棠大留村）。孙大琪生二子玩、皎。孙玩由秦溪前埔徙居大留之东山，名曰孙店。孙皎移居大留之北山。孙大琪自定居秦溪前埔后，"凡遇事必敢为，盗贼必敢攘，争讼必剖明"。其父子立足当地，发展生产，开拓田地，特别是在围垦福安甘棠塘堤时，做出了重要贡献。

孙玩长子孙强之第八子孙广，从福安秦溪大留迁福宁孙家巷（现霞浦城关射圃场孙厝里）。孙广第七世孙可勉于宋嘉定五年（1212）迁居宁德漳湾下墩村，孙广第八世孙宥曾为南宋绍定年间长溪知县。孙宥为点头孙店肇基始祖，其后裔孙然为守祖业，世居长溪县昆田，即现在的点头镇孙店村。

据《道南源委》："调，孙宥子也。"孙宥、孙调父子在闽东历史上赫赫有名，《福宁府志》《霞浦县志》都为其立传，记载其事迹，福安后岐《孙氏族谱》也有其世系记载。孙调，字和卿，号龙坡，赠太子少傅。孙调曾列入《宋元学案》卷六十九《沧州学案》，是朱子学的传播者与继承者。著有《孙氏策府》50卷，《易诗书解》《中庸发题》《浩斋稿》3卷。祀乡贤。孙调一生居乡设帐，授徒讲学，闽浙士子前来求学者，恒聚千人，当时文风盛极一时。县令每下车亦必登门请益。孙调书堂毁于2014年8月的一场大火，唯书堂门楼犹在。

据《闽东孙氏志》载："孙文祥，字坦夫。祖讳宥，宋长溪知县。父讳调，字和卿……后文祥生六子，翼凤、附凤、武凤、翔凤、正凤、应凤，皆贵。"据《至顺镇江志》载，孙文祥六个儿子皆飞黄腾达，孙翼凤官至签书枢密院，孙附凤官授权参知政事，孙正凤曾补辑《陈少阳文集》，孙应凤官至江阴知军。孙应凤、孙附凤晚年迁居润州丹徒（现镇江丹徒）。孙应凤之子规，仕元，授将侍郎、庆元路儒学教师。孙附凤之子矩，至元十年（1273）授奉训大夫、雍州知州，官至松江府知府。孙矩子煜，以父荫，授从仕郎、温州路税务体领。

孙胜武，系孙调后裔，字即展，号得堂，乳名起罴。清乾隆三十年（1765）入伍桐山营即往台湾，乾隆三十七年（1772）荣升额外，乾隆四十年（1775）升任云霄营外委，乾隆五十三年（1788）任漳州府镇标右营左哨二司把总，六十年（1795）正月擢左哨千总加二级。乾隆五十五年（1790）为父母请诰封，娶泉州府同安县灌口郭氏苍女，生三子一女。

陇垱澳里李姓

李观首

　　福鼎市点头陇垱澳里（即现龙田吞里）李氏系出龙岩上杭县稔田乡丰朗村，先祖为陇西李氏李珠之子李土德。

　　据上杭县李氏大宗祠管委会 2004 年编纂的《李火德族谱》"李氏受姓后世系"记载，李珠，是唐太宗李世民的第 25 代裔孙，是宋名相李纲的五世孙，原名德，又名大郎，别名紫阳，号宝珠，生于 1176 年，妣潘氏，生五子名曰金德、木德、水德、火德、土德（1208 年生），生一女名曰云姑七娘，收养一子名曰田德。

　　李珠居福建宁化石壁村，因人多地少，便动员金、木、水、火四德外迁，并写十六字作以后子孙的联系，即："继先续后，根枝一处，绵延世泽，举祖流芳。"李土德 20 岁时，携妻带子迁至浙江处洲壁芝墩，生养三子永郎、可郎、诚郎，李可郎生三子百六、百七、百八。李百七、李百八兄弟二人从处州出发，寄迹福州南台，后由福州移徙长溪赤岸，之后于宋度宗咸淳八年（1272）徙居福鼎。李百七转迁秦川之西罗浮岭（现磻溪镇南广村），为南广李姓肇基始祖；李百八于元至元九年（1272）徙居点头镇陇垱澳里村，种田栽菜，耕海牧渔，为陇垱澳里李姓肇基始祖。后子孙繁衍，拓展到观洋村、点头集镇和白琳镇及至外市外省、福鼎市区。李土德后裔繁衍至今有二十八世，目前澳里李氏后裔繁衍 21 房，1200 余人。科举时代，族中子弟出进士 1 名，庠生、廪生、国学生数十名。

　　龙田澳里李氏宗祠始建于元至正六年（1346），后毁于兵乱，于清光绪二十二年（1896）重建，1946 年稍做重修。最近一次扩建于 2004 年，占地总面积 1100 平方米，建筑面积 530 平方米。

　　澳里李姓族人，乐善好施，捐献田地，捐建点头普照寺、白琳天王寺、太姥山圆潭寺等。

　　澳里李姓人才辈出。十四世李乔潘，号凤池，清雍正十二年（1734）钦赐蟒袍赐进士，官拜乾清门头等侍卫统辖、汉侍卫仪度章京提督太医院等职。二十三世李观国，又名李得光，1923 年考入北平中国大学法律系，1931 年任国民党福建省党部组织部指导科干事，1935 年赴桂林任国民党第四集团军总政训校处长，旋任梧州政训处主任，1938 年春返里主持私立北岭中学（福鼎一中前身）的筹建工作，是年秋任战地文化服务处广州总处主任。1939 年成立福鼎白茶合作社，任联社主任。1945 年任福鼎县参议会参议长。翌年，当选为福建省第一届参议会参议员。福州市人民政府成立初，被选为市人民代表大会代表，并出任农工党福建省工作委员会委员，兼组织部部长。1956 年调任农工党南京学习室主任。1957 年返闽任农工党福州市委组织部长，1965 年退休回乡。

龙田村海景（谢发树 绘）

果阳朱氏

朱有东

据《朱氏族谱》记载，"果阳朱"源自福鼎市管阳镇金钗溪沛国郡朱氏。始祖朱士川，讳梦环，字符庆，号士川，南宋登咸淳甲戌科（1274）进士，官授中正丞（正四品）。时元兵犯境，同陆秀夫护驾南下崖山。元兵逼迫日紧，陆秀夫负帝昺投海尽节。朱士川发愤感泣，誓不仕元，先徙三桥，再迁隐于金钗溪，立堂号"清隐"，为福鼎沛国郡朱氏发祥人。730多年过去，传31世，繁衍上万人。现在世的有九代同堂，此在福鼎其他姓氏中实属罕见。今后裔分布于福鼎的有金钗溪、果阳、管阳、唐阳、花亭、王孙、点头、白琳、桐山、茗阳、店下、崳山等处。

金钗溪朱氏宗祠（朱有东 摄）

果阳一脉，为十一世朱汉派下朱智二于明嘉靖初年从金钗溪出迁，至今约500年，传20世，人口3000余人。其中，果阳朱应敏于清康熙年间捷足迁居金山之下，三传至朱元千、朱元万后。清乾隆辛卯年（1771），朱元万向皇上请授九龙牌，建官厅于金山下奉祀"圣旨"，文官下轿，武官下马。

朱氏宗祠位于金钗溪村西北。背靠骆驼峰，三面环山，视野开阔，占地九亩，建筑面积2008平方米，由第五世朱癸二于1359年创建。宗祠原三进两回廊合院式砖木结构，明万历四十五年（1617）重修，清康熙五十九年（1720）又重修，清道光二十年（1840）再次修建。2009年8月9日，因"莫拉克"台风造成后山山体崩塌，致使宗祠及联匾等部分文物损毁，族人旋即进行第五次修建。该宗祠现为福鼎市文物保护单位。

缘以果阳分支人口旺盛，又距金钗溪大宗有20里之遥，便于清康熙年间在果阳里建立果阳小宗。

诗书传家，学冠群英。朱氏历代重视教育，培育英才不遗余力。朱氏是福宁较早设立私塾、族塾的家族。自清道光三年（1823）以来，金钗溪"众厅"为家族教育和启蒙的基地，族塾和小学都设在这里。清咸丰六年（1856）起陆续或捐或购设立"养贤田"（亦称"书灯田"），设立族塾，勉励资助子孙奋志功名。清光绪年间，延聘西昆村岁贡生孔广敷为塾师，教授朱氏子弟攻读四书五经，诗词曲赋，以朱熹之《朱子家训》和朱柏庐的《治家格言》为准则。首期就塾弟子有朱腾芬、朱筱徐、朱承斐、朱泽敷等十人，先后有朱腾芬、朱筱徐等七人考中秀才。清光绪三十二年（1906），创设金钗溪初等小学，是福鼎最早的小学之一。现今，朱氏宗亲创办金钗溪朱氏德贤基金会，济困奖学，以振兴朱氏文脉学风，激励后人发奋学习，光宗耀祖。

果洋作为"金钗溪朱"一大旺支，秉承祖训，重视教育，在车岭洋、蕉坑、蛇溪垅等处都设有私塾，延聘名师任教。1938年，政府成立国民学校，借用西华宫为校舍，坚请朱腾芬夫人容瑜珍女士主持，并倡导富户捐资成立学校基金会。1947年，晋升为金阳乡第二中心小学。朱挺光先生任金阳乡乡长期间，配合朱鼎邦校长及热心教育人士共同筹建一座校舍。忆往昔，果阳人才荟萃，尽显风流：朱可施明经进士，朱可爱由国学援例入贡，后门垅故居大门前竖立石旗杆，管阳刘庄朱可施墓前至今还立有一对石笔；光绪末年果阳朱腾芬、朱璧山、朱岳灵连中秀才；民国初年朱腾芬、朱辅良祖孙二人留曰；还有朱敏龄、朱子明、朱明湖、朱国温等仕宦者数十人和朱益起、朱益殿、朱筱徐、朱学知等地方贤达之士，本科生、研究生比比皆是。

果阳朱氏不但重视子孙之教育，还热心公益事业。1927年，朱筱徐倡导兴建学校，得族亲朱子明联系地方热心人士创立"点头桥头初小"，借用临水宫为校舍。嗣后朱子明捐献出其在碗窑创办的碗厂，碗厂歇业，整个厂内所有木料用具皆移予学校，是为点头中心小学之伊始。

"诗书不可不读，礼义不可不知，子孙不可不教……"《朱子家训》声犹在耳。沛国遗风传万代，紫阳衍派自千秋，果阳朱氏定将枝繁叶茂、流泽绵延。

点头郑氏

🌿郑家川

　　点头郑氏的开基始祖郑灵九，系莆田（兴化）南湖三先生后裔，由兴化迁居福鼎管阳墺底（美盾），八世郑十九舍屋为庵迁居廖山大路边，九世郑惟智、郑惟知兄弟再迁尖兜，分立郑惟智为仁房、郑惟知为义房。后仁房郑朝化迁居长昌垅（今大垅头）；义房长子郑朝坚仍居尖兜，次子郑朝杰迁居孙店。到今天，点头郑氏经历了约700年的历史沧桑。

　　点头郑氏是福鼎郑姓的一大望族，仁、义两房在历史的沧海桑田变迁中生生不息。仁房郑朝化约于清顺治四年（1647）从尖兜搬迁至大垅头（今歇坪），后于清康熙六年（1667）又搬迁

点头郑氏宗祠（郑家川 摄）

至长昌垅（今大垅头）。传说是有高人指点，只要见海就可安居，今大垅头可远眺八尺门港湾。自郑朝化肇基至今已300多年，繁衍15代，清末有外迁至点头水岐头、金交椅、苍南矾山三支分系。科举时代，大垅头出例授五品、例授九品、例贡、监生、俏生各1人，武学2人。1949年以来，仁房代出人才，有以郑庆亦（少将）、郑肇福（享受副厅级离休待遇）、郑家佑（上校、一级警督）等为代表的领导干部30多人，研究生、本科生、大专生有100多人。

　　义房在清代、民国时期，世代书香，富庶一方，称盛鼎邑，有考取秀才、监生者50多人。1949年后亦人才辈出，有郑庆意（1925—2020，县委原工交部副部长）、郑肇深等为代表的领导干部十几人，研究生、本科生、大专生近百人，还有各行各业的许多企业家。

大坪翁氏

黄宝成

    据族谱记载,翁氏肇迁始祖翁大招、翁大荣随明太祖朱元璋出征四川,后出镇闽疆。翁大招官至千户,翁大荣职授参谋。明永乐二年(1404),翁大招、翁大荣兄弟便弃甲归田,从浙江余姚灼溪迁徙福宁州遥香里二十一都大坪插标划地,开垦落屯。兄弟俩筑居大坪村园坪,至九世翁书庵移居大坪骑龙冈繁衍生息,后世称"大坪翁"。

翁氏古民居(陈雪兰 摄)

    翁大招传至十一世翁文生后,因未娶无后。而翁大荣一房至今已传 22 世,人口达 300 多人。"大坪翁"历代传承耕读文化,聘塾师、办族塾,故代出英贤。第十世翁兆绥(1647—1727),为人慷慨好义,发家后,每遇到荒年,或济米施药。或倡捐采籴、平价赈给。福宁知府曾授以"一乡耆望"匾额,给予褒奖。第十一世翁文凯(1718—1752),监生,其次子翁维霖、三子翁维铨、五子翁联标皆为岁进士(岁贡)。第十四世翁瓒臣留下《攀龙十景诗》。

    翁氏宗祠始建于明代,重建于清光绪三十年(1904),1948 年重修时仍保持原来的明清建筑风格。如今,宗祠已经成为大坪村的传统文化展示馆,馆内陈列着代表农耕文明的生活用品用具,以供后世子孙和游客了解大坪的历史和风俗。

山柘朱氏

🌿 朱 欣

　　山柘朱氏，系朱熹派下的一个分支。其一世祖朱文英，号晏五，为朱熹第十三代裔孙，于明永乐二十年（1422）始迁点头岗后，至今已传续了26世，子孙繁衍达3000余众。

　　山柘朱氏传到第三代也分成两支，朱钦菲（长孙）定居岗后，后裔多聚居在点头西洋美村的岗后、洋里、石塘里、长坑、滩黄等自然村，朱钦干（次孙）及其子嗣聚居山柘村，其后代朱振用极其重视教育，在村中设立"书灯田"奖掖后学，从而使山柘朱氏声名远播。清乾隆五年（1740）朱钦干第十五世孙朱大红由山柘迁居桐山南门外（即朱厝里，现已开发成大型商场，旧址不复存在），后裔甚多，人才辈出。

山柘朱氏宗祠（黄宝成 摄）

　　清道光十三年（1833），由南门国学生朱振声及其弟朱振栋发起，营建朱氏宗祠于山柘（原有建于乾隆年间的宗祠，选址岗后翠竹湖，数年后毁于蚁害），规模宏大，是那时候的一大名祠。2013年，山柘朱氏举族之力在岗后大成山修建规模庞大、建筑宏伟的新祠。数百年来，山柘朱氏后人谨遵《朱子家训》以传家，延续春秋二祭，追慕先贤。

山柘朱氏，作为朱熹后人，六百年间饱读诗书忠勇礼智之士、坐贾行商艺术多能之才，比比皆是。

朱奇峰（1836—1887），国学生，执掌布政理厅，赠宣德郎。清光绪四年（1878）山柘朱氏修理宗祠，福宁知府因朱奇峰的关系，特赠送"令德维馨"金字牌匾给山柘宗祠。

朱敬伍（1906—1945）年生在点头镇西洋美村石塘里，早年毕业于福州三中。在校时毅然加入中国共产党，返乡后立即投入地下革命斗争。他奉命利用同学、亲戚等关系，打入上层社会，与达官显贵周旋，套取敌人各种机密，为党服务。

新中国成立以来，族中有博士 13 人、硕士 25 人、本科生 81 人，副处级以上干部 13 人，副教授以上职称 15 人。

后昆庄氏

🌿 庄纯穗

据《庄氏族谱》载，后昆庄氏之始迁祖庄榃（号法琚），乃入闽始迁祖庄森第十九世孙，于明朝景泰年间自泉州晋江青阳五店市迁徙点头后昆，至今近 600 年，繁衍 24 世，3000 多人。庄榃移居后昆，敦宗睦族，忠孝传家。庄榃约于明成化二十二年（1486）无疾而终，享年 66，葬于点头举州连山后山。庄榃墓于明万历三年（1575）始造。

后昆村有雨台古榕、风雨廊桥、龙潭瀑布、罗店遗址、万亩竹林和梅山烟雨等景点。后昆廊桥亭建于清乾隆五十九年（1794）农历八月，至今已有 200 多年历史。新厝里旧民居建于清道光三年（1823），大门两边石柱上刻着一对楹联书"奉运星云瞻北极，名邦文献溯南华"。

马冠庄氏古民居门楼（庄纯穗 摄）

庄氏锦绣传芳、耕读传家。早在 1944 年 3 月就在新厝里大宅开办"后昆国校"，培养人才。1977 年，后昆村建有独立的完小校舍。1991 年后昆宗亲会还成立了"鼎昆教育基金会"，每年发放入大学奖学金，激励庄姓子孙求学成才。每年岁末，庄氏宗亲会对八十岁及以上的高寿宗亲发放春节慰问红包，对病灾特困家庭及时扶贫帮困。

后昆和马冠是福鼎庄姓人口最多的村庄。庄榃第五世裔孙庄有梁，于明万历四十三年（1615）迁居马冠村，至今有 400 余年，子孙繁衍近 2000 人。现有磻溪镇上盘村，仍保存一座马冠庄氏进士墓，修建于清晚期。东门岭古驿道有一面清雍正庄络园的进士墓道碑（系岁贡进士）。马冠村让房在清朝是当地的书香门第，建有一座占地 18 亩的大宅院，请典荣封，在大门前竖起了石旗杆，后毁于战火，现只剩下一对旗杆墩。马冠村遗存两座有特色的古民居，现被收录《福鼎古民居》。古厝正大门都为吊角门楼；两座门楼上的题字"凤绍蝶园""惟怀永园"均为清末管阳拔贡孙昭淦所书；大门对联"圣代即今多风雨，世人从此际风云"，是清末管阳秀才林际春所题。

从后昆迁出同宗庄姓，除马冠村庄姓外，还有崳山岛庄姓、沙埕敏灶庄姓和洋心、汪家洋等村庄姓。点头街头顶庄氏一支，当年在点头海潋下持有大片地产。点头旧有两个埠头，一条是坑下石姓产权，而另一条就属于街头顶庄氏；此外，还有水产站（现临水宫）、旧文昌阁等地产，兴旺一时。

点头庄氏人才辈出，有获得硕士、博士学位的。2006年庄姓族亲创办的"福建省天丰源茶产业有限公司"和"六妙白茶股份有限公司"，是福建省茶叶龙头企业。

附：马冠即景诗

南阳耸翠

耕桑余暇读诗书，屏蹟南阳卧草庐。
世外滤氛侵不到，云山矾硅树扶疏。

尖丛秋月

十里林峦矗远天，锋铦如笔露毫巅。
银蟾有约月长照，簇簇芙蓉一色鲜。

古寺遗迹

不知何代起招提，碣断碑残未足稽。
惹得骚翁频怅望，蓬蒿历乱鸟空啼。

樟井甘泉

参天樟木荫垂芳，井凿灵根有异香。
间把辘轳牢浦瓮，添薪沦茗胜环浆。

溪傍石船

深溪浩淼水奔流，一叶星槎偶坠留。
帆橹已空形化石，仙人千载去悠悠。

冠峰凌云

嵯峨拔地气何雄，云雾薰蒸望缈濛。

谁得履跻登绝顶，翘闻鸡犬吠空中。

红豆古树

南国红豆引相思，冠峰花梨传世稀。

傍逸斜出尽虬发，英姿勃发令心怡。

（以上诸诗为清代吴念祖所作，搞自《马冠庄氏族谱》）

江美缪氏

△缪魁吉

江美，地处点头镇东北部之海滨，离点头集镇约 3 千米。下辖 12 个自然村中的后岐、岐头、大坪山、瓜坪、塘沽里、赤家岩（海墙厝）、柴岚里、山尾、牛石岭和江美里，以及马洋的下宅里等，都是缪氏族人聚居之地。据 2021 年第七次人口普查统计，目前点头镇的缪姓人口已达 2000 余人，江美是点头缪氏聚族而居人口最多的村庄。

有关缪氏来源，《兰陵郡缪氏宗谱》载："缪氏姬姓，文王之子周公旦之长子伯禽代父就封于曲阜为鲁侯，二十有七世至缪公（又称穆公）而始得其姓。"可见缪姓得自鲁侯缪公。

江美缪氏是入鼎较早的姓氏之一。谱载："元祖俸九公于明中叶弘治年间寻乐土而至江美。见其太姆遥瞻，昭明远耸，脉接王孙，势联竹下，襟绿海而枕青山，泉甘美而土腴肥，地饶蛏蛤蚶蛎之利，足开燕翼贻谋之基，乃构屋于斯。"

江美里自然村是缪俸九的肇基之址。其村后山形似一座圆顶的谷仓，右有虎头山把守，左有冈头顶护卫，祖屋即建于山前一片傍溪的开阔地上。依稀记得正屋原是七间开面的木构两层明楼，左右各有一排两层厢房，整体建筑呈"门"形，类似北方的四合院。楼前的庭院地面是用鹅卵石铺成的精致的荷花图案，形象逼真，煞是悦目。印象最深的是鸡公墙了。它起自村庄左边，再垂直拐向村前，最后开口于右前方的石墙，形似木匠用的曲尺。石墙有一人多高，是由鹅卵石和青石砌成的，墙体内外布满了青苔及爬山虎等植物，终年郁郁苍苍。可别小瞧了这道墙，它集防风防洪防匪之用。江美里的左边和面前一片空旷，这道石墙恰如母亲强健的臂膀，紧紧拱抱着臂弯中的孩子！

墙外就是连接江美与王孙的大道，道外就是江美溪。源自后梁、果阳的大溪水，一路奔腾，穿过王孙，绕过竹下、马洋，来到将要入海的大溪尾段——江美里，就静静地躺在村前平坦的溪滩上，扬扬悠悠，顾我欲流，最后又依依不舍地循着逶迤的山势奔向东南，汇入东海。

　　隔溪就是江美洋，千亩良田，滴翠流金，正是缪氏先祖勤劳的双手开拓出的膏腴之壤。潺潺的溪水中，一条琴键般的矴步联结着劳作与悠闲，忙忙碌碌的一双双脚弹奏着惬意的田园风光曲。

　　几百年来，这里的一山一水滋养着一代又一代的缪氏族人。他们在这里繁衍生息，开枝散叶。随着人口的不断增长，族人们陆续循溪沿海另择新址，建立小村，渐渐形成了如今的以江美里为中心，其他小村如星星般拱卫于四周的分布格局。

江美村村景（宋国莲 摄）

大峨史氏

朱有东

　　点头镇往西偏北十公里处，有一风景极佳之地，群山拱翠，连岗叠嶂，重涯复涧，清泉叮咚，草木葳蕤，翠竹青苍。"澄澈溪流凝碧练，青苍桑柘聚银盘。"层峦叠嶂间，琉璃千顷；悠悠烟水间，碧波涟涟。湖光峰影，水清鱼翔，枝叶扶疏，花间鸟悦，真一派人间佳境。这就是点头镇的饮用水水源地——大峨水库。而那潋滟碧波之下，则是有500年历史的古村大峨村。

　　大峨村，鼎邑史姓之聚居地。据《史氏宗谱》载："大峨史姓，鼎之名族也，由来旧矣。溯其源，乃明季注屯（驻屯）于此。自靖难兵起，从征者多，而吾祖亦注屯于福宁州（遥香里）廿一二都大峨，至今历年有三百余载。"

　　点头大峨史氏，自始祖史德大约于明正德或嘉靖年间迁居大峨，迄今约有500年。从现存族谱及多方考证，大峨史氏乃是承江苏溧阳始祖史崇公派系。史德生史干一，干一生史元五，元五生史亨十，亨十生史子直，皆门户单薄，一脉相传。史子直生三子，分天地人三大房，又十一孙，分智仁勇福禄寿温良恭俭让十一小房。从此，史氏在大峨枝繁叶茂，兴旺发达。清乾隆年间，天房的智房自大峨迁入歇坪居住，这是大峨史氏第一次向外迁徙。而后，史氏在大峨、小峨、枫树档、后院、竹岚下、洋尾、南洋、歇坪等地勤垦开拓，开枝散叶，发扬光大。至今，大峨史氏计传17世，计700余人。后因经济建设需要，点头镇政府选址大峨修建水库。1989年，大峨史氏移民海埕。

　　据族谱记载，大峨史氏大约在清同治年间，于本村洋中建祠，前后两进，共十间。两厢四间，中央雕刻八仙花板。祠柱俱有一人合抱之粗，厢房皆两层，规模宏大，颇为壮观。惜点头镇建设大峨水库之需要，百年宗祠被拆，木料等一切皆归政府建设之需要。

　　点头大峨史氏自迁入大峨后，于清嘉庆四年（1799）首次合族修谱。同治五年（1866）再次编修。现存旧族谱有四本，分别为1890年、1906年、1942年和1979年版，之后又于2012年秋再次修纂。

　　大峨史氏为点头望族，代有英才，各领风骚，子孙为仕宦者、专家者、书法家者不乏其人，本科生更是如泉涌出。

点头陈氏

✎ 陈绪龄

陈姓是福建的第一大姓，也是福鼎的第一大姓。按第七次全国人口普查统计，福鼎陈姓 61849 人，占福鼎市总人口数的 11.2%。点头镇陈姓 3496 人（2020 年），在 21 个行政村（社区）均有分布，共有 53 支陈姓分支，其中点头集镇上的三个社区就达 20 多支，陈姓人口最多的是龙田村海屿，有 660 人。

根据点头各村（社区）各支陈氏宗谱记载，点头陈姓从迁徙路线看，大都是从漳州、泉州、永春、南安、安溪、莆田、福清、长乐、永定迁来，抑或是先迁浙江平阳、苍南及福安、霞浦、柘荣等地后再迁点头。从迁徙时间看，大都是清朝时期，以康雍乾时期为多。特别是清康熙十三年（1674），靖南王耿精忠起兵叛乱，清军入闽镇压，战事惨烈，陈姓族人为避战乱，纷纷逃离故土，向闽浙边境迁移。据中弯《陈氏宗谱》记载，其先祖陈圣猎于宋之末年从长乐玉溪漂洋过海迁徙崳山岛，四传至陈昇约于明朝洪武年间从崳山岛移居点头观洋村东湾，迄今已有 630 多年，为点头陈氏始迁祖。

点头陈氏先祖，告别故土，跋山涉水，风餐露宿，筚路蓝缕，克勤克俭，艰苦创业。迁居点头后，设水坝碓磨，建油坊染坊，开鱼行布行，办粮业茶业，创堂号商号，经商置宅，兴旺发达。清朝晚期至民国时期，陈氏商铺遍布点头老街，上街有"长顺"鱼行、"广明"商号，横街有"广泰"商行，中街有"广顺"染坊茶行、"合祥"商行、"天祥"布行，下街有"恒成"鱼行、"源兴"油坊，还有海墘下"义昌隆"茶行。陈氏英才辈出，有过笕村竹栏头移植福鼎白茶树种"华茶 1 号"第一人的陈焕，知名茶商"广顺里"的陈炽昌，海墘下"义昌隆"的陈春泉，兴建粮食加工厂被人尊称为"诗怀公"、点头镇唯一以其人名作为地名（诗怀巷）的陈诗怀，黄埔军校第十八期毕业军人陈在缪等。陈氏先辈为点头的商业贸易、茶业发展和社会繁荣等方面做出了极为重要的贡献，在点头的历史画卷上留下浓重而隽永的一笔。

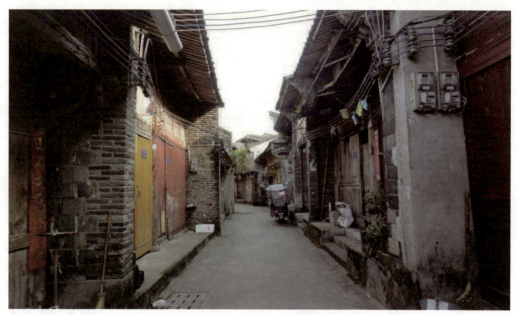

点头永丰上街（陈雪兰 摄）

　　如今点头陈氏后人，或留守祖地，或移居外埠，或从政，或经商，或务工，或务农，始终不忘恪守祖训，诗书传家，瓜瓞绵绵，尔昌尔炽，积极入世，建功立业。

点头石氏

📃 石永钰　石维奇

　　点头镇石氏原籍山西太原府平定州白洋都万柳庄。入闽一世石祖瑶，明洪武十一年（1379）派当福建兴化卫（今莆田地区）百户，诏令各处卫所屯田筑室、安民心、稳社稷。二世石锐，官授怀远将军，驻防福建沿海一带。三世石兖，字廷勇，号质轩，协助当地官府料理日常事务。历经几代后，石氏先祖选择定居福建，其中大部分迁居福清长乐古槐和宁德石后。

　　点头镇石氏族人是九世石甲和石第于清雍正四年（1726）从莆田东张乡随徙迁居福鼎十五都，并在点头街聚族居住。乾隆三十二年（1767），十世祖三兄弟带领各自族人分迁点头镇各地，其中，石聪卿（太学生，字必德）及家人定居点头街头顶，石明卿（字必文，号哲峰）迁居点头龙田坑下，石睿卿（字必圣，号哲轩）迁居点头海屿。从此，石姓一族依山傍海而居，过着上山开荒种地、下海撒网捕鱼的生活。

　　经过数代人的辛苦劳作，石氏族人生活富足，人丁旺盛。从入闽一世石祖瑶起至今已有22世，按第九世石甲、石第迁居十五都点头也有13世之久。现在，点头的石氏族人有2000多，还有的居住于桐山、小横溪、磻溪杜家、沙埕后港、秦屿和霞浦三沙等地。

　　清光绪三十三年（1907），石氏先辈在点头内海购置了滩涂数千亩，其面积从点头中间港一直延伸到白琳旺兴头港，用于插海蛎、养海蛏。新中国成立后，坑下石氏族人在时任龙田村书记石妹孙的倡议和组织下，成立了海蛎养殖专业队，这是福鼎市唯一由自然村生产队组织的内海养殖专业队。

　　石氏一族历代崇文重教，兴义学、办私塾。族中子弟自幼秉承师训，读书仕进。十三世石宪浦，字祖南，号秋帆，清道光贡生；十四世石家碧，官封五品衔；十四世石家熊、石家绿、石家绪三人都是太学生；十五世石国圣、石国杞、石国阶三人都考上庠生（秀才），石国杞1896年毕业于福建省法政学校法律科，任大田县典狱官兼审判员。石国阶，号次华，文笔佳，曾于1913年春受聘福宁府学堂二年有余，为人正直，办事公道，在点头当地极有名望。清末民国时，福鼎政府官员凡到点头办事，都要特地上门拜访他。

先辈好学、性刚直、处事公道，不仅为石姓族人增添光彩，也为后代子孙树立了典范。改革开放至今，石氏后人中有博士生3人、硕士生5人、本科生38人。

石氏宗祠（石维奇 摄）

石氏先祖于1882年建造石氏宗祠一座，坐落于点头龙田坑下。2020年，石氏宗祠扩建重修为三进院，占地面积1300平方米，建筑面积达1000多平方米。祠堂里还供奉着革命战争时期牺牲的石氏五位英烈，分别是：石永禄（区交通员，1936年牺牲）、石永梅（挺进师排长，1938年牺牲）、石阿城（挺进师战士，1936年牺牲）、石昌汤（游击队员，1936年牺牲）、石春妹（游击队员，1936年牺牲）；

石氏宗族成立"石氏理事会"，于每年正月初六日会亲，邀请福州长乐古槐、宁德石后和福鼎、霞浦宗亲相聚，互通信息，增加友谊，每年一聚，已坚持十多年。正如石次华诗中所吟：

武威受郡肇源流，石氏从兹亘万秋。
庚岭承祧绵祖泽，宸山建业启孙谋。
枝分叶茂根基固，波静潮扬气数浮。
为问后人知也否，聊将管见寄玉瑶。

点头薛氏

薛益平

薛华荣诰授昭武将军，字忠，号裳，生二男，分乾、坤两房。乾房薛进江住平阳北港；坤房薛进洋于顺治庚子年转移福宁州今之福鼎三都小白岩，是来鼎之肇基始祖。薛进洋生子薛普登，普登生八男，分为金、石、丝、竹、匏、土、革、木八房。三房儿时被虎伤害断代，其余七房人丁兴旺。小白岩地处内湾，背山面海，人多地少。遂后薛普登率众族子孙围海造田，历经数年奋战，海堤终于建成，现仍完好无损。堤长330米，堤底宽约12米，堤高5米多，堤面宽2.5米。堤内有300多亩良田，至今养活着数百村民。是时并栽种多棵榕树，现仅存三株，碧绿苍天、绿荫环抱，实乃宝树。现小白岩本村已发展360多人。

薛进洋第九世孙薛縚然、薛稀然两兄弟大约在19世纪80年代中叶，于年幼时随母迁徙福鼎点头，至今已逾130年。徙点头后，经多年拼搏奋斗，置业两榴瓦房，坐落于点头中街（现点头镇永丰中街17号）。薛縚然生二子一女，长子薛标樟，次子薛标常，兄开酱行，弟开饼店，两兄弟行业招牌统称为"薛瑞记"。薛縚然绰号"自然老"，1945年"跳日本"（逃避日寇）时，点头街绝大多数居民逃避乡下，他就是不走，一个人坐在店前。日本兵到达点头时满街不见人影，只看到一长须老人身穿唐装披着马褂正坐店前，感觉好玩就把饼店的所有面粉往他身上倒，但他就是安坐不动，宛如一个雪人。这事后来成为点头街一个故事"雪人仔自然老"。

自薛縚然迁徙点头后，家族人丁今已增至38人。其长房后裔7人已全部迁移福鼎城关居住，二房后裔31人散居点头、城关、福州等地。

我的父亲薛扬淦，字应澄，名秋菊，生六子。长子薛益成，1970—1971年在点头街道任副街长，1972—1979年任点头木器厂厂长，木器厂职工近百人，主要生产"八折尺"，年产值20万—30万元；1980—1986年调任福鼎花炮厂厂长，主要生产"大地红鞭炮"，厂内职工最多时达200来人，年产值150多万元，每年上缴税金20多万元，成为点头纳税大户、省明星企业和点头支柱产业；1987年，薛益成调任点头手工业联社主任直至退休。

福鼎目前有三个薛氏宗祠：小白岩薛氏宗祠、滕屿薛氏宗祠、库口薛氏宗祠。薛氏历史渊源代际不断，福鼎市现共有薛氏族人 3500 人至 4000 人。

小白岩薛氏宗祠（薛益平 摄）

游厝里

～林月儿

  游厝里，一幢坐落在点头依山傍海的四合院古民宅，虽称不上豪奢大院，但它那厚重的历史积淀，让人在岁月的痕迹中可触摸到一条游氏族人发展壮大的脉络。而游氏家族的历史，那德与商并重的坚守，就走进了观者心间。

游厝里古宅

  点头厾山脚下的游厝里，是游氏家族的祖宅，占地面积 1000 多平方米，其建筑风格颇具明清江南庭院特色，青砖黛瓦，苍华古朴，飞檐翘角，庄重中透着秀逸；包栋火墙高耸，构成相对封闭的庭院，却又与邻家相通，既威严又不失和谐；大厅顶端呈拱形状高耸，气势不凡，极具特色。大门面对大街，后小门可通横街里。古宅门楼的门额上题有四个大字，两边石框则刻有对联。颇为遗憾的是，因年代久远，字迹斑驳，无法辨认。

  游厝里庭院深深，古风浓郁，处处留有岁月的痕迹。跨过高高的门槛，绕过两扇木质屏风，步入以大天井为中轴线的下厅，两边厢房、阁楼、回廊结构对称。登上石阶，抬头即见宽敞明亮的大厅上刻有行书"万世遗风"的醒目金字匾额，笔锋苍劲，字体饱满，明晃晃地高悬在中央几桌上方。厅堂上的楹联牌匾横额，多为劝善、劝读、劝进取的格言警句，烙刻着历史年代的印记，散发着传统文化的墨香，透视出游氏先人对世事人情真谛的感悟。细观大厅，庄严气派，约可容纳百余人，数条长板凳，井然有序。游氏先祖曾在这里设立私塾，聘请塾师，教授家族子孙以及街坊子弟。后厅至廊道左右设有两扇耳门，入内有厨房、厅堂、小天井、花坛等。房内外各有两个楼梯，大小房间共有 24 间，朝向天井二层楼阁处还设有祖先灵堂神柜；楼轩相接，廊庑回环，下可通向后院，上可随扶梯通往后楼。二楼道镂窗成排，采光通风，典雅清幽，虽没有雕梁画栋，但一砖一瓦、一梁一柱、一窗一棂都散发着古朴凝重，让你的视觉每一秒都有一个落点，令你观而叹之，感怀不已。一楼卧室和紧挨房门的前厅地上均铺有杉木板，地板下设有地库。据说，在兵荒马乱的年代，地库是族人免遭土匪抢劫及躲避抓壮丁的藏身之处。二楼除卧室外还有粮仓两间，足见当年游氏的殷实家底。

逢年过节和婚嫁喜事，中厅张灯结彩，搭台演戏，上演木偶剧、布袋戏、舞龙灯、走马灯，锣鼓喧天，人声鼎沸。古朴纯真的民俗风情，多彩多姿的乡土文化，无不昭示出当年游厝大宅的昌盛。每次回到老宅，我耳畔总是回荡着童年在厅堂内和小朋友做游戏、捉迷藏、躲猫猫、互相追逐的欢乐声，襁褓中嗷嗷待哺婴儿的哭闹声；眼帘中浮现出满脸皱纹的阿公、阿婆悠闲地倚坐在大厅旁晒着太阳，院厅下水井边的数位嫂子正在忙着淘米洗菜，母亲和婶姨们围在一起绣花织毛线谈笑风生、和睦相处……这座淡雅古朴、温馨祥和的古宅，留给后人的联想确实太多太多了！

游厝里整体造型雍容大方，含而不露，从里到外用料都极为考究，所有梁柱坚固挺拔，历经了数百年的风雨侵蚀，尤其是经受住 1958 年的 12 级强台风的考验。可惜在 2004 年 5 月 10 日的晚间，因为不慎引起大火，三百多年的古宅瞬间化为灰烬，令人扼腕叹息！

德商并重

目睹这古朴的深宅大院，人们不禁要问，如此殷实的财富，生财有何道？我们可以从游氏家族的发展历史中找到答案。

点头游氏始祖游永辉（生于 1642 年），先辈从福建福清上迳西垅灵德里迁至柘荣，系名人游朴的叔叔一脉。游永辉自幼随父游廷达自柘荣到福宁府三沙元帅庙桥头边谋生，不久因横遭大水之祸，房田尽毁，苦无生计，故迁往福鼎前岐镇菰岭脚。尔后，而立之年的游永辉举家来到点头镇马冠村，见此山清水秀，田地肥沃，气候适宜，利于谋生，遂筑寮而居，农忙时以田园耕作为主，农闲时便到点头埠头讨生活，干起转手贩卖海产品的生意。他们拖着装有小海鱼杂的竹篮，走街串巷叫卖，老街人戏称"游拖篮"。经过一代人的努力，游氏家族摆脱了家徒四壁的窘境，渐渐步入小康。

据游氏后裔回忆，游氏家族真正开始发家致富另有因由。当年，始祖游永辉率家人在点头后坑山上刨土建墓时发现了一尊纯金的"三宝头"（菩萨头），游氏的后代曾因此一度被乡里人戏称为"三宝孙"。游永辉得到"三宝头"后迁居点头，并在点头老街买下数间店铺，开始经商创业。游永辉膝下五子各显身手，几经闯荡，始于铸锅，后又在点头横街里创办了"游广盛"香烛行，因固守诚信，而载誉十里八乡，生意十分红火。数年间，游氏就累积起巨资，成为点头的望族，并兴建了游厝大宅。

清光绪年间，又有游氏同宗兄弟游佐治从柘荣来到点头，在游永辉孙辈的帮助下，经不懈努力，也在横街里开了名号为"游以义"的商行。游氏家族不安于现状，瞄准契机，在商贾云集的繁华处，先后兴办了多家商行、客栈，且经营有方，服务到位，一时宾客盈门，声名鹊起。当年游氏家族开的"香烛行""客栈""京果杂"等商铺物品齐全，琳琅满目，门庭若市。因游家店面遍布点头半条横街里，故享有"游半街"之誉。游氏家族，从此拓开了近百年的兴盛之路。

饮水思源的游氏后人，深知先祖创业之维艰，为感恩上苍、光大祖德，他们修桥铺路，济困扶危，乐善好施。从先祖起，游氏族人年复一年、日复一日，每天准时前往点头海岸边，点燃海航标志灯，为往返点头的船只指明航向，寒来暑往，风雨无阻，代代传承。

承前启后　继往开来

一个家族的兴衰总是和国运休戚相关。游氏家族从清乾隆年间起，一直繁荣昌盛了几代人，直至清末民初，因军阀混战，日寇入侵，山河破碎，生灵涂炭，内忧外患，致通货膨胀，民不聊生，"游半街"的生意从此逐渐萧条冷落。

而今，随着点头镇海岸边新城区的崛起，往昔繁华的横街里已显得窄小，不合时宜，一切变得寂寞寥落。但时代的变迁，拓宽了游氏子孙后代的视野和思维。土地变革中，迁居在外的游氏族人，将自己名下的房产转让他

游氏后人在游厝里的合影（林月儿 供图）

人，故此，游厝里又多了谢、吴、林等姓氏居民。改革开放以来，点头游氏家族才俊辈出，商仕并茂，有从政的领导干部，有在读研究生，有远渡重洋的留学生，有商界的富贾，他们承先启后，继往开来，以骄子风范，树社会楷模，在各自的领域里开拓出一片新天地。

袁厝里

朱有东

　　点头袁厝里袁氏源自柘荣柳城前营。柘荣袁氏始祖袁璜出生于河南光州固始祥符里七井村。唐末随王潮、王审知兄弟入闽，迁富水叶小，复徙库溪（现富溪）天井里安居。袁璜即为福建柘荣袁氏开基始祖。清康熙三十年（1691）前后，袁璜第二十八世孙袁宇翰自柘荣前营迁徙福鼎点头，袁宇翰即为点头袁氏始祖。袁宇翰生子三凤雏、凤雉、凤雄，袁凤雏子拱桂，雍正二年（1724）出生，乾隆五十七年（1792）荣获县令潘本圣推荐为乡饮冠带耆宾，颜其匾曰"椿荫凤毛"。

　　袁拱桂为人仗义、乐善好施、热心公益，为邑人所赞，故被县公举充乡饮耆宾，盛赞其才华和德望。因经商有道，积蓄颇丰，他于乾隆初年耗巨资于点头中街营建巨宅，这就是袁厝里，迄今约270年。宅院占地颇广，前至大街，面望崀山；后至旧菌种站，远眺东海；左至海乾巷陈家兴故居后门；右与现郑家成厝为邻。宅内楼房鳞次栉比，建筑精美，轩敞荡荡，空廊落落。自大门而入，两侧楼阁林立，雕栏玉砌，中一广大场地。袁厝后门门楼面阔五榴，为两层木构建筑。后门左右为厢房，中有天井，两厢通透，20世纪80年代被政府借用为菌种站，当年百十号人在此加工生产蘑菇菌种还显宽裕，可见其面积之大矣。

　　至清道光初年，因人丁兴旺，袁拱桂四代孙策远又迁至现点头米厂后门，俗称"下袁厝"。下袁厝较为简约，中间大厅，两侧厢房，前有广场，为当地常见之建筑，距今亦有近200年历史了。

　　点头袁氏自袁宇翰至今，传13世，历300余载，英才辈出。袁拱桂、袁圣坦为乡饮耆宾，袁步云为庠生，袁日浦为皇赏耆宾冠带，袁楚远、袁策远、袁尧远为耆民，袁秦远为国学生，袁济远为六品职员。其中，袁步云于嘉庆十四年（1809）被学宪叶绍本取进县学第六名。当下，大学生、硕士生、博士生亦大有人在。

合义里

✑ 陈孔同

　　千百年来，源于北方的林姓在南方开枝散叶，主要分布于福建、浙江、广东三省，成为南方一大姓氏，在福建派生出侯官世系和兴化世系。

　　点头合义里林姓为福建兴化世系，其肇基始祖林兆灿、林兆燃二公于康熙末年从秦屿徙籍点头，至今已有300年。二公在点头繁衍生息，卒后葬于碗窑凤谷。他们的第六代世孙林鸿端承前启后，开创"合义林家"，成为点头当年望族之一。

　　据《林家家谱》的《鸿端翁传赞》一文记述："鸿端号直臣，乃奇绍公长男也。秉性忠直，仗义急公，事亲以孝，惟父命是从，尤长于经纪渔舟海货。或收或发亿则屡中，无不稇载以归。为父母宅窕为昆季娶媳妇，置膏腴，造屋以遗子姪。居家之法可谓得矣。"可见，林鸿端精明能干。他靠收购批发鱼鲜海货，开办鱼行而发家致富后，在点头永春境置田盖屋。屋宇坐西朝东，前庭向田洋面山海，田园风光、山海气势一览无余；后屋临街，店面四榴，市井繁荣，宜居宜业。整座建筑东西长五十余米，南北宽二十多米，占地约两亩。正面青砖围墙，大门中开，门楣上书"合义林家"四字。沿入屋，经门楼过天井到一进，面开五间，穿斗式悬山屋顶，枕梁排拱，精雕细刻的祥云灵动飘逸，美轮美奂。整座宅院进深15米，中榴隔为前厅后堂；出后堂一个大空埕豁然开朗，花草飘香，蜂飞蝶舞。空埕和埕边一排厢房与沿街店屋相通，家人出入晴雨无忧。

合义里大门（陈孔同 摄）

为了大家用水方便，鸿端公又在大门口挖井一口。井深三米多，井口用石条围成正方形，井面铺三合土，水源清澈甘洌，人称"合义井"。

鸿端公艰苦创业，置田地建屋宇，泽被子孙、福荫后人，是点头的一位贤达人士。当年，他为点头办的两件大事，至今有口皆碑。

据《林家家谱》记载："本地店头天后宫同治年间圮坏，奉命出首重修其庙宇、戏台及石旗等物，无不焕然鼎新。又于光绪五年纂缘创建临水宫，同人举以总理，居心竭力，不惮艰难，惟期告厥成功而费用有所不计，其余敬神。"

林鸿端当年在点头妈祖宫的修缮和临水宫的建造过程中，设计、筹款以及工程管理监督等方面殚精竭虑，不思回报，高风亮节让时人折服。如今，这两处文物犹存，成为点头千年文明中两座熠熠生辉的丰碑。睹物思人，林鸿端值得缅怀。

合义林家祖宅经历了150年的岁月风云，虽已陈旧破损，但相对于周边一排排钢筋混凝土结构的现代楼房，显得古朴典雅、韵味超然。岁月荏苒，合义林家后裔现都已分枝散叶，或工或农或商，各谋生计。惟愿他们追远慎终，诗礼传家，世泽绵延。

长顺里

🍃郑斯汉

宸山书院文友们悠闲地徜徉在点头老街时，不经意间来到了桥仔仓长顺里。这座沧桑、古朴的老宅与附近的民居似乎显得不大协调，但门楣上的青石镌刻额匾和大门两侧的"万年淑气存天地，一派风光照古今"对联，一下子引起了我的注意。虽然老宅的门楣是陈家后人在 20 世纪 90 年代末改建的，使用的是电脑刻字，但也足以彰显陈家后人对故居怀旧与眷恋的情愫。从偏门走进老宅，院子里晾晒着衣服，似乎还有人家居住，却不见人影。天井苍苔斑驳，石阶边还长着苍青的植物。

长顺里门楼（陈雪兰 摄）

就在这座普通的老宅里，演绎着陈家几代人精诚团结、艰苦创业的桩桩故事……

据《陈氏家谱》载，陈家始祖陈恒产在清朝雍正年间，从浙江温州府平阳县黄家桥沿着福温古道徒步迁徙到福鼎十五都点头，从此在点头开枝散叶，至今已有 300 多年了。陈恒产就是陈承春的曾祖父，到点头后，陈恒产兄弟五人全都经营海产品买卖，其中三人负责陆海商贩交易，两人在上街接近横街口开鱼铺。原先他们的鱼铺是租用白琳翁江肖家位于点头中街的仓库，后来，陈姓和黄姓共同出资从肖家手中买断，黄姓占三分之一，陈家占得三分之二。陈家便把自家那部分房产改造成了两间半店铺，竖起了"长顺鱼行"的招牌。老点头人现在还管叫"长顺鱼行"，而族人至今仍习惯称"店里"。

陈恒产五兄弟既有分工又有合作，生意经营得风生水起，成为当地一段佳话。那时，陈家距离点头埠头很近，每天拂晓时分，就听见欸乃声声和买卖的吆喝声；到了傍晚，夕霞映水，码头上归帆点点，渔歌唱晚，此般情景也是当时点头人生活中的一个缩影。

陈承春说，早前，他们家族是靠木船在海上经营生计的。当时，点头有船的人家是很少的，而在船上谋生的人更是少之又少。从他曾祖父起，就是靠着木船将木料、烧火的柴片、木炭及粮食、山货、蔬菜等运到台山、霞关、沿浦、马站、沙埕（古称沙关）、南镇、澳腰等沿海市集，远的也运到舟山沈家门进行交易，回返时木船上装满了鲜鱼、咸鱼、鱼鲞等海产品。他家的"长顺渔行"海货丰富且种类繁多，谁家要是办宴席，都会提前来预约，一旦预约，要多少有多少，而且种类丰富，样样齐全。就如"墨鱼鲞"，"长顺鱼行"常年备足"南鲞"和"北鲞"供大家选择。所谓"南鲞大，北鲞厚"，就是指目鱼鲞有南北之分。南方晒目鱼鲞，先要经明矾水过一下，鱼鲞便张开大大的，然后放在太阳底下晒，晒干后，放在稻谷壳中，要吃的时候取出，色泽金黄，香喷喷的；北鲞指的是浙江北部以上渔村所晒制的目鱼鲞，都是随便放在风口上任北风吹，干得也很快，虽然晒时没有大幅度张开，不平整，但有厚度，吃起来有韧性，香郁浓烈。点头人凡是自家吃或请客时就选用北鲞，节日送礼时又都选择南鲞，南鲞个子大，耐看体面。点头街道的群众每天都会上"长顺渔行"挑选鱼鲞，周边的农户也会多买些咸鱼或鱼鲞回家。

陈家的"长顺渔行"在点头是最大的，秋冬两季几乎每天都有鱼货入行，生意相当红火。为了让渔行的海货供应链源源不断，他们家族还在浙江苍南霞关码头上开了一家中转铺。霞关当时是南北渔船的交汇处和停泊点，有着大量的鱼货、海产品在这里交易，也引来各地商贩在此聚集，贸易市场人头攒动，热闹非凡。陈家在这里的中转铺，不但收购各种海货，也采购山货、粮食以及手工制品等。陈承杰说，他曾祖父的木船也偶尔把货物运到台湾基隆港去交易，还采购了许多货物回来，他们小时候还吃过台湾水果。

当然，海上行船做生意，常年风里来浪里去，艰辛是难以想象的。有一次，他曾祖父船从台湾基隆港回航时，在海面上遇到海盗，船上货物被洗劫一空，人还被强盗关在鱼舱里，并用木板将船舱钉死。海盗逃去后，木船随着风浪在海上漂荡了很久，幸好被人发现才幸免于难。

轮到他祖父挑起海上运输买卖大梁时，曾祖父就传授给他祖父出海行船的许多把式和经验。当时木船出海是靠划桨（或摇橹）和船帆行驶的，海上行船要具备风向、潮浪、海汐、气候等诸多常识，更要有辨风识浪的能力；即使有罗盘（指南针）识别方向，但在陌生的海域，特别是有的海域还藏有暗礁和其他障碍物，要知道避开在夜里行船时或遇到海上大雾时，行船海路的选择是至关重要的，只靠罗盘没有经验也是会吃亏的，不识海况的艄公偶有发生船破人亡葬身大海的悲剧。陈承杰说，当时，曾祖父的一个外甥和他一起出海作业，就因遭遇台风而遇难。古语"行船走马三分命"，说的就是海上行船和走马出川的危险性。

轮到陈承春父辈海上谋生的时候，恰逢"文革"，海上营生受到了种种制约。1973 年，当时陈承杰 14 岁，他跟着父亲装了两船木炭在夜色掩护下，小心翼翼地出海去，可是拂晓时分，船还没到沙埕港就被民兵截获，船和货都被扣留了。不得已，父辈们改变谋生模式，自己张罗渔网，从事钩钓作业。他们与家族堂兄弟联手在八尺门内外近海钓钩捕鱼，当时捕获的鱼类主要有黄魟鱼、水冻鱼、鲨鱼等。鱼货拉回来靠在埠头收拾整理好，挑到"长顺里"连夜挑灯处理，有的即时卖掉，有的腌制起来，有时陈承春也会帮父辈们把鱼货扛到下街市场去卖。为了躲避市管会的搜查，有时候，他们就将家里木地板撬起来把鱼藏在下面。少年时虽然大家庭生活很贫困，但陈承春三餐有鱼吃，比同龄的伙伴还是多了一份优越感。

1978 年一次捕捞时，陈承春父亲与伙计们在八尺门海域捕获到一条 100 多斤重的大黄瓜鱼，大家喜出望外。但是，这么大一条鱼，除了鱼胶滋补较值钱外，其实也卖不了多少钱，于是干脆就把鱼杀了，一部分鱼肉留下自己吃，一部分送给四邻和亲戚。这是陈承春父辈在福鼎内陆海域捕获到的最大一条大黄瓜鱼，也是点头人民公社化以来至今首次捕到的大黄瓜鱼。然而，这样自捕自销作业干了几年，随着海洋捕捞业的崛起，鱼类逐年减少，这个行当也退出了历史舞台。

改革开放后，农村的生产方式和经营模式发生了变化，点头的国营水产站 1982年宣告倒闭，失业人员增多。这时，陈承春父亲联合了一些渔业个体户和有海上作业经验的人，着手创办了点头第一家渔业组，同时，在下街市场扩大店面，并添置了船只，从事海上收购各种鱼类，供应点头市场，这对点头当时市场的繁荣和发展起了不可或缺的作用，受到当地工商协会的赞许。但"木秀于林，风必摧之"，陈承春父亲被人诬告偷税漏税，因此被关押在福鼎看守所拘留了一个多月，后被取保，直到大年除夕才得以释放与家人团聚。陈承春父亲回来不久，因大家庭的负担和渔业组的操劳，患上了病却没条件就医，就一直拖着、扛着，终于在一天下午到桥头溪洗鱼篮时，不幸晕倒在溪渠里，经抢救无效死亡，终年 58 岁。从此，陈家也就告别了海上谋生这一传统职业。

围堤填海工程后，往日人头攒动的喧嚣埠头已消匿在岁月长河中，但是"长顺渔行"却永存在老一辈人的记忆里，成为那一代人永久的乡愁！

振盛里

🍃洪桂约

洪振盛是福鼎点头上街洪氏家族祖屋,即"洪宅",二进两院,还有一个坡地后花园,如此称呼多了,也成了洪氏家族的名号。

清乾隆年间,远祖洪章佐与同族兄弟洪章鉴、洪章柔三人,携三条扁担,从福建泉州华美小山村走出,往北谋生,且走且停,寻找生存之地,一路坎坷,辗转来到福鼎点头小镇,初时租住街头顶火墙里。后来,洪章柔定居福鼎前岐,洪章鉴定居浙南桥墩。那时,点头水路直通沙埕,再向东海;陆路南达白琳、磻溪、霞浦;西向管阳、柘荣;北进福鼎城关,是闽浙古官道必经之路。先祖迁居点头后,在镇上老街苦力造家,发愤图强,逐渐有所成就。到了第二代,又有发展,开始买屇地,修坟墓;接下来的五代人承前启后,至洪兆功(鼎伍)、洪兆霖(吕甫)、洪兆棋(雨

振盛里大门(陈雪兰 摄)

梅)等,或工或农或商,以及开院办学,历经 150 多年,终于建成如今规模的洪振盛祖屋。之后,又经历了 140 年,至今人脉繁衍 11 代(笔者是第九代),130 多人,共 3 房。二房中有一支清末迁往浙江温州,后又有兄弟迁往南京、北京;再后,洪宝德一家迁往江苏淮安。

温州者,现以洪亮为代表。我是三房,父亲有四位兄弟,三叔洪耀 1950 年前就定居上海,至现在有我弟洪伟伟等一家三代 9 人。

洪振盛立址点头,面向东海,背靠岠山,是灵秀之地,能育人建业。洪氏一族客居他乡,和热情好客的当地人融为一体,后来成了点头望族之一。那时的洪振盛,在

点头街海乾巷开设酒店、杂货店、布店三家，生意火红，延续至 20 世纪 50 年代。迁往温州的一支，行商有道，当年温州修建信河街，缺少资金，洪家商行捐资出力，并以库存的大瓷碗底为砖，铺钉路面达十里之遥，在当地传为佳话。

洪振盛也出了一些人才。洪庆杰是点头有名的乡绅，常为县太爷的座上宾；洪久旺是国学生（秀才）；洪吕甫，是温州开明商人和乡绅；洪鼎伍（秀才）开院办学，培养一方子弟；洪宝德，为国家地震研究员，高级工程师；洪宝塾是大学生；洪亮是温州地区交警大队长。

我三叔洪耀，是抗日战争时期的老兵。抗战爆发时，他正在福鼎桐山北岭初中（福鼎一中前身）读书，看到报纸上黄埔军校招生的信息，就与几位志同道合的同学一起投笔从戎。他改名为洪耀，带着光耀中华民族之意，几人千里迢迢，步行到江西上饶应招入学，成为黄埔军校江西上饶分校 1941 年毕业的第十八期学员。毕业后，他在浙江丽水一带训练新兵，不断为前线输入兵源。他本人也曾化装进入上海，成功地刺探到日本侵略军的兵情，受到表扬。抗战期间，他曾回到家乡点头，和少时同学排演文明戏，上街演出，宣传抗日。抗战胜利后，他脱离了国民党军队，到上海一家渔业运输公司当一名职员。他负责海轮运输，但喜欢办教育，常和有识之士商讨教育救国道理。上海解放前夕，公司资本家逃往台湾，三叔和一些工友一起，将公司十多条机帆船沉入黄浦江水下，上海解放后，捞起来交给新政府，因此立了功，被上海市人民政府任命为上海杨树浦区中小学总教导。2011 年，他以 90 岁高龄，在上海逝世。

洪振盛的家训较多，主要是"四要"和"七才"。四要：心中要有志，眼中要有人，口中要有德，手中要有帮。七才：登高才觉天阔，行远才觉地宽，交广才能友众，劳多才能勤奋，学精才能智深，厚积才能薄发，人善才能事好。

洪振盛家族，是中华民族长河中的一滴水，是祖国大家庭中的一小分子，她和国家一样，有磨难，有曲折，但发展是主流，现在正和国家一起复兴……

国家好，民族好，家族才能好。

广顺里

🌿 黄宝成

点头广顺里位于海乾路内侧，整体门楼建筑为中西合璧，气势恢宏，极具民国风情。在中国传统建筑中，门楼是住宅的脸面，成为体现主人地位的标志。大门楼欧式拱形大门开辟在房子的右侧，两侧对联蓝底黑字，左书"春涵瑞霭笼仁里"，右书"日拥祥云护德门"，寓意着吉祥、好兆头。门扇左刻"神荼"、右刻"郁垒"，俗谓之门神。广顺里东西宽 88 米，南北长 38 米，面积共计 3344 平方米。该建筑为硬山顶，二层楼房，砖木结构，整体建筑前一进 8 开间。进入大门，迎面木质屏风，屏风上书写的"文革"标语赫然在目。从屏风右门继续入内，豁然开朗。大天井左侧一排五榴二层木质厢房。过天井便是连排三间主屋。房子虽然历经百年沧桑，但其门楼仍让人不难看出其当年的气派。

广顺里大门（陈振团 摄）

据陈家谱牒载，点头广顺里肇基始祖陈加新、陈加獭二公为桃源南山陈氏二十七世，于清嘉庆年间自永春儒林街迁入点头广顺。谱载："二十六世祖，讳文爆（1714—1784），字仲子，号敏和，伯枚公第三子，生于清康熙甲午年（1714），因年轻时就往福鼎县店头开张生意，至清乾隆四十七年（1782），回家养老，卒于清乾隆四十九年（1784），生子三，廷菇、廷道、廷赛。"从谱牒可看出，广顺里陈氏早在清初就来到点头谋生。

自陈氏始祖陈加新、陈加獭迁入点头广顺后，家声兴振，事业旺盛。至茶商陈炽昌、陈炽纡一代，始创"陈广顺"商号，陈家人以"广顺"二字作招牌名，并营建商铺，主要经营茶叶、布行、染坊、木材行、京果店等生意，颇负盛名。

民国时期，陈广顺茶行主要是由陈炽昌主理。陈炽昌（1889—1969），字云盛，青年时期在家人、族人的帮助下，注册"联成"茶行商号，以光大家业。当时，福州福鼎会馆也在榕城成立，陈炽昌与同乡梅伯珍、吴观楷等人有机会相聚在一起磋商茶业大计。福州茶业会馆还聘请陈炽昌当"掌盘代"，旧街曾流传着一首打油诗："炽字拆开两个脚，广顺炽昌采白茶。白茶采起真好赚，顿顿吃酒配猪脚。"足见当时生意兴隆，获利丰厚。

陈广顺染坊创办人陈炽纡（1893—1974），因在陈家兄弟中排行最小，人称纡尾公。他是一位精明的生意人，不但创办了染坊，还创办了布行、木材行，以守诚信重情义、善经营、薄利多销得到四邻八方顾客的惠顾。

陈广顺染坊，位于广顺里临街门店，即点头中街，是主要经营丝绸、棉布、纱线和毛织物染色及漂白业务的作坊。民国时期，陈广顺染坊，掌握一手染匠绝艺，经他们手下染出的布料染色均匀，色泽艳丽持久，耐洗晒，所以顾客盈门，生意十分兴隆。"点头十里"及周边的村民也把自家织成的"土布"送到"陈广顺"染坊，染成"藏青""毛蓝""水花"等颜色。染坊就设在露天天井，主要设备有锅灶、大缸、担缸板、碾布石、卷布轴、晾布架、麻花板、缸棍子、看缸碗等。现染坊的部分设备，如元宝型的碾布石、缸等还保存完好。

陈广顺布行，位于广顺里临街门店，即点头中街，清末至民国时期为点头布行之一。民国时期，点头当地布匹市场繁荣，有苏杭的丝绸、上海的棉布，甚至还有外国进口的洋布料。据了解，点头镇在1950年以前已有多家布行经营，土布洋布品种繁多，有花布、竹纱、斜布、大成蓝、大成灰、白布等。当时点头许多富家女性，都会在陈广顺布行购买绸缎、高级布料等，布行成为当年时尚的风向标。

陈广顺木材行，原位于广顺里右侧一块空旷的场地上。民国时期点头林木资源丰富，绿色植被覆盖率极高，优越的自然环境也成就了木材交易市场的崛起。陈广顺商行瞄准商机，利用广顺里（原粮站）旁的场地作为木材交易市场，来自点头梅山、大峨一带的木材源源不断地送到这里交易，或在这里寄存，所有寄存木材都打上陈广顺商号的铁印，以防被盗。陈广顺木材行以摊位租地形式收取租金，成为点头主要的木材市场。

陈广顺京果行，位于广顺里临街左门店，为陈广顺茶行老板陈炽昌兼营。由于老板陈炽昌精明能干，善于经营，京果行生意十分红火，在点头老街首屈一指。

陈家人世代经商，善于经营，积累了丰富的营商经验，陈广顺商行是点头一支不可低估的商业力量，他们在风云际会的时代舞台上长袖善舞，显示了不凡的经营天赋和独具匠心的经商魅力。1953 年点头人民政府对陈广顺商行实行公私合营，从此改变了传统的经营管理模式，陈广顺近百年的老招牌逐渐淡出人们的视野。

点头

茂兴里

🌿 庄纯穗

　　点头茂兴里大门楼，是闽东民居典型建筑，也是点头至今保存完好、雕工最为精巧的门楼。在传统建筑中，门楼是房子的脸面，彰显主人的社会地位。

　　茂兴里门楼很有特色，结构类似房屋，由五层亭式构建，雕饰的奇花异草、珍禽瑞兽镶嵌在各种圆形、扇形、菱形、正方形结构中。最高层飞檐翘角、黛瓦青砖，是门罩式顶盖。以下四层皆是石雕精雕细镂的图文。第二层从左至右分七图：分别书有"读我书""霞蔚云蒸""莺翔凤翥""爱吾庐"四幅字，中间插入三幅吉祥图。往下第三层的凹入部分是翎毛花卉、狮子绣球的雕刻，凸出部分为四首竖列诗词。第四层左右两边对称，是多子石榴画，中有松鹤图和荷花图。门楼灰墙两面嵌有两只蟾蜍头，将墙内檐的积水从蟾蜍口中吐出。大门楣面积最大，蝙蝠、祥云、松柏图案环绕，赫然书着"派衍九龙"四个大字。

茂兴里门楼（陈振团 摄）

门框由青石打磨底座是四脚宝鼎。石刻门联，左书"十德式门闾光垂后代"，右书"九龙占瑞庆绪绍前徽"。大门扇左"神荼"右"郁垒"。登上石鼓台阶，跨过石门坎，迎面木质屏风，入右门豁然开朗。以大天井为轴，四周皆面向天井，"四水归堂"。下厅一排左右各四榴二层木质廊庑厢房。现在主屋已经拆除，建起整排明楼新房，旧貌换新颜。大门楼百年来虽然历尽沧桑，但是依旧醒目亮丽，恢宏大气。

根据族谱记载，林姓属西河郡望。点头西洋尾林氏先祖，由浙江苍南桥墩迁入。茂兴里林氏始迁祖林诗芳，是清光绪初年从西洋尾迁徙此地。林诗芳字孝履，号奇芬（1866—1940），享年75岁。生四子四女，至今繁衍六代，人丁百来口。

林诗芳刚迁徙点头时，为谋生计，走街串户挑食担为生。尔后租店铺，做点小生意，买下点头下街三间破旧平房，开店当老板，经营鱼鲜海产南货生意。茂兴里原地址，是一片水田沙滩地。后面临点头下街集市，面前可望见海墕下和潮起潮落的海滩，距离海边埠头不过百来米。点头旧码头是福鼎重要的货物集散商埠，当大潮鱼汛期，各地的舢板和机帆船齐集埠头。那些大嗓子、急性子的海头人，赶在退潮前，将整船鱼鲜出售，再赶运山区集积在码头的竹器和茶叶。这时的林诗芳善抓商机，瞧准机会将整船鱼货低价进入，抢占了商机，往往能一本万利。当时点头人用本地话戏称他是"阿莫"（意思是一看准就下手）。过去没有冰库，渔商都用几个大樟桶腌制或用竹匾晒成鱼鲞后仓储。当刮台风、渔船不能出海的淡季，或过年节货物紧缺时，他就将库存的咸鱼、干货或批发或零售。由于生意经营有方，且勤俭持家，积累下大量资金。林诗芳于清末民初在原三间平房的后门，兴建起这座茂兴里古民居，至今已有100多年。

在林诗芳裔孙中，多人从政、经商、执教。其中二房裔孙林成美卖壮丁到了台湾，改革开放时回大陆探亲，并在点头街庡山中路建一栋面阔五间的洋楼，点头人俗称"台湾厝"，是点头地标式建筑。

（本文根据林佳武口述整理）

萧厝里

肖传希

赤子漂身总是客　戾山依旧是故里

萧厝里位于点头集镇中街，是一座占地 2.2 亩的三进四合院，宅院的前门抵中街，后门通横街，是旧时点头的繁华中心所在。

其实，萧厝里是近些年人们对萧家四合院的叫法，意为萧家的房子。而在此前的近百年间，老点头人都是称这里"恒和春"。这个名字源于此宅院的创基人萧承奖，他于清光绪年间回归点头，创办了集茶叶生产、加工及销售于一体的"恒和春"茶行。萧厝里大院中央的南北两间耳房、一条焙房通道就是当时加工生产茶叶的场所。他在萧厝里沿中街开设门店，招牌就是"恒和春"。据清光绪《福鼎县乡土志》记载，当时的点头茶产业已初有格局，而萧家的恒和春茶行经两代人经营数十年，算得上当时点头茶行业的先驱，其茶叶主要销往南京，并在南京开有茶庄。

前文说到萧承奖到点头用到了"回归"一词，是因为萧承奖系翁江萧氏的旁支后代，而翁江萧氏其实最早也发迹于点头。据《萧氏宗谱》记载，萧氏十五世祖萧汉华于清乾隆初年随叔父从汀州府到福宁府柘荣谋生，后独自来到点头镇戾山创业并安家落户，育有天爵、天禄、天成三子，即后来点头萧氏的乾、坤、泰三房。其中，乾、坤两房一直居住在点头，萧天成的泰房于 1817 年举家迁至翁江。

夜遇白龙抽水影　真假横财几人清

点头萧氏于清嘉庆年间迅速崛起，成为福鼎有名的望族，其中有光怪陆离的神话，又有貌似可考可究的轶事。听萧氏族人解说，萧家的发迹也有很多版本，但都离不开"第一桶金"。

早年的萧汉华在点头靠码头营生，生活并不富足。一夜，他梦到一条小白龙盘旋家中最后投入水缸，醒来忙去查看，发现水缸中白光熠熠，伸手去掏竟全是银子，于是以此为基，算是在点头真正成家立业。萧汉华过世时，他的第三子萧天成才 3 岁，已成年的天爵、天禄两位兄弟侍奉母亲、扶持幼弟，兄友弟恭，继续在点头定居。待萧天成成年后，三兄弟方才分家。嘉庆年间，萧天成在点头经营有一间布行。一日，有一伙外地客商到布行寄存了 13 担零 1 头（箩）的染料，说好半个月来取，结果一等数月未至。受梅雨天气影响，染料逐渐发霉，萧家看着可惜，于是好心将染料拿去晾晒，竟发现染料只是面上铺了一层，底下是满满当当的银子，而那批客商久等未至，于是这笔巨额财富俱归了萧家。

故事不足为信。萧汉华年少就背井离乡孤身到点头谋生，直至 35 岁才有了长子天爵，可见早期也是经过艰苦创业方才攒下一份家业。

聪明机妙无全用　积善方能庆有余

富足的家境也让萧家人丁逐渐兴旺，其中又以翁江二房人丁最盛，所居的萧家大院也趋饱和。于是，泰房第十九世萧承奖于清光绪年间又携家财迁至点头，几经选址，最后从游家购得院厝，并进行了大规模改建和装修。现今四合院中仍有很多精美的木雕房梁、窗花可见，中厅的鱼池中两幅完好的青石花台和德化产的盆景俱是精品。

当时的萧家经百年沉淀，已有了书香门第的雏形，子弟大都接受了良好的教育。据了解，萧承奖父子三代有 5 人取得了贡生、监生的资格。但求学之路并非坦途，特别是国家衰弱、王朝更替的年代，萧家也发生了两段较为凄凉的故事。萧世辅（萧承奖长子），16 岁即为佾生（考秀才虽未入闱但成绩尚好，获得佾生资格则下次考试不必参加县试、府试，只参加院试即可，又称"半个秀才"），却逢戊戌年变法，科举不中，加之赶考途中染病，同年仅 19 岁便早逝，他的未婚妻胡氏以未亡人身份寡居 62 年。贡生身份的萧世讳（萧承奖次子），在求学时成绩就十分优异，取得福宁府教谕的赏识和栽培，20 多岁就担任了区议员，本有望通过科考更上一层楼，不料他 25 岁那年取消了科举制，萧世讳因无法承受变故，人也逐变消沉失常，一时为乡人所惋惜。

好在萧家能人多，继续为萧家扛起大梁，开枝散叶。从清末至民国的几十年，萧家的二代、三代都有子弟在点头区供职，或开办米行、货铺等营生，整体家境颇为殷实，萧家人也从不忘行善积德，修桥铺路，不为人后。20 世纪 20 年代，点头萧家积极响应翁江本家萧仰山号召，参与出资修建县城桐山萧家坝，时任福建省省长的萨镇冰也曾赠匾勉励。

萧家保存下来的以木质家具居多，其中有一张长 2.1 米、高 2.6 米的宣统年制楠木镏金木雕古床，透雕浮雕的图案用真金镶嵌而成，福鼎本地称之为"十三扇"。该床保存之完好、做工之精良，极为罕见。

一念即出真无畏　大义也可凭诓言

萧克湍年轻时也有一段传奇经历，直接影响了他后来的人生。

萧克湍出生于 1918 年，福安师范简易班毕业，据其自述，1934 年时他在柘荣县富溪镇做过一段时间的私塾先生，结识了当时在闽东开展革命活动的共产党人叶飞，但因家境殷实，并没有追随叶飞参加革命。有一次，叶飞准备带小部分人前往浙江泰顺活动，给地方同志送点枪支弹药，于是委托萧克湍帮忙运输。当时富溪的红色氛围浓厚，萧克湍也没多想此间的风险后果，欣然答应。他联系了家里长辈，谎称接到一笔大单的木柴生意贩卖到泰顺，让家里组织人运到富溪后跟他汇合，人到了后他则偷偷将枪支藏在柴垛中，所幸顺利完成了护送工作。次年，国民党反动武装在闽东地区疯狂"围剿"红军，为躲避国民党反动派追捕，叶飞再次找到已回点头家中的萧克湍寻求帮助，萧克湍遂趁夜将其带到家中，安置在阁楼五六日，家里人皆不知情。直到抗日战争爆发，第二次国共合作正式形成后，他偶尔与人提及此事，而耳闻者竟都不相信。

不料到了 1946 年，福鼎的国民党政府也开始清算"亲共分子"，听说萧克湍自称与共产党人曾有过接触，要抓他审问。好在萧克湍的堂弟萧克钲当时在点头区政府任职，帮他从中周旋，最终以萧克湍喜欢吹牛的名堂化解。

新中国成立后萧家祖宅被分配给了其他群众，只留 1 间半的房屋给萧克湍一家。无奈之下，萧克湍向时任省委书记的叶飞写信求助。省委办公厅让县委核实后，最终将被分出的房屋退还给萧家。

萧厝里门楼（陈雪兰 摄）

源兴里

黄宝成　陈振庭

　　源兴里位于点头街尾，"源兴"是陈氏家族的商号。源兴里始建于清道光年间，是一座拥有两厢一厅的古民居。门楼为门楣式制式，单檐硬山顶青砖三合土混合结构，牌坊式顶盖。横额泥匾正面额书"北斗星辉"，寓意主人祈望福祉的美好愿望，泥匾额书两侧题写唐孟浩然的《过故人庄》诗句，左侧题写"绿树村边合，青山郭外斜"，右侧题写"开轩面场圃，把酒话桑麻"。门楼上的各种彩绘已模糊不清。古民居两厢一厅的第二层全部是相通的，民国时期作为陈源兴开办的茶馆之所，曾经远近闻名。大厅后另建有厨房五间，历经百年风雨，濒临倒塌，现已重建。

　　陈源兴先祖陈立濡（1795—1843）因在祖家白琳柴头山秀阳创办油坊发家，其加工的茶油、菜油，每天挑往白琳、点头一带销售，因货真价实，为人又老实、憨厚，故被人称为"柴头山表伯"。陈立濡为发展生计，于清道光年间自白琳镇秀阳乡东阳山迁入点头，选址永安桥桥头边安置家业，成了陈源兴的肇基始祖。陈家历经百年的发展，派衍出寿、比、南、山四大房，繁衍120多丁。

　　清代，点头的经济发展处于鼎盛时期，集

源兴里门楼（陈雪兰 摄）

市繁荣，商贾云集，货柜林立。陈家人凭借天时地利在街尾经营南货店、鱼货店、油坊、染布坊、茶坊等，获利丰厚，曾经富甲一方。点头曾经流传着一句顺口溜：上街拳头，中街钱头，下街人头。那时街尾集市每天人头攒动、商客络绎不绝，叫卖声不绝于耳。由于时代的发展，年代变迁，下街的繁华已逐渐冷寂了。

陈家祖辈不但经营南货店、鱼货店，还在源兴里开办油坊，加工菜油、茶油，路过源兴里门口的人们远远就能闻到一股香气。到了茶籽采收季节，每天有挑着茶籽的农户和贩卖茶油的客商出入源兴里，收购来的茶籽经常堆满一地。

清末，源兴里著名茶人陈鹄生注册"福兴"联号，在点头上水碓祖房专门生产手工制作的精品茶叶，销往福州等地。发家致富后的陈鹄生不忘乡梓，开始参与捐资办学。1925 年他带头发动点头商界朱子明、陈岩生等人捐款筹建"宸山小学"，被推荐为校董，协助宸山小学林际春校长解决各种经费的筹措。

陈源兴染布坊在那个时代也很兴旺，是陈家族人主要的经济来源之一。染布加工场地也在上水碓祖房，与茶叶加工场紧挨着。先辈们经常挑着担子走街串巷收旧衣、布料带回染色，染完又要送回去。陈氏先辈谨循家训，艰苦创业，为后代奠定了坚实的经济基础。

泉通里

✍ 庄纯穗

　　泉通里民居，背枕宸山，面朝大街，是住宅或经商的风水宝地。泉通里吴姓先祖吴瑞璒于清末从柘荣东源迁居点头，从小生意做起，创业开办鱼行及酱行店，逐渐发家致富，并从萧姓买下这栋老宅。其时，"泉通鱼行"和"泉通酱行"在点头是响当当的招牌。

　　进入泉通里当街的店门，到达下厅，再过一扇厅门，两边各有小天井，登上五级台阶，即是宽敞的大厅堂，两旁是厢房，主楼三层。后厅右边门可与邻居后门相通，且有石阶登上后门小山。整座民宅木构，面阔四榴，宽10米，进深16米，也算是点头街大户人家。

　　吴瑞璒，字志达，娶后洋石氏，生五子。长子吴存兰，长孙吴建仕。

　　次子陈诗宾，吴志达因与陈姓交厚，遂将次子过继予陈姓，并有"厝分一半，墓分一半"之约定。因此泉通里房子右边为陈姓，左边为吴姓。

　　三子吴存汉，民国时期的镇参议员。配室孙店郑氏，生四子二女。其长子吴建梅在县税务局工作，次子吴建松曾任镇会计，三子吴建竹与四子吴建霖自己创业当老板，长女吴建玉与次女吴建英现已退休。

　　四子吴存客（存银），点头人叫他的外号"畲客"。原配何宝珠，生一女。吴存客跟他小舅子何云林去了台湾，在台湾娶妻又生三男一女。1988年首次从台湾回点头探亲，以后每年都携带子女回故乡祭祖、扫墓。

　　五子吴存杏，原点头水产站职工，1987年退休后病故，享年63岁。生男三，长子吴建源，退休教师；次子吴建清，点头花炮厂职工；三子吴建邦，开饮食店。

　　泉通里吴氏从志字辈开始，以下是存字辈、建字辈、周字辈、国字辈，不论男丁女娃均按字辈取名，说明吴氏子孙尊祖训、好家风。走进泉通里，古朴厚重的大厅堂，斑驳的板壁、两廊、庭院及窗扉，大小阁楼，以及前后院五六处厨房，可想象出当年泉通字号店面的生意兴隆。老厝中曾住有10多户、60多人，可谓人丁兴旺、瓜瓞延绵。

　　悠悠岁月，现在吴姓子孙为经商、从政，全都迁出居住，当街两榴店门也转卖他姓。时过境迁，人去楼空，当年花团锦簇、高堂明烛的热闹已成为老一代人的故事了。

（本文根据《吴氏族谱》及吴建元口述整理）

文
物
古
迹

点头文物古迹概况

黄宝成

点头镇有着悠久的历史，这里人文荟萃、文化底蕴深厚。考古发现，点头域内有9处新石器时期的遗址，说明早在3000多年前，就有古人类在此繁衍生息。点头文物众多，现粗略介绍如下：

古遗址

石器时代遗址

点头江美虎头山遗址，相对高度30米，面积300平方米，采集石锛标本4件。

点头旱田洋山遗址，相对高度30米，面积1000平方米，采集石锛标本3件。

点头马洋村马洋头山遗址，相对高度20米，面积2500平方米，采集石器标本49件，陶片16片。

点头马洋大山下山遗址，相对高度60米，面积500平方米，采集石锛标本12件，陶片2片。

点头马洋大山下南坡遗址，相对高度50米，面积500平方米，采集石锛标本2件，小石片2件。

商周时期石器

点头洋边村下尾山遗址，相对高度30米，面积500平方米，采集石器标本50件，陶片7片。

点头江美岐头山遗址，相对高度40米，面积10000平方米，采集石片导实物。

点头江美墓头里遗址，相对高度 50 米，面积 20000 平方米，采集有石器，石片导实物。

点头王孙洋头里遗址，相对高度 30 米，面积 10000 平方米，采集石泵，石片导实物。

马冠寺遗址　马冠寺遗址位于点头镇马冠村。该寺始建于唐乾宁三年（896），占地面积 30 多亩。遗址上土层文化积淀丰厚，地表上散落着一些当年寺院建筑的精美构件及用器，均为弥足珍贵的文物。

马仙炼丹遗址　马仙炼丹遗址位于点头镇马冠山。《闽书》："马仙炼丹于此，仙去，井臼犹存。"

碗窑遗址　距福鼎市城北 15 公里的碗窑村，早在宋朝就已开始烧制瓷器，村因窑得名。古窑址有两处，一处位于该村东北山丘上，属于南宋时期碗窑遗址；另一处位于该村凤山桥上首的山丘上，属于明清时期的碗窑遗址。两处遗址所在的小山当地人称之为碗窑山。从出土的瓷器碎片看，器形基本为碗、盘、杯、碟、壶等，保存最为完整的是圆形垫饼等窑具。瓷器碎片有的为白瓷，有的呈灰白或灰色，胎体坚致厚重，这些遗存瓷器为青白瓷的研究及调查提供了丰富的实物资料。

罗店遗址　罗店遗址位于点头镇后昆村的一片空旷的原野里，占地面积约 200 亩。据传宋代时这里居住着罗姓人家，故称罗店，鼎盛之时发展到 360 家，村民习武成风。罗店的衰败及罗氏后人的去向已不可知。

孙调书堂遗址　孙调为点头孙店人氏，宋理宗年间长溪知县孙宥之子。孙调为南宋理学家，父子均在孙调书堂讲学。孙店原为闽浙士子往来必经之路，据称"当时闽浙士子下马求教者逾千人"，文风盛极一时。

驻履亭遗址　昆田（今孙店）周边有铁障山，《方舆纪要》道其"壁立千仞，其色如铁"，山间有座"驻履亭"，为宋代里人程氏所建，清嘉庆《福鼎县志》把驻履亭列为福鼎名胜古迹。孙宥有诗云："闻说君家千仞岗，看亭山麓费平章。"宋代杨谆诗曰："惟有山南古程氏，雕檐一簇翠烟中。"驻履亭的画檐雕廊和亭台楼阁，常年处在烟雾缥缈的山峦之中，成为当地一大胜景。

古建筑

国华寺　国华寺位于观洋村，始建于北宋年间，至清朝时香火鼎盛，为点头一大寺院，近代著名高僧智水曾住持该寺多年。

莲华寺　莲华寺位于大峨村梅山，因寺周围群峰叠翠，层层相裹，状若莲花，古先贤借喻观音佛脚下的莲花宝座而名。自宋代以来，梅氏族人和袁家人体恤修行者艰苦，开始捐资捐地，在莲花座下择地结庐，增设佛龛，供僧人清修。清光绪年间，梅山信士袁开进购地捐送本寺，并与梅氏族人信士共同捐资，将原有草庐改建成寺舍佛堂。"文革"时，寺舍屋宇被强行拆撤，佛堂佛像、寺史、摩崖石刻破坏殆尽。村民于1981年再次重建，又于1990年后增建两栋厢房，即成现有规模。

甘泉古井　　甘泉古井在孙店村白墓下，为宋代文物，泉冽味甘，清澈见底，干旱不涸，民间奉为圣水。古井呈圆形，上小下大，井壁为三合土构造。古井直径1米，井深1.7米，井沿高出井台0.4米，井沿凿一小孔，防水满四溢。井台高于地面，便于防止外围之水内流。

普照禅寺　　普照禅寺位于点头镇龙田村，据寺碑载，始建于元武宗年间，明崇祯元年（1628）重建。清代以后多次重修，2002年再次重修。该寺坐北向南，砖木结构，占地面积2000平方米。寺宇建筑由山门、大门、正殿及两旁僧寮构成。入口山门为砖构，门额正面书"普照禅寺"，背面书"莲峰拱秀"。正大门为砖石构，门额书"妙法莲华"。正殿面阔三间，进深六柱带前廊，抬梁式悬山顶。

观音寺　　观音寺位于马洋村王孙狮峰山下，坐北朝南。据王孙赵氏家谱记载，该寺始建于明成化元年（1465），由赵令暹发起兴建，同时舍田产八十余石，又施山林土地数十亩，作为维持僧众生活所需。

西兴寺　　该寺位于山柘村吉象山，始建于明嘉靖九年（1530），为管阳章峰李枝发所建，并施周围山田数十亩。由于西兴寺地僻人稀，寺院提倡农禅并举，僧人几乎与外界隔绝。一代高僧青意法师隐居西兴寺，专修净业，持名念佛，声名远播。

大觉寺　　大觉寺位于孙店，原名大士阁，建于清同治年间。据传当时有一张姓女子因梦感召而四方募化建成。大士阁历经百年沧桑，残垣断壁，岌岌可危。从大士阁走出一位侨居美国的释界静法师，少时，他家中房舍因遇台风摧毁，母子俩居无定所，大觉寺住持大发慈悲收留他母子，一住十年，与大觉寺结下法缘。界静师为报当年收留之恩，在美国募化善款以重建。如今庙堂恢宏，环境幽雅，是鼎邑一胜境。

点头妈祖宫　　位于集镇海乾路，始建于明代，清康熙年间重建，乾隆二十年（1755）重修。该宫坐西南向东北，砖木结构，硬山顶，占地面积500平方米，建筑面积214平方米，由亭阁、天井、厢廊、正殿等组成。天井内有青石雕龙御道，长1.5米，宽1.2米。宫前25米处有两条青石旌表，上部有石斗，刻"天后圣母"四字，底座铭文，左为"光绪二年丙子秋吉旦"，右为"十五都炭山点头社公建"。1989年1月被公布为县级文物保护单位，2009年公布为福建省第七批文物保护单位。

点头临水宫　　该宫位于集镇下街㟃水之畔,始建于清光绪四年(1878),祀典"顺天圣母"陈靖姑。宫宇建筑占地面积约5亩,坐东南朝西北,一进合院式砖木结构。通面阔15.7米,通进深18.3米,建筑面积287.31平方米。中轴建筑由大门、桥廊和大殿组成。大门围墙下设"T"形桥廊,桥廊连着台阶,拾级而上是临水宫大殿。大殿面阔三间,进深四柱减中柱,抬梁式硬山顶。宫内梁架、斗拱雕刻有卷云、人物、瑞兽等。宫宇正大门上方横眉刻写着"临水宫"三个字。正门两侧刻写着一副对联,左边"碧海青天,坛上神明扶国",右边"祥云瑞景,里中圣德佑民"。

后坑桥　　该标位于㟃山村,建于清乾隆二年(1737),是点头集镇通往管阳、柘荣的必经之路。该桥为单孔廊桥,进深五柱,面宽三间,桥高约4米,廊屋为木构悬山顶。由于溪床改道,桥下干涸,已失去往日风光。

双头溪双平桥　　该桥位于举州村,始建于清道光二十五年(1845),1925年重修。呈南北走向,全长28米,宽1.8米。

东门岭东溪桥　　该桥位于点头镇过笕村,建于清同治三年(1864),青石构,长33.4米,宽1.5米,高1.65米,桥面由石条铺设而成。

举州连山古厝　　该厝位于举州村,建于清咸丰年间,坐东北向西南,二进合院式砖木结构。通面阔55.2米,通进深45.6米,面积2517平方米,中轴建筑是由门楼、前天井、一进厅、太子亭、后天井、正厅组成的二进四合院。门楼额书"双峰拱翠"。正厅面阔三间,进深六柱带前廊,穿斗式悬山顶。建筑规模宏大,民居内构件雕刻精美。2013年被公布为福鼎市第四批文物保护单位。

南山方氏民居　　该民居位于后井村,建于清朝年间,坐西南朝东北,一进合院式砖木结构。通面宽24米,进深24.6米,整体建筑由大门、天井、正厅组成。外墙青砖和花岗岩石构,门楣上题额:"笏列蛟峰"。正厅面阔三间,进深七柱带前廊,穿斗式重檐歇山顶。大厅中间悬挂咸丰六年(1856)"古道是敦"牌匾,屋内斗拱、雀替等雕刻精美。

石塘里朱氏民居　　该民居位于西洋美村,建于清朝年间,坐北向南,一进合院式砖木结构。通面宽22.7米,进深37米。正厅面阔三间,进深六柱,穿斗式悬山顶。门楣题额"紫阳遗徽",大门左右分别刻上"神荼""郁垒"四字。

洋中黄氏民居　　位于观洋村,三座古宅建于清乾隆年间不同时期,先后为黄成国、黄圣齐、黄家修所建,按"福""禄""寿"顺序一字排开。三座古民居典雅古朴,墙峰饰以花鸟鱼虫,具有浓郁的地方特色。古宅之间虽有间距,但立面相连,前后还建有廊道,便于屋主人往来,建筑布局十分严谨。三座古宅占地面积、建筑风格、坐向等相近，体现民居有机统一的和谐之美。古民居占地面积约 5700 多平方米，建筑规模之大堪称点头古建筑之最。

大坪翁氏古民居　该民居翁氏古民居为翁文秀所建，建造年代应是乾隆年间，二排共十八榴，均为二层明楼，两座楼房的两侧原有长廊连接，方便往来，避免风吹雨淋。中间有大天井，四周围墙，前建有门楼。房屋梁柱粗大，斗拱雕刻精美，足见当年翁氏家族财力雄厚。

马冠古民居　该民居位于大坪村，建于清代，砖木结构，通面阔 30.5 米，通进深 26.7 米，中轴建筑由门楼、天井、正厅组成。门楼正面额书"凤绍蝶图"，背面书"惟怀永图"，两旁书《陋室铭》全文。正厅面阔五间，进深八柱，抬梁式重檐悬山顶。屋内月梁、雀替等刻有人物、花卉、瑞兽等。

门楼里林氏民居　该民居位于举州村，建于清代，坐东向西，一进合院式砖木结构，面阔 43 米，通进深 36.5 米，中轴建筑由门楼、天井、正厅组成。门前有鱼形出水口，大门额书遭到破坏。前厅面阔六间，进深三柱；正厅面阔十间，进深六柱带前廊后檐，抬梁式重檐歇山顶。屋内雀替、架梁、门框等雕刻十分精美。

大山下民居　位于马洋村，建于清代，坐东向西，砖木结构。通面阔 26.4 米，通进深 27.2 米，中轴建筑由门楼、天井、正厅组成。门楼为悬山顶，进深八柱，抬梁式重檐悬山顶。民居内构件粗大，雕工精致，多用透雕技术，雕刻有瑞兽、花卉、人物等。

李得光故居　李得兴故居位于点头镇龙田村，建于清朝时期，坐北朝南，一进合院式砖木结构。中轴建筑由门楼、天井、正厅组成。门楣上题额曰"海岳钟祥"。正厅面阔三间，进深七柱带前廊，穿斗式重檐歇山顶，民居内构件雕工精致，雕刻有瑞兽、花卉、人物等。

赤岭洋朱氏民居　赤岭洋朱氏民居地处 104 国道线南侧深山之中，距福鼎市区 10 公里。朱氏民居建于公元 1909 年，距今上百年，是茶商朱学孝所建，为三进式结构，呈中间一进高、前后二进式的建筑风格。古民居尤以建材木料、牌匾书法、雕刻文物等见长，保存完好。

古墓

宋处士梅仲文墓　该墓位于梅山，建于北宋年间。梅仲文系梅山肇基始祖，为一方绅士，其墓坐北朝南，风字形建制；粗石结构，整体建筑由墓坪、墓碑、墓丘、护手组成，古朴大方。墓碑为青石质地，刻有"宋处士梅仲文公妣张孺人之墓"。

孙宥墓 该墓位于孙店村，建于南宋。孙宥为南宋绍定年间长溪知县，系南宋理学家、教育家孙调之父。墓西北向，风字形，顶部高 3.7 米，宽 3.5 米，墓埕面积 34.65 平方米，墓下方道旁有神道碑。

孙调墓 该墓位于马冠山脚下灰斗岗，建于南宋，风字形建制，粗石构，墓碑上书："宋长溪调公孙龙坡先生之墓。"

洋尾史公墓 洋尾史公墓建于清康熙二十三年（1684），光绪四年（1878）重修。坐东向西，平面呈风字形，三合土构。通面阔 6.9 米，通进深 12 米，面积 82.8 平方米。由两个墓坪、墓亭、墓碑、墓丘及两旁的护手组成。墓碑青石构。

翁泽川墓 该墓位于大坪村。翁泽川，清雍正进士，其墓建于清乾隆五十七年（1792），坐东北向西南，风字形建制，青石构。通面阔 6 米，通进深 12 米，面积为 72 平方米。整体建筑由墓坪、墓碑、墓丘、护手组成。墓石构件上雕刻着鳌鱼、狮子、花瓶等图案，十分精美。

翁溪翁泽轩墓 该墓位于翁溪村。翁泽轩，清雍正进士，其墓建于清嘉庆十三年（1808），坐西向东，风字形建制，采用三合土、青石混合构。通面阔 8.5 米，通进深 12 米。整体建筑由三个墓坪、墓碑、墓亭、护手组成。墓亭为鳌鱼顶，墓身构件雕刻有动物、花卉等图案，十分精美。

翁溪翁联标墓 该墓位于翁溪村。翁联标，清岁进士，例授修职侍郎，墓建于清嘉庆十四年（1809），坐西向东，风字形建制，三合土构。通面阔 11 米，通进深 12 米。整体建筑由两个墓坪、墓碑、封土堆以及护手组成。墓前有一对望柱，高 5.6 米。墓碑青石质地，鳌鱼顶。

佛塔朱赤亭墓 墓主人朱赤亭为清代进士。墓建于清道光十五年（1835），坐南朝北，平面呈风字形，三合土构。通面阔 9.5 米，通进深 14.7 米，面积约为 139.65 平方米。由栏杆、三个墓坪、两个供台、两处墓碑、墓丘及两旁护手组成，墓丘刻有八卦图案。围栏中部篆书"南极星辉"四字。

石塘里萧正斋墓 墓主萧正斋，号礼园，赐赠承德郎。石塘里萧氏墓建于咸丰七年（1857），坐东向西，平面呈风字形，青石构。通面阔 9.5 米，通进深 22.4 米，面积约为 212.8 平方米。由两个墓坪、墓亭、龟背型墓丘、福德正神、祥兴宝库及两旁护手组成。墓石构件雕刻精美，刻有福、禄、寿三仙及福字组成二龙抢珠形状，雕刻造型奇特，形象也颇为生动。

里村梁学卿墓 梁学卿墓位于点头镇后梁村里村。梁学卿，清岁进士，墓建于清同治二年（1863 年），坐西北向东南，风字形建制，三合土、青石混合构。通面阔

孙宥神道碑（黄宝成 摄）

10.3 米，通进深 15.1 米。整体建筑由围栏、墓坪、墓碑、墓丘护手等组成。墓碑上分别刻有土地契约、诗词、花卉等。

大垅西昆孔竹林墓　当地俗称西昆墓。孔竹林，例赠修职增广生。墓建于清同治庚午年（1870），坐西北向东南，平面呈风字形，青石构。通面阔 10 米，通进深 14.7 米，面积 147 平方米，由两个墓坪、墓亭、墓碑、两旁护手及栏杆组成。墓亭柱子上雕刻一对石狮子，后面雕刻一对鳌鱼雕刻精致，造型奇特，形象生动。

九圹张氏祖墓　九圹张氏祖墓建于清代，坐西北向东南，平面呈风字形，花岗岩石构。通面阔 11.3 米，通进深 20.5 米，面积约为 231.65 平方米。由石门、两个墓坪、供台、墓碑、墓丘及两旁护手组成。墓碑文字模糊，已无法辨认。青石墓砖雕有鹿、花等图案，形态各异，造型古朴大方。

朱腾芬墓　该墓位于点头镇果洋村，建于 1981 年，坐西南向东北，占地面积 450 平方米。墓由青石、三合土打造。整体建筑由弧形围墙、墓埕、挡风墙、龟背型墓丘组成。2013 年被公布为福鼎市第四批文物保护单位。

古石刻

石马岭石刻　石马岭修于北宋年间，为柘荣、泰顺通往福鼎点头、白琳的古道。道旁有九处摩崖石刻，记载铺设石马岭当时有关捐资、修建路亭等情况。

孙宥神道碑　该碑存于孙店村，为清咸丰年间里人郑作栋所立。碑为青石，高 1.6 米，宽 0.8 米，碑文楷书"宋长溪知县孙氏宥公暨男理学崇祀乡贤调公号龙坡先生之神道"，保存完整。

洋尾处士松涧姚公墓志铭碑　该碑位于举州村，刻于明万历十七年（1589），青石质地，倭角方体，碑高约 1.2 米，宽 0.57 米，厚 0.1 米。碑文字体为楷书，正反两面。正面镌刻着"处士松涧姚公墓志铭碑",背面正文描述姚松涧的生平事迹。

翁溪孔耘余墓道碑　　该碑存于翁溪村,为清代所立。碑为青石,高1.5米,宽0.8米,碑文楷书"清岁进士赆赠武德将军耘余孔公墓道"。

清孝子周公神道碑　　该碑存于白墓下,为纪念孝子周延左而立。《福鼎县志》载:"周延左,孙店人。年三十父死于非命,将殓,左号泣屡绝。家人慰谕不能解,竟以毁卒。"

禁赌碑　　该碑存于举州村,是清代同治二年八月时知县陈庆生为禁赌博而立。石碑青石质地,高0.9米、宽0.65米,石碑上刻有"石仰遵照"等字样,石碑的正面为小楷字,共385个字。

重建双平碑　　该碑位于点头大坪,碑高1.31米,宽0.63米,厚0.06厘米,为青石质地,字迹完好,正书工整。碑额题"重建双平"四字,横镌。石碑遭人为破坏,现为断碑,成两个部分,碑首部分置于大坪原小学石墙下,碑身部分置于大坪原小学对面空地上。

其他

大坪翁氏清代寿幛　　寿幛为清乾隆四十八年(1783)翁统庵七旬大寿的贺礼,上面记述翁统庵勤俭置业,远下南洋,做生意发财起家的事迹。寿幛提供的信息表明乾隆年间就有福鼎人到南洋经商贸易,进行茶叶交易。寿幛长4米,宽1.6米,绣有童子、仙人、凤凰、麒麟、仙鹤等寓意吉祥长寿的图案,十分精美。

千年古刹马冠寺遗址

黄宝成

马冠寺遗址位于马冠村，占地面积30多亩，依稀让人感到当年古寺的恢宏气派。

古寺始建年代存在争议。清代吴念祖游马冠寺遗址时，写诗《古寺遗址》感叹："不知何代起招提，碣断碑残未足稽。惹得骚翁频怅望，蓬蒿历乱鸟空啼。"清嘉庆《福鼎县志》载"马冠寺建于唐乾宁三年（896）"，但《福宁府志》载"马冠寺建于宋乾德三年（965）"，两者相差69年。据《福鼎佛教志》记载，唐末五代北方限制佛教发展，严禁私度僧尼及兴建寺院，废寺十有八九。而王审知家族统治福建时，为巩固其政权，大力扶持佛教，促使佛教在福建广泛传播。如果说马冠寺建于唐乾宁三年（896），恰好与这个时期吻合。

马冠寺留下了许多文人的足迹。明代福宁州文士林况游历马冠寺时留诗一首："马道冠亡羽观空，白云深处梵五宫。犬迎客吠深云里，鹤伴僧归积翠中。煮茗石边敲活水，脱巾林下豁清风。可怜归杖留人处，万树蝉声夕照中。"遗址上土层文化积淀丰厚，一些当年寺院建筑的精美构件及僧众使用的物品，现成为弥足珍贵的文物。

遗址上特别引人注目的是两口大小石槽，大石槽长3.4米，宽0.74米；小石槽长3.1米，宽0.48米。由于年代久远，石槽风化严重，刻在石槽两侧的文字模糊不清。庆幸的是，该寺释戒航法师存有石槽文字拓片，大石槽左边刻着"大宋宣和辛丑九月造□僧化士僧具本"，右边刻有"信士高氏二十一娘为夫立□□在生日"。寺院场地上放置着一个大石磨，直径约0.8米，石色呈黄、齿路清晰，是当年寺院的磨坊用具。建筑构件最为精美的应算莲花座，精雕细琢，虽然年代久远，但古韵盎然。

遗址上散落最多的建筑构件是石柱础，有两种颜色，有圆形和方形的，造型各异，大小不一，可能是不同朝代的产物。据马冠村老人说："马冠寺到了明代时易名为观音寺。"2012年，从地下挖掘出的那个莲花座很可能就是供奉观音菩萨的宝座。这些遗址上的物件隐约地透露出马冠寺的古老和曾经的兴盛。

2012年，释戒航法师见古寺遗址地广形胜，便于此结庐清心苦修。寺舍十分简陋，只能作为临时佛事活动场所，但清幽静谧，是一处难得的修心之处。

国华寺

◎ 黄宝成

国华寺位于观洋村，始建于北宋年间，清朝时香火鼎盛，为点头一大寺院，近代著名的佛教名僧智水祖师也曾住持该寺多年。1983年，昭明寺监院世匡法师应请卓锡来此担任住持。1992年，世星法师接任国华寺住持，承担起中兴古刹重任，广结善缘，积聚人力物力，历时十余载，先后兴建祖师塔园、积善楼和圆通宝殿等。后因年老，由其弟子界安法师接任。

现任住持道满法师，1982年出生于福鼎市磻溪镇，18岁于福鼎市上龙山慧日寺礼界崇法师剃度出家，21岁依止厦门市金鸡亭普光寺传建大和尚，23岁于新加坡光明山普觉禅寺一诚长老座下受具足戒。2001年8月考入闽南佛学院本科班学习6年，系统地学习了佛教各宗派教史、教理知识，同时，亲近老法师研习唯识学与因明。2007年毕业后，受学院委派赴南洋新加坡普觉禅寺进修6年，先后担任悦众、维那等职，尽职尽责，颇受好评。他于2013年3月回国，9月应界安法师礼请为国华寺新任住持。

玉佛禅寺

朱挺光

玉佛寺位于孙店村，为闽东古刹之一。相传建于南宋，孙调曾在此设帐授徒，是为孙调书堂之前身，现为福鼎市文物保护单位。初寺无定居住持，亦未命名，习惯以所在地"白墓下"名之。香火旺盛，信徒日增。寺景天然，为当地游览胜地之一。

寺庙遥对太姥名山，群峰拱秀，佳木葱茏，一水溶溶漾洄入海。寺前千载古榕，状若华盖，参天荫地；旁有甘泉古井，宋代遗物，溢露喷香。每值炎夏，荔云似火，行人小憩树荫，凉生遍体；汲井泉解渴，胜饮卢仝七碗之茶，两腋生风。观音放生池，水清见底，游鱼可数，青青杨柳，牵游子之魂；处处鹃声，起王孙之感。路旁有碑镌刻宋长溪知县孙氏宥公暨男理学崇祀乡贤调公号龙坡先生之神道。

改革开放地方人士迎回德生法师重主禅林。旋正寺名为"甘泉禅寺"，复归寺产，召回尼僧，秉农禅并重方针，成为开放名寺。

二十年中，德生法师承十方乐助重建大雄宝殿、观音楼、地藏殿、天王殿、两廊钟鼓楼以及僧房楼舍等系列梵宇，斗角钩心，檐牙高啄，琉璃黄瓦，金光习习，廊腰缦回，绿草茵茵，各抱地势，一气毗连。

福建佛教兴盛，以福鼎为最，在农村中本寺之辉煌，尤见突出。梵宫雄伟，玉佛庄严，布局堂皇，环境幽雅。处乡曲而不感交通欠便，近市场而不闻车马喧哗。蝙蝠闻经，古榕听法，玉狮守殿，甘泉迎宾，鸢飞鱼跃，自得其乐。心香一瓣，清磬数声。云山绕净土，佛法静中参。

王孙观音寺

王孙观音寺位于马洋村狮峰山下，坐北朝南，始建于明成化元年（1465），至今已有500多年的历史。据王孙《赵氏家谱》记载，观音寺由王孙赵令暹倡建，同时喜舍田产八十余石，又施寺周边山林土地数十亩，以维持寺僧众生活所需。

观音寺明、清至民国间皆有碑记、寺史等文物和资料，该寺先后有释永志、博吉、彻来、融照、深相、立雄、悟仁等诸师住持管理，弘法利生。1983年，王孙十六境代表决定前往莲峰山资国寺诚邀德行法师驻锡振兴古刹。他不负众托，百废待举，领众艰苦创业，扩建道场，健全寺规，提倡"农禅并举，学修并重"的精神，筚路蓝缕，重振寺宇雄风，便寺院多次被相交部门评为先进寺院。

观音寺自20世纪80年代后，重建了圆通宝殿，新建了天王殿、念佛堂、放生池，扩建僧寮、斋堂、如意楼、香积厨、海会墓、山门亭等，总占地面积十余亩，并于山门前修建一条水泥路衔接省道沙昌线，交通便利。

（本文参考了《曹洞宗博山系福钦法脉》）

182

记忆中的普照禅寺

朱有东

普照禅寺，位于普照山深处。巍峨的群山，秀丽的深谷，古朴的寺院，高大的佛像，远离俗世的嘈杂，让人流连其间。据寺前石碑记载，普照寺始建于成宗大德十一年（1307），明朝崇祯元年（1628）重建，2002年重修。

据龙田岙里李氏长辈介绍，普照寺原地并不在此，而是建在岙里后山上大坪坂一处叫庵基坪的地方，后迁至现址，现在在原址仍可找到瓦片、砖块等建筑材料。至于因何搬迁，因年代久远，不得而知。

普照寺坐北朝南，占地两千平方米，古树掩映，绿韵葱茏。禅寺背倚普照龙岗，遥拜太姥，遍览群山，俯视沧海，清风徐来，神怡心旷，真的是"登高远望形胜开"呀！

寺院围墙用一块块碗大的石头垒成，绕寺一周，苔藓密布，青藤为伴。山门前是

普照禅寺（朱有东 摄）

一曲尺状围墙。拾级而上，可见山门以三根石条为框，再砌以蓝砖，形成门楼。山门正上方书有"普照禅寺"，背面则书"莲峰拱秀"，两侧题字因年代久远而模糊不可辨。入山门，则见上下两片埕地，下埕为菜园，上埕左右侧各种有一棵丹桂，为原住持月英师手植，金秋时节满树繁花竞绽生命，微风轻拂，落英遍地，芳香馥郁，沁人心脾。余在龙田执教二十余载，酷爱登山，每晨及寺，闲暇必取一竹靠椅，或斜倚桂树之下，或靠于树旁观音楼廊前，任幽香绕身，穿窍入肺，静静中假寐片刻，神清气爽，通体舒畅。

抬眼望，映入眼帘的是一墙瓦蓝，"南无阿弥陀佛"六个大字赫然立于墙之上端。六字之间有四个造型一致的窗户，上部用青砖拱就，略凸出墙面，凹入处则抹以白灰，一颗红五星点缀其间，色彩对比异常鲜明。最吸引眼球的莫过于那大门了，和山门一样，以三根石条为框。大门之上，一瓣硕大莲花耸立墙上，莲花间一轮红日喷薄而出，金光耀眼，寓意佛光普照。红日之下，碧波荡漾间，两条金鱼相对悠然戏水。鱼水之下方，书有"妙法莲华"四个大字，左侧"闲翻贝叶添新藏"，右侧为"自剪芭蕉写佛经"。门两侧联曰"共拔迷途同臻彼岸，长存妙道种个福田"。佛法的境界在这墙、这窗、这门上得以体现，实在精妙。墙下花坛里的白茶花、红茶花、菊花、大丽花等，婀娜多姿，芳香四溢。

迈进大门，便宛如置身于红色的海洋之中。寺院为木构，遍涂红漆，四面回廊。除正殿外，均为二层建筑，三面回廊，遍立栏杆。中有天井。左右两厢为僧寮、厨房、餐厅。僧寮中间均有一个小厅，厅左右为僧舍。正殿面阔三间，进深六柱，带前廊，抬梁式悬山顶，屋顶塑有双龙抢珠。大殿前廊画栋飞甍，丹楹刻桷，牛腿、雀替、梁、枋均有精美雕刻，古色古香。殿门上方悬匾四方，正中上下两方均书"万德庄严"，左为"佛祖同天"，右为"佛光普照"。大殿门窗的棂上均有精致木雕，无一例外被施以金色，与红色交相辉映，熠熠生辉。础石均镂有各种图案，栩栩如生。廊沿立一石制天地炉，上刻"天地炉　同治六年僧奕经敬养"。

进入大殿，殿内因常年香烟缭绕而显得幽深。佛祖、观音等宝相庄严，端庄肃穆；伽蓝、罗汉等姿态万千，惟妙惟肖。佛教用品，一应俱全。梁上所悬之铜钟上刻有铭文，铭文竖刻，四方为"国基永固""治道遐昌""法轮常转""佛日增辉"，中间为"公元一九六一年岁次辛丑夏吉日，沐山领四众弟子铸"。扑鼻的香味、端庄的佛像、涤心的钟鼓、呢喃的梵语，令人灵台一片空明。

穿过大殿出后门，一片葱绿迎面扑来。后山墙高约两丈，峭然陡立，气势与它的构成材料极不相称，分上下两台。墙下正中一座古朴典雅的石砌神龛，精致优雅，引人注目。神龛顶部为屋顶造型，全石雕就。屋脊左右翘角为浪花状，各有一条金鱼悠游嬉戏，自在腾跃，翘首苍穹，似在飞跃龙门。正中，一轮红日火伞高张，光耀万丈。龛中供奉的是地藏王菩萨，龛楣上书"幽冥教主"，联曰"寺门千秋同日月，佛国万古镇乾坤"，左联侧书"光绪戊寅四年吉旦"。右联侧书"住持僧照能题敬立"。神龛下一方古井，清波荡漾，水趣盎然。石墙下泉水四溢，欢跃叮咚，声似琴音，四季潺响。

以上说的是记忆中的古寺，而今那一墙瓦蓝已消失不见，精美异常的大门也不复存在，那两棵大碗粗的桂花树亦已被卖，而那朱红的正殿、僧

古井神龛（朱有东 摄）

寮、回廊俱成为一堆腐朽。取而代之的是千篇一律的钢筋混凝土建筑，虽金碧辉煌、规模宏阔，却缺少了底蕴，没有了沉静质朴，更没有了那历史的沉淀感和厚重感。幸有后门那"幽冥教主"仍安详静坐，古井泉水仍汩汩不休，天地炉依然默默地行使着它的使命，铜钟则静静地藏于一隅……

九峰寺

　　九峰禅寺位于素有"天然氧吧，养生圣地"之称的点头镇九峰山。禅寺始建于明朝，距今已有几百年的悠久历史。九峰山因有九峰重峦叠嶂宛若九朵莲瓣而得名。相传南宋时期杭州天竺寺住持净晖禅师在此结庵，由明代慧明禅师开山启建。初赐名"开元兴国禅寺"，后改名"九峰禅寺"。

　　九峰寺环境清幽，树木葱郁，鸟语花香，人们游走在幽静的山野之中，眼观草木苍翠之色，耳闻千年梵乐之音，无不心旷神怡、流连忘返。

（本文由九峰寺供稿）

点头

金磬寺

🌿 黄宝成

金磬寺，位于八尺门内湾瓜坪的一座俗称"狗盘蹲"的小岛上。它四面临海，门外松柏蓊郁成林，山上白鸟飞翔，环境幽雅恬静，正如云泉居士题金磬寺诗云："白鸟时时渡碧霄，空门长对去来潮。道心如有还如月，分付清凉与洞箫。"

据《缪氏族谱》载，金磬寺建于清康熙年间，乃江美先祖吟斋兄弟于此开山结庐，迄今有300余年的历史。其间几经兴废，几度重修，历经沧桑，但金磬寺香火犹存。光绪二十四年（1899）居士缪德拾、蔡祥满先后在此出家修行，重兴庙宇。

"文革"期间，庙宇被点头公社田为养殖场。1983年宗教政策落实后，退场返寺。当时出入岛屿，均靠渡轮往来，僧侣生活十分不便，1987年江美村虾塘围垦筑堤，从此金磬寺东接瓜坪，西连盐埕，步行或驾车上岛快捷方便。1989年该寺集诸方信众重修大殿，未能完工。1992年各地信众捐资献力，先填平港屿，继而砌坎填海，使外围形成整片人造陆地，并进行加固外墙，植树绿化，填海墩大埕修建安全护栏，并对大殿重新盖瓦刷漆整修，增建僧舍，寺貌因此焕然一新。

2000年，本寺通过审核正式登记为宗教活动场所。

（本文参考了《曹洞宗博山系福钦法脉》）

点头妈祖宫

冯文喜

点头妈祖宫 2002 年被确定为第三批福鼎市文物保护单位，2009 年被确定为第七批省级文保单位。据有关文献记载，点头妈祖宫始建于明代，清康熙年间重建，清乾隆二十年（1755）重修。妈祖宫坐南朝北，现为砖木质结构。整个妈祖宫由宫前的一个大埕和宫宇两大部分组成，占地面积 527.5 平方米，建筑面积 215 平方米。

妈祖宫宇由正辕门（八字门）、亭阁、天井、厢廊、正殿等几个部分组成。宫宇面阔三间，进深六柱，前砌石阶二级。门厅进深三柱减中柱加前廊，门厅总门阔 2.4 米，与廊深 1.45 米。正辕门为重檐悬山顶木质构造，抬梁式飞檐翘角，古朴典雅，门额上悬竖匾"天后宫"，其下为横匾"海不扬波"，阳字，匾边附雕龙。门厅上有六角藻井，悬巨匾"威镇海疆"。正殿 7 米，斗拱、雀替、梁枋用料粗大，人物、瑞兽、花卉雕刻精美，技巧娴熟，造型优美生动，堪称一绝，令人赞叹，成为点头妈祖宫的艺术瑰宝。正殿三间设神座 3 个，祀奉神明，中厅祀妈祖娘娘，左右前为文武官魁双手奉印信和奏板，后为掌扇仕女。中厅置 2 个木构供台，神座均为石构，中厅神座最大，神龛均有雕刻装饰。中厅天板为八角藻井，有柱楹联及立木雕守护神吏。厅左右置列有清道旗、警跸牌、排牌、大刀、长枪剑戟、长矛和阔斧等木质兵器。

天井四方由青条石砌，廊前文物主要有石刻虬龙陛阶一个，长 1.5 米，宽 1.1 米，高 0.6 米，由青石雕刻虬龙而成。石陛阶左右各立石碑 1 个，为旌表碑记。两厢深 5.6 米，宽 3.1 米，左右两侧沿墙用镜框制作妈祖生平系列绘图。宫内还有"石圣旨"及其他牌匾数方。

宫前大埕开阔，占地面积 312.5 平方米。大埕望柱通高近 10 米，由石座、双层石斗和石柱组成。柱间距 7.9 米，柱基底座 2 个。石斗四面雕"卍"字形，中斗四面刻有"天上圣母"四字。底座石夹左右分别镌刻"光绪二年（1876）丙子季秋吉旦"和"十五都厓山点头社公建"。其左边立福鼎市级文物保护单位妈祖宫碑记，碑加座，署"福鼎市人民政府 2002 年九月初九日立"，背面刻保护单位范围。

点头镇妈祖宫建筑规模、格局等有着极高的研究价值，是福建省妈祖文化的重要组成部分。

点头临水宫

朱乃巽

陈靖姑香火于清乾隆年间传入点头，旋建临水宫于点头溪边。

宫宇规模宏大，面积达 3500 平方米。大围墙把戏台、前殿、两厢房、鱼池、拱桥、后殿紧紧围住。它是清代建筑，结构独特，青瓦灰墙，飞檐翘角，精雕细刻，飞禽走兽栩栩如生，巧夺天工。亭阁式青石大门的外向，横眉上写着"临水宫"三个大字，左联"碧海青天，坛上神明扶国"，右联"祥云瑞景，里中圣德佑民"。戏台紧靠大门内的正中，平时抽去台板，人们即可自由出入；装上台板，便可演戏。后殿右边的三榴房屋专供看宫值香人员使用。

鱼池被包围在后殿和两厢房之中，精美的拱桥就架在大鱼池之上。梯形桥面两端有上下梯阶，桥沿两旁的石栏上有两只石狮对望。鱼池四周全部用雕磨过的青石砌成，桥身倒映在清澈的池水里壮观得很。池里游鱼历历可数，相映成趣。

后殿正中高挂"有心哉"金字大匾，下面立着陈夫人塑像。她面带威容，金身披挂，左手执剑叉腰，右手提着龙角作驱魔之势。殿右塑有穿戴状元服饰的陈靖姑之夫刘杞神像。殿左安着一尊土地神。十二姐妹、三十六婆娘、七十二婆姐分列大殿两边。前殿还有一尊"软身"的陈靖姑夫人神像，头戴凤冠，身着道袍，端坐正中。有杨、王二将，身高三米，头大如箩，眼似铜铃，足像舢板，腿若大柱，威风凛凛，手执大刀、阔斧，雄立两边。

临水宫以建筑之宏伟、造型之优美和神像数量之多，为点头寺庙之最。迨至 1925 年，庠生朱少徐会同李得光、蓝青莪、石次华、陈鸪生、朱子明、罗秋久、陈岩生等热心教育人士借用临水宫为校舍，创办"宸山小学"，聘请林际春为第一任校长，为点头中心小学前身。后中心小学另址新建，原址现为点头中心幼儿园。

由于学生逐年增多，宫内原有许多神像便移到妈祖宫里"寄供"，空余场所改建为教室，并开辟宫左大片田地为操场，安装各种体育器械，至此，全部庙产归学校使用，原来的两座厢房和外殿都被耸立起的一座座教学大楼所代替，只剩下了完好的鱼池和拱桥静静地衬托着前面高大的圆拱门。

极乐庵

✑ 黄宝成

　　极乐庵坐落在孙店村后的山坳上，原名"居乐庵"，占地面积 1500 平方米。据庵内大殿前宝鼎香炉铭文记载，本寺于 1988 年重建大殿时，拆下殿顶横梁，梁木中刻有"民国丙辰年建"之字样，故以 1916 年作为本庵始建时间。初时有深慈老和尚在此结茅舍修行弘法，直至 1928 年方改称极乐庵。深慈和尚圆寂后，有圣彰老和尚居庵住持，同时有深慈法师两贤徒释立志、释立坚二尼师常住并在庵圆寂。

　　"文革"后，极乐庵尼师发动十方信众捐款出力，重修大殿。2006 年遭遇百年不遇的超强台风"桑美"袭击，殿顶、屋檐、翘角遭受不同程度的损坏。2010 年又重修左厢僧寮及香积厨、客厅。2014 年扩修大殿，并塑殿内一佛二侍者及文殊普贤等诸佛菩萨像。

东兴寺

⬠陈婉如

　　东兴寺位于观洋村中湾宫边上，占地总面积约十亩。目前建筑有大殿、宿舍楼、香积厨、停车场等。该寺依山临海，周边环境优美清雅。

　　据载，早在五六百年前，在现东兴寺后田角地里出土了据考证是 1600 年前东晋时期的"南无释迦文佛"六光佛石像一尊，确切地说，应是"石经幢"。此石幢六面皆有刻字，分别是"南无释迦文佛""大方广佛华严经""大乘劝世宝藏经""大乘真明法世经""大乘妙法莲花经""大佛顶首楞严经"。石经幢刻有"释迦文佛"的一面，底下还雕有佛像，也因此被称为石佛像。石佛像被发现后，点头先民在此地址上结草庐舍供奉此，香火鼎盛。

　　至 20 世纪 90 年代，点头镇有护法居士，见学佛者日盛，为护持佛法，遂于此地集资修建寺宇，后取名为东兴寺。为进一步规范寺院管理，寺中护法居士于 2006 年底延请原点头极乐庵监院戒慧法师来寺兼任住持一职。

　　现寺后方正在开垦扩建，按规划重新建造一座集综合大殿法堂、僧寮、生活起居设施、钟鼓楼、山门等为一整体的三层蔚为壮观之庄严道场。

罗店遗址

✿黄宝成　郑斯汉

　　罗店遗址位于普照山北麓，与孙店村毗邻，距点头集镇 1.5 公里。遗址依山傍水，视野开阔，其悠久的人文历史、耐人寻味的神秘传说、别具特色的宋瓦残碗、精巧玲珑的石狮和佛头等出土文物，都令今人回味不已。

罗店遗址出土的小石狮（黄宝成 摄）

　　沿着杂草丛生的小道走进罗店遗迹，映入眼帘的是一片平坦空旷的园地，地面上陶瓷残片随处可见。遗址占地面积 200 多亩，规模宏大。据传南宋时期，这里是盛极一时的古村落。那时，村里居住着罗姓人家，人口密集，至今遗址附近还存留多口古井，当地人俗称"三百六十家"。由于无从稽考，罗店后来的衰败及罗氏后人的去向始终成谜。

　　周边村民在罗店遗址上挖出一个精雕细琢的小石狮，高约 0.4 米，造型别致，生动活泼，据有关人士初步鉴定为宋代文物。在遗址上散落着的陶瓷碎片大小不一、釉色各异，其中最具特色的是印着布纹的宋瓦残片，其厚约为 0.6 厘米。多年前后昆一村民在遗址上劳作，还挖到一具佛头。这些出土的文物，都展示此地丰厚的历史文化内涵。

　　罗店遗址的左侧，有处上百平方米的"三合土"地面，据说是罗店书堂遗址。书堂有如此大的规模，可见罗店在历史上十分重视耕读传家。

　　罗店水陆交通便捷，宋代时舟楫可达毗邻的孙店村，通往管阳、柘荣乃至福安、泰顺的古道从村前通过。据后昆村民说，罗店人在南宋时，沿道开设许多店铺，柘荣、管阳一带的山民或肩挑或手提，带来的山货曾在罗店交易。罗店人亦商亦农，历经几代人的传承和发展，积累了大量的财富，修建起了气势恢宏的罗家大院，居住着"三百六十家"罗氏先民，规模之大，域内少有。

罗店遗址有几处地名一直沿用至今，如马栏里、盐仓里、书堂里等。马栏里是罗店人拴马的地方，在封建社会，拥有马匹的一般是官宦人家或富人，他们以马代步或作为运输交通工具。盐仓里是罗店家族设置的盐仓，可能是与当时开设盐铺有关。书堂里就是罗店望族专门为培养子弟读书仕进的地方。

可惜至今未见有文献记载罗店，给后人带来了种种猜疑。通过对罗店遗址的细致观察和走访，有了以下的思考：

其一，据附近村民口口相传，当时罗店有"三百六十家"，可见是个大族、望族。从这个望族私塾、书院可知罗店人重视耕读，一定有子孙参与科举考试并进入仕途。

其二，遗址有沿用至今的地名马栏里，据说还有赛马场，设置了武器库，可见罗店人不但崇文，而且重武，其中也可能有参与抵御外族侵略、保家卫国或因武功青史留名的英雄豪杰。

其三，沿袭至今的地名还有盐仓里，即村中原设有盐仓。封建时代对盐铁实行政府专卖，特别是盐，一直是官方牢牢掌控的专卖商品，寻常人家乃至显赫望族也不能如此张扬买卖食盐。难道罗氏家族有人贩卖私盐被株连九族吗？

其四，相传，宋末罗店是沿海抗元的一个据点，罗店村民英勇杀敌，保家卫国，后被元兵屠村。一说罗店因瘟疫而亡村。

其五，据周边各村老辈人口口相传，罗店因人多势大，为霸一方，村人路经该村时都被强留，为其舂米或做些体力活后才能放行；官府前来催缴征粮丁款时，罗店族人总是以"新女婿轮流宴请还未走，不可胡来"（正月宴请新女婿是地方风俗，此话意为正月未过即来催粮催款，不合情理）为借口，藐视官府。而罗姓家族当时有360户，请新女婿一户一天就要一年，因此遭官府剿杀。罗店人不得不举村外逃，隐姓埋名。

如今，代替罗店遗址的是一大片的绿色田园，曾经的古道也早已被冷落一旁，苔绿斑斑。罗店彻底消失在历史长河里，人们只有从遗址的轮廓及出土的石狮、建筑构件等，才能模糊地看见那些画龙雕凤的翘檐廊柱，想象当年罗店的辉煌。

昆田井

◆ 黄宝成

昆田井位于㕑水之畔的白墓下寺院门前右侧。该井历史悠久，可追溯到南宋时期，据传是孙店孙氏肇基始祖所挖掘，至今已有 700 多年的历史。因是宋代文物，亦称"宋井"。明万历《福宁州志》载："宥，宋绍定间任长溪县令，后家本州昆田（孙店），即治之古村十五都也。"清嘉庆《福鼎县志》载："昆溪，源出马冠山，自后昆流入孙店……经成庆桥入海。"《方外志》云："马真人，温麻里马氏女也。唐乾符中入昆田山（马冠山）炼丹仙去，今丹井臼尚存。"据此唐宋时期孙店名"昆田"，㕑水称"昆溪"，"马冠山"称"昆田山"，故白墓下古井亦称为"昆田井"。

昆田古井（黄宝成 摄）

昆田井历经数百年风雨洗礼，就像一位暮年的老者，见证着岁月的枯荣、家族的兴衰。古井周围青苔斑斑，岁月在它的井壁上刻上一层沧桑的斑驳，一种历史的气息萦绕古井周围。古井呈圆形，上小下大，直径 1 米，井深 1.7 米，井壁为三合土构造，井沿高出井台 0.4 米，以作为挡水之用，并在井沿处凿一小孔，防水满四溢。井台高于地面，便于防止外围之水内流。井水一眼见底，异常清澈。它出水极旺，干旱不涸，一年四季潺湲流淌。冬寒，水暖不断向上冒气；夏热，水甘洌可口，往来行人常驻足畅饮。

现代社会日新月异，点头居民早已用上自来水，许多水井也被废弃，结束了历史使命，而点头人唯独对昆田井情有独钟。老街上的许多居民依然愿意舍近求远到古井

点头

汲水回家泡茶、煮饭。古井的正面一侧立有神龛，供奉着福德龙神，供饮水思源、报滴水之恩的人们焚香祈祷，并春秋祭祀，以示对古井的崇敬。

置身于古井旁，一条古道与古井擦肩而过，路面的石板光滑锃亮，留下了挑水人风雨百年的足迹。古道旁芳草萋萋，路面或深或浅，就如同一行史诗，那么深沉厚重，撼人心魄。几百年来，每逢干旱，逢年过节，古井更是车水马龙，络绎不绝。古井珍藏着人们心中对过往生活的美好回忆。

昆田古井堪称"崀山第一井"，因她孕育了厚重的文化，留下诸多文化印记。古井边的两棵大榕树，大可合抱，浓荫蔽日。因民间把昆田古井奉为圣水，古树也因了古井的大名及甘泉的滋润而备受人们的瞩目。"甘泉榕树"成为点头十二景之一。现代诗家朱挺光先生诗赞："千载双榕荫路旁，甘泉宋井久闻香。炎炎酷暑人游憩，一饮琼浆笑语凉。"福鼎文士高一讯也留诗盛赞昆田古井，诗曰："两榕千古护荫凉，更有甘泉如蔗浆。多少往来南北客，停车消渴喜争尝。"据传孙调在老家孙店毕生穷研程朱理学，著书立说并设教家堂，闽浙士子登门拜访者络绎不绝，文风盛极一时。每日里，孙调是必取昆田井水泡上老白茶置于书堂之上，与文人雅客们品茗论道一口古井有了古雅的文化元素。让其平添了一道璀璨的光环。

点头人自古就有"忙时耕织，闲时品茶"的习惯，形成了独具地方特色的尚茶之风。老街上的居民，凡与朋友家人相聚时，都会用古井之水泡上一壶茶，就着花生瓜子，闲谈里短家常，将空余的时光整得有滋有味。

现在，点头正着力打造"中国白茶特色小镇"，昆田古井又被重新赋予了历史使命。商贾云集的茶铺里，欣逢盛世，昆田井水为白茶增色，为振兴茶旅助澜。拥有了昆田井水，就拥有了一壶好白茶！

谢厝里古民居

黄宝成

孙店，原名昆田，枕山傍水，四野静谧，一条古道绕村而过，谢厝里古民居坐落其中。据《谢氏族谱》载："古厝建于明天启年间，为孙店谢氏肇基始祖秦生公所建。"该厝坐南朝北，占地面积 1080 平方米，迄今已有近 400 年的历史。

古厝建筑相对独立，但又婵媛毗邻。由于建造年代久远，建筑墙体已经斑驳，写满沧桑。古厝设有门楼，但不在中轴线上，而是在该厝的西南方向，朝向也异于主体建筑，据说是以防财水外漏。入口的通道修在厝前左侧，以化解煞气，祈求财丁两旺、富贵双全。门楼上方题额四字，随风蚀雨浸，模糊不辨。进入大门，面前是正方形大埕，地面用厝前昆溪的鹅卵石铺就，并饰以菊花、梨花以示大吉大利；花卉图案之间用鹅卵石拼成"通宝"，寓意日日见财。

沿大埕中轴线拾级而上，便到二进的正堂和大厅，面阔三间，进深六柱，单檐穿斗式木构，顺脊檩式人字顶，为祭祀祖宗和商议族事所在地。左右楼房为主人生活起居之所。二进后门天井占地面积约 120 平方米，两侧厢房。后落面阔五间，进深六柱，为穿斗式两层木构。该厝本有三进，但由于年久失修，三进门厅在多年前已坍塌。三进后门留有一井，曰"半月井"，为始祖谢秦生所掘。井百年不涸，井水冬暖夏凉，一眼见底，井旁有一浣纱磐石。谢厝整体建筑用材原木原色，线条明快，宅内木雕简洁，古朴大方，生动优雅。

自明朝天启七年（1627）肇基祖谢秦生迁入谢厝里后，其世代敦宗睦族，秉承先祖家风，书礼传家，人文丕振，簪缨继世，代出英贤。据《谢氏族谱》载：明清以来有太学生 6 人、庠生 5 人、武生 3 人、八品冠带 5 人，耆宾、贞节孝友 3 人。据清嘉庆《福鼎县志》载："谢君霖，孙店人，事继母孝。母病思梨，时值初夏无从得，星夜赴浙买以供。兄得异病，隆冬严寒，尝解衣衣之。每饭，匙箸必亲进。其笃于孝友若此。"

谢厝里内牌匾（黄宝成 摄）

匾额是古建筑的眼睛，也是一种中国独有的文化符号。谢家现存留历代古匾十件，如"祖德望高""堪朝士见""虎观奇英""一乡之望""祖德焕辉""升学优崇""瑶池冰雪""盛世耆英""蜚英太学""福海寿山"等，其中"一乡之望""盛世耆英"属于明朝遗物。据《谢氏族谱》载：西门高家绅士首推谢秦生耆宾，福建按察司张赠额曰"一乡之望"，福宁州孙军粮同知彭署学政事徐训导李吏月韩同赠额曰："盛世耆英"。谢天福，字继梅，号怀溪，太学生，原配俞氏，姊媚守苦节，雍正九年（1731）蒙署福宁州寿宁县赠额曰"瑶池冰雪"；谢光树，名泽，字兰友，号馨谷，太学生，配王氏，王氏苦守，寿至九旬，无疾善终，乾隆二十年（1755），福建学政汪颜之赠匾曰"堪朝士见"，雍正九年（1731）署福宁州寿宁县赠匾曰"升学优崇"。

从存留古匾的种类和内容看，有褒扬彰显、孝贞节义、科举仕进、歌功颂德、祝寿喜庆等；从匾额的选材工艺看，其多数为杉木，四周镂空雕刻，粉金图案；有的匾额表层原用蓝色底漆涂刷，显得庄严喜庆，边框的轮廓线条刻出象征着福寿连绵回形条，用黄漆刷出，匾额下部托匾勾头处用长方形刻花装饰物承托。匾上字体遒劲古雅，灵逸洒脱，前后落款处字体较小，直接刻于匾额表面，端庄秀润。

古人云："以匾研史，可以佐志，以匾学书，可得笔髓。"一块古匾诉说一段往事，这些百年老匾，见证了谢家历史上的兴盛。

洋中古民居

✐ 黄宝成

　　洋中古民居，位于福温古道右侧，省道 973 公路穿境而过，距城区 15 千米。古民居依山面海，视野开阔，周围良田，水陆交通十分便利。洋中黄氏肇基始祖黄成国自白琳竹监入迁点头，因在横街开办米行发家，子孙继而经营茶叶、布行、南货等生意，素有点头"黄半街"之称。黄家人凭借雄厚的财力，相继在洋中修建了"福""禄""寿"三座大宅，皆古宅坐北朝南，左临金仔溪、中湾溪，右有纸蓬楼溪、炭水绕村而过，"四水归堂"。

　　三座古宅建于清乾隆不同时期，先后为黄成国、黄圣齐、黄家修所建，按"福""禄""寿"顺序一字排开。古宅之间虽有间距，但立面相连，前后还建有廊道，便于往来，建筑布局十分严谨。三座古宅建筑风格、坐向等相近，体现古民居有机统一的和谐之美。上门头古宅通面宽 39.3 米，通进深 47.6 米；下门头古宅通面宽 47.6 米，通进深 38.5 米；中心门头古宅通面宽 47.6 米，通进深 41.3 米，共计占地面积约 5700 平方米。土改时期，有部分古宅分给外乡人，入迁人口约 50 人，本宅黄姓人口 230 人，累计约 280 人，可见建筑规模之大。

　　三座古宅两边都是用五合灰及三合土材料混合锤实而修筑的马鞍形防火墙，高耸俊美，典雅古朴。古宅正面前有照壁以青砖砌筑，前主墙墙峰饰以花草鸟兽等图案，具有浓郁的地方特色。老宅古朴而凝重，整体布局呈前后低、中间高、两翼拱卫的轴对称格局，主体建筑主次分明，井然有序，极具空间秩序感。三座古宅上下厝门楼因台风袭击和人为破坏，已面目全非。中心门楼基本完好，由石板、青砖、三合土混合构，燕尾脊微微翘起，曲线流畅，气势不凡。门楣上方题额"芝草流春"四字，门楣左右雕饰有精美的驯鹿和松鹤，分别寓意"福禄"和"长寿"，其画面充盈，紧凑饱满。大门上方左右设计三足蟾蜍排水口，蟾蜍造型逼真、形体健硕、生动可爱。古语云："家有金蟾，财运绵绵。"遇上雨天，屋顶上汇聚的雨水，可从蟾蜍口中吐出。

　　从中心门楼拾级推门而入便是一进，单檐砖木构穿斗式硬山顶，三开间，两旁连接空斗砖墙。清末民初，黄氏家族因经营白茶闻名遐迩，白茶通过海运销往福州、杭州、上海等地。"福""禄""寿"三座大宅一进楼房开设茶庄，左右厢房作为屯茶的仓库，商贾往来，门庭若市，足见黄氏家族经营茶叶之盛。一进有个偌大的天井，采用古朴厚重的条石铺砌，两侧回廊环抱，体现"四方聚财"的民间建筑理念。左右各有花厅天井，主座与花厅相连。

走过天井便到了二进，二进是古民居的核心区，正堂大厅高大祥和，作为接待客人、祭祀、操办喜事、聚众议事之所。大厅左右两侧是黄氏家族的起居之所，三层结构。三座古宅大厅照壁分别绘有"福""禄""寿"三字图案，图案上各有三条龙互相环绕，每字周围分别画着四只飞翔的蝙蝠、八朵祥云，寓意"五福呈祥""福禄寿全"。这些吉祥的鎏金图案虽历经 200 多年，依然流光溢彩。

大厅上方左右各有两个神龛，供奉着先祖的牌匾。正堂大厅本来高悬着"节孝""淑范延龄""文元"等牌匾。据《黄氏家谱》记载："钟琚公早逝，梁氏矢志孀守，经福建如心社以第六届采访节孝注册呈报，蒙督抚学会同咨请礼部题奏奉旨旌奖节孝，准予建坊入祠，春秋祭典，永享千年。""节孝"牌匾内容曰："兵部尚书杨昌濬，兵部侍郎刘铭传，钦命提督福建全省学院陈学芬为'节孝'故儒士黄钟琚妻梁氏立。光绪十三年岁在丁亥大昌之月旦吉。"

洋中古民居（黄宝成 摄）

洋中地灵人杰，历代以来，簪缨累代，书香继世，授五至九品衔官绅不乏其人。其中，黄景旺例授太学生，遵闽省防赈捐输，例加布政理问，光绪甲辰年加捐一级，例授五品衔，诰封奉政大夫。自成国公迁居洋中以来，族内贡生、监生、国学生、太学生数十人。

　　三座古宅正堂大厅均雕刻着人物故事图案、飞禽走兽、山水花鸟等，形态栩栩如生。大厅左右门扇、雀替雕刻着人物、祥云、瑞兽等吉祥物，其中"刘海戏金蟾"和"鲤鱼跃龙门"堪称雕刻之精品。"刘海戏金蟾"寓意财源兴旺，幸福美好。"鲤鱼跃龙门"寓意经年努力，一朝成真就会飞黄腾达。窗棂格扇用木质方条拼接成各种图案，廊道用青石铺压，简洁庄重。徜徉古民居内，无论是椽头、门窗、格扇，还是斗拱、梁枋等，都尽展建筑工匠雕刻技艺的高超。

　　古宅的三进便是厨房间、柴草间和餐厅。左右各有两个小天井至花园风火墙，左边后天井置一口水井，为主人生活用水提供便利。屋内生活器具十分考究，有人工打磨的石水缸、精雕细琢的八仙桌、造型别致的橱柜等。

　　洋中古民居整体建筑别有风韵和情趣，凝聚着古人的智慧，是集美学、史学与建筑于一体的完美结合。随着时光的流逝、岁月的侵蚀，古宅散发出的韵味让后人着迷，引人驻足。

　　两百多年过去了，古宅虽然褪去了昔日的繁华，但屋主人又一次与白茶结缘，传承先辈的创业精神，在商界大显身手。如今，古宅门口一条百米茶叶街正在崛起。

大山下朱氏古民居

黄宝成

大山下朱氏古民居位于福温古道王孙段南侧，973 省道马洋段路旁。背枕金山，面朝后梁驼峰，气势恢宏，视野开阔。

大山下朱氏古民居为当地首富朱世聪于清乾隆年间所建，外观古朴淳美，典雅别致，距今已有 200 多年的历史。民居分上厝（已毁）、下厝。下厝坐南朝北，通面阔 26.4 米，通进深 27.2 米，抬梁式重檐悬山顶。沿中轴线依次为门楼、天井、大厅、后天井、正房，每进功能脉络分明。台阶、天井、门楼等多采用青色条石，青砖墙体，黑瓦屋面，翘角飞檐。房子建造十分讲究，采光、通风、排水十分科学。室内地板采用架空设计，通风防潮，冬暖夏凉。宅院内的础石形状如鼓，并饰以花纹，用材多为青石。大厅曾悬挂着福鼎县令的赠匾，柱上有名人题写的楹联联板。后两进院落也已遭火毁被夷为平地。

古厝内所有梁、柱、窗、门皆饰以木雕图案，最能代表江南古建筑风格的木雕，构件粗大，雕工精致，工艺高超，多用透雕技术，精美绝伦，或人物，或花卉，或祥禽，或瑞兽，栩栩如生。古民居当年还修了两条数百米的长廊，一条通往古民居左侧的朱家祠堂（现马洋煤气站），一条通往王孙洋边。如此壮观的长廊，折射出昔日主人何等的辉煌。

朱世聪，系金钗溪朱氏后裔，其先祖朱奇琚（应敏）于清康熙年间从点头果洋村迁居王孙金山下。他幼时家境不好，为了温饱便替舅舅养鸭放牧，长大后，由于致富有道，家境渐丰，开始置田收租。鼎盛时，年收入田租达 25000 担。朱家凭借实力大兴土木，分别在王孙金山（今大山下）、洋边、溪头、南塘里等处修建了豪宅。

朱世聪育有五子，分别是元田、元千、元万、元恭、元驷。老大元田曾任顺德府县右堂；老二朱元千从商，后世称"元千公"，常年往返福州、宁波等地开展商品贸易，利润丰厚，成为鼎邑赫赫有名的富商；老三元万曾任州同，即知州的佐官，从六品；老四元恭是贡生；老五元驷，登仕郎，正九品。

清乾隆四十七年（1782），朱元千首倡在江尾塘建造王孙海堤，围海造田，造福子孙后代。朱元千育有九个儿子，个个功成名就，其四子朱士坡，字钦盈，乾隆壬子正科福建乡试中式二十二名武举人，后官至营千总，为六品武官。朱家家道兴旺，财力隆盛，成为远近闻名的望族，人称"王孙朱"。

古民居大门（黄宝成 摄）

斗转星移，古民居历经风雨侵蚀，不再有往日的辉煌气势，门楼的石刻也静静地躺在大门台阶的两侧，但其碑联清晰可辨，上联"影接天光来活水"，下联"青磨山色列围屏"。古民居带着岁月的痕迹，仿佛向我们诉说着百年的沧桑和兴衰。

后井方氏古民居

黄宝成

璞玉藏深山，香兰隐幽谷。方氏古民居，地处后井村蒲扇岗脚下，建于清道光年间，为方维骄所建，距今约180年的历史。三座古民居门楼一字排开，门楼之间相对独立又婵媛毗邻。房屋均为坐北朝南，一进合院式砖木结构。其中，中厝通面宽24米，进深24.6米，整体建筑由大门、天井、正厅组成，外墙青砖和花岗岩石构。正厅面阔三间，进深七柱带前廊，穿斗式重檐歇山顶。大门设置在南向中轴线正中，古民居的门楼前、厅堂中、横梁上几乎都题写额书、悬挂古匾。三座古民居中，下厝、中厝门楼保存较完整，上厝门楼已毁。

"爱吾庐"门楼（黄宝成 摄）

下厝门楼造型简洁，用材相对简单。门楼上书"爱吾庐"，源自晋陶渊明的《读〈山海经〉》："孟夏草木长，绕屋树扶疏。众鸟欣有托，吾亦爱吾庐。""爱吾庐"据说是清代后井文士方恒顺所书，黑底白字，笔力苍劲。"爱吾庐"左右两幅为砖雕图案，分别题写行书小字"欣有托"和"爱吾庐"。题额上方绘有山林景观三幅，内容是花树山石围绕的楼阁。屋檐滴水下方以回纹祥云环绕。

中门楼为突出古民居的建筑主体，造型别致，用材考究。门口条石砌阶，左右对称花窗；门楼悬山顶，燕尾脊，气势恢宏。门楼屋檐下面为三幅方形砖雕，由于年代久远，破损严重，无法辨认。其下为门楼题额"笏列蛟峰"，意思是：山峰像手持笏扳的臣子一列列地环侍在民居周围，含有出仕的吉祥含义。据传这是清末民初管阳西昆秀才林际春的题字。

后井方氏自始祖方文超于清乾隆十二年（1747），从浙江温州平阳迁徙鼎邑十四都后井，至今已有近300年。方家历代崇文重教，耕读并举，秉承方氏家训："贫贱而不可无者，节也贞也；富贵而不可有者，意气之盈也。"

方家后代至今保存着两块古匾就是践行家训的最好见证。存于南山古民居的一块"古道是敦"匾额，距今已有165年的历史，其内容意思是："为人厚道，不趋附流俗，守正不阿。"匾额是福宁知府王广荣感于方廷魁正直好义特授的。据说方廷魁一生热心公益事业，为人正直，慷慨好义。这块匾额长约1.6米，宽0.65米，黑漆金字，字体古朴苍劲。匾额右边书写着"候补道署理福宁府正堂加十级记录十次王广荣为耆宾方廷魁立"，左边落款为"咸丰六年岁次丙辰端月穀"。这块匾至今保存完整。

现移存于方氏宗祠祭堂的一块牌匾，长约1.6米、宽0.6米、厚约0.05米，匾为木制，蓝底金字，字体为楷书。匾上除了个别字体油漆脱落外，保存完好，清晰可见。在匾正中间写着"节孝"两字，匾额右侧题"钦命头品顶戴陆军部闽浙总督部堂兼福建巡抚事松寿为俙生方达三元配六旬吴氏立"，左侧落款"宣统三年岁次庚戌春正月穀立"。100多年前，乡绅方达三原配吴氏六十大寿，因为她守贞节、孝父母、敬父老，为乡里人所称道，故地方申报朝廷，授匾表彰，以启后人。

方氏族人历代承古训，勤耕作，志书香，故世代人才辈出，乡耆、乡饮、国学生、监生、贡生以及现代的大学生比比皆是。乡贤方见三、方东就是其中的佼佼者，他们为地方文化发展作出了贡献。

方见三，清氏秀才，为人仗义，邻里乡亲有是非曲直，得其一言而平息。清末民初他先是在后井创办族塾，学费由族产或油灯租支付，培养家乡子弟。当时所教的课程为《三字经》《五言杂字》《幼学琼林》等。20世纪30年代初，民国政府要求改良私塾规程。1932年春，在方见三的努力下，创办了点头镇农村第一所国校，即"后井国校"。

方东（1918—1990），字中训，号德东，点头后井人，福州师范学校毕业，太姥诗社常务理事、《太姥诗讯》编辑，福建书法协会会员。曾任福鼎工商联秘书长，商业局第一任局长，退休后被聘为福鼎政协文史委主笔。酷爱书法，其作品多次参加各种展览；擅长诗词，作品散见于《太姥诗讯》《太姥诗词》和海外华人刊物，部分作品入选《太姥诗社三十年诗词选》。

泗洲佛古亭

🌿朱有东

  泗州佛古亭坐落于街头顶十八岭级之上徐南堂山岗下，属点头四境之一的上兴境。旧时往福宁府官道穿亭而过，整座亭宇由亭、庙、埕及戏台组成。亭、庙为勾连搭造法，浑然一体。仿唐式亭宇飞檐斗拱，由十八根木柱支撑，三面通透。亭中桁、檩、梁托略加雕刻，简约有致。其中几根横桁有几处焦痕，乃1958年留下的印记。亭东北、东南角每三根互为直角柱子间均各固定有两条长凳，供行人休息。

泗州佛古亭（朱有东 摄）

  亭内向乃泗洲文佛庙。庙宇两面封火山墙四角高高翘起，直指苍穹。左右封火山墙头各写着"确指正引路，大开化导门"两句偈语。庙檐下悬匾，上书"欢喜缘"。庙宇顶部为八角藻井，自外而内逐层凹进，有花卉、葫芦、松柏等彩绘，井中心为双龙戏珠，活神活现，极富神韵。梁托、斗拱均精雕细镂，以花卉、人物居多。人物的刻画特别传神、极致，或披衣袒胸，或庄重严肃，或衣袂飘飘，孤芳自赏、桀然独立者有之，成双成对、眉目传神者有之，三人一堂、翩翩起舞者有之，眉眼神态、举手投足，无不惟妙惟肖、呼之欲出。柱上为 1994 年重修时朱挺光题写的"泗出同源厓山原一派，洲分各异香国演三车"和"修身有道和为贵，处世无奇忍自高"两副楹联。佛龛上有一匾额，"泗洲佛"三字矫若惊龙。佛龛壁彩绘有双龙抢珠大幅壁画。佛龛中的泗洲文佛丰满圆润，宝相庄严。佛龛前是一张双狮戏珠彩绘神案。整座庙宇小巧精致，却也气象庄严。

亭外是埕场及戏台，左右两端各有一口古井，左方而右圆（方井后改为圆井），井水甘甜清冽，为街头顶之"龙眼"。每逢六月初一泗洲文佛圣诞，都要延请法师祈福，并连台演戏，以谢神恩。人们敲锣打鼓，以香火鞭炮恭请各境神明前来看戏。这几天，街头顶热闹非凡，人山人海。

"欢喜缘"牌匾（朱有东 摄）

本亭庙历史悠久，"欢喜缘"匾额上书"咸丰乙卯岁立"应为可考的最早的记载。咸丰乙卯年为 1855 年，迄今 166 年。亭庙后山半山坳有"中湾陈"的墓道及墓，墓道碑上刻有"清乾隆二十年二月廿四日"字样。据该姓族长介绍，当时凡葬墓、祭墓，必借用泗洲佛亭作为备办筵席之场所。可见，泗洲文佛亭庙先于"中湾陈"墓建成。数百年来，亭庙历经风雨洗礼，几经毁坏，又多次修葺。近代有据可查的凡三次：亭旁石碑记"泗州亭之建历有年所今因崩塌，登遂集诸同志于民国六年重建并佛庙戏台而修理焉不惟以便行人……"，又亭中横桁上写有"本亭坐午向子合坐张宿二度正 公元一九五五年重修"，1994 年再次修葺。

1994 年后，肖孝官、肖孝成、陈世弟等相继为首事，发动人们重建了六角戏台，台右侧建两层楼房为戏班的卧室、厨房和化妆室，并在亭右侧盖了供奉地藏王菩萨及孟婆娘等诸神的小庙，从而形成了一个小建筑群落。

举州清代禁赌碑

✍ 黄宝成

举州村口有一块禁赌碑，碑上镌刻的文字是关于禁止村民赌博的村规。这块碑立于清朝同治二年（1863），是珍贵的民间石刻档案。

禁赌碑（陈雪兰 摄）

明清时期，举州地处连山坪古道旁，是白琳等沿海一带乡镇通往柘荣、泰顺的必经之路，往来商旅、挑夫走卒络绎不绝。由于地僻人杂，村里便有不法村民勾结外来赌徒，在村里设"花会"赌局，聚赌抽头，从中获利。

受其影响，村中以赌博为业的村民愈来愈多，许多良家子弟和买卖商人也参与其中不能自拔。嗜赌者，或废时失业，或倾家荡产，输者无以还账，致鸡鸣狗盗之风渐起，不仅严重影响了普通百姓的生计，还危及社会安定。至清朝中晚期，举州赌博之风更是愈演愈烈。

面对屡禁不绝且不断蔓延的赌博之风，地方有识之士深恶痛绝，他们联名上书官衙，请求官府禁赌。为维护社稷民生利益，时任福鼎知县陈庆生颁布了严惩赌博的法令文告，并勒石刊碑，以示厉禁赌博，纠正民风。禁赌碑为青石质地，高90厘米，宽65厘米，石碑上刻有"石仰遵照"等字样。石碑的正面为小楷字，共385个字，具体陈述了赌博的危害以及为禁止村民赌博而立下的条例和村规。

举州村自从立下禁赌碑后，赌博之风渐被刹住，村民的生活也回到了正轨，勤于耕作、求学入仕、经商创业的氛围逐步得到恢复并日渐浓厚起来。

百年来，禁赌碑冷面肃立，静对人世，一任风侵雨袭昂首挺立于村口，犹如一面正衣冠的铜镜，时刻警示着后人。在举州村民的心里，这样一块镌刻着古老村规的石碑，早已超越了立碑的初心，成为他们世代相传的道德操守。

附禁赌碑原文：

钦加同知衔调署福鼎县正堂加十级，随带加一级纪录陈为示禁事。本年七月二十八日，呈□缘世居举州，素称□朴，迩来每有不法之徒，罔知法纪，勾引外来棍徒设造花会骗压，赢则乐，入奸淫，输则引窝，呼为群结党，扰害良民。虽立意禁除，奈举州等日耕夜息，辛苦异常，赌棍益藏，盗风愈畅，潜往山场盗砍荫木□竹，窃挖地瓜，盗剪稻穗，或恣牵牛羊，或偷获□鸡，无所不为。幸逢新政肃严，唯有恳□出示严禁，以安间阎等情到县。据此，除批示外，合行出示严禁，为此示，仰该处军民人等知悉。自示之后，尔等务须安分守法，各勤事业，如敢勾引外来匪类，在于该处开设花会，以及聚做名宝赌博，甚至为盗引窝，一经本县访闻或被该□民等指名具禀，到县定行尽法惩办，绝不姑宽。该地保里邻甲长知情容隐不首察出，一并究治。各宜禀遵毋违，特示。

右仰遵照。

永安桥

黄宝成　朱乃巽

永安桥位于永丰下街，在昆溪下游，点头人因此常称昆溪为桥头溪，后雅化为"宸水"或"点水"。清嘉庆《福鼎县志》载："昆溪，源出马冠山，自后昆流经孙店，有七星石，水方折入贵潭，经成庆桥入海。"

永安桥横跨于昆溪之上，始建于清同治十二年（1873），当时修桥首事聘请浙江泰顺修桥名匠邱某设计建造，是点头镇保存较为完好的石桥之一。其造型古朴典雅，十分壮观，跨度30多米，宽4米，南北走向，共3墩4孔，正对上游桥墩的一面设计成三角形，减轻水流的冲击力。桥面铺设青石板，桥旁设桥栏，并架设长凳供行人歇脚纳凉。永安桥三个桥墩伸出桥身之外，雕琢着神鸟探首，从远处看呈神鸟驮桥之势，寓意着祥和平安，其工甚巧，栩栩如生。"永安石桥"是点头十二景之一，本邑诗家朱挺光先生曾作《永安石桥》诗云："桥通霞鼎路悠悠，人自匆匆水自流。夕照初随长虹没，晨曦又逐白云浮。"

永安桥当地人也叫"夏姑桥"。传说鼎邑玉塘望族夏姓姑娘下嫁点头街，婚后不久男人暴病身亡，夏氏女长期孀居，守身如玉，将遗腹子培养成人，在科举中获得功名。官府为表彰这位夏姑，在点头街尾立有贞节牌坊，后来人们在街尾昆溪建桥，取名曰"夏姑桥"。

点头依山傍海，域内沟壑众多，水系纵横交错，其中永安桥就是连接福温古道上的一座桥梁。古官道南北纵贯福鼎，南接长溪县治（今霞浦），直达省会福州，北连平阳温州，再通往北方大道。

过去永安桥边有个小码头，有源源不断的竹器、柴草、山货在此下船，运往沿州、巽城、沙埕、浙江等地。石桥历经百年风雨，承载着许多历史故事，百年来有不绝于途的南北茶商，有赶赴福宁府求取功名的莘莘学子，有走马上任的官吏，也有一些途经古道的学者。

科举时代，每逢院试之前，前往福宁府应试的学子，必取道于此。他们踏桥而过后，需再次登越崎岖险峻方能到达。因而，"爬福宁府岭"便成为学子们向上进取的代名词。永安桥可谓是一座承载着地方历史文化的特殊津梁。

随着工商业日趋繁荣，原有狭窄的桥面已不适用。1982—1999 年间，有许多热心公益人士慷慨捐资把桥加固，拓宽桥面四米许，并用钢筋水泥把桥面的两边护栏改成有百来个座位的靠背长椅供人憩息。每当黄昏时候，昆溪落日浮金，桥上凉风习习，人流熙熙攘攘，热闹非凡，有荷锄晚归的茶农，有满载而回的讨海女，有放学的学生……老人们聚集这里凭栏临流，于天光云影中享受着凉爽和清新，大家谈笑风生，问四邻之安康，诉往来之消息。

永安桥（黄宝成 摄）

永安桥一如既往地以平静的心境横卧于昆溪之上，不管是和风细雨，还是遭遇百年不遇的"桑美"台风，始终岿然不动。如今石桥的桥墩、桥栏已布满青苔，桥面却是更加光亮平滑，它历经了多少个日出与日落，也承载着多少人的期待与梦想。永安桥虽然没有了当年的风采，但它古韵铿锵，依然是点头人民的脊梁。

旌表和虬龙陛阶

朱挺光

　　天后宫门前之两座青石双斗旗杆，系清光绪年间为褒扬妈祖有功于民而建立之旌表。旌表高 10 米许，由底、中、上三层双斗和石柱组成。上斗四面透雕"卍"，乃吉祥之意；中斗四面刻有清嘉庆七年（1803）敕封之尊号"天上圣母"；下斗左边底座碑刻"光绪二年丙子秋季吉旦"，右边底座碑刻"十五都宸山点头公社建"。

　　宫内天井中之青石浮雕虬龙陛阶，龙腹太阳自云层中冉冉升起，万类赖以生存，寓风调雨顺、国

旌表（朱乃章 摄）

泰民安。阶宽 1.20 米，长 1.5 米，阶面略呈弧形，不可登级。朝圣者不得正面缘登，须从旁而上，以示尊敬。

　　旌表和虬龙陛阶，工艺精湛，具有较高的文物价值。

世俗风景　人间百态
——点头天后宫的民间绘画艺术

🍃 冯文喜

　　民间绘画是相对于宫廷绘画的一个概念，它生长于民间，根植于广大乡村，并散发经久的艺术魅力，越来越受到人们的关注。点头天后宫的民间绘画具有独特的艺术风格，曾得到了省内外画家认可和赞赏。许多有成就的画家把目光投向点头天后宫这类民间绘画，从中汲取民间艺术营养。

天后宫绘画（局部）

　　点头天后宫地处海墘路，明代始建，清康熙年间重建，清乾隆二十一年（1755）重修。建筑面积214平方米，坐南向北，宫砖木质结构，集石雕与木刻为一体，飞檐翘角，古朴、雄伟，雕刻艺术精湛。天后宫宇由正辕门（八字门）、亭阁、天井、厢廊、正殿组成。点头妈祖供奉相传在明朝从湄洲传入，清乾隆年间达到鼎盛，形成庙会，现仍有春秋二祭。天后宫是妈祖庙会得以依托的文化活动空间，原宫前30米为海，设埠头，潮水可抵天后宫。后开辟为文昌街，左为文昌阁，已废。左、右、后三面为民居、老街，保存较为完好。当时居民靠讨海维生，行船设有妈祖香案，出海高挂妈祖神龛。

一

点头天后宫的民间绘画载体是木板，即描绘在大门前厅的三个藻井木板上。中间藻井最大，为八角塔状，分布面积约为 20 平方米，左右两个藻井较小，分布面积各约 16 平方米，总分布面积约 52 平方米。就画种而言，属于传统水墨画，种类有山水画、人物画、花鸟画，还有体现地方特色的风俗画。以人物画为主，精描细绘了从官场到市井、从府第到寺院、从仙境到郊外众多的人物形象，有达官、贵人、武士、才子、佳人、百姓、隐士、仕女、侍从、侠客、轿夫、童子、渔翁等形形色色人物，还有取材于《西游记》《八仙》中的神话形象。所绘人物置身于宫场、阁楼、道观、河流、码头、桥亭等场景，使用车、舟、轿等交通工具，包罗万象，无所不有，展示了一幅幅五光十色的生动画卷。甚至出现了洋人和蒸汽船的画面，真是一帧帧生动的世俗风景画。

天后宫民间绘画就取材来说，仍是传统的，但有对当时生活的反映，如取材洋人作为描绘对象就是直接反映现实。因此，民间绘画的取材实现了传统和现实的结合，民间画师发挥了自己的创造才能和创新能力。

二

点头天后宫的民间绘画有以下几个特征：

一是直接着笔墨于木板，笔墨与木质纹理相映成趣，相得益彰。由于绘画载体的特殊性，使它有别于一般的纸质、绢帛或壁画。木板横并或竖并，其纹理或横或竖，作为画面的背景部分，画师发挥自己的智慧，使之谐调起来，需要超强的技巧和绘画功夫。因是在藻井之中，板面有限，所制图画偏于狭小，人物个头较小，狭小空间限制了画师的发挥，但也挖掘了画师的潜能。

二是在众多的绘画中，难于看出前后相连关系，一般一个板块画一个情节或场景，缺乏系列的组图，影响了它的构图规模。

三是历经百多年时光，民间绘画难以完好保存下来。板面上的绘画剥落十分严重。分析其原因，主要是地表潮湿和风化所致。点头处于海滨，春季雨雾多，南风天气易受潮，不利于板画保护。再加上天后宫香火旺盛，焚香的烟气熏染，也是影响板画的一个重要原因。

四是在前厅左边一个藻井的两块板画上发现有书法题款，句为"杖藜扶我过桥东，岁在乙亥前二日，仿元笔法居士"和"古木阴中系短篷，桐川寿五梁九畴"。这与辕门石灰泥画作者梁九畴相同，初步可以确定，天后宫的民间绘画师是梁九畴。而其他两个藻井上众多的绘画并没有落款，作者是否同一个人，有待于进一步考究。

天后宫的民间绘画艺术成就主要体现在以下几个方面：

一是善于用笔，精于设色，笔墨相融。木质作画与纸质作画略有不同，木质难于吸墨，也不易染色。天后宫民间绘画的画面线条极其刚挺，并且准确、简练、到位，非功力扎实画师难于企及。

二是所绘人物形象生动传神，基本以白描为主，精描细绘，人物或远足，或挥毫，或对弈，或抚琴，或宴会，或访友，或问道，或习武，神形兼备，活脱欲出，体现了高超的绘画技巧。

三是描绘的异兽珍禽、花鸟虫鱼、梅竹兰菊，惟妙惟肖，栩栩如生。鸟攀枝，禽长鸣，让人可感到生命的存在，尽管距离当时所描绘的时间是那样的久远。

四是构图新颖，角度独到，效果出乎意料。在狭小的木板上，画师匠心独运，把人物置身于相关的背景中展开故事情节，画面立体透视感强，层次分明，而且活动场景开合有度，人物序列疏密有致，达到美学布局要求。可分为独物构图和组物构图，独物以花鸟为主，组物以人物展示情节为主。

五是多种绘画手法结合，使用白描，同时运用没骨法、白描法使画面整洁，质感强烈，所绘人雍容典雅，形神易现。左藻井板画以白描为主，中藻井以没骨为主，右藻井则二者结合，融会贯通。

三

天后宫民间绘画其价值与意义不可忽视。

第一，天后宫绘画是清代福鼎民间绘画的典型，具有一定的绘画艺术代表性。福鼎建县于乾隆四年（1739），其时百业兴举，涌现出不少有成就的画家，但留下墨迹为数不多，民间画师的作品更是寥若晨星。天后宫绘画的发现，填补了壁画艺术领域的空白。壁画体现了古代士大夫的闲情逸致，他们以儒雅的生活方式出现在画师的笔下，画面透露从容、安静、远离尘嚣的气息。

第二，天后宫绘画是清末西方文明渗透的见证。除传统花鸟人物画外，民间绘画出现了蒸汽船的形象。这艘蒸汽船大大改变了中国画中经常出现的一叶扁舟的形象，它体积庞大，前舱、甲板、瞭望台和后舱护栏，一应具备。在前舱上，一船员在导航。甲板上，卷发的官员坐在椅子上，而前置茶座，一船员正下跪向他报告情况。瞭望台上，船长在举着望远镜察看详情。整艘船只正破浪而行。

藻井西洋式绘画

天后宫民间绘画为画家提供了古代民间绘画的蓝本，人们从中得到有益的艺术启迪和借鉴。据不完全统计，天后宫民间绘画人物达上百个，所绘珍禽异兽三四十只，历史故事或演义、传说、戏曲十多处，信息量之丰富，表现手法之多样，堪称艺术奇葩，令人赞叹不已。

朱腾芬故居

朱乃巽

　　果阳村山明水秀，风景清幽，本姓先人择谷而居，形成三十六壁居。蕉坑为壁居之一，因一垅之隔，又分为外蕉坑和里蕉坑。外蕉坑一字形排屋有两个大厅，一道土墙隔为南屋和北屋。南屋一排九榴老屋，即朱腾芬故居。该老屋为朱氏二十三世祖朱益攀（香溪公，即朱腾芬之父）于清咸丰七年（1857）或光绪五年（1879）由果阳后门垅迁居此地时所建，迄今160余载。北屋为朱益攀次子朱学韶所建。南屋九榴老屋坐西朝东，背倚笔架山。笔架山有三个尖峰，由高至低依次为大尖、二尖、三尖，并称"驼峰三叠"，形如骆驼奔放飞驰，逶迤南下；面朝玉案，金印系连，左龟而右蛇，欣然相对，视野开阔，风光旖旎。

朱腾芬故居（陈雪兰 摄）

　　屋前是宽阔大埕，外围矮墙，埕左为连排瓦厕，埕角为粮仓，埕右为柴草房、灰斗、踏碓和磨坊。中铺石路，直达厅堂。老屋比大埕高0.6米，前进为二层楼房，前后两间纵深22米，面积为880平方米。后院有一大两小三个院落，四面回廊中有天井。后进为厨房，纵深 8 米，建筑面积为 320 平方米。厨房后横贯一条水沟，沟外一片旷地，依山势筑挡土墙，空地纵深 10—15 米不等。土墙下终年泉水汩汩，经水沟流入两个蓄水池（兼做鱼池、消防、灌溉之用）。

历经风雨，老屋虽已风烛残年，却仍掩不住昔日之气派。大厅正中悬匾一方，上书"急公好义"。此乃清同治年间福鼎县令陈培桂因朱益攀助修福鼎城堡有功，奏请奖赏。匾上书曰："由明经加州同知衔（五品），奖叙加一级记录二次赠以额曰'急公好义'。"大厅左右都有神龛，左神龛供奉白衣土地，右神龛供奉历代先祖。大厅左右六根檐柱上的牛腿木雕，有麒麟滚绣球和麒麟抱子的造型，尤以"麒麟送子"罕见。梁下深浮雕之雀替有琴、棋、书、画的精美雕刻（可惜其中"棋"的雀替被盗）。梁、枋、栱等的木雕巧夺天工，有花木、鸟兽、鱼虫各类造型。有的木雕还嵌有琉璃球，着实少见。门窗窗棂很具特色，有许多花样组合值得品赏，有的窗上半截用简洁的竖直窗条，下半截用繁复曲折的线条，窗条间还镶有不同花样的小木雕，富有美感。有的窗条干脆就是根根竖直，却加工成拧麻花状的曲线，直中有曲，线条灵动，富有变化。子上的础石，个个精雕细琢，图案百态千姿，变化多端。门前雕花青石踏脚，彰显了老屋昔日荣光。

蕉坑村山水秀丽，地灵人杰。光绪末年，果阳村连中三秀才，蕉坑占其二，朱腾芬、朱璧山叔侄高中。民国初年，福鼎出两位大学生，蕉坑独占鳌头，朱腾芬、朱任生，祖孙均留学日本。此外，还有朱学韶、朱子明、朱彦邦、朱作琦、朱镇邦等精英。其中，尤以朱腾芬为最。朱腾芬字馨梓，光绪二十四年（1898）参加福宁府试，中秀才，名列第一。光绪三十一年（1905），考取官费留学生，入日本陆军学校，继转东京法政大学毕业。留日期间，加入孙中山先生所发起"中华同盟会"，为推翻清朝，建立民主共和国之旧民主革命奋斗一生。历任福建法政专门学校校长、朝阳大学及上海法商学院教授、福建省临时议会议员、立法委员会委员长、国会众议院议员、法典委员会副主任、外交委员会副主委、孙大元帅顾问、福建民军宣抚使、大总统府顾问、军政府政务参议，晋二等大授嘉禾勋章。至今日，硕士研究生、大学生比比皆是，此乃蕉坑人重视教育、培养子弟不遗余力之故。

如今，后裔子孙在外从政、经商、任教，各有成就，留下的是一座空荡荡的祖屋。2010 年，朱乃巽、朱乃惠、朱乃爵、朱乃庄、乃勤等集资修葺正厅及左右侧两榴房屋，建立辛亥革命元老朱腾芬纪念堂，厅堂两边悬挂朱益攀、朱腾芬、朱子明、朱彦邦等历代先贤遗像，以资瞻仰。

朱腾芬故居现为福鼎市文物保护单位。

果阳古民居

🍃 朱有会

果阳古民居地处104国道线南侧,在距福鼎市区10公里的深山之中。古民居为三进式结构,呈中间一进高、前后二进低的建筑风格。深深的庭院,幽幽的弄堂,高高的飞檐,薄薄的青苔,青瓦白墙,雕梁花窗,有着古村老屋的幽深和静谧。

走进古民居大门口,十多厘米厚的两扇沉重大门上刻着"神荼""郁垒"四个大字。进了大门便是一进,迎面一块牌匾,上书"贡元"二字,笔法飘逸,刚劲有力。往前来到前庭,是朱学孝当年经营茶叶的工区,四周宽敞的通廊足见产茶之盛。一进前有两个天井,比篮球场还大,起到良好的通风采光作用。

果阳古民居(朱有东 摄)

走过天井即到二进。二进凝聚着古民居建筑艺术的精华,尤以建材木料、牌匾书法、雕刻文物等见长,至今保存完好。二进之中是正堂大厅,高大而祥和,乃聚众议事之所。大厅之上悬一牌匾,四个镶金大字"柏庐遗风"笔力圆润飘逸,乃当时福建巡抚手迹。屋顶和四周墙面、柱子精雕细刻人物、花鸟、虫鱼、飞禽、走兽,栩栩如生，彰显华丽；墙体建造双层木板，用材考究，并嵌有四十厘米宽红豆杉，虽历经百年，仍有原木风貌，尽显富贵。大厅内六根柱子悬挂朱学孝家族寿圃，联句寄喻吉祥，书法楷行见多，堪值研磨。

大厅前庭左右各有四根柱子，一人双手合抱左手难触右手。厅前一对柱子刻着"忠孝持家远，诗书处世长"的儒家警联，让人不禁想到朱学孝公勉励子孙后代勤奋好学、儒雅为人的意愿。大厅两侧是起居之所，三层结构，共八榴三十二间。学孝公有四子，每人二榴。底层楼板全部离地一尺架空铺设，能防潮防湿，一看便知是大户人家。窗花镂刻梅、兰、竹、菊，有着别样的精致。

穿过二进，有六个天井成"一"字排开，走过天井便来到三进。三进是厨房间、柴草间和餐厅，厨房和餐厅有隔断，功能区明显。

据《朱氏族谱》记载，古民居建于 1909 年，为朱学孝所建。古民居前后地势平坦，视野开阔，左侧溪流绕屋，可为灌溉良田，右边山包环抱，绿树修竹，茂林藏鸟，相映成趣。相传百年前，此地尚未垦荒，朱学孝为择得宝地，建造历时三年，工人最多一天达二百人。每至发薪，需币资两筐。

"重建双平" 碑

🍃 冯文喜

    "重建双平" 碑高 131 厘米,宽 63 厘米,厚 6 厘米,青石质,碑额题 "重建双平" 4 字,横镌。碑右竖刻 "今将重建双平后坑二桥所有捐金姓名列后" 18 字。捐金姓名竖写,凡 13 列,列 12 姓名,并附所捐银圆数目,最多为 50 元。此碑无署年月,据碑捐金人名有周赓慈。参考《福鼎县志》的 "清代福鼎历任知县名表" 和 "民国时期县知事名表",载周赓慈籍贯湖北汉阳,任职时间为宣统三年(1911),续任 "民国元年元月 1 日至民国贰年 7 月 13 日",又任 "民国十四年 3 月 4 日至民国十五年 7 月 31 日",及 "注:

"重建双平" 碑(黄宝成 摄)

民国元年县知事周赓慈原系清代知县,继续任职",可知立碑时间为清末民国初。

    大坪村是点头镇历史上著名茶产区,地处镇西南 10 公里,历史沿革久远。据《福宁州志》载,大坪原称 "大平"。明初,翁姓见其峰峦秀美,地广人稀,宜于生计,始迁居此,后人文繁昌,有《攀龙岗十景》诗题于后。《福鼎县乡土志·十四都》载:双平桥,在双溪头,道光年间,霞浦贡生吴德衍同弟太学生德惇建。

220

南北炮楼

庄纯穗

点头有两座鲜为人知的土炮楼，都建于 20 世纪 30 年代。南边炮楼建在普照山下的一座土岗上。这座土岗在横街后山，俗称"横街里山"，自从有了炮楼，又叫"炮台岗"。山顶有一座福德正神宫殿，所以又叫它"土地公坪"。当年横街里生产队在山上种有百来株板栗树，横街里老居民又称之为"栗子坪"。

旧炮楼修筑在小山中段，石砌墙基，土夯泥墙，周围墙身有半米多厚。炮楼高十来米，上有垛口，设有瞭望孔和枪眼。整座炮楼呈方形，四周修筑 2 米宽、1 米深的壕沟，筑有单人掩体。上山有两条羊肠小道，现在小路用水泥硬化，险要地方有护栏，方便游人登山。站在山顶上俯瞰山下，点头街一览无余，可眺望八尺门内海。

旧炮楼居高临下，控制着点头各条街道，撤则可退往普照山深山密林中，易守难攻。因风雨侵蚀，旧炮楼如今早已荡然无存。炮楼地基被当地村民开辟为茶园，但壕沟可辨，遗址尚存。

北炮楼建在老鸹岭山头上，山脚有一座杨府爷宫，所以这座山又叫"杨府岗"。北炮楼可控制点头通往县城的两条大官道。一条是从孙店昆溪碇步过老鸹岭头通往福鼎县城的古驿道，另一条是从旧点头街经永安桥过岭头坪到城关的新驿道。北炮楼建筑与南炮楼修筑相仿，也是土夯的泥墙，为长方形。

两座炮楼遥遥相望，南北对峙，居高临下，犹如一把大钳，夹住整个点头。旧时，点头只有横街、中街、街头顶、下街和桥头几个居民区，沙吕线公路及海乾路以下全是海水和滩涂。

据老辈人回忆，民国时期，地主民团与"大刀会"曾在南北炮楼进行过一次激烈的枪战，子弹从人们头上嗖嗖而过。现在的点头中学（福鼎市第九中学）就是建在北炮楼的遗址上，整座杨府岗已成为校区。

人物春秋

点头义行孝友录

黄宝成

点头风俗醇美，里闾和睦，自古不乏祇父恭兄之辈，不乏乐善好施举赈灾、修亭、建桥、铺路等义行者，敬录部分如下：

邹焕友　点头人，乐善好施，为乡里推服。雍正十一年（1723），岁大歉，倾赀贷赈活人甚多。清乾隆二十一年饥，复赈以粥。

郑学卿　孙店人，施棺椁，凡四十余，桥亭道路，捐资修理者不可胜数。子开槐，倡捐宾兴田亩。孙承履，采粜减价赈饥，可谓世有令德矣。

庄　纶　字陆石。后昆人，国学士。性仁慈，族戚有以窘急告贷者，皆如其意而去，虽屡请未尝厌。清道光、咸丰年间巨浸为灾，民饥且疫，济米施药，赖以全活者众。他于建筑、桥亭、道路，尤多赞助。

郑作栋　字文白，孙店人，庠生。急公好义。营孝子周延左冢，竖先贤孙龙坡碑，建宗祠，立厉坛，开放生池，起惜字社。邑中旧年溺女之风最盛，呈请上官严禁。设育婴社，著《戒溺女千字文》，刊《保婴摘要书》训世。清咸丰之年饥，复偕同志采粜平价，闾里赖之。

黄家万　字若邦，点头人。平生好义举，尤厚待戚属。有林、张两姓厝棺于家，经两、三世弗克葬，万为谋窀穸。又有朱姓贫不能婴，为之置室。他若减谷价、赈荒歉，以及义仓、义塚诸事，靡不乐为，闾里称之。

游师程　字雪轩，点头人，国学士。事母以孝闻。平日建义坟以瘗同宗，施寒衣以赡无告，平谷价以赈饥民，时论重之。

游元顺　字绪斋，点头人。好施舍，里中桥、亭、寺、观罔不出资修建。邑建筑试院，捐钱八百千。

梅光国　字华翁，浮柳（柏柳）人。家产颇丰，光国主其事，与昆季分爨时毫无私积，视侄如子。族中事无巨细，处置有方。性好施，清嘉庆间倡建桥梁，并砌其乡石路千余丈。平日助人丧葬嫁娶及排难纷，悉行之不倦。

朱益攀　字香溪，果洋人。尚气节，好施与。里中曲直，得其一言悉平。有贫而鬻子者已受值矣，出赀代赎。族有幼失怙恃者，携至家，教养成立。他若育婴、义仓、联甲以及道路、桥梁诸义举，或提倡、或赞助，靡不竭尽心力。子凤翔，亦以急公好义闻。

林升乘　　字范墅，上宅人。精岐黄术，有疾病来告者，无论贫富，虽夜深必往诊。贫者馈之金弗算，人以菩萨心肠称之。

吴德衍　　字印波，连山人，贡生。独建双平桥并亭于双流溪，复倡建小溪桥、东门桥，并石碇于举州、东门岭两处，以济行人。填砌各村石路不下数千丈，赈饥修城诸义举所费不赀。

董益星　　字守垣。玉瑶人，监生。性慷慨好施。凡远近邻右，有以婚丧不举来告者，悉出赀以助。清咸丰三年（1853）岁饥，民谋夺食，倡捐采籴，平价赈给，地方赖以安。

谢君霖　　孙店人，事继母孝。母病思梨，时值初夏无从得，星夜赴浙买以供。兄得异病，隆冬严寒，尝解衣衣之。每饭，匙箸必亲进。他笃于孝友若此。

游师仁　　字宣轩，店头人。昆弟四人，仁居长。念父死家贫，弟辈无以为生，竭力周济其急。父在时，所贷赀未偿者千余缗，悉身任之，毫无介意。后弟辈均以勤俭起家，念兄代偿宿负，请以家共之，弗从。愿酬以田，亦弗受。

董维棠　　字萃峰，玉瑶人。国学生。嗣母老病，便溺需人，棠辄亲扶抱之，液污己衣，必抢而出涤，不令其母知之。兄病，侍汤药不离左右，衣不解带者月余。

"急公好义" 朱香溪

朱有东

　　果阳村蕉坑朱氏祖屋正厅，至今仍悬匾一方，上书"急公好义"。此乃清同治福鼎知县陈培桂为朱香溪所题。

　　福鼎县治故有土堡，却无城堞，易为匪所侵犯。清同治三年（1864），陈培桂延朱香溪倡修县城，并请他布置安排监督管理修筑城堞事宜。朱香溪出钱出力，勤慎公正，县令赞其"邑之气士"。一年后竣工，陈培桂奏请皇帝奖赏，赠朱香溪以额曰"急公好义"。

"急公好义"匾（朱有东 摄）

　　朱香溪性情刚毅，素有大志。弱冠即以造福社会为己任，轻财仗义，众皆教仰。同族中有名益增的，乃公之疏属，迁居前岐。其妻过世月余，益增也因病垂危。念家贫如洗，膝下又有二男，均年幼，苦无生计，潸然泪下。深感朱香溪高谊，予以托付。及益增逝世，朱香溪带两遗孤回家，视如己出，悉心培育。两孤儿长大后均各有建树，深叹公恩。

　　县邑有一人，家中一贫如洗，负债累累，无力偿还。无计之下，携其子到城南去卖。已收钱并立下了卖身契后，父子不舍，相拥而泣。朱香溪闻之，问其故。为其偿还卖身钱，并索还卖身契，令父子相携而归，传为美谈。

清同治年间，烟毒流行，赌博之风尤甚。各地多有奸拐盗贼，官吏无可奈何。目睹此状，朱香溪忧思重重，"人无恒产乃无恒心，匪类之多，乃烟土启之也，盍求自治之策"。于是与众人裔议，立乡约，设禁条，创保甲，选择各乡公正贤明者监督管理。历经数载，四境逐渐安宁。终朱香溪世，方圆数十里内无烟土、赌博之流害。

朱香溪德高望重，守正不阿，好为人排解纠纷。邻里乡亲有是非曲直，"得其一言悉平"。县南有官田数百亩，佃户不堪官吏压迫之甚，聚众抗租。县令黄达汉派人查办，不能服众，威胁动用武力，众佃户反抗愈加强烈。县令束手无策，听说朱香溪之名望，便恭请前往调解。朱香溪欣然只身前往。众佃户听闻，即拜于前说："我辈小民，怎敢忤逆官府？之所以这样做，只为有难言苦衷。现在先生来了，我们可庆贺获得重生了，怎敢不唯命是听？"一场祸患得以圆满解决，朱香溪信义威望之重可见一斑。

朱香溪，讳益攀，字若桂，号香溪。与祖、父俱例贡生，自果阳后门垅迁居蕉坑驼峰之下。生于道光十八年（1838），卒于光绪十八年（1892）。县志说他"尚气节、好施与……若育婴、义仓、联甲以及道理、桥梁诸义举，或提倡、或赞助，靡不竭尽心力。子凤翔，亦以急公好义闻"。其第五子，即为朱腾芬。

陈春泉传奇

🖋 黄宝成

陈春泉（1864—1935），字恒清，号向辰，福鼎点头人，清末民初福鼎著名拳师。其武功高强，曾威震榕城，驰名江浙。他少入学堂，敏而好学，在学业上出类拔萃，例授贡生。弱冠之年转而开始跟随舅舅郑阿二学习武功。其舅舅当时也是福鼎民间著名拳师，点头尖兜人，人称"尖兜二"。陈春泉悟性高，日夜苦练不辍。他习武的这股钻劲、韧劲和刻苦，深得"尖兜二"的赏识，于是，郑阿二把毕生所学尽数传授给了陈春泉。

陈春泉待人温文尔雅，举止言谈从不失礼节。他天生睿智，博闻强记，勤于研读拳法，武功造诣日渐深厚。虽然他身怀绝技，但制人而不伤人，被制服者无不心服口服。后来他闯荡商界，交游广泛，平时喜好以武会友。江浙一带武术名师纷纷慕名而来，想亲身领教其拳脚功夫。期间，留下了许多奇闻轶事。

民国初年，从江苏南京来了一位女侠客，人称"南京婆"，她一到点头，不打招呼就突然上门造访。陈春泉与她一交手，"南京婆"便占了上风。他深知这位不速之客内功十分了得，便热情接待了"南京婆"。两人一来二往，"南京婆"感念其为人之道，便把武功传授给他，此后他的拳技日渐精湛，拳理更加妙通。

有一年，浙江平阳一位拳师慕名而来，说是要来陈春泉家里要钱，其实是来挑战的。陈春泉拿出十个大洋给他，但他嫌太少。陈春泉知其来意，将一叠十个大洋用力扎在桌面上，并大喝一声："要就拿去。"拳师顿时傻了眼，只见桌面上十个大洋，有八个弯曲变形，便知道技不如人，只好灰溜溜地走了。

陈春泉出生社会底层，从小目睹恶霸鱼肉乡里，对此深恶痛绝，路见不平便拔刀相助，因而被人屡屡称道。到福州贩卖茶叶，有一次据传陈春泉闻知当地武馆拳师称霸一方，经常在福州码头恃强欺弱，敲诈各路客商，人们敢怒而不敢言。于是，陈春泉把白茶运往福州码头时，故意要求自己卸货。只见他一脚用力一扫，一箱百来斤重的茶叶就直接从船头飞向码头。守在码头的武馆弟子看后，速报武馆拳师。该武馆便向陈春泉下战书，要求擂台比武。次日擂台上，陈春泉使出腿功绝技打败武馆拳师，从此灭了该拳师的嚣张气焰。

还有一次，陈春泉前往福州，途经北岭时，见一个骑着马的壮汉紧追着前面一个骑马的人。他从追赶者的一身装束判断，此人必是江湖强人。当追赶者经过自己身边时，救人心切的陈春泉用肘直击追赶者的坐骑，只见追赶者连人带马滚下山坡，为被追赶人争取了逃脱的时间。被追赶的人骑行了一段时间后，发现追赶他的人没了踪影，觉得有点蹊跷，转过头来便问陈春泉，这一路上只有我们三人，一定是你救了我。陈春泉在再三催问下，说出了事情的经过。被追赶的人十分感激陈春泉救命之恩，并说倘若日后到福州有需要帮忙的话，可直接到省府找他。原来，陈春泉所救之人系当时福建省府要员。

当时点头文化名人陈逢辰盛赞陈春泉拳技，赋诗一首曰："先生技艺夺天工，外貌斯文内貌雄。步马岂同流俗客，拳头不比世间翁。双乩穿出龙蛇舞，独脚飞来虎豹风。韬略饱存堪作将，名闻四海赉天聪。"

陈春泉文武兼备，一生充满传奇，为乡邻所敬重。陈于五的《向辰翁赞》对他给予很高评价，诗曰：

自古天生一良材，培之养之亦宜哉。

玉成之意远而深，未许世俗妄为猜。

不信但看向辰翁，天生高卓迈凡庸。

童而聪慧长习拳，超凡迈俗浆群工。

且喜移居宸山隅，门楼大书爱吾庐。

从兹贷殖任家政，光前裕后乐有余。

早年擢选贡元路，斯文风雅人仰慕。

修桥补路乐题捐，借贷往来无厌恶。

续娶朱氏老安人，生下麟凤掌上珍。

早入学堂光宗祖，可称民国大乡绅。

谱牒重修有大志，充大门间瑚琏器。

四海知闻好名声，构祠光祖宜谨记。

肯构宗祠是子孙，木有本兮水有源。

春秋祭祀序昭穆，向辰之功慰幽魂。

金溪毓秀　沛国腾芬

——纪念朱馨梓先生

周瑞光

朱腾芬像

　　朱馨梓（1881—1932），名腾芬，字承芳，馨梓乃其号也。清光绪七年（1881）生于福鼎县金钗溪乡果洋村（今果阳村）。祖父仁川、父香溪均为例贡生。馨梓幼承庭训，勤学自励。八岁入塾，智力超人，深得塾师孔广敷（西昆人，孔子第七十代孙）关爱。光绪二十四年（1898）参加福宁府试，中秀才，名列第一，被选送福建全闽师范学堂就读。毕业后，历任福鼎县视学员、劝学所所长兼高等小学校长、禁烟局局长等职。他主张废八股、研新学，大力宣扬《天演论》及西洋数理知识，为福鼎新学的启蒙者。并力倡薄课捐、杜聚敛、重减戒、严禁烟，广印林则徐《禁烟奏折》。光绪三十一年（1905），考取官费留学生，入日本陆军学校，继转东京法政大学。他品学兼优，得到校长富井政章和教授岩田等的赏识，并通过犬毅乔健之介绍，认识了孙中山、黄兴等中华爱国志士，遂加入孙中山领导的中国同盟会，致力于国民革命。是时清廷驻日使馆，勾结日本当局，妄图用高官厚禄和格杀勿论的双重手段来扑灭革命火种，斗争环境十分艰险。朱馨梓化名朱达三（达到三民主义目的），负责秘密与福州郑祖荫，武汉林晓、东北翁浩、郑健等联络；又同宋渊源（永春人）到南洋宣传革命，劝导星、马、菲知识青年参加革命活动，捐募革命经费。1911年春天，他奉命与宋渊源等以国民军代表身份回国策动武装起义，到达上海时，得悉广州提前起义失败，便和褚辅成先生在上海《民吁报》宣传共和民主政体和三民主义。福州光复前夕，他回闽参与筹组临时政府，并到福宁各县发表演说，号召各界支持革命，与封建帝制决裂。民国元年，南京政府成立，孙中山就任临时大总统，委朱馨梓为教育顾问官。未几，孙中山为安抚人心，倡议南北议和，把临时大总统让位给袁世凯，命他回闽担任福建官立法政专门学校校长，当选为福建省第一届议会议员，并被举为全会委员。

时政权初奠，同盟会成分复杂，出于各自立场观点，组织涣散，钩心斗角，互相倾轧，以致闽省军政大权悉被投机革命的旧军阀孙道仁、彭寿松等所攫取。彭寿松暴戾凶残，结党营私，任意杀戮革命党人。朱馨梓仗义执言，也险些被暗杀。群情激愤，乃推举朱馨梓、陈祖列等议员上京控告彭的罪行。经朱馨梓等四处申诉，奔走京沪之间，朱馨梓促使当局派岑西林率舰南下。抵马江。为避免福州城无谓损失，向岑西林建议先电彭晓以利害，彭自知不敌，携巨款遁逃。"兵不血刃而巨憝去，深孚民望"便是当年《闽报》对"五议员驱彭"的赞语。同年8月，同盟会改组为国民党，朱馨梓见党内成分复杂，派系林立，于10月间同宋渊源到沪向中枢建议派张继、林森、居正来闽改组福建支部。

1913年召开国会，朱馨梓当选为众议院议员，于3月间与林森、陈祖列、宋渊源等联袂北上，与北洋军阀展开议会斗争。馨梓写好"地方自治草案"，请示孙中山等人，得到认可后，向国会抛出实行"地方自治"法案，论证有力，雄辩中肯，结尾有"人尽其才，士之事也；地尽其利，农之力也；物尽其用，工之资也；货畅其流，商之功也。四者并进，大用显矣"之语。此提案获参众两议院一致通过。

同年11月袁世凯用武力解散国会，宋渊源在闽南组织讨袁军失败，出走南洋，行前密电朱馨梓回闽主持讨袁。朱馨梓复于1914年春天回闽，与宋渊源信使往还，联络各界策划讨袁护国。1915年12月袁世锐宣布复辟帝制，改国号为"洪宪元年"。云南都督唐继尧通电反对，成立护国军，以蔡锷为总司令，所向披靡。南方及陕甘各省纷纷响应，迫使袁世凯于1916年3月23日宣布取消帝制与洪宪年号。

1916年8月国会复会，选黎元洪为总统，冯国璋为副总统，任命段祺瑞为国务院总理。不料段就任后，无视国会立法之尊严，对总统也十分藐视，数次效法袁世凯企图用武力胁迫议会通过各种法案。朱馨梓慷慨著论，历斥段氏所为之非，段怒，遣人暗杀，幸赖他本人机智灵活，未遭毒手。段又遣人戒朱馨梓慎言，他说："我为法典委员，天职护法，不俱强权。"段见朱馨梓顽强，虑他又是学者，在军阀及社会名流中多有结识，只好以礼相待。

1917年6月，段迫黎解散国会后，又酿出张勋的半月复辟。段复职后悍然公布修正国会组织法，另行拼凑其御用国会（即安福国会），曾以高官厚禄诱朱馨梓参加，他不为所动。同年八月孙中山到广州，号召成立军政府和护法国会，电朱馨梓回粤参加护法会议，他即动身南下广州。

1917年9月1日，召开非常国会第一次会议，会上选举孙中山为大元帅，委朱馨梓兼大元帅府顾问。后因派系斗争，孙中山愤而辞职赴申。

1921 年 4 月护法国会复会，改军政府为民国政府，选举孙中山为大总统，委他为政务院参议，奖给二等大绶嘉禾章，并委他为闽南民军宣抚使，嘱即日赴闽便宜行事。朱馨梓回到福建，驻节厦门，游说皖系将领臧致平与民军合作容留粤军许崇智、黄大伟部以共同驱除李厚基，经一年多大功告成，回粤复命。国民政府委林森为福建省省长，王永泉（皖系军阀）为福建军司令。未几，接林森函，得悉王、林摩擦不和，朱馨梓急函林森、王永泉，劝其精诚合作，并电省城教育界人士坚定支持林森，又函告林寿昌、毛一丰、陈培琨、林梅生等，说："君等向往革命，但官瘾亦热，闻近有倒林捆萨（镇冰）之说，纵使萨能出山，解君等官瘾于一时，而贻害用策则无穷，请仍本初衷，继续拥林，否则两败俱伤，王、萨将不保，君等亦无官可做。"经此忠告，维持数月稳定，终因林森容不下王永泉侵越省长职权的行径愤然辞职，让萨继任省长，不久孙传芳部直驱福建，赶走王永泉，福建又被北洋军阀统治。朱馨梓至此退出政界，携眷返闽，专心从事嵛山岛开发。

1924 年秋，朱馨梓返鼎为母营葬后，送客乘船赴榕，半海遭遇大风，寄泊于嵛山芦竹港，上岸偶见当地番薯大如汤罐，客人中有台籍蔡厚华及杨华惠二实业家，考察后，惊闻此岛鱼丰土肥，问为何如此荒凉。当地人都说："嵛山历朝为禁岛，清末虽设官办垦殖局，但也只为羁押犯人在此垦荒。民国以来，官治不及，成为海盗渊薮，民无恒居，春种时来，秋收后去，故如此荒凉。"次年蔡、扬二君前来邀请："政府手续，我可包办，盗匪问题，只要岸上设警，海面请海军兼顾巡逻治安不必担忧。"欲借重朱馨梓先生之社会影响力同事此业，朱馨梓本有志实业救国，建设乡土，尤符夙愿，况移民垦殖本是建国纲领之一，乃欣然受聘为嵛山垦殖公司总经理，引进侨资十万银圆，呈经省政府及中央农垦部批准，取得开发权和自治权，募集民工，垦荒造林。自 1926—1932 年的 6 年中，开垦农地数千亩，种植松树千万株，购置拖网渔轮二艘，引进良种猪羊几百只，种植橡胶树、果树、茶叶和甘蔗等经济作物，建造简易民房数十间，大力发展渔盐、商业、交通运输和第三产业。人烟大集，变荒山为宝岛，昌盛一时，岛民至今犹感念不忘。

朱馨梓一生恬淡名利，爱国爱家，关心群众疾苦。当北伐成功、南京成立国民政府时，林森、邹鲁等曾电函朱馨梓上京，但他赋诗婉谢云："孤山浮海海浮天，四顾茫然懒着鞭。已把余生付荒岛，何时再结酒杯缘？"又有"莫道弹丸难为武，且看实业益斯民"，以明其晚年志趣。1932 年冬病入膏肓时，朱馨梓犹乘舆环视岛山一周，勉励垦民艰苦创业，并立下遗书说："嵛山财产，悉为侨资托余经营，尔等切不可变卖。日后收益应以扩大生产造福岛民为主……唯能爱国。爱国始为中华儿女，中山先生遗言'努力奋斗救中国,亦余之寄望于尔等也'。"

为儿取名,朱馨梓有一番解释:"民国四年长子出生于福州,我希望国家将来能够与列强并驾齐驱,故取名'雄邦';民国十年二子生于广州,是时军政的主要任务为统一中国,故取名'统邦';民国十三年三子生于北京,致力于促进北洋军阀政府施行德政,故取名'德邦';民国十四年四子生于北京,余日盼广东政府早日北伐以定中原故名'定邦(又名镇邦)';民国十六年五子生于金溪果阳,时值北伐成功,金陵定鼎,故名'鼎邦'。你等应善体吾意,努力学习,将来为国争光。"言讫而逝。由此可见其爱国之心始终不渝。

朱馨梓在嵛山任所病重时,家人主张在内地建墓并请权贵为之树碑立传,馨梓说:"我一生恬漠功名,只领酒无数,仅书'醉人朱馨梓之墓'就可以了。我做事,志在必成,如今嵛山事业未竟,是所遗憾,死后我也要看到嵛山的繁荣景象,就让我葬在公司的后门山吧!"朱馨梓死后,家人遵嘱把遗体安葬在他生前选择的嵛山马祖岙小山上。各地知名人士先后寄来吊唁数百幅,国民党元老邹鲁寄来的丝织挽轴云:

> 八闽五虎,太姥万仞,地灵笃钟,人豪天挺。学以经世,志在康民,
> 亦儒亦侠,有武有文。革命之艰,开国之盛,武协戎机,文张国论。晚司
> 风窗,二十有年,扬清激浊,救弊补偏。巍然元老,齿德并尊,人伦之
> 表,邦家之光。孤岛垦荒,自治示范,一夕骑箕,忽归天上。大名不朽,
> 远播维馨,云霄万古,怆想仪型。

乡贤周梦虞先生挽诗云:

> 议郎建白梦中过,末路英雄唤奈何!
> 绝岛林渔收效渺,平生肝胆照人多。
> 能驱巨憝才无敌,纵葬岩阿志不磨。
> 絮酒只鸡隔一水,临风凭吊泪滂沱。

1981年秋冬之间,值辛亥革命70周年,在时任福建省委书记项南的关心下,拨专款将朱馨梓先生遗骸迁葬其故乡果阳蕉坑。

(本文参考了朱佩嘉、朱国钊、朱鼎邦等提供的资料)

容瑜珍女士传略

✐方 东

容瑜珍女士，为辛亥革命元老朱馨梓之夫人，广东香山县富商容隆基之幼女，名门闺秀也。

容隆基曾经商厦门，挈其女入厦之怀仁女子学校就读。1918年朱馨梓随国会南下广州，1920年奉孙总理命任福建民军招抚使驻节厦门，与夫人邂逅，慕其品学兼优，且能操英语及广东、闽南等地方言，实一理想之贤内助，遂挽陈嘉庚、潘雨峰二先生之说合。婚后两人情感甚笃，志同道合，容瑜珍从此随朱馨梓奔走国事，既掌文牍，兼操家政，集内外事务于一身，实贤内助也。1932年冬朱馨梓病殁于嵛山岛，夫人时方二十九岁，矢志守节，抚育遗孤。未几抗战兴，嵛山岛沦陷，家产悉付一炬。朱馨梓与夫人所生四子，年俱幼小，生活濒临绝境，唯赖

容瑜珍女士照

夫人执教小学以束脩勉维一家生计，辛勤培育桃李，兼为衣食苦劳，终于积劳成疾，于1943年冬病殁于桐城。盛年萎谢，里人莫不哀之。

容瑜珍乃幼承庭教，平素克己待人，不计虚名，崇尚勤俭，恒居安思危，淡泊自甘，劳作之余，不忘学习上进，兼之烹饪女红。集严父慈母于一身，对儿辈效法孟母，使之夜夜孤灯课读，育四儿子成材，为邻里所赞扬。更堪夸者，乃智勇过人。嵛山首次沦陷时，容瑜珍深入匪穴，以惊人的智慧施以计策，击退群匪，而保住枪支弹药，使之安全转移，完璧归还政府，以增强边防力量。

容瑜珍献身教育，关怀贫寒子弟。抗战时期曾任教于省城二所小学，后回福鼎石渠小学。1939年乡人坚请夫人主持果阳小学，容瑜珍欣然受命，并倡导富户捐资成立学校基金会，为解决贫寒子弟的书籍纸笔和奖掖外地教师及品学兼优学生之用。

（本文原载《福鼎文史资料》第13辑）

朱筱徐传略

朱筱徐魁梧奇伟，聪颖好学，温厚朴实，记忆过人。子女放假之余授之四书，公辄掩卷以课。是时朱挺光任教点头校，特邀其追述四书，自始至末背诵不漏，书中任念一句，则不遐思，即可上连下贯。公笑云，科举时在金钗溪宗祠与朱腾芬、朱泽夫等十多人傅学孔广敷先生。一日命题作文，有某忽文居首位，共异之，向其索观，因抄袭未敢出示。翌日某翻阅其文，公蹑足于背后，注目而视，某阅毕，始察有人窥视，急掩卷。公笑曰：吾已背诵矣，倾听可乎！他与里人相处和睦，持家严谨。曾取县学第一名入泮，任果洋区议员。

公之父精于岐黄之术，公亦通医理，诚恐未精贻误病者，未敢问诊。目睹斯时官场险恶，鲜于过薄。遂于1911年乔迁点头，遁隐市场，以大道生财为本。每与人排解纠纷，而息词讼，获得地方人士之赏识，由是闻名远近。清廷推翻，建立民国，提倡废除雉发，解放天足，公以子女作为当地之楷模。

军阀混乱期中，沿海商埠设官牙，重课鱼税，商贾莫不怨声载道，无从抗议，公不忍坐视，自告奋勇，晋省垣上诉，得朱腾芬与民政所科员家驹之援助，得撤销点头埠牙馆之设。

1927年公倡导兴设学校，得族亲朱子明联系地方热心办学人士，创办点头桥头初小。借用临水宫为校舍，嗣由朱子明捐献出其在碗窑创办的碗厂，碗厂歇业，整个厂内所有木料用具移予学校，修理教室课桌椅，是为点头设有学校之伊始。1943年夏协同李华卿先生及地方人士把临水宫改为校舍，创立福鼎县立点头中心小学，培育人才，提高文化水平。公于地方公益贡献颇多，深孚众望，终年63岁。

朱明湖传略

🌿池方志　朱鼎邦

朱明湖号莹光，点头镇果阳村人，大学毕业，是福鼎县从事国民革命的杰出人士。1926年奉派创建国民党福鼎党务，曾任国民党福鼎县党部筹备员，仙游县县长，十九路军谭启秀军政治部主任，牺牲于十九路军"闽变"失败时，年仅33岁，邑人惜之。兹择其主要经历略述如下：

初露锋芒

朱明湖像

朱明湖性谦和，恭亲好学。其父务农为生，勤俭居积，家道小康。因见朱明湖孝顺勤学，令其学习文化，高小毕业后于1919年考入福建省立第二中学，与革命烈士陈伯恭同校并结为亲密好友。朱明湖喜言谈，广交友，尤其关心同事，热心公益，大力宣传新文化运动，为闾里所称道。

五四运动时，朱明湖加入省城学生会宣传队，上街演说，痛斥时政，高呼"三罢"，呼吁废除二十一条等卖国条约。暑假回家，又组织回乡学生宣传队，参加者有陈伯恭、林豪庵、董光学、黄菊波、潘菊农等青年学生。回乡时，见到乡中尚有缠足等封建残余，他就挨户宣传，劝说妇女不缠脚，好人不当媒，私塾要读新文化课本的道理。其启蒙私塾老师朱德敷在其说服下也教起了新课本，足见其以理喻人之长才。这些爱国行动和他的才智深得其族叔、同盟会会员朱腾芬（时为民国国会议员）之器重，遂携往北京深造，考入民国大学，毕业后在广州及福州等地从事国民革命工作，很少回家。

筹建国民党福鼎党务

1925年国共合作，7月间国民革命军誓师北伐，朱明湖受命回鼎建立党务和发动国民革命，以瑞云寺作为革命活动基地，筹组硖门区党部，后转移到东稼村活动。同年12月2日国民革命军东路军进驻福州，建立有共产党参加的国民党福建省党部筹备处，委派朱明湖为福鼎县党务筹备处主任。时福鼎政权为豪绅所左右，平民切齿痛恨，朱明湖到县即召集新学界共襄建党和国民革命事宜，一致认为要唤起民众进行国民革命，首先必须发动进步群众打倒土豪劣绅，广大民众才敢挺身响应，因此分头收集土劣的大量贪赃枉法材料。他利用寒假期间召集全县新学界青年在县城明伦堂（俗名"老师里"，在今市医院后侧，当时是县党部筹备处所在地）开会，发动斗争土劣。会上群情振奋，会后即以青年学生为骨干发动群众游斗了一些豪绅，打击了土豪劣绅的气焰，群众莫不拍手称快。当时驻福鼎海军连长尹家勋勾结土劣，诱劝农民种鸦片，从中收捐渔利。朱明湖纠集进步人士起而反对，福鼎在省城求学的学生闻讯也开会响应，发出反对福鼎种鸦片的宣言书。尹家勋大为恼火，竟率海军陆战队包围党部筹备处，打砸并烧毁筹备处办公用具、文件，朱明湖在群众掩护下逃离现场。

参加"闽变"

1932年，十九路军入闽，委任朱明湖为仙游县县长，至1933年冬，李济深、蒋光鼐、陈铭枢、蔡廷锴等国民党左派联合共产党反蒋抗日，在福建成立"人民政府"。为了加强军队的政治工作，又调朱明湖到谭启秀军任政治部主任。不久"闽变"失败，在蒋军大兵压境下，十九路军被迫向闽西北转移，朱明湖随军北上，于南平水口，遭反动军阀教导团伏击，不幸中弹阵亡，年仅33岁，闻者莫不惋惜。

（本文原载《福鼎文史资料》第9辑）

李得光事略

胡乃渺　陈海亮　方东

　　李得光，又名观国、耀西、华师、李原，福鼎县点头人。生于 1902 年，1929 年毕业于北平中国大学法律系。他热诚爱国，早在学生时代就积极参加反日救亡活动，为人正直，关心群众疾苦和桑梓教育事业，为祖国解放做出一定贡献。

组织本社进行革命斗争

　　李得光 1925 年在北平中国大学读书时，孙中山先生到了北京，宣传联俄联共扶助农工的新三民主义，他在这时参加了国共两党合作的国民党。次年，开始北伐。

　　1928 年初夏，在湖南参加过永兴乡苏维埃政府工作的邓亮（邓昊明，李得光中大同学）来到北京，经常与李得光碰头研讨时局，决定组织一个"法共产党的组织纪律，行孙中山的三民主义，彻底改造国民党，复兴中国革命"的名为"本社"的政治团体（农工民主党前身）。邓亮、李得光、关楚琳等五人起草政治纲领和组织章程，通过大会选举成立了干事会，邓亮、李得光等五人当选为本社干事，李得光主持民运部工作。

李得光像

　　本社成立后，牢牢地掌握了北京市学联、妇联的领导权，开展以反日救亡为中心的反帝斗争：成立北京各界反日会，在天安门广场举行民众大会，通过反日救国宣言，出版《反日半月刊》；组织宣传队、歌咏队，开展宣传活动；组织检查队，查禁、登记日货；通过打倒日本文化侵略中心《顺天时报》的决议，劝阻订户订阅，组织邮递员拒递，最后迫使该报停刊；开展以文教战线为中心的反帝、反封建、反蒋斗争，加强对教育阵地的占领。本社组织力量掌握了四所会馆私立中学和民国大学附中的学校领导权，并创办一所美术专科学校和一爿东方书店，出售进步书刊，出版画刊，宣传反帝、反封建、反蒋，动员在大、中学校当教师的本社社员经常揭发日本帝国主义要并吞我国的野心，反对蒋介石背叛孙中山的对内对外政策。在上述一系列活动中，李得光是一个出色的活动家和组织者。

回闽进行革命活动

1929年夏，李得光从北平中国大学法律系毕业，是年秋，由韦化宏介绍到广西南宁桂系师长李明瑞处工作，参加俞作柏、李明瑞的倒李宗仁、白崇禧活动。韦化宏、李明瑞在南宁酝酿起义参加红军，李得光参与运筹，起义后，因军事失利而告终。李得光回到福建，在福州主持闽东旅省同乡会工作。冬，回闽东，联合青年，反对海军陆战队与地方豪绅勾结迫种鸦片、勒收烟脂，并与为此演成的惨案作斗争，还办理闽东沿海风灾施赈。

1930年10月，本社在湘学堂举行全社代表大会，一致通过了与邓演达先生所创立的中国国民党临时行动委员会的合并案并实行合并，北京市总社改组为行动委员会北京支部，各省分社仿照北京进行合并。合并后邓演达指令李得光回闽负责福州与闽东的党务，并授意其参加国民党福建省党部工作，在国民党内部吸收思想进步的热血青年发展组织，实行"打进去、拉出来"的两手策略。

1931年，李得光以中国革命临时行动委员会福建干事会常务干事的名义打入国民党，任福建省党部组织部指导科干事。在这期间，李得光在组织部看到寿宁国民党特派员行文省党部缉拿共产党员叶秀藩，当即通知叶秀藩及早脱离虎口。过了三天，又邂逅于南台，再度敦促叶秀藩速作隐蔽，并带他到郭公木先生家匿藏花厅楼上暗室，终于脱险。

1933年10月至11月，李济深、蔡廷锴、蒋光鼐在福州发动倒蒋运动，成立人民革命政府。在此之前，邓演达先生已被蒋介石杀害。李得光毅然加入人民政府，进行倒蒋运动，担任参谋团少校参谋。倒蒋失败后，李得光逃亡香港。

1935年5月，李得光结束香港流亡生活，经邓昊明介绍，前往广西就任国民党第四集团军总政训处少校处员，后任梧州政训分处主任。1938年春，福鼎诸故友鉴于故乡文化落后，为培养人才，酝酿筹建中学，邀李得光返里主持私立北岭中学筹备工作。是年秋，李得光应郭沫若之邀前往广州，担任战地文化服务处广州总处主任，直到广州沦陷前夕才撤离。因积劳成疾，李得光不得已回到福鼎休养。

回鼎效力桑梓

李得光返闽时，曾制定服务家乡的五项原则：一是打破地方派系观念，二是鼓动抗日情绪，三是鼓舞新思潮，四是辅导茶农认真组织合作社，五是反对贪官污吏。

1939年春，李继任福鼎北岭中学校长。1940年创办"福鼎白茶合作社"，与茶商压低茶价做斗争。当时，福鼎白茶无法外销，福建省茶管局不予收购，李得光根据国民党政府合作社法，组织"福鼎白茶合作社"，向福建省合作局申请转向省茶管局保证提供贷款，各村成立村社后组成联社，推选李得光为联社主任。这对应对白茶滞销所带来的不景气，减少中间剥削，救活处境艰难的茶农，起了巨大作用。每个茶农，不论产茶多寡，都可以参加村社，当时社员有数千户。茶农直接向村社交茶、领款，村社除理事、监事、司库外，还设评价员三至五人。

1940年，李得光向翠郊村石床保周阿本收购白毫茶10斤1两，付国币19元1分，下图为收据。

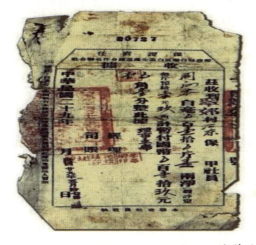

白茶收购凭据

1943年，李得光在福鼎中学校长任内，郑丹甫同志曾叫朱敬伍通知他利用校长身份，多次越过层层封锁的柴门岗警到县城附近路边亭吴泽夫家碰头，探讨革命事业。是年冬，县内发生大刀会暴动，磻溪乡长陶肇贻被杀。国民党县长王道纯派军事科长康捷成率队前往镇压，在百步溪桥遭到预先埋伏瓜园燕园的大刀会袭击，县保安一个中队杀伤殆尽，康捷成亦阵亡。王道纯惊慌失措，急电泰顺求援，泰顺派一个大队约400人来鼎，进驻点头，抢掠财物，群众受祸尤烈。不几日省里一个保安大队也开到，与大刀会稍有接触，大刀会即溃退白琳。翌日，李得光找省保安大队长张某，说明福鼎大刀会猖獗，是官追民反所致，张某便示意得光劝导他们缴出符衣梭镖，可以不再进剿。这时，中共地下交通员朱敬伍来找李得光，传达大刀会不日围城的消息。朱敬伍希望李得光设法平息，并说："农民对你是信任的。"而县长王道纯则表示要大开杀戒，李得光和县政府秘书施贻文共同提出用宣抚办法解救受骗的农民。当时组成三个宣抚队，白琳区宣抚队由李得光、肖宗潜、吴晋翔等五人负责。

李得光等下乡宣抚之前，获悉泰顺机干队先已出发，料非好事，当即派人赶到油坑，通知农民群众预先清野外避。李得光亲带校友亚古漏夜徒步赶到油坑，找泰顺兵军官进行制止，但油坑陈、郭二姓民房已被焚毁将半，唯人、畜、衣、粮幸免。

为解放福州做出贡献

李得光于 1945 年当选为福鼎县参议会参议长。1946 年当选为福建省第一届参议会参议员并被选为驻会委员。驻会期间，参与了策动拥护政协，通电全国一致响应和平；反对国民党中央以福建为戡乱基地，主张取消各级戡乱会；反对征兵征粮，延长内战；检举国民党官员在福建的劣迹等活动。

1946 年春，李得光任福鼎三青团筹备处主任；1947 年 9 月，三青团合并国民党福鼎县党部，李得光被任为副书记长。

1948 年，台湾收复三年后，李得光于 11 月 29 日与温梓祥、林步堂、柯汪洋、林观建、游道渊、李汉青、张式玉、李汉森、黄世广、蒋超、徐家或等十二人赴台观光。是年冬至 1949 年春，与黄农、李含阳、邱锦章、汪盈科、谢殷盘、郑少雄等恢复了农工民主党福建省干事会组织，研究如何配合解放战争开展活动。李得光承担的工作有：策动福州市警察局各分局长反正，与中共闽东组负责人吴梦熊取得联系，调查了解国民党军队的番号、作战计划，策动闽东各县响应解放运动，调查驻福州各机关的财产并预做移交准备，调查了解刑警队情况等。

1948 年冬，国民党福建省政府主席朱绍良借口金圆券贬值，以安定市场为名，发行辅币券，吸收市面黄金、白银，和财政厅、省银行、福州商会勾结一起，企图将金银套汇上海，购买粮食。当时李得光为省银行监理，立即联系印票工人，查明发行数额，限制省行滥发，只许印发对等辅币券。到 1949 年 8 月 17 日福州解放那天凌晨，朱绍良上了飞机，想到辅币券和金银没有提走，要总务赶到吉祥山省银行提取。由于钥匙在参议会，库门打不开，朱绍良气汹汹地把总务推向机舱门口，滚落舷梯，掉伤了腿。库存银圆 5 万元、黄金 1000 两终于保留下来，回到人民手中。

当我解放军追击国民党残敌进入赣闽边境时，朱绍良尚图调动在闽的几师兵力负隅顽抗。这时，李得光与保安处通讯连连长钱谷城拉上同乡关系（钱妻福鼎人），经常从钱处获得军事情报，知道国民党部队的许多军情，及时把情况汇报中共闽中组转给前方。

为瓦解福州反动警察局的力量，在福州解放的前几个月，李得光和农工党几个同志进行了一系列策反工作。由李含阳介绍,李得光认识省保安处人事股长魏阙,对他们实行攻心战,从谈形势转入利害关系,最后晓以大义,劝他们保卫福州治安迎接解放,并事先掌握全市刑警队花名册报给社会处(后来的公安厅)。解放时,这些分局在保卫洪山桥交通、保卫电灯厂和市内治安方面都起过作用。解放之日,所有武器全部上缴。福州军械厂经接洽虽未完全成功,但原先破坏机件的企图得以及时制止。

国民党福建省党部总务科长廖维周,属 CC 系,也是省参议员,曾和李得光同学。临解放时,他忧心忡忡,李得光问他作何打算,他说:"如果走,一家七口,生活堪忧。要留,怕有危险。去留两难。"李得光启迪他:"国民党大势已去,人心丧尽,只有立功赎罪一途。"他说:"上级临走时还交代我将全部档案焚毁,还有二三十支自卫枪和一些弹药也要砸毁。"李得光劝他把这些都保留下来,他满口应承,旋即列册托李得光转交人民政府有关部门。

国民党闽台监察使署,李得光有一同乡好友,二人私交甚笃。解放前夕,李得光动员他保管好档案,列册上交。因此,闽台监察使署成为最早交出档案的一个单位。

中央银行、中国银行、交通银行、农民银行的一切账目,通过农工党成员宋之英(农行副行长)和四行中上层职员较熟悉这一关系,先摸底列册,解放时全部由李得光送交中共闽中组转给福州市委组织部长赵峰同志。

1949 年 8 月 17 日福州解放,协助解放军及人民政府了解地方情况,尤其是匪特在闽东的活动情况,如连江、罗源特务网的破获,就是在他的协助下进行的。

福州市人民政府成立后,李得光被邀请为市人民代表会议代表,并任农工党福建省工作委员会委员兼组织部长。1951 年春,由农工民主党介绍参加华北革命大学政治研究室学习。1952 年 9 月,在北京应山西中学教师招聘团之聘,到山西太原第一师范任历史教员。1956 年 7 月,调任农工民主党南京学习室主任。1957 年返闽,任农工民主党福州市委会常委兼组织部长,1965 年退休,1981 年病故。终年 80 岁。

(本文原载《福鼎文史资料》第 5 辑)

朱辅良二三事

陈希立

　　吾师朱辅良，字任生，福鼎果阳人。年弱冠，毕业于日本东京工科大学应用化学科。曾任福州洪白路工程处主任，历任福建省立师范学校、厦门集美水产学校教师，福鼎北岭中学、福鼎初中校长等职。余在福鼎初中求学时，赁宿吾师寓所楼下，时亲教诲，吾师立身处世，感人甚深，现举二三事以志之。

为国为民，志趣高尚

　　辛亥革命后，封建遗毒仍充斥人民脑际，送子读书，意在做高官、食厚禄。时人窃讥吾师枉为留日之大学生，不能猎取一官半职。余年幼莫衷所是，诧而询吾师，为何不进法政而学化工？师喟然叹曰："官场龌龊，蝇营狗苟，吾极耻之，安忍同流合污耶！举国城乡，洋货充斥，竞相购买，金钱外溢，国困民穷，殊深痛心。吾愿学化工者，冀图为国振兴实业也。"吾师之志高如是，爱国之心如是。然谋事在人，成功与否，需要条件，惜乎其经营"鹿牌"肥皂厂，由于资金不足，设备简陋，原材料缺乏，经整顿而难振，未竟师志，然而不失开福鼎实业之先河也。

　　振兴实业未成，吾师转而任教，希图培育人才，富国强民。在任福鼎初中校长中，吾师兼数理化三科教学于一身，殚精竭虑，不辞辛劳，百年树人，师之志也。师之行感人，师之事业何逊于良相也。

资颖慧，精数理

　　日本东京工科大学，乃日本名牌学府，吾师能考入，已非易事。夫中国人学日文与日人相较，其基础之差距甚大，而在百余人之毕业考试成绩，吾师竟能名列前茅，跃居第十名，非有过人之颖慧，奚能臻此。吾师不但主修化学科成绩优异，而且兼修科数学成绩亦拔萃。师曾语云，毕业考卷有一试题：一张纸要求算出重量，师用微积分公式算出，答案与所称重量相同。又如在福建省立师范学校任教时，闻名全省之名牌数学教授王邦祯先生遇及难题，屡请吾师同解，可见其数学水平非同凡响。

性恬淡，平易近人，诲人不倦

　　吾师性恬淡，喜小酌而不豪饮，喜谈心而不阔论，胸怀豁达，平易近人。旧社会虽有师道之尊严，然吾师随和，余因而敢于日夕亲近。数年来暑假中，常邀密友池君诣师处补习数学。吾师既耐心讲解，复出示大量数学参考书籍供研读。余虽愚钝，经吾师反复讲解，循循启发，日有进步。其关心后代成长，诲人不倦精神，于斯可见。

　　吾师离世已三十六载，中夜忆思其言行馨笑，仿佛如昨。余不敏，谬承师训，始有今日之肤浅知识。奈无所建树，愧无以对吾师于地下。谨举二三事，以就教于受吾师之教化者，借资引玉。

朱敬伍事略

✑朱有为

先父朱敬伍，生于 1906 年，卒于 1945 年，兄弟六，父居长。幼年，祖父朱绍程为之取名曰"世宽"，盖冀他日待人处世能宽大为怀。

父幼聪颖，读经攻史，日无暇暑，就学于福州二中，对古典文学造诣颇深。在校时，深恶国民党腐败，于是接受马列真理，毕业回乡后投入地下革命活动。父爱护劳苦大众，每为枉屈者仗义执言，伸张正义。父交游广泛，刚直不阿，受人敬仰。

父能文善辩，颇有才华，当政者重其才，拟委任本县第五区（白琳）区长之职。父婉辞曰："山野村夫岂敢言政！"敬谢不就。复有果阳朱明湖先生出任仙游县县长，启聘为秘书亦坚辞不就。嗣受崙山垦殖公司聘为代经理之职，父为特殊使命计，竟毅然承诺，远渡荒岛。父为人和蔼可亲，与岛民鱼水相依。后因身体欠佳，不胜其劳，未期年而因病引退。

先父之一生，是为革命效劳之一生，尤其是 20 世纪 30 年代至 40 年代中期为革命做了大量有益工作。如在点头镇开设蒲包饭店，掩护地下党活动；主持廖山、大峨红军会议，参加会议的红军朱绍基（山柘人）说："今晚中央派人来开会，原来这个中央派来的是石塘里朱敬伍。"当年国民党政府封锁苏区食盐供应时，父设法通过各种渠道把食盐源源运入苏区。1936 年国民党八十师驻鼎"剿共"，某日一个连从县城开赴管阳一带清乡，途经唐阳花亭被红军伏击全连覆灭，却归罪于当地群众，抓去朱姓 6 人以知情不报罪拟处死刑。父为之具文申诉，并多方营救，群众终免于难。事后，族亲备厚礼到我家致谢，当有一人要下跪致谢时，父拦腰抱住云："你们系我伯叔，怎可跪侄儿，我是朱家后代，营救亲人，责无旁贷。"并把礼退回去。是年，我 12 岁，偎依祖父身旁，目睹感人情境。山门里地下党人林礼坛、黄家凤等 6 人被捕，亦由父具文保释。父有机智应变之能，1940 年冬某日上午，与郑丹甫等同志在山柘朱彝庭家中集会，探子飞步回报云敌兵至门外大路不远处。眼见疏散不及，父镇定自如，灵机一动，胁夹雨伞，从容走向领队林德铭，与之周旋，争取时间让郑丹甫等同志脱险。父近午回家云："早上好险啊！差一点被一网打尽！"朱彝庭系地下联络员，几次被捕，亦由我父保释。有一次为修理红军步枪，用草席卷裹，夹在胁下，不动声色，安然通过城门内外岗哨。有人谓之曰："此杀头事也，宁不惧乎！"父放声大笑，泰然自若。

1936年，农村富户均迁居城关，唯吾父率妻儿回故里，终日与扛红缨枪者为伍。一日父携我去外祖父家，绕路山间羊肠小道，每见扛红缨枪者与父相遇时，即向父行鞠躬礼。我问："谁也？"曰："红军也。""红军为何向您弯身？"父笑答曰："红军有礼貌也！"

同年秋，某夜吾父俨如飞檐走壁的侠客，把革命传单塞进国民党政府各办公室的抽屉里，次晨上班者打开抽屉愣住了，同僚相安无事，或带回偷看，或毁掉，同感共产党人就在身边。

父长期在山门里、山柘一带与郑丹甫等同志从事地下革命活动。父与陈伯弓、郑丹甫、郑奎为挚友，与王烈评、林辉山、陈辉、谢秉培、夏国忠等同志有亲密联系。因革命需要，结识国民党中民主人士，曾率李德光先生到山门里与郑丹甫会晤，还同郑丹甫穿越戒备森严之城关柴门到吴泽夫先生家商议革命统战工作。

父同情贫苦大众，有深厚的无产阶级感情。有次家里办喜宴，见门外乞食者多人，遂添酒席一桌请他们就座，视同贵宾，亲自把盏，谈笑风生，村人赞之，一时传为佳话。

1938年夏，我14岁，在点头小学读书，放假回家，从我家楼上暗处搜出一个红布包，打开一看，内有镰斧旗一面、长形和方形大印章各一颗、花名册一份、小册子若干本。当我正津津有味地读着署名毛泽东的《质问国民党先生们》时，父轻步上楼，从我背后走来，用五指敲我后脑云："你要不要命，把我的东西拿出来！"随后即包好寄在邻居颜厝。父死后，搜剿日益严重，颜家把这包革命文物烧毁。

1936年，父全年不知去向，母死父亦未归。次年回家，友人追问其故，曰："吾因特殊使命而北上。"吾父为革命抛开妻儿出走，其衷情泉下吾母若有知，亦能谅解也。

先父的革命事迹，我年幼不知其详，至今父老乡亲仍说："敬伍在革命活动期间，为老百姓做了不少好事。"由于先父革命活动频繁，曾引起国民党政府注目，下文逮捕。从福鼎市档案馆保存的敌伪绝密文件看，先父更不是常人。现摘录如下：

县府密代电：卅二年六月十五日，保密103安3（3）
朱镇午等均已派员严密监视其行动，随时侦缉报核外，谨电察核。

福鼎县长王道纯

县府又密代电：

> 机密搜剿队奉省保安司令刘电云希即将白琳奸伪朱镇午密拘严密侦讯并将办理情形报凭核夺为要。

> 福建省保安司令部密代电王道纯……白琳区奸伪负责人系山格乡朱镇午素行踪诡秘不知其详情等语，希即严密查缉办理跟究同党期能扩大破获，仍盼将办理情形报凭核夺。

刘建绪

难怪国民党保安队长陈济游（父之好友）说："敬伍，王县长、刘省长要我抓你，怎么办？"不知父授陈何锦囊，才能逃过虎口！小小一个地下党活动者，怎能引起堂堂省长刘建绪的关注，又有什么广大神通飞越几道"天罗地网"而幸免于难。

先父家乡点头镇西洋尾村群众在解放后曾多次要求点头区政府上报县委追认其革命事迹，却迟迟未予办理。嗣经王烈评、陈辉等老同志的敦促，县委地下党问题领导小组才于1987年7月11日以鼎委地办（87）001号文作出《关于承认朱敬伍同志参加地下党革命活动的历史的意见》：

> 中共点头区委：你区报来"关于承认朱敬伍同志参加革命历史的意见"悉。对照闽委（82）34号文件精神，和调查有关老同志证实：朱是我地下党领导人郑丹甫同志的同学，又是郑在这一带活动的单线联系人，在党的思想影响下，朱在抗日战争期间参加过地下革命活动和支持革命。经研究：我们同意你区意见承认朱敬伍同志（1946年病故）生前这段革命的活动事迹。

先父在风雨如磐之旧社会，为革命纵横驰骋，义无反顾，直至最后一息，诚可贵也！他仅39岁溘然长逝，所遗于后代者，唯为国为民忠心耿耿鞠躬尽瘁之精神，与克己为人宽宏大度之气概，诚不负祖父为之取名"世宽"之初衷也。谨书梗概以志之。

黄埔军校点头籍先贤

黄宝成　林振杰

　　黄埔军校是中国近代史上最为著名的军事院校，培养了大批优秀的军事人才。抗战时期，点头先后有 4 位热血青年走进黄埔军校，毕业后积极投身于抗日救亡活动。他们是：

　　朱镇邦　果洋人。抗战初期考入黄埔军校，毕业后历任国民革命军第九十军司令部教导员、山东曹吴两县指挥部政务官，兼曹县县长、福建绥靖公署参议，为辛亥革命后裔委员会成员，著有《中国问题及改造之道》和《孙文主义真理体系》等书行世。

　　林礼梓　字楚材，别名林超，生于 1916 年农历五月，举州村人，1939 年毕业于黄埔军校第十六期，抗日战争期间为中国国民革命军第三战区政治部军官，于 1950 年农历正月辞世。

　　陈在缪　1941 年以优异的成绩考入黄埔军校第十八期化学科，毕业后为国民革命军某团参谋，解放前夕退伍。

　　洪　耀　又名瑞葳，生于 1922 年 6 月，1941 年考入黄埔军校上饶分校第十八期步兵科。毕业后任中国国民革命军第三战区丽水新兵训练基地教官。1945 年抗日战争胜利后离开部队，在上海杨树浦区与上海当地贤达创办了杨树浦学校，包括 2 所中学、14 所小学，并担任中小学总教导。

叶克守传略

　　叶克守，1912年3月生于翁溪村。青少年时以放牛、种田、打短工及肩挑贩盐为生。1935年5月参加中国工农红军挺进师，8月，转到闽东红军独立师。1936年5月加入中国共产党，在闽东北地区坚持艰苦的三年游击战争。

　　1938年，叶克守随闽东红军北上抗日。抗日战争时期，历任新四军第三支队第六团排长、特务连连长、第一师第二团营长、江苏省军区第二军分区台北独立团副团长、第四军分区特务团团长等职。1939年，他在嘉兴战斗中被子弹击穿腰部，身受重伤，仍在火线指挥作战。1940年5、6月间，率部参加郭村保卫战，10月参加著名的黄桥战役。在作战中，叶克守身先士卒，英勇战斗，多次负伤，屡立战功。1946年1月，受命护送山东野战军司令员陈毅先后赴济南、徐州同国民党谈判。为确保陈毅的安全，他机智勇敢地同国民党做斗争，圆满地完成了任务。

叶克守像

　　解放战争时期，叶克守任华中军区第二军分区第四团团长。1946年8月，他率部参加著名的苏中七战七捷战役。在邵伯保卫战中，前线指挥所堡顶被炸塌，他双脚被埋在土中，仍沉着指挥四团与国民党军队反复拼杀。经三天三夜浴血奋战，终以少胜多，打垮国民党整编二十五师的轮番进攻，取得苏中战役第六战的重大胜利。战后，四团受到华中军区通令嘉奖。后叶克守历任苏北兵团第十一纵队九十七团团长、第十兵团二十九军八十七师参谋长等职，先后参加了淮海战役、渡江战役、上海战役和福州战役等。

　　中华人民共和国成立后，叶克守任福建第五军分区司令员，曾领导闽西剿匪斗争。他亲率两个团剿灭德化县的刘子宽、林青龙等部。1951年9月，又组织、指挥部队和民兵围歼登陆内窜的海匪"泉州纵队"和"永安纵队"。1952年5月，调任福安军分区司令员，致力于海防战备和部队的现代化、正规化建设。1953年，国民党军企图窜犯闽浙边境，他率参谋人员，带上无线电台，徒步跋涉120余公里至福鼎县前岐设立前线指挥所。他在战争年代因伤致残后，经常腰痛和小便失禁，但是仍以顽强的毅力，跋山涉水，周密勘察地形，制定作战方案。他对革命兢兢业业，严格遵守组织纪律，在部队起了表率作用。

1955年，浙江的江山岛解放后，国民党军队图谋报复，海防紧张。叶克守夜以继日，全力备战。他还十分关心地方工作，到各地检查工作时，经常协助地方解决经济建设和政权建设等问题。

1968年4月，叶克守兼任福安专区革命委员会主任。1969年11月，他任福建省军区副司令员，仍留在福安工作。1971年7月起，又兼任中共宁德地委书记、宁德地区军事管制委员会主任等职务。这时期，他身负重任，不顾病残的身体，深入农村和工厂调查，为发展工农业生产、改善人民生活而殚精竭虑。1974年9月，叶克守离开福安到省军区任职。1978年4月离职休养。

叶克守虽是一等残废军人，但他从未向组织提出任何特殊照顾和要求。他离职后仍住在一所旧式的楼房里，组织上拨款装修，他却不让，体现了共产党员的高风亮节。

叶克守于1955年被授予大校军衔，并获三级八一勋章、二级独立自由勋章、二级解放勋章。1982年享受正军职待遇。1988年获中国人民解放军二级红星功勋荣誉章。他还被选为第四届全国人大代表和福建省第四届政协常务委员。

1990年11月13日，叶克守在福州病逝，终年78岁。

（本文摘编自2003年版《福鼎县志》）

林义传略

林义，1916 年出生于过笕村，1934 年 6 月参加革命，1935 年 7 月加入中国共产党。1938 年 3 月，林义跟随粟裕率领的闽浙边抗日游击队北上抗日，历任新四军第二支队四团班长、排长、副连长、连长、营长等职。1940 年，他参加了陈毅领导的"黄桥战役"。这次战斗，以军政并用、以少胜多、出奇制胜的特点驰名中外。

林义像

1947 年，林义调任华东野战军第一纵队行政科长，先后参加了"莱芜战役"和"孟良崮战役"；1948 年参加了"兖州战役"。在这些战斗中，他曾多次负伤。1949 年 2 月，林义任华野第十四院行政院长。抗美援朝期间，他接转送过大量伤病员。

1955 年后，林义历任东北吉林军区榆树县兵役局局长、东北长春榆树县人武部部长。1961 年 9 月离职休养，安置福建邵武。1962 年任邵武县名誉副县长。十一届三中全会后，任邵武市政协副主席。

（本文由福鼎市党史办提供）

董德兴传略

董德兴，又名阿绍，1917年12月生，大坪七斗冈人。5岁失怙，母迫于生计再醮，他幼年依伴祖母长大，8岁时便替人放牛，后常伐樵叫卖。

1935年4月，董德兴参加福鼎当地游击队，参与"抗租、抗债"和筹集经费等革命活动。翌年春，转为中国工农红军挺进师战士，随部队转战闽浙边区，并参加了峰文战斗。1938年3月，他随粟裕部队开赴皖南岩寺，北上抗日；同年8月加入中国共产党，10月任新四军第二支队四团班长。此后，他历任新四军四团排长、新四军独立二团连长、十六旅干部整风训练班副队长、新四军独立团副营长、四纵队特务营营长、十纵队二四五团副参谋长等职，曾参加虹桥机场、黄桥决战等著名战役。他在历次战斗中冲锋陷阵，奋勇杀敌。

新中国成立后，董德兴历任福建省建宁县人民政府县长，福州市台江区人民政府区长、区委书记，福州市粮食局局长等职。1957年10月，调任福鼎县人民委员会县长，1959年4月任福安专区劳动局局长、计委副主任。

董德兴在任福鼎县县长期间，领导全县人民大办农业，发动群众兴修水利，多次战胜强台风、洪涝灾害。同时，他组织开发万宝山，大力发展茶叶生产，创办国营福鼎翁江茶场，新办造纸、化工、水泥、食品、编织、砖瓦等工业企业。

董德兴善于从实际出发，坚持实事求是的思想路线，勇于抵制"左"的思想。1983年，中共福建省委组织部决定董德兴享受地专级政治待遇。1983年7月，董德兴因病逝世，终年66岁。

（本文摘编自2003年版《福鼎县志》）

畲族女英雄雷七妹

黄宝成

　　雷七妹（1920—1937），女，畲族，长久昌人。她是一位善良、美丽、刚烈的畲家姑娘。她出身贫寒，从小砍柴牧羊、种田事茶，历经磨难，特别憎恨压迫和剥削。20 世纪 30 年代，张爱梅、彭阿年等革命同志利用长久昌特殊地理环境和群众基础，秘密进行革命活动，发动群众抗捐抗税、分青苗。期间，村里的一些热血青年像雷盛钗、雷自有、兰秋弟（女）等人在革命同志的引导下，先后参加了红军游击队。雷七妹也耳闻目染红军打土豪分田地、为穷人撑腰的事，逐渐认识到只有参加革命才能脱离苦海的道理，于是在 1935 年秋和哥哥雷盛敏一起参加福鼎南区红军游击队，曾任霞鼎县委执行委员、县妇女联合会干事，参加过霞鼎革命根据地的土地革命斗争、反"围剿"作战和闽东、浙南苏区的游击战争。

雷七妹故居（陈雪兰 摄）

长久昌是霞鼎第四区的一个革命据点，福鼎国民党当局视其为眼中钉，称长久昌为"土匪窝"。1936年冬，管阳地方反动武装80多人突然窜进长久昌，村民闻讯后纷纷躲进深山密林，未来得及躲洞者遭杀害，12榴房屋烧毁。1937年6月，雷七妹的哥哥雷盛敏在福安县坪洋反"围剿"作战中牺牲。雷七妹获悉家乡亲人被害、房子被烧、哥哥壮烈牺牲等消息义愤填膺，誓死要为亲人报仇。雷七妹有一副天生的好嗓子，畲族山歌唱得好，人们亲切地称呼她"小雨田"。她经常利用山歌在群众中宣传革命，用山歌传播革命思想，发动群众参加革命，如："无食无穿苦挨饿，一日三时脚踏泥，无好田园做无食，几时会转好世界。救神（星）就是共产党，要度穷人出头天，齐齐早早来革命，参加共产斗争团。""敢做木头不怕钉，敢做笊篱不怕淋，火烧王茅心不死，杀头也要干革命。"

1937年雷七妹随红军在霞浦金竹洋一带进行革命活动，由于部队缺粮，她下山采摘豆荚时不幸被敌人抓捕。敌人对她施以酷刑，想逼她说出红军游击队的藏身之处。敌人问她："游击队住哪里？有多少人？"她回答："满山都是。"敌营长看她长得漂亮，要她做"小姨太"，她冲上前去给他一记耳光。敌营长恼羞成怒，下令把她绑赴校场枪毙。她被杀的那一天，霞浦县城萧索冷落，一排手执长枪的敌兵押送着她，由城东顺着大街朝南校场走去，百姓在屋里都向她投去惜别的目光。她抬起头，含着笑，一路上还唱着她心爱的山歌："朱毛呀，彭方呀，领导无产者，打破旧世界，建立苏维埃！快快做革命，打倒反动派。"群众听后，纷纷为她的英雄气概感动得流泪。刽子手射出了罪恶的子弹，这位年仅17岁的畲族女英雄带着对未来美好的憧憬和对反动势力的深恶痛绝，离开了人世。她的事迹将永远被世人传颂。

（本文参考了福鼎档案馆及老区网、宁德网等的资料）

杜青传略

杜青（1921—1994），过笕村人，1936年5月参加闽东红军游击队，在闽浙边区坚持斗争。1938年3月，杜青随粟裕带领的红军游击队北上皖南，编入新四军先遣支队，同年5月加入中国共产党。抗战时期，他参加了粟裕领导的"韦岗战斗"，也经历了皖南事变。后调到新四军军政治部任警卫员。

解放战争期间，杜青先后参加了淮海战役和渡江战役等重大战役，为民族解放事业做出了贡献。

新中国成立前，杜青历任新四军五十五团连长、华中荣誉军人学校大队部副大队长、杭州军管会浙江铁路局材料处军代表等职。新中国成立后，历任福安军分区学生队队长，宁德县大队大队长、独立营营长，龙岩、永定兵役局局长，龙岩、连城县武装部部长，龙岩军分区后勤部部长，建阳军分区顾问等职。

1955年，杜青荣获三级独立自由勋章、三级解放勋章和三级八一勋章。1970年5月离职休养。1988年荣获二级红星功勋荣誉章。

杜青像

（本文由福鼎市党史办提供）

点头

池方喜与巽城战斗

陈雪兰

池方喜（1922—1982），祖籍平阳，翁溪人，曾名封喜。少年时家境贫困，早年投身革命，在游击战争中以英勇善战而闻名。历任战士、通讯员、班长、排长、中队长职务，新中国成立后，历任连长、副营长、营长、营教导员、副团长、团长等职。后在浙江军分区驻杭州钱塘江部队驻守，任独立团团长。1982年因病在杭州逝世。

池方喜像（福鼎市档案局 供图）

池方喜，曾担任浙南人民革命委员会妇女部长蔡爱凤的通讯员和负责领导鼎、平、泰三县革命工作的闽浙边区委主任王明扬的贴身警卫。1937年夏，蔡爱凤与通讯员池方喜来到高滩村秘密开展革命活动，帮助建立红色政权、开展游击斗争，引起了国民党反动派的恐慌。1937年10月12日重阳节夜，国民党福鼎县出动闽保四团一个连的兵力洗劫高滩村。时任高滩村人民革命委员会妇女委员金维娇舍身掩护蔡爱凤和池方喜脱险，而自己一家六口被国民党保安团枪毙，壮烈牺牲，造成"六尸七命"（时金维娇怀有身孕）的高滩事件。

1941年冬，林德铭利用叛徒张国兰带路，在谢潭地方枪杀了王明扬同志，割下他的头颅拿到桐城示众，并烧毁王明扬所住的群众房屋，捕杀保护王明扬的革命群众。王明扬是当时福鼎牺牲的党的最高级别领导，而此时池方喜因王明扬叫他去理发而逃过了林德铭的魔爪。

1949年6月10日，中国人民解放军第二十一军和浙南游击纵队第一支队、第二支队奉命向福鼎县进军，要歼灭以反动头子林德铭为首的福鼎搜查队。6月11日下午3时，游击纵队第一支队和由大队长池方喜、教导员杨谟率领的第二支队从浙江矾山到达前岐镇，同时到达的还有100多名由矾矿纠察队员组成的鼎平县警卫队。这时，国民党军队林德铭"搜剿队"残部已由县城逃至巽城，在何氏宗祠及附近炮楼内做困兽之斗。池方喜得知后，临时改变了计划，他命令五中队继续朝沙埕进发，围堵敌人海上退路，他率四中队并会同鼎平县警卫队，从矾山到前岐，然后乘船渡海包围巽城。因巽城炮台坚固，没有重武器恐怕攻不进去，便把21军的大炮运来参战。

6月12日，天刚拂晓，我军开始了进攻。祠堂里的守敌负隅顽抗，但很快就招架不住部队凌厉攻势，佯装发出投降信号，而林德铭趁机逃出祠堂潜进炮楼。池方喜带领部队集中全部火力，向敌人的据点炮楼进攻，但炮楼十分坚固。之前在战场上缴获的两支火箭筒和10发炮弹派上了用场，但发出的8发炮弹都没有爆炸。战士们冒雨奋战了1个多小时，炮楼未能攻破。紧要关头，四中队队长谢和快把炮弹按钮打开，迅速把炮弹装入火箭筒射向炮楼，"搜剿队"的排长当场被炸死，狡诈的林德铭伪装投降，举白旗扔长枪。不知有诈的三名战士冲上前，被林德铭突然开枪射杀，倒在血泊中。战士们非常愤怒，谢和快扛上火箭筒，最后一发炮弹在炮楼里再次开花，林德铭跑出炮楼逃命，战士们用机枪扫射，当场把作恶多端的林德铭击毙，并活捉了血债累累的"突击队"队长张琼以及残敌。炮台里的敌兵见状，便都举手投降就擒。

巽城战斗大获全胜，共歼敌100余人，俘虏敌人80余人，缴获轻机枪8挺，步枪180支，子弹2000余发。

巽城战斗的胜利，标志着福鼎解放。

(本文参考了《福鼎文史资料》和福鼎档案馆等的资料)

郑兆福传略

◈ 郑家川

郑兆福，1921 年 2 月 21 日出生，上宅村大垅人。1945 年至 1949 年在福鼎县立简易师范学校上学，并接受地下党组织的秘密领导。毕业后，他与 20 多位同学毅然投奔革命，参加了浙南游击纵队。1950 年 1 月入党。1949 年 4 月至 1950 年 7 月，先后担任点头区鼎平县委青年组分队长、农会干事、镇长等职务，参加了土地改革和柘荣县的接收工作。1951 年在福鼎县第二期土改结束大会上获得上级表彰。1950 年 8 月至 1954 年 10 月，郑兆福先后担任福鼎第三、第四区副区长和副书记等职务；1954 年 11 月至 1957 年 2 月，任福安地委审干办干事；1957 年 2 月至 1958 年 5 月，任沙埕区书记；

郑兆福像

1958 年 6 月至 1959 年，任福鼎海防部副部长；1960 年 2 月至 1968 年任福鼎海防部部长。在福鼎县委海防部工作期间，由于工作出色，荣立一等功。后又在宁德军分区海防办、地委对台办等单位工作。

1978 年至 1985 年期间，郑兆福任宁德地区水产局局长，主持宁德市的水产战线工作，为宁德市的水产事业做出了重大贡献。

1985 年，郑兆福离休，享受副厅级待遇，但他仍然不忘宁德市水产事业的发展与改革，不时为宁德的渔业发展献计献策，贡献余热，做到了"有限生命，无限服务，为党为民，无限忠诚"。在病重住院期间，他仍然关心国家大事，体现了一个共产党员和老同志的高尚品德。

2014 年 7 月 13 日，郑兆福因病医治无效在福鼎医院逝世，享年 88 岁。

（本文参考了福鼎档案馆的资料）

蔡联滨传略

🍃 陈绪龄

蔡联滨（1926—2010），出生于点头横街。1942年秋，他在福鼎五中加入三青团，受过政干训练。1944年秋，国民党发动知识青年从军，即所谓"十万青年十万军"，说要建立一支现代化部队向日寇进行总反攻。因为是抗日救国，蔡联滨就和其他同学一起踊跃报名，当时符合条件的有75人。1945年3月初成立了4个分队从福鼎出发，抵达江西广丰集中站，再经过文化考试、体检及口试等严格筛选，福鼎录取33人，蔡联滨是其中一员。

他们在江西广丰经过三个月集训后，又开拔瑞金编入青年远征军639团战防炮连进行了一个多月的训练。期间，日本宣布无条件投降。1946年，蔡联滨被编入609师辎重营驮马

蔡联滨像（宋国莲 供图）

连，并参加了6个月的预备军官训练，后转入国民党国防部特设杭州青年中学。1947年春，他在杭州青年中学被选为三青团分队长兼学校导报编辑工作，加入了青年军联谊会。

1948年蔡联滨复员回家，1951年参加工作，先后在秦屿小学、黄岐小学、溪美小学、福鼎三中等学校任教，在教育战线默默耕耘直至退休。

（本文参考了福鼎档案馆的资料）

点头

劳模朱月花

陈绪龄　黄宝成

朱月花，20 世纪 30 年代出生于一个贫穷的小商贩家庭，12 岁失怙，当时一家人的生活仅靠年迈的祖父支撑着。由于生活极度困难，她小学三年级就辍学回家帮忙做家务，度过了苦难的童年。

1958 年，朱月花从"灶边"解放出来，被分配到供销社棉百柜当营业员。棉布品种繁多，这对于仅念了三年书的她来说认识起来非常困难，但她没有因此气馁，一边虚心向老职工请教，一边利用业余时间学习珠算、熟悉商品、练习基本功。没过多久，她的业务就非常熟练了。

1968 年，点头公社党委决定派她到大坪大队工作，时间两年。当时已经有了三个孩子，最小一个还在襁褓之中，况且对农业

朱月花像（陈振团 供图）

生产又是一窍不通，对于去还是不去，她经过了一番激烈的思想斗争。最后，她转想到自己原来不过是一个普通的家庭妇女，没有党的培养不可能有今天，于是下定决心，第二天一早就打起包袱，毅然上了大坪山。

一到大坪，遇上大队正在兴建水电站，大队党支部分配她和老党员林细妹一起验收工地的石料。老党员林细妹年过花甲却是老当益壮，在验收石料的过程中，还帮忙抬石头挖土，从不叫苦叫累。在林细妹的影响下，朱月花也积极地投入电站的建设中，除了做好石料验收外，她还和社员一起挖土方、挑泥土、抬石头，样样都干，即使累得腰酸手软，手掌起泡也从不叫苦。就这样，朱月花在大坪电站整整工作了一年多，直到电站竣工。社员们夸她"是和我们真正干在一起的人"。

1970年，组织上决定让她到大坪购销站当负责人。她一上任就和同志们一起整顿门面，扩大经营，坚决响应毛主席发出的"发展经济，保障供给"号召，把购销站品种从800多种扩大到1500多种，样品齐全，货源充足，大力并有效支持了当地农业生产和群众生活的需要。在朱月花的带领下，当时购销站全体职工形成共识：要支援农业，必须要知道农业。在大坪生产队的帮助下，她带领职工种了两亩试验田，通过实践了解农业生产的全过程。还和大坪生产队实行店队挂钩，经常组织购销站职工到挂钩队参加劳动，调查研究，探索农业生产规律，了解群众需求。

　　朱月花在大坪购销站当负责人期间，为了促进养猪事业的发展，她和职工带头养种猪。遇到母猪生小猪，她和职工们就一起轮流看守，经常是通宵达旦。通过几年的努力，大坪购销站为社员提供良种小猪300多头。大坪大队在朱月花的带动下，先后办起27个集体养猪场。

　　1974年，组织上把她推上了供销社副主任的领导岗位。虽然职位变了，但是她为农业生产服务的劲头却没有变，并下决心当一个不脱产的副主任。她经常带病坚持走村串户，送货下乡，从不让自己闲着。有一次从医院住院回来，正好遇上"双抢"，她惦念着村村队队的生产情况，挑上货郎担就下乡了，还一口气跑了30多里。由于病后初愈，身体还很虚弱，最后竟昏倒在连山六队的路旁。还有一次，大坪一连下了三天大雪，山里的社员缺盐少油却无法下山。为了解决群众生活所需，她带上两位职工，在大雪封山的情况下，硬是把商品送到大坪最边远的双头基生产队。

　　朱月花无论是在大坪购销站还是在供销社的领导岗位上，处处为人民着想，为支援农业生产和服务山区群众的生活做了大量的工作，党和人民也给了她很大的荣誉。她多次被评为全国和地县先进工作者。1977年她光荣出席在北京召开的第二次全国财贸系统"学大庆、学大寨"会议，受到了华国锋等中央首长的亲切接见。

点头

池方文和王久命岭

陈雪兰

在后井村池氏溢鼎昌茶叶有限公司，我们看到一方"公益状"，是池氏委员会福鼎联络处和池氏文化促进会联合颁发给池方文的，上书："修路、修桥、修亭、修祖墓，文化古迹保护牵头人，宗亲有急困向他借钱，都慷慨帮助，从未让求助者空手而归。"说起池方文的诸多义举善行，后井村民无不感佩。

池方文 1920 年出生，其母为赤岩彭氏，有兄弟姐妹 5 个，自小跟随父辈在九斗村种田、养猪、烧窑、种茶、贩茶，历尽生活艰辛。池方文虽然家境平常，但他宅心仁厚、为人仗义，做人做事，不弃不放。20 世纪六七十年代，他先后倡修了 5 条道路，计有 31 里路程，分别是九斗至洋绸 5 里，九斗至半路里 6 里，九斗至赤岩宫 3 里，九斗至三头洋至金竹坪至天波萝 2 里。其中，耗时最长、修筑最为艰难的是九斗通往管阳长达 15 里的王久命岭。

王久命岭（陈雪兰 摄）

王久命岭古称"王救命岭"，是一条古道。传说某一年，过笕王招溪出了个草寇，欲起兵谋反，争夺皇位，朝廷获悉后便派官兵围剿。草寇看到官兵压境，便弃寨仓皇逃命。他一路沿着古道逃至后井与管阳交界的一个小村庄，向村民大喊"救命"，善良的村民赶紧把草寇藏匿到偏僻的王家坪村隔夜，草寇因此逃过一命。后来，村民就把王家坪称为"王隔夜"，那个小村庄就称"王救命村"，古道也便称之为"王救命岭"。因"久"

和"救"方言音相近，寓意也好，久而久之就成"王久命岭"了。

当年，后井村没有公路，王久命岭便是村民通往外界的生命线。村民自家养的鸡、鸭、猪仔，还有大米、土豆、番薯、茶叶等自产的农产品都是经过王久命岭挑到管阳、西阳等地售卖，再换取食盐、小百货、酱油等生活必需品挑回后井。管阳、西阳各地的小商小贩以及泰顺、平阳等地的篾匠、木匠去点头、白琳和霞浦等地也都时常经过此地。王久命岭蜿蜒曲折于重峦叠嶂中，因无比陡峭，村民还戏称为"膝盖岭"，不仅全程土路，还异常狭窄，遇到雨雪天气更是泥泞不堪，稍有不慎，就会人仰马翻。

池方文从小在这条山岭中行走，亲眼见识过路人跋涉的艰难和辛苦，成年后，他就在心中发下宏愿，要重修王久命岭，变土路为石子路。1960年，池方文开始牵头倡修，并和吴姓、黄姓等乡贤一起成立了倡建董事会。他虽然担任董事，但每天都和村民一起上工，开凿阶梯，砌石筑路，这一修就是十几年。据他儿女们回忆，当时家中兄弟姐妹7个的童年几乎都是在王久命岭度过的，除了上学，空余时间都被父亲要求去山上捡石子筑路。

那个年代，社员上山修路分为派工和帮工两种，并按时按量算工分。当时农村流传着一句话："工分，工分，社员的命根。"工分是社员的命根子，一家人靠的就是在生产队挣的工分养家糊口，孩子上学、穿衣购物、油盐酱醋等一应开支均包含其中。池方文也不例外，他一边上工挣工分，一边种茶、贩售白毛茶、养猪仔、酿酒、开窑烧瓦，所得报酬几乎全部用于筑路所需。其中开窑烧瓦最为费时费力，要经过取土、踩土、制瓦、入窑、烧窑等几个烦琐的工序。那时烧窑只能用柴草，一旦点火就得七天七夜日夜不停地守着，还必须不断添柴加火，歇火后，还得等窑冷几天，才可以开窑取瓦，整个过程非常辛苦，池方文因此也落下了肺病。他大女儿当年许配给管阳曾姓人家时，修路正好需要一笔款子，经多方筹措尚有缺口，他不得已向亲家支用了女儿的彩礼钱。

据村民介绍，点管公路未通之前，九斗村人来客往，王久命岭异常繁碌。若遇西阳村每月逢二的赶圩日，整条山岭鸡鸭鹅、猪牛马的叫唤声此起彼伏，南腔北调的人流更是昼夜不歇。村里还开起了两家客栈，"吴记客栈"和"张记客栈"，人们住店歇脚，生意十分兴隆。可是，时有来自西阳、泰顺等偏远地区的村民和手艺人住不起店，池方文获悉后，总会想办法无偿为他们提供热菜热饭和住宿的地方。至今，除了鼎邑，霞浦、泰顺一带依然有人传颂着他的善行。

万久桥（陈雪兰 摄）

　　王久命岭呈 V 字形，旁边是一条不见首尾的山谷，一条小溪将山岭一分为二，过了小溪便是管阳地界。原先连接两岸的只是一条只有 30 多齿的碇步，每当雨季来临，溪流湍急，碇步淹没，村民们只能蹚水而过，若遇山洪暴发，人畜随时会有生命危险。这也成了池方文的一块心病。1978 年，已在病中的池方文又牵头倡建了万久桥。

　　万久桥宽约 3 米，长约 10 米，四墩五孔，全部用青石建造而成。桥面用 25 条厚约 0.35 米、宽 0.6 米的条石铺就。最特别的是，桥面与桥墩的连接采用了木工的榫卯技术，使得桥体异常牢固。近半个世纪以来，溪水悠悠去，石桥犹似苍龙般横卧在山谷之间，装点了溪山，也见证了王久命岭曾经朴素而忙碌的过往。

　　1975 年至 1976 年间，池方文又带头倡建了文久亭。过了桥，沿着管阳方向的山岭艰难攀登而上，文久亭就赫然屹立于半山腰上。山亭为歇山顶式，单脊双批，上铺黑瓦。亭高约 3 米，砖木结构，墙体叠砖，侧开窗。山亭前后各有宽约 1.8 米的大门，王久命岭穿亭而过。山亭的门额正中间，上嵌红色五角星，有着鲜明的时代特征；下书"文久亭"三个大字，字体端庄秀丽，传为管阳镇溪头陈姓文人所题。据说亭名原定为"万久亭"，后经村民们商议，决定在亭名中嵌入"文"字而改为"文久亭"，以期后世子孙谨记池方文一生为乡民修路筑亭的功德。村民回忆，当年建亭所用的瓦片都是池方文自己开窑烧制的，且都是无偿贡献的。几十年来，文久亭憩旅人、避风雨，宿倦鸟、接流云，点缀了寂寞的古道，又为山林增添了不尽的生机和意趣。文久亭门口，挖有一口浅浅的清泉，泉眼无声，细水长流，渴饮心头，点点滴滴

文久亭（陈雪兰 摄）

都饱含着乡间最纯情的关怀和友善。

1980 年，池方文因劳累过度而身患重病去世。池方文去世时，王久命岭管阳段还有一小段路没有修完，他的兄弟及儿女们不忘池方文的嘱托，个个捐资出力，直至修完全程。当年，因账本丢失等问题导致了许多款项无法结算，并因此留下了一定数量的债务，池方文的儿子池昌其便独自一人承担起责任，还清所有欠款。20 世纪 90 年代，山亭因风雨剥蚀已致瓦片残破、柱体倾斜，急需修缮。1995 年，在池昌其的倡议下，文久亭得以修葺一新。期间，池方文 7 个儿女不但积极筹集善款，还开窑烧瓦，无偿提供修亭所需。2000 年点管公路修通之后，王久命岭渐渐远离了喧闹和繁忙，车马寂寂，人迹罕至。可是，池方文的弟弟和孙子池传杰等人依然定期上山义务铲除野草，清理山路，整理溪廊，延续着他的善行善德。

半个世纪以来，几度经寒，王久命岭依然坚定如初，与万久桥和文久亭一起做伴青山，惯看春花秋叶溪水泠泠，见证者先辈们筚路蓝缕的艰辛和古道热肠，也留下了许多回忆和感叹。

茶韵悠悠

中湾陈位坦茶业世家

🍃 陈孔同

　　中湾陈氏始祖陈昇，于明朝初期从嵛山岛驾舟随洋漂流至中湾海角，见中湾是个宜居宜业的好地方，即刻弃舟登岸，结庐营生。后，陈昇娶垅墘（今龙田）李氏为妻，生七男，分中、和、仁、义、礼、智、信七房，俱各创基业。

　　陈昇后裔陈位坦，字雅埕，生于清光绪二十一年（1895），他自小聪慧勤勉，跟随父辈在茶山摸爬打滚，学习福鼎白茶的种植栽培。稍长后渐通茶道，便到白琳袁子卿合茂智茶馆拜师学艺，专攻制作绿茶、白茶、白琳工夫红茶工艺。陈位坦学成归来后，以经营茶叶为主，兼做鱼鲜海货买卖，用勤奋和智慧发家致富。为了造福子孙后裔，他在中湾构建华堂（今中湾下厝），屋宇坐北朝南，庭开七间，进深三丈有余，穿斗式硬山屋顶，重檐明楼；廊柱撑斗拱，檩枋饰浮雕。从此，可谓是"水似碧玉山如黛，凤有高梧鹤有松"。

"陈长春号"商业印章一枚（陈孔同 摄）

　　有了新居阔宇，陈位坦扩大茶叶加工生产规模，同时与兄弟几位合资开办陈升记茶行和陈长春号茶行。茶行集收青、加工、销售于一体。当年中湾里这两家茶行在点头茶界占有一席之地。陈长春号茶行的茶叶均由点头妈祖埠头装船运往福州，再由福州转运往广州、香港直至南洋等地。随着茶叶经营范围的日益拓展，陈位坦又在白琳设陈长春号茶行一家。当年白琳茶叶贸易繁荣，茶栈茶馆林立。据《福宁府志》载："茶，郡、治俱有，佳者福鼎白琳。"陈长春号茶行系白琳三十六茶馆之一，陈长春号一枚商号印章至今尚在。

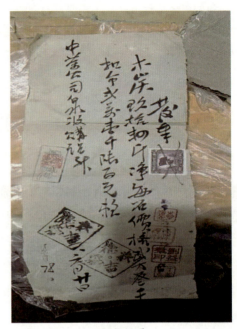

陈位坦使用过的茶袋和扁担　　　　　　　民国税票

　　1924 年，陈位坦有幸结识广州茶商伍列通。伍列通见陈位坦茶树种植、培育、茶叶加工生产样样皆能，嘱其自创茶号，承诺包销陈位坦生产的茶叶。1928 年，正当陈位坦茶叶生意做得风生水起时，意外事件发生。当年莲心茶在广州畅销，广州茶商伍列通头一年大量预订莲心茶叶，不料第二年陈长春号管家叶雄礼心生歹意，头春刚结束，就把自家的莲心茶运往广州。伍列通以为是陈长春号的茶叶，照收结算，待陈位坦把茶叶运到时，伍列通说："你家的茶叶已经收购并结算。"并把单据拿给陈位坦看。陈位坦方知出现内鬼，因此茶叶变卖无人要，亏了巨资。经此挫折，陈位坦身心俱疲，不幸得病，于 1940 年撒手人寰。

　　陈崇某，又名陈崇亩，生于 1933 年，陈位坦之子。陈崇亩因幼年丧父，尤其懂事，年少时读了几年私塾，年长后跟随叔伯父种茶、制茶。他对制茶工艺尤为上心，熟练掌握白琳工夫红茶、绿茶、花茶生产技术要领，成为陈长春号茶行的第二代传承人。

　　1952 年，点头供销社成立，急需人才和资金。陈崇某向亲戚朋友筹借资金 2 万元，作为股金加入点头供销社，成为供销社社员。

　　20 世纪六七十年代，随着福鼎白茶短穗扦插育苗试验取得成功，福鼎辖区的各人民公社掀起开辟茶园、种植茶树的生产热潮。点头公社东方红茶场应运而生。1973 年，东方红茶场向社会招收技术工人，这给陈崇某提供了施展茶艺的良机。陈崇某离开供销社，和堂弟陈崇守一起到东方红茶场担任茶园管理及制茶师，带领场里的知识

270

青年和员工开层开荒、种茶、培茶、制茶等生产活动，成为知识青年的良师益友。陈崇某还经常在茶叶收购的季节，到点头茶叶收购站向茶师们学习交流品茶、评茶的技术要领。点头茶叶收购站站长叶诗相、评茶大师李传发等都成为陈崇某的至交。

陈崇某的儿子陈侯增，1957 年出生。他少时耳濡目染父辈们的种种茶事，长大后又通过生产实践，对茶树的种植、茶叶加工要领了然于胸。20 世纪 80 年代在点头观洋村的集体茶场当管理员时，他注重茶树种植、养护与管理，使集体茶场茶树的长势旺盛，成为观洋示范茶园。

1984 年全国茶叶市场放开，村集体茶园被承包。陈侯增回家自己开辟茶园种植福鼎大白茶、大毫茶、歌乐茶，拥有高品质的茶园十多亩。2000 年后，点头茶叶市场形成，陈侯增在村里办起茶叶加工厂，制作烘青绿茶、白茶、白毛猴，产品质量优良，受到客户们的好评。陈侯增制茶工艺兼具祖传手工特色和现代花色，在传承中求发展，在古韵中见新潮。

陈长春号传至第四代，点头已进入茶业年产过 5 亿的"中国白茶特色小镇"时代。传承人陈廷自幼在伯父陈侯增的教导下，致力于传承和研究福鼎白茶制作技艺，在白茶加工及产品提香创新领域积累了丰富经验。2014 年，白琳镇在隧道口开辟茶叶加工区。2018 年，陈廷创办了福鼎大廷茶叶仓储有限公司，简称"大廷茶仓"，取"大正之象，耀世明庭"之意。这是一家以茶叶加工与收储为基础，集产业服务、品牌运营、文化推广为一体的新型企业。

中湾陈位坦家族，100 百多年来，祖孙 4 代，在茶界不懈传承接力的故事，展现了福鼎茶商不同历史时期的经历。

茶心茶缘话陈焕

🍃冯文喜

　　从点头集镇出发，西行经大坪、翁溪、过笕约 10 公里，便到了竹栏头。竹栏头是隶属于过笕的一个自然村，2 米多宽的水泥路已铺到村头，交通十分方便。村庄处在一个小山坳里，环境清幽、宁静，空气清新，四周青山叠嶂，篁竹环绕，屋前舍外是翠色的茶园。村前闲置半亩见方的菜园，使得略显狭小的村庄，有了疏朗的余地。村头还叠砌整堵石墙，近 2 米高，一条青石铺垫的通道依墙脚而走，是村民早出晚归的耕作道路。村右首有 3 棵大枫树，树龄至少有百余年之久。远远地，人们首先看到的是古树，峰回路转，过了竹林，才发现里头包裹着一个古老的村庄，它就是陈焕的故里竹栏头。

　　村内原有木质结构二层民房数十榴，分三五处坐落，今大多已破败不堪，只有村右边仍保留五六榴老民房，其余房子都是新建。我们到村中的埕院时，正是午饭时间，村民陆续从茶园回家。

　　据《福鼎县志·疆域·乡都》记载，竹栏头原为福宁州望海里九都东门岭境，历为福鼎十二都地，北有柏柳、翁溪，南有棠园、翠郊，都是福鼎白茶主产区。生活此间的村民，自然而然地干起了茶活，做了茶事，当上茶人。他们的主要经济来源就是依靠种植、经营大白茶和大毫茶，全村种茶面积达上千亩。

　　陈焕是最早移植福鼎白茶的茶农之一。竹栏头村陈氏子孙口头流传着一个故事：那时，陈焕的母亲双目失明，因为家穷，没有钱抓药治病。陈焕又是个孝子，为不能治好母亲的病犯愁。有一回，他像往常那样上山耕种，困了就在地头打个瞌睡，梦见有人对他说，对面山头有一株茶树，你自可去采其叶芽，熬煮成汁，用于洗眼，可以治好母亲的病。陈焕大为惊喜，醒来之后，照梦中所示去做，果然使母亲双目复明。于是，陈焕就把这株母茶树移植于自己的茶园里栽培，并不断繁殖。自此，他依靠种茶，使家里殷实起来。民国卓剑舟在《太姥山全志·杂掇》中补充了一点："焕因将山中茶树移植，初年仅采四五斤，以茶品奇，价与金埒，焕家卒小康。自是，种者日多。至民国三年，全县产量达十万斤矣。"

在埏院上，陈氏老族人拿出家谱，很快翻到陈焕的那一页，上面记载着有关他的生平和祖上的来龙去脉。"竹栏头"在《陈氏家谱》中记为"竹岚头"，陈焕的名字在则记为"陈廷焕"，他原名学焕，字凤炜，生于嘉庆十八年（1813）八月初五，卒于光绪十二年（1888）五月初四，一生经历嘉庆、道光、咸丰、同治、光绪共 5 朝，享年 76 岁。

《陈氏家谱》立有《竹栏头陈氏家训十则》，第一条即曰孝父母："凡人子之生，必本乎父母。十月怀胎，三年历劳苦。恩斯且勤斯，顾我又复我。孝道若有亏，百行终难补。羔羊知跪乳，乌鸦能反哺。奉劝诸世人，勿忘厥恃怙。"在族规家教严厉的氛围中，培养出有孝心的陈焕，与传说因为治母病而得遇福鼎白茶故事相吻合。

依着村石墙下的土石路，老茶农带我们去看陈焕当年种植的茶园。垅上丘丘茶园连坡过岗，肥壮的茶芽在阳光照射下，显得异样得耀眼，也有几多民房点缀其间，人们忙碌于采茶，让人感到茶事的兴盛。老茶农指着对面一座低缓的山头讲陈焕的故事，那山就是当年他去移植茶树的地方，现在人们称"上才山"。远距离看山，山沿呈一条弧形的轮廓，山上种些松柏，不太茂盛，有几棵比较高大，显得突出。树丛不远的地方，有农人已开耕出山地种茶。

陈焕早年移植茶种的茶山没有明显的标志，使得它显得极平常，它或许只留存于个别人的知情中，存在于茶农世代相承的传说中。陈焕与茶的故事穿越了时空，像一轮明月隐于晕云之后，像一杯白茶醇于多泡之后。

筱溪陈情书

梅伯珍

余兄弟五人，我居其少也。慈父在日，原爱子读书，因家清淡，力难肄业，故我笔不能文，素对朋友往来，自觉惭愧。奈年未及冠，慈母逝世，至廿二岁，婚娶陈氏。同时，兄弟五人各分其炊烟，因家无实业，慈父支持不下，故分炊。时余负有微债，仅分小店屋榴半、茶园数坪，余无别业。但承批长垄田一箩，田主即店头张品超君，收管历年，至冬送租之际，无能请工帮助，惟苦心勤力，不分昼夜挑送，是时苦况，莫可言宣。

幸蒙岳父陈君奉来白毛茶苗数十株，嘱余开山栽种，历年分枝同插，不数年间，可收获六七十元。斯时，夫妇朴俭耐劳，至余年三十，俭积创置田租廿零担。

《筱溪陈情书》封面（陈振团 供图）

不幸慈父逝世。（余）苦劳成病，遍身浮肿，调医一载，体不复元，思无良策，改农就商。贩茶两载，适邵君维羡开庄采茶，乏人助理，邀余合伙。幸自合股五六年以来，生意颇见顺利，递年往省售茶结账，尽归余负责，对于往来交易概无失信用。蒙马玉记老板视余诚实朴俭，生意另眼相看。民甲寅（1914）、乙卯（1915）两年，获利颇厚。余将住居之小屋拆去，改建明屋七榴，接连厨房，其基地系怀、安两房之公田，余多方设法，即将手置之良田与两房对兑，约一兑三之田额，幸两房诸人满意，方成美举，而屋落成矣。

又以岳家之屋失慎，余邀请岳父来家奉侍，十余年如亲父款待至弃世，时丧葬亦从丰办理。所有地方桥亭、道路、先祖坟墓损坏，无不乐助修理；至排难解纷，遇贫苦亲邻，一概悯恤，酌量补助；诸善事无不极力率先解囊。故前清创设自治水郊区，票选余为副议长。

兹值民戊午至庚申（1918—1920）三载，中国与俄绝交，茶业失败，连年折本，及马玉记行倒欠计亏大洋九千余元，余所应派之欠款，即将手置田业变卖，清偿各债主，丝毫不亏他人。正思歇业，弃商就农，蒙福茂春茶栈来函，唤余接洽生意。是时长儿毓芳能帮助茶务，自此采办历年均有利益。至民十五年（1926），省中茶市欠佳，该存省茶件五百余箱，改配去牛庄、营口售脱，因张学良反国，汇水大跌，亏本甚巨。

越民十九年（1930），省垣茶亦滞市。吴忠水君议向福茂春合伙采办，配往南洋各埠销售，聘余出洋经理。本不允往，因福茂春再四邀请，情面之下，不已前往。咦叻波茶投振瑞兴洋行代售，因售款被渠透用，嗣后汇水渐涨过半，无力偿还，惟用局骗手段，报云茶款均赊挂荷兰、仰光、暹罗、枺郎屿、诗诬、棉兰各埠。其二次派余再往南洋各处追收茶款，查各埠茶款均被振瑞兴收去透用，仅剩无几，甚至在叻与渠涉讼公庭，以无法取领，被倒账去四万余元。余亦已照股分派，丝毫不累股东，故福茂春知余素有信用。二年亦邀余再合股中重整，采办天津，幸南洋倒欠亏本，由天津获利抵补矣。余一生固守信用名誉为宗旨，故茶业前途失败数次，均仗朋友扶持。

民廿年（1931），福州福鼎会馆茶帮票选余为会计，时存公款二万零元，屡被学界觊觎，茶帮金议，妥置产业。适有恒昌埕旧同昌库屋全座三进，并花园购来，业价去大洋银二万七千元，中租税契约去一千八百元。因存款不敷抵额，由余向华南银行押借七千元，以成其数。原想二三年中间可清偿借债，不意茶业失败，香金减收，又兼厝租跌落，甚至民廿六年（1937）计纳息还本筹除外，更欠一千三百零元。其会馆用度欠款，六年中间诸董事概置之不理，独余一人……（编者注：中间缺页）二年，继续建正屋七榴，左右厨房及门楼，以两载间二屋，均已完竣矣。所有各等用款，均归余负责，分文无摊派各儿，唯土木匠、粗工伙食分派各儿。

诚值民廿八年（1939），茶业官厅统制，幸华大公司十厂联合采办，聘余为经理，参加股中，计采办一万三千零件。适值中日战事，全部之茶配运香港出售，幸得外汇银水，获利颇多。

民廿九年（1940），余六十有六岁，不意福建省建设厅厅长创设示范茶厂分厂白琳采办。省派庄晚芳局长、游通儒厂长、陈大鼎主任，由省颁来聘函，聘余为福鼎示范厂总经理兼副厂长。奈余素本无能，未敢就职，但上峰命令严催，辞而未准，不得已屈就。厂设三处：白琳、店头、巽城，计采办五千八百余件。幸是春获利甚厚，蒙上峰给赏奖状，送匾额一方，文曰"莽苑耆英"。

　　三十年（1941），省方颁下聘函，嘱余继续经理，唯再三脱辞，年老多病，眼花耳聋，未敢任事。幸上峰垂怜，体念年迈，准许辞职。是年茶季上市，适值日本战踞闽城，斯时该厂各人员解散，幸余辞职，以免牵连。余生平行事无过，见善思为，故遇匪何金标在省遇倭寇过境，数次擒获，临难解脱，此为现世之善报也。

　　刻因年老在家，闲居无聊，即将族谱研阅，所有上祖坟墓坐落向首，并坟山列有界至者，援笔抄录，续录华翁公本派子孙生卒添丁，纪列一册，以备后人稽考。

茶人董德勋

🍃 黄宝成

董德勋（1875—1926），点头玉窑岗人，原名敷惠，字永济，号逸舫，清末庠生。以制作经营茶叶发家，富甲一方。他少聪颖，好学不倦，就读于玉琳嚼经书塾，受业于鼎邑名师许师植，与当年白琳才俊陈蔚青、蔡维茂同窗。常与同窗赏奇文、析疑义，互相切磋，从不间断。有志者事竟成，于光绪三十年（1904）受知于秦绶章学宪以第六名入县庠生。

青年时代的董德勋笃厚天伦，秉性刚烈，遇事敢言，四邻睚眦之怨、田宅之争，得其一言即止；对地方公益事业踊跃而为，故在邑中享有极高的威望。董德勋自入庠后，面对晚清政府腐败无能，不屑于习举子业，而举实业报国之路。他凭借家庭经济实力，于清光绪二十一年（1893）前后在茶商麇集的白琳玉琳街尾成立乾昌号茶行，成为福鼎早期茶行的开拓者。他传承父亲董庆邦的古法制茶的精湛技术，并与族人在点头大坪、玉窑一带大面积植茶。为了扩大产茶规模，向周边村民购置茶园。董氏后人至今保存一张清光绪年间的早期茶园买卖契约，该契约长约 0.5 半，宽约 0.35 半。契内显示当时董德勋父亲董成阶（董庆邦）向堂侄董孔沼购得"山场一号，茶园一片（位于十五都，地名叫天鹅孵蛋的地方），卖断价，洋银为肆元壹角正"见证人为胞弟董择握，契约落款时间为清光绪十六年（1890）十二月。

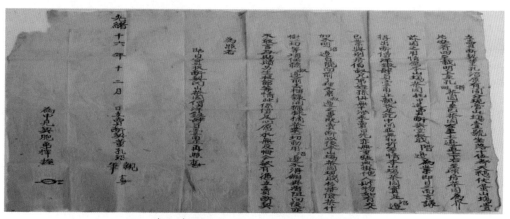

董氏清光绪年间的早期茶园买卖契约

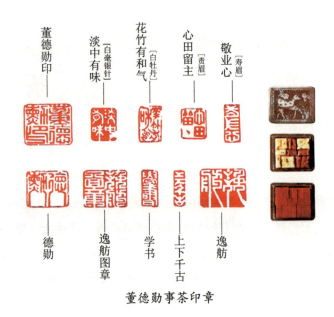

董德勋事茶印章

　　自乾昌号茶行成立后，董德勋秉持商道至虔、戒悖言行之理念，集事茶印章十枚，比德于石，以示诚意。一曰"淡中有味"（白毫银针），二曰"花竹有和气"（白牡丹），三曰"心田留主"（贡眉），四曰"敬业心"（寿眉），以及董德勋印、逸舫图章、学书、上下千古、逸舫、德勋等印章。

　　"乾昌号"茶行长期秉持诚信守义理念，产品留朱痕、辨真伪，深得省内外客商的青睐，生意做得风生水起，茶叶销往福州等地，获利丰厚。作为成功商人的董德勋，发家致富后，为了回报社会，他慷慨好施，左邻右舍有婚丧不举者，悉出赀以助之，人争仰之。

　　垂暮之年的董德勋，深感年老体衰，行事力不从心，于是把乾昌号茶行归与朋友林美三及堂兄董敬仁等继续开张，从此告老还乡。

　　斗转星移，迨至改革开放，董氏后人董史穗承袭家族百年老字号积淀的匠心工艺，创办了福建省董德茶叶有限公司，推出"德勋号"白茶品牌，致力传承先辈遵德守信传统，打造传世臻品，延续家族传奇。

（本文根据董史穗口述整理）

点头

茶商陈炽昌轶事

🍃陈振团　冯文喜

　　陈炽昌（1885—1969），字云盛，点头广顺里人，因在家排行老四，点头人都叫他"老四"。他为人忠厚，讲信誉，且乐善好施，在福鼎茶界知名度高。早年创办茶叶商行，招牌号"陈广顺"，采办茶叶，主营白茶，兼营红茶等。他的茶庄生意兴隆，点头街曾流传着一首打油诗："四字拆开两个脚，广顺炽昌采白茶。白茶采起真好赚，顿顿吃酒配猪脚。""四字"就是他的小名。

　　点头旧称"店头"，位于福鼎中南部，临海面山，气候温和，一年四季分明。明末清初，点头已发展成一个商贸繁荣的大集镇。陈炽昌祖上籍贯泉州永春，常年在点头做生意，后代从祖籍地泉州迁居点头。

　　陈炽昌的父亲名陈后蒲（1840—1915），他是陈后蒲的第四个孩子。有了祖、父辈的奠基，再加在家人、族人的帮助，陈炽昌也涉足茶叶，进一步光大家业。他又注册了一个商号叫"联成"。在点头经营茶叶时，由于坚持质量为上，诚守信用，生意做得很好，营业额逐年扩大。有一些细节，颇能说明他的诚信经商之道。如春季茶叶开秤时，他都是平等待人，做到老少无欺；他家茶行没有专门印制茶票，而是用其自用毛笔书写的竹签，在点头街市可以用作银币进行流通；对茶农和茶贩，他都一视同仁，尤其善待拣茶女工，从不拖欠拣茶工资。

　　清末至民国时期，福州是全国三大茶叶市场之一，福鼎茶叶主要运输至福州，再输往美洲及南洋。《清史稿》中有记载："后泰西诸国通商，茶务因之一变。其市场大者有三：曰汉口，曰上海，曰福州。"

　　陈炽昌把茶输送到福州。福州有位杨老板，与他结交最为友好。他们的交往有段故事。当时，受到世界性经济危机的影响，收购的茶叶不能脱售，白毫银针也几乎无人问津，茶叶大量积压，面临破产，不得不拖欠茶贩和福州茶会馆老板的钱款。随着经济复苏，国内茶叶生意也好转，不少茶商很快就转亏为盈。陈炽昌首先想到把欠福州杨老板的债务全部清偿，而其他的茶商也有欠杨老板的钱，却没有还上。陈炽昌因此得到杨老板的赞赏。由于陈炽昌重信誉，守信用，再加上茶叶质量好，运往福州杨老板商行的茶叶，只要在茶箱上印有点头陈广顺的字号，茶叶就可免检入库。福州杨老板还聘请陈炽昌为福州茶业会馆"掌盘代"，这职务相当于总管。因此，陈炽昌那几年生意非常红火，利润也高，据说一石茶就可以赚到5个大洋。

在福州福鼎会馆期间，陈炽昌借助"掌盘代"的身份，秘密保护当时的革命志士。他与在福州搞地下革命的黄淑宗、郑丹甫等人关系密切，经常给他们资助资金并提供场所进行地下组织活动。据说有一次国民党特务抓捕郑丹甫，郑跑到会馆，陈炽昌就让他躲到茶叶焙笼堆里。国民党特务追到茶馆里到处抄查，却没有发现，让郑丹甫躲过一劫。

陈炽昌茶产业做大后，接着购置田产，又开了一间京果店，家业如日中天。后来，他辞去"掌盘代"一职，从福州通过海路回福鼎。期间，他雇用了9个挑夫，挑了9大担的钞票去银行兑换黄金和银圆，装入腐乳瓮中运回福鼎家中。中途，由于船老大勾结海盗，财物被洗劫一空。

陈炽昌热衷地方公益事业，陈广顺字号在福鼎横溪桥碑铭文众善士乐助缘金的名单中亦有记载。横溪桥位于茶区柏柳横溪岭自然村，桥由溪流而得名，南北走向，原为石构虹梁式廊屋桥，抬梁式歇山顶，桥全长16米，拱跨15米，宽4.2米，桥廊面阔3间，进深7间。此桥处于四周环山的谷地中，一水自东向西穿过峡谷，桥两端砌石墙，铺石子路，南接点头、白琳等茶区，北往管阳乃至浙南地区，是茶乡重要的物

茶商陈炽昌和梅伯珍、吴观亥等合影（陈振团 供图）

资交换与输送通道。山地周围就是百年以上的茶园，满眼披翠，空气里弥漫着沁人心脾的茶香。据桥头碑文记载，横溪桥始建于清康熙五十三年（1714），为木拱桥，清嘉庆五年（1800）改木构为石构廊屋桥，分别于清光绪二十七年（1901）、民国十三年（1924）重修。1996年又遭火焚烧，现桥重建为石头与木质结构，桥拱仍保持原样。

陈姓后人在点头老家中街旧宅找到一张老照片，是陈炽昌与另三位同乡的合影，照片拍摄点在福州。当时，福鼎茶商经常往来于福鼎与榕城，福州设有福鼎会馆，茶人有机会相聚在一起磋商茶业大计。

点头古街包括横街、上街、中街、下街等几条旧街道，长达五六百米，保留有不少清末民初的民宅建筑。人们行走于古街，还可以寻找到旧时商铺店行的遗迹古风。陈炽昌旧居融入老街长长的年岁中，成为一份厚重的历史记忆。

茶人蔡锦銮

陈雪兰

翁溪是大毫茶的发源地，清朝时期，汪家洋村出产的白毫银针就被视为茶中珍品。百年来，在翁溪，村民们种茶事茶，艰苦创业，一生与白茶共生共荣，期间涌现出许多优秀的茶人，除了林圣松，和尚岩的蔡锦銮也是其中杰出的代表。蔡锦銮更是第一个把翁溪大毫茶推销到上海滩的茶人。

据《蔡氏族谱》记载，翁溪蔡氏开基祖蔡元选，于清初从青阳迁徙鼎邑翁溪村，至今约有 300 年。蔡姓是最早迁入翁溪的姓氏之一，其五房择地分居，四房蔡维斌于 200 年前迁居凤尚岩（村民民惯称为"和尚岩"）。蔡氏祖先引水造田，开荒种茶、制茶，并依托古道事茶经商，致富后在蔡家山广置茶园，买地几千租，还建起了一排 30 多榴的祖屋。蔡氏先祖发家后非常重视家风家教，提倡以"崇文重教、耕读传家"为家规家训。他们兴义学，办私塾，始终不忘教导蔡姓子孙。

1917 年成家后的蔡锦銮的父亲独自在祖屋旁边建起了一排二层木质歇山顶民居，并取名为"凤尚岩"。民居左右对称面阔六间，中大厅，七进深。房子建成后的第二年，蔡锦銮出生。蔡锦銮的母亲是点头后梁村梁氏家族的大家闺秀，梁家是当时点头有名的大户人家，家境殷实。蔡锦銮外祖父与白琳著名茶人吴观亥和磻溪杜家都有深厚的家族渊源。蔡锦銮自幼天资聪颖，深得外祖父喜爱，时常被接到身边亲自教导。他 7 岁开始进学堂，读史书，渐明事理，长辈们也总喜欢带着他走访亲友，因此认识了许多著名的茶人，也结交了一班志趣相投的好友，并与吴观亥儿子吴加福和磻溪杜家儿子杜梦兰（音）结下了终生友谊。

成年后，蔡锦銮便跟着父辈们种茶事茶，走南闯北，接触茶叶事宜，耳濡目染间，蔡锦銮很快掌握了大毫茶的种植以及茶叶的经商之道，18 岁左右就帮家族把大毫茶推销到了浙江温州地区。

时至民主革命时期，中共西北区区委在和尚岩成立了西北区苏维埃政府。蔡家不仅把祖屋作为西北区苏维埃政府的秘密联络点，还为党组织和红军游击队秘密提供活动场所。期间，蔡锦銮团结村民，积极捐款捐物，筹集粮食，支持红军反"围剿"斗争，蔡家也因此成为国民党的眼中钉。1936 年 11 月，国民党军第 80 军王继祥部携民团到和尚岩"剿匪"，全村老少幸而提前接到密报，迅速向山外转移。恼羞成怒的反动派洗劫了村庄，蔡家 30 多榴祖宅被一把火烧光，只剩下一片空荡荡的地基。蔡锦銮母亲的陪嫁物品包括贵重家具也被焚烧殆尽。面对家庭变故，蔡锦銮丝毫不退缩，暗中把经营茶叶所得变现为黄金捐献给地下党组织以作活动经费。抗日战争时期，福鼎白茶无法外销，福建省茶管局不予收购，蔡锦銮积极组织村民参与李得光创办的"福鼎白茶合作社"，维护茶农利益，帮助茶农渡过难关，与李得光结下了深厚的友谊。后李得光担任福鼎县参议会参议长，蔡锦銮更是积极参政议政，为乡民排忧解难。

1941 年，蔡锦銮在福鼎茶叶界前辈以及诸多好友的帮助下，把大毫茶生意从温州地区拓展到了上海滩，由于茶叶品质优良，很快在上海的茶叶界有了一席之地。为了方便对接上海的生意，蔡锦銮又独自出资在镇上横街里管阳仓开办了茶厂，专门生产翁溪大毫茶。那时，他家销往上海滩的茶叶，没有直接从点头走水运，而是用车运往温州，再由温州港运往上海，以避免茶叶因长时间走水运而导致受潮，极好地保留了茶叶的口感和品质。蔡锦銮不仅要求自家大毫茶品质绝对优越，对客商更是信守承诺，因此在上海的客源非常稳定，闽浙两地很多著名的茶商都与他私交甚厚。

蔡锦銮经营有方，蔡家的茶叶生意做得风生水起，收入丰厚。在和尚岩老家，他广置良田、茶园；在点头镇上，先后在海墘下的码头边、妈祖宫及振盛里等黄金地段购置了十几间店面，或出租，或自家经营茶叶、棉布等零售生意。他在振盛里开的一家棉布店，号称同兴布店，曾闻名镇上及周边乡村。其店内经营的布匹花色和品种丰富多彩且价格公道，特别是从上海过来的洋布更是深受镇上妇女的青睐，生意十分红火。

20 世纪 40 年代，蔡锦銮还独自出资在村前的龙岩桥畔修了一座水碓，从事碾米和炼油生意，此举也解决了村民外出碾米炼油来回奔波的辛苦。对村中及周边贫困家庭，蔡锦銮夫妇不仅收费非常低廉，还时常接济他们米面、粮油等。

蔡锦銮儿子回忆说，蔡锦銮一生尊崇书香门第，始终以忠厚传家、诗书继世为愿景，立志改造乡风、家风。1948 年，蔡锦銮利用主屋后面两间房子办起了免费私塾，并以一年 120 斤米的薪酬聘请管阳落第秀才张秀英教授蔡姓子孙以及周边村中小孩国学知识。那时，蔡锦銮还利用李得光时常到村中探访他的机会，邀请他给学生上课，传授科学知识。可惜后来 5 儿 3 女都未能完成学业，成为他生平最大憾事。

1950 年后，农村逐步推行土地改革，因为蔡家拥有私人作坊还有地租收入等原因，蔡锦銮被认定为地主。1953 年到 1956 年，国家实行合作化政策，蔡锦銮响应国家号召，他的同兴布店等零售商店先后并入合作社，管阳仓收为国有，龙岩桥畔的水碓也无偿交归集体。后随着农业的机械化，水碓也完成了它的历史使命。如今，碓声早已悠远，但从桥下纵横的水道中依稀可以看出当年水碓的规模。

"文革"时，蔡锦銮因身份问题经常被批斗，但由于他在革命时期都对党有功，又得到李得光的担保，最终得以平安度过。1979 年改革开放，新时期土地改革正式开始，蔡锦銮终于摘掉了地主帽子，之前没收的"凤尚岩"老屋和部分财产也得以归还。此后的几十年里，蔡锦銮一直和儿子们一起生活在老家，淡泊世事，深居简出，带领家族子孙种茶制茶，闲时含饴弄孙，序天伦之乐。2009 年，92 岁高龄的蔡锦銮仙逝。

在老屋，我们见到了蔡锦銮留下的唯一一张照片。照片中的老人已是耄耋之年，他一身蓝衫，裤脚微微挽起，微笑着坐在厅堂正中的竹椅上，身旁各放有一张方形木凳子，左边凳子放着大茶壶，右边凳子放着大茶罐。他的儿子说，父亲晚年就喜欢天天这样坐着，泡一壶清茶，早观山峰翠，晚看落日红。我们从那微微下陷的眼窝里，看到了一双深褐色的眼眸，仿佛正在静静地诉说着一波三折的往事。

蔡锦銮晚年照片

点头茶人选介

黄宝成

　　点头镇依山傍水，素来是连接"两省五县"的交通重镇，也是福鼎大白茶、福鼎大毫茶的发源地，有着良好的自然生态环境。点头茶叶久负盛名，是福鼎白茶的核心产区，历史上曾造就了陈焕、梅筱溪、陈炽昌等一大批优秀茶人。点头茶界代有俊才，陈焕等三人已有专文介绍，现选介部分茶人如下：

　　林圣松　　翁溪村汪家洋人，原本以采药为生。1880年，他在采药过程中发现一株比较奇特的茶树，后移植到村中自家山地里（汪家洋村纪下垅）。他开始还不敢断定是不是茶树，便采摘了一些芽叶请白琳的茶师鉴定。专家鉴定后确定就是茶树，但与平常茶树有区别，林圣松便给茶树取名"大号茶"，将茶树进行分株、压条，共繁育了几十株。清末民国初期，正值福鼎茶业繁荣时期，林圣松用大号茶制作白毫银针，其香气、滋味、条索、色泽俱佳，在福鼎茶界引起轰动。50年代初，福建省茶科

大毫茶原产地汪家洋村

所科研人员根据"大号茶"谐音定名"大毫茶",是为福鼎大毫茶。1984 年,经全国茶树品种审定委员会审定通过,列为国家级茶树良种。

李观味 龙田村人,曾先后担任国营翁江茶场技术员、副场长,也是福鼎知名的茶叶栽培技术骨干。1965 年 3 月李观味受国家指派,随福建省茶科所所长林桂铠不远万里到非洲马里共和国任职,接替在那里援助的中国茶叶技术人员,继续开展茶树培育和发展茶叶生产。

马里是位于撒哈拉大沙漠南沿的内陆国家,在中国援助之前,马里的茶叶消费全部依赖进口。20 世纪 60 年代,中国派出茶叶技术专家,克服重重困难,帮助马里人民在自己的家园上大面积试种茶树成功,并研制出了"49—60"号茶(绿茶)。在中国援外茶叶专家中,就有来自国营福鼎翁江茶场的技术员——李观味。

首批茶叶专家将中国茶引种到马里,已奇迹般地生根发芽,而李观味和同事们的援非任务是提高马里茶树的产量。马里位于大沙漠的边缘,气候炎热干燥,日照强,蒸发量大,保水性能弱,极大地制约了茶树的生长,困难可想而知。为了解决日照强、蒸发量大的难题,李观味和同事们凭借着丰富的经验,采用茶园套种遮阴树、行道树,来遮挡强烈的日照,降低了土壤的温度和水分的蒸发,大大改善了茶树的生态环境。针对土壤,李观味和同事们详细对沙质土进行分析,然后根据沙质土本身保肥能力弱的实际,采用了深耕土壤,深施基肥,避免暴雨轻易把肥料冲走,为茶树丰产打下了坚实的基础。

李观味在马里期间,怀着高度的责任心和使命感,克服了生活上的不便和身体上的不适等诸多困难,不断完善茶树栽培、茶叶丰产技术,与马里人民建立了深厚的情谊。他因援非成绩突出,为中马友谊做出了贡献,为祖国赢得荣誉,载入 2003 版《福鼎县志》。他于 1997 年 4 月去世,享年 72 岁。

郑兆然 上宅村人,原系国营翁江茶场职工。1956 年参加工作,先后在福鼎茶叶指导站,点头柏柳、翁溪、汪家洋等地做白茶品种扦插和茶叶生产加工指导工作。1956 年 12 月调国营翁江茶场,专门从事大白茶和大毫茶等茶树品种培育与茶叶制作新技术的实验推广工作,并亲自参加过移植栽培大毫茶的实验。他是制作红茶的高手,在探索茶叶的采摘与制作中,总结出了一整套利用传统技法制作红茶的办法:一是茶叶采摘。采摘是茶叶生产的第一步骤,也会对后续加工产生重大影响。二是萎凋。蒸发水分,降低茶叶细胞的张力,使茶叶由脆变软,增加韧性,便于揉捻成条。由于水分的散失而引起茶梢中的内含物质的变化,为形成茶叶色、香、味俱美的品质奠定基础。三是发酵。俗称"发汗",是最为重要的环节,是将揉捻好的茶叶装在篮子里，稍加压紧，盖上发酵布，增加发酵叶的温度，促进酵素活动。一般在 5—6 小时后，叶呈红褐色，即可上焙烘干。四是焙烘。一般采用一次性干燥法，不宜翻动，以免影响干度的不均匀，造成外干内湿，一般 6 小时即可下焙。

郑兆然在选育优良茶树品种、提高茶叶品质、降低生产成本等方面取得丰硕成果，受到茶界高度赞赏，被当时翁江茶场称为"开启红茶奥秘的钥匙"。

叶诗相　　福鼎点头茶站的一名老站长，自 1963 年从店下巽城茶站调到点头茶站担任站长，一直在点头工作到 1983 年退休。在点头茶站工作期间，与他相处过的同事、茶农都一致认为他是个工作极其认真的人。他经常下乡指导茶农推广密植免耕先进技术，指导茶厂解决生产加工中遇到的各种技术性问题。他事必躬亲，和茶农打成一片，茶农都喜欢称呼他"老叶"。

20 世纪 80 年代初，点头茶产业迎来了变革，集体茶园开始实行包产到户，茶农的积极性提高了，纷纷建设高标准密植免耕茶园，但遇到种苗、资金、肥料、技术等问题。这些问题中，种苗不足问题尤为突出，茶园因提高种植密度，种苗的需求量增加。面对这些问题，叶站长除了发动茶农积极扩大育苗面积自育自用外，还采取育苗、种子播种等办法来缓解茶苗的紧张。茶园种植面积剧增，需要大量的有机肥料，叶站长根据农村实际情况，采取茶畜结合的办法发动茶农养猪、牛、兔，收集有机肥，解决茶园的基肥问题。

叶站长办事很讲原则，从来不讲情面，但是对农民兄弟遇到技术上的问题，他都热心帮助。他虽然文化水平不高，但他爱才、懂得用才。在他担任站长期间，善于发现和挖掘茶站里年轻人的潜力，培育了许多茶叶技术人才。

梅相靖　　点头柏柳村人，出生于茶叶世家，其祖父梅伯珍毕生研究白茶制作技术，并将福鼎白茶推向世界各地，有"梅占魁"之称梅相靖是梅伯珍第三代嫡传，自小学习制造茶叶传统手工技艺。20 世纪 60 年代开始，他开始学习培育白毛茶苗并参加县里和农业主管部门举办的茶叶培训班学习。五十多年来，梅相靖坚持学习与制作茶叶，传承家法，总结了一整套利用传统技法制作白茶的方法。2013 年 1 月，文化部公布第四批国家级非物质文化遗产项目，梅相靖被列为福鼎白茶制作技艺代表性传承人。

从土专家到大学专职农艺师

🍃 陈孔同

点头过笕竹栏头自然村，南连白琳的棠园、翠郊，北接柏柳、翁溪，方圆几十里都是福鼎白茶产区。竹栏头人祖祖辈辈以茶为业，茶人辈出。

陈招醉 1933 年出生于竹栏头村。他是福鼎白茶发现者、移植培育第一人陈焕的第四代嫡孙。陈招醉继承先辈的基因，打小就跟随父兄和族人，在竹栏头这片有着传奇色彩的故土上摸爬滚打。据他的族人口述，陈招醉少时上过几年私塾，学过《三字经》，念过《百家姓》。10 岁时，父亲因劳累过度病亡。为了减轻家庭负担，读完启蒙阶段的私塾，他开始参加劳动生产，跟随兄长和族人学习种茶和制茶。当年，竹栏头制茶高手大有人在。在这种环境的熏陶之下，少年的陈招醉对传承千年的茶坊手艺了然于胸。

农艺师陈招醉

新中国成立后，国家经常向农村发放科学种田的简明手册和宣传画，陈招醉经常跑到柏柳小公社借这些科普读物回家自学。20 世纪 50 年代，化肥已在农村开始使用，由于农民多为文盲，很少有人知道肥料"三要素"对农作物的不同作用，滥施化肥现象普遍存在。而陈招醉已经懂得根据农作物的生长时机以及土壤状况合理施肥，他经常向社员们讲述肥料"三要素"氮、磷、钾不可相互替代，做到合理施肥，社员们夸陈招醉是科学生产的带头人。

1958 年，国营翁江茶场成立，目标是大面积孕育国优茶树品种。在这之前，茶树短穗扦插育苗在桐山玉塘老区农场实验成功。短穗扦插育苗技术的突破，对发展推广福鼎白茶具有划时代的意义。1959 年夏，福鼎县农科所在国营翁江茶场创办茶叶研究

点头

所，以福鼎大白茶、大毫茶茶苗短穗扦插技术为课题，进行全方位研究与实践，并开垦茶山种植茶苗，为改良原有茶园起示范推广作用。县农业局考虑到点头是白茶的主产区，就决定在点头观洋农业中学开设茶叶技术培训班，学员来自福鼎各个茶区。柏柳联队（由小公社改制）支委推荐陈招醉去参加培训学习。给培训班授课的是县农科所杨祖镇、马坚忍等几位茶叶技术工作者，他们不仅向学员讲授理论知识，更注重于实践经验的探究，多次带领学员赴翁江国营茶场、国营白琳初制厂参观学习。培训班的理论课程主要是茶树栽培学、茶树病虫害学、茶叶加工理论等。在专家的指导下，陈招醉对茶的认知从原来的感性认识阶段提升到理论认知的高度。

1970年，点头人民公社依据当时国家的形势需要，将原在柏柳水尾宫的茶场场舍迁移到岔门仔（现宏逸茶业），并更名为"点头公社第一茶场"，作为接纳上山下乡知识青年的知青点，任命陈招醉为场长。陈招醉认为，茶场应该成为上山下乡知识青年锻炼体魄和科学实验的社会大学。为了向知识青年传授短穗扦插育苗技术，他用场里上好的山地茶园向岩赤背生产队换得两亩位于"孩儿打鼓"（地名）的旱田作为知青实验苗圃。他指导知青种植大毫茶时，要求知青一定要严格按照行距和间距规范种植，即单行条栽横距1.35米，纵距0.35米；在管理茶树时，要及时预防病虫害和修剪采摘。陈招醉喜欢种植大毫茶，他认为大毫茶比大白茶耐寒。公社茶场多在山岗上，迎风的山坡温度相对低些，耐寒的大毫茶更适合在山坡生长。更重要的是大毫茶产量比大白茶亩产量高，大毫茶一芽三叶百芽重达104克，而同样的大白茶百芽只有63克重。

每年春季是茶场最繁忙的时候，也是知识青年学习茶叶初制的最佳时机。加工厂那一台十二匹柴油机日夜轰鸣，知青们都会被安排在晾青、杀青、揉捻、烘焙、筛选等机台前进行实践学习。陈招醉向知青们耐心传授制茶技术和经验，他指出茶叶的质量等级完全取决于茶叶加工的每一个环节。他要求知青们在生产过程中要一看、二抓、三闻，精神要专注，万万不可粗心大意。在陈招醉和全体员工及知青们的共同努力下，茶场生产形势大好，年产值逼近20万元，分红达到一毛一分。茶场的业绩得到上级领导部门的充分肯定，福鼎县委宣传部派记者傅克忠到茶场实地采访，并用相机拍下珍贵的照片。

1974年，福建农林大学园艺学院先后在沙县和三明办学。由于师资紧缺，学院向闽东地区招聘有茶学基础和丰富的种植茶树经验的农艺人才充实教师队伍。陈招醉凭借着对福鼎白茶大毫茶的种植、初制的扎实功底，报名应聘，被聘为福建农林大学园艺学院的专职农艺师。

三任茶场场长

 陈孔同

　　1936 年，梅秀溅出生在福鼎管阳杨厝里杨姓家庭。在他一周岁那年，被养父梅世燨抱养。梅世燨那年已经 37 岁，中年得子，后继有嗣，十分高兴，对他关怀备至，视如己出。梅秀溅在梅家的呵护下健康成长。

　　梅秀溅的祖父梅叶维是梅山派制茶工夫的传承人，他制作银针有四大讲究：首先是采摘时间，要天高气爽，气温高湿度低；再者是采摘方法，要断碎芽叶直取完整多毫心芽，做到早采、嫩采、净采、轻采轻放；三

茶人梅秀溅（陈孔同 摄）

是银针日光萎凋场所要明亮干净透风；四是烘焙，要炭火低温渐热，不温不火，直至足干。当年家中有茶园 15 亩，梅叶维每年可从家中茶园采摘银针 50 来斤。由于做工讲究，卖价很高，按当时市价折算，每斤茶针价值相当于两百斤稻谷。梅叶维一生为茶所累，最终积劳成疾，50 多岁便撒手人寰。

　　子承父业，梅秀溅的养父梅世燨接手经营茶坊，每年制茶百余担。当时福州是福建各地茶叶的主要集散地，梅世燨或雇人力挑夫行走福温古道，经石马岭到管阳、柘荣到达福州，或打包装船取水路运往福州销售。

　　新中国成立后，农村生产实行集体化，柏柳淘汰小型家庭茶叶作坊，成立集体形式的制茶小组，当年手摇揉捻机是最先进的制茶工具，但杀青、烘焙还是凭经验断夺。由于梅世燨制茶技艺胜人一筹，加工组里烘焙把关非他莫属。梅世燨还是自己生

产队茶针采摘、晾晒的专门管理人员。生产队的白毫银针芽头肥壮，挺直如针，白色茸毛富有光泽，汤色浅杏黄，味道清新爽口，每年都被点头茶叶收购站评为特等价。

梅秀溅 7 岁时，养父梅世燨开始送他上学，上过私塾和国民小学，读过《四书五经》《千字文》等，12—17 岁边读书边放鸭。1955 年，20 岁的梅秀溅结婚成家。这一年养父梅世燨得病，家中大小事务便由梅秀溅承担。3 年后，养父的病体还未痊愈时，49 岁的慈母又忽然病逝。当年每个公社社员的工资每月只发 6 块钱，家里生活非常困难。

梅秀溅先后担任过柏柳农业合作社出纳、柏柳小公社会计、柏柳里水库出纳和施工员，工作认真负责，深得各方认可，期间还被公社选送省财政干校培训。

柏柳是福鼎白茶的重点产区，县委指定在柏柳村创办一所茶叶初制厂。为了完成县委下达的办厂任务，当时的柏柳联队党支部指定由梅秀溅负责建厂事宜。梅秀溅带几名年轻社员到福鼎国营茶厂白琳分厂参观学习，回来后立马组织木工仿制大型木质揉捻机 4 台，每台可纳茶青 300 斤。建厂初期，材料、技术等困难重重。上级十分重视柏柳茶叶初制厂的建设，特指派闽东茶叶精制厂技术员到柏抑指导工作。经大家同心协力，终于在夏茶开采前全面完成厂房建设，投入生产。当年全厂制茶工人 40 余人。茶季结束，工人各自回原生产队，梅秀溅也同样回到柏柳队。1961 年初制厂解散，梅秀溅被抽调翁溪电站建设指挥部工作，后又出任大队茶粮加工厂厂长、大队茶场场长等职。

1978 年 6 月，点头公社大坪青年茶场场长梅相周辞职，茶场群龙无首。此时，梅秀溅已辞去柏柳大队茶场场长职务。公社茶叶站站长叶诗相提议梅秀溅出任大坪茶场场长。在时任柏柳村工作组组长陈振团劝说下，同年 6 月份，梅秀溅到大坪茶场接任。上任伊始，大坪青年茶场一贫如洗，茶园中草比茶密，也不见人去管理。梅秀溅第二天便与梅相周、李适柏等商量，决定顺应改革潮流，采取承包制，按茶园独块丈量面积定工分，抓阄包干到人，按质按时完成除草松土任务的，给予粮食补贴和奖金。这一举措果然生效，7 天之后，茶园全部完成除草任务。

当年还有 50 亩平整田急需开沟栽茶，但限于茶场人力不足，无法按时完工。梅秀溅及时找到公社领导朱锡邦反映情况，朱及时批给茶场 900 元扶持款，用以雇工开沟。种茶没有基肥，就用肥土替代。恰好县茶业局局长陈方田来茶场视察，他对茶场缺肥一事十分重视，速批 20 担尿素指标，以解燃眉之急。场里没钱买茶苗，梅秀溅又亲自跑到东方红茶场，找到场长郑兆庚商量。郑兆庚答应先给茶场茶苗，还答应茶苗款可以暂欠。正所谓一方有难八方支援，在领导的关心下，和兄弟茶场的帮助以及全体职工的努力下，当年种植白茶 60 亩。第二年，茶场早就备好有机肥、菜饼肥、油渣、皮渣。梅秀溅又组织员工烧山灰千余担进行发酵，采取散施方法，使茶树根茎吃肥快，长势良好，当年产茶 180 担。从那以后大坪茶场生产逐年发展，1983 年产茶 260 担。

从 1978 年到 1983 年的 5 年间，梅秀溅努力改造大坪茶场的生产条件，改善员工的生活环境。如安装茶园喷灌设施、引进自来水、建设茶叶初制厂、扩建宿舍、开办食堂、重建仓库等。生产生活条件的日益完善，有效地促进了茶场员工的生产积极性，这一年茶场年产值达 13 多万元，员工分红达每 10 分 2.5 元，年终还有奖金 100 多元。茶场迎来了前所未有的大好形势。

1985 年，点头公社第一茶场场长梅传奋辞职，公社决定派梅秀溅去接任场长一职。那年他虽已年近 60 岁，但仍以大局为重，欣然上岗。到茶场后，他首先对茶园进行评估包干，约定全年包劳动工分 19000 分，生产茶叶产量 170 担，超产部分划为奖金，一改过去吃大锅饭懒懒散散的生产状况。梅秀溅把大坪茶场改革经验和管理方法带到公社第一茶场后，效果明显，当年产茶 330 担，产值 13 万元。

1990 年，梅秀溅光荣退休。他的儿孙们继续秉承祖业，在柏柳村种茶制茶事茶。

（本文根据梅秀溅口述整理）

文教卫生

孙调书堂及孙调父子

🍃 黄宝成

孙调书堂遗址位于普照山北麓的孙店古村，前临宸水，后枕普照山，四周林木荫翳，环境幽雅。书堂始建于南宋理宗年间，距今已有 700 多年的历史。占地面积 1000 多平方米，属木质结构，坐南朝北，远山一丘若屏，近处宸水如琴。村前田野平坦开阔，烟水氤氲，一条古道绕村而过。

书堂残存的石框门楼古雅别致，断墙苔痕阶绿，古意盎然。据孙氏族人介绍：书堂的建筑布局为轴对称式，分列左、中、右三幢，自前而后，依次为门楼、天井、讲堂，讲堂左右为藏书楼和孔圣殿，天井内植有桂树。在古代，桂树被求学士子视为科第吉兆的象征，即取蟾宫折桂之意。桂树每到金秋，花香四溢，沁人心脾。天井左右两侧是鱼池，堂池相依，倒影成趣，池内养鲤，寓意"鱼跃龙门"。书堂通道卵石铺地，条石砌阶，高堂深邃。

孙调书堂门楼（黄宝成 摄）

据传书堂创办者是孙宥。孙宥，系孙店孙氏肇基始祖。《福宁州志》载："宥，绍定间任长溪县令，后家本州昆田，今名孙店，即治之古村十五都也。"孙宥主政长溪任上，关心民瘼，时有政声，为官清廉，萧然度日。他博学多才，手不释卷，在诗词方面造诣颇高，其文名噪于士林，曾为本邑铁障山驻履亭赋诗云"闻说君家千仞岗，着亭山麓费平章"，这也是现在唯一能看到的孙宥留下的诗句。

孙宥重视教育，辟建书堂，把书堂作为培养子弟读书仕进的摇篮，与其子孙调先后主持书堂，在书堂讲学，进行学术文化交流。往来闽浙士子登门拜访络绎不绝，当时文风盛极一时。

孙调系孙宥之子，字和卿，号龙坡，赠太子少傅，理学传播重要人物之一。他出生在一个"谈笑有鸿儒，往来无白丁"的官宦家庭，家学深厚，幼承庭训，少入州学乡祠。孙调毕生潜心程朱理学，熟谙圣学之要，主张"阐扬经术，排摒佛老，推明圣经"。他治学严谨，博学强记，著书立说，兀兀穷年，著有《孙氏策府》《易诗书解》《中庸发题》《浩斋稿》《左代春秋事类》《尚书发题》《龙坡文集》等，成为南宋重要的理学家、教育家，邑中数百年来堪称翘楚。遗憾的是孙调的作品历经世代更迭，没有得到很好的保护，现已是难觅踪影，这对地方文化历史研究无疑是一大损失。南宋魏了翁撰《鹤山大全》载有孙调墓志铭，明黄宗羲纂《宋元学案》及其《遗补》，明朱衡撰《道南源委》，明黄仲昭纂《八闽通志》，清李清馥撰《闽中理学渊源考》及《福宁府志》《闽东孙氏志》等历史志书分别为他立传，记载其事迹。福宁府感其成就，将孙调列入理学乡贤祭祀。清乾隆四年（1739），福鼎建县，设乡贤祠，将杨楫、高松、孙调三位理学家列入乡贤祠，春秋两祭，福鼎百姓称为"三贤祠"。朱挺光诗赞："长溪县宰有贤昆，设教家堂手泽存。一代鸿儒崇理学，文风曾此启泉源。"高一迅诗赞："一代鸿儒理学明，孙调设教起扬名，文风从此空前凑，遗迹留碑永不倾。"孙调书堂为点头十二景之一，遗憾的是毁于2014年8月的一场大火，唯门楼犹在。

　　孙宥死后葬于孙店村后山，该墓坐南向北，风字形建制，墓碑上书"宋授长溪县知县孙公之墓"，修筑于南宋时期，具体时间已稽考。孙调死后葬于昆田境马冠山脚下灰斗冈，该墓坐北朝南，风字形建制，墓碑上书："宋长溪调公孙龙坡先生之墓"。孙宥父子墓均为粗石结构，极其简陋，足见孙宥父子为官十分清廉。清咸丰年间，孙店郑作栋为孙宥父子在孙店古道旁立神道碑，碑文"宋长溪知县孙宥公暨男理学崇祀乡贤调公龙坡先生之神道"，供世人敬仰。1997年孙宥墓被公布为福鼎市人民政府第二批文物保护单位。

　　孙调书堂曾经是鼎邑著名的文化中心，是闽浙地区展现朱程理学文化思想之地，备受世人关注。孙调讲学，传播文化，当时极受官方的重视和民间的推崇，朝廷赠其太子少傅，从一品官员。自书堂创办后的一段时间里，出现了文人萃聚、文风迭起的局面，硕学鸿儒在此谈经论道，登坛授业，答疑解惑，闽浙士子前来候教，一时名扬海内。书堂虽然早已失去昔日的繁盛，落寂一旁，但它是福鼎市不可多得的历史文化遗产，成为福鼎乃至闽东地区后世学子心中永远的一座丰碑。

（本文参考了《闽东孙氏志》等资料）

书香蓝氏

✍陈雪兰

"耕读传家久，诗书继世长"，自古以来，这则古训在点头民间被不少人奉为家规家训。老街的蓝氏家族世代崇尚读书，以书香门第作为自我敦促的追求，人才辈出。

据《蓝氏宗谱》记载，元顺帝时，一世祖七郎公定居闽西上杭庐丰乡，其后裔辗转迁徙至浙江矾山、福鼎前岐一带。清同治年间，蓝氏第五世祖蓝庆年携家眷从前岐迁居点头。蓝庆年用前岐卖房产所得在点头老街毗邻陈岩生"合祥里"上手购得三间铺面，开设药堂，经营畲族青草药。蓝庆年通医理、崇儒重文，以读书仕进鞭策后辈。清代，点头学塾发达，遍布城乡。蓝庆年的几个儿子自幼进私塾，秉师训，除了熟读《三字经》《五言杂字》《千字文》等，继则攻读四书五经和《千家诗》等。大儿子蓝宓芬，二儿

全闽师范学堂

子蓝菁莪，在同治年间会试中双双入榜，蓝宓芬录榜监生，享受朝廷米谷俸禄；蓝菁莪录榜秀才。蓝氏一门两秀才，一时在点头传为佳话。后蓝宓芬、蓝菁莪两人又双双到全闽师范学堂进修。

全闽师范学堂由陈宝琛于清光绪二十九年（1903）创办并首任监督，是福建省最早的一所"意在培养师范、政治、实业、翻译各项人才"的综合性师范学堂，也是我国早期的师范学堂之一。

清末废科举，立学堂。1925年，清庠生朱少徐，鉴于当地人口繁衍，莘莘学子亟

待培植，遂邀请秀才蓝菁莪、石次华和商界人士陈鹄生、朱子明、陈岩生等筹建岚山小学，借用临水宫为校舍，招收私塾学生入学，岚山初级小学从此诞生。蓝菁莪不仅参与学校管理，还和兄长蓝宓芬受聘到岚山小学执教多年。

蓝氏家族崇尚读书的家风代代相传，在耳濡目染中，其家风家训犹如家族基因深深融化在晚辈的血液里，后辈们更是钟情读书，专注有为，蓝振河就是后辈中的佼佼者。

蓝振河（1926—2008），笔名蓝天。据蓝氏后人回忆，蓝振河的父亲蓝士雄也酷爱读书，曾以优异成绩毕业于福鼎桐南初级小学，虽然没能到全闽福建学堂进修，但他通过自学，读遍了很多国学经典，有着很深的国学素养。每到晚间，蓝士雄总喜欢挑灯，为家人诵读诗书或讲经典故事，儿孙辈常常是伴着读书声入梦的。蓝振河日受墨宝书香的熏陶和濡染，读书守分，志存忠厚。他少时就读于点头桥头初小，后进入福鼎简易师范学习，1946年毕业并受聘执教县立点头中心小学。1948年，蓝振河加入福鼎城工部，与福鼎简师的地下党员一起为迎接解放从事着秘密工作。

新中国成立后，蓝振河调往县文化馆工作，后又到前岐双华工作一段时间。1958年冬，他在双华创建了双华畲族文化站并担任站长。双华畲族文化站后改名为福鼎市少数民族文化站，是新中国成立初期全省设在民族村的7个文化站之一，也是福建省内建立的第一个少数民族文化站。

双华文化站建3榴2层，共80平方米，置有一定数量的报刊、图书、文娱器具和文化担。文化担可放留声机、幻灯机、展览图片等。文化站还带动了周边佳阳、象阳、罗唇等畲族文化娱乐活动，其先进工作经验被国务院文教组总结推广全国其他少数民族地区。1963年，蓝振河根据福建民歌《采茶扑蝶》改编成了畲族舞蹈，组织起一支由当地畲族妇女组成的民间舞蹈队，亲自担任导演，参加了当年全国少数民族文艺汇演。歌舞展现了采茶姑娘追扑茶树间蝴蝶的有趣场景，富有浓郁的少数民族风情，演出获得圆满成功。"文化大革命"开始后，文化站停办，蓝振河调回福鼎文化馆任副研究员，专门从事民间文化的研究与挖掘工作。他撰有《闽东畲歌格律浅说》一文，被收录《民间诗律》一书。

蓝振河不事浮华，为文援笔立就，曾任福鼎民间文艺协会主席、福鼎文化馆宣教股股长、文艺创作组组长，擅长民俗文艺、畲歌、民谣的创作，其作品生动反映了畲族的历史、政治、文化以及畲族人民生产、生活、交际、宗教礼仪和婚俗等层面的情况，创作风格质朴率真，热情达观。1972年，由他作词的歌曲《畲家歌颂毛主席》入选《战地新歌》第四辑，并由中央人民广播电台录制播放。1989年，蓝振河参与了《中国民间故事集成·福建卷》编辑工作，是宁德地区民间文学集成编委会编委和福鼎县民间文学集成编委会编委,他收集创作的 30 多篇民间故事、传说被收录卷中。蓝振河的诗文造诣亦深,唱酬诗篇盈箧,曾担任太姥诗社第一届副社长,第二、三届常务理事,其诗作人选《太姥诗社三十年诗词选》。

如今,时代不同了,但蓝家几代人的仍恪守着"崇尚读书"的祖训与家风,以各自不同生活方式、生命轨迹不断努力去阐释、丰富它的内涵。

(本文参考了《蓝氏家谱》及蓝氏后人提供的资料)

祖家的私塾

🖌 朱有为

我的祖家在离福鼎城区 20 华里的一个秀丽山庄——石塘里，我的童年就在那里度过，70 多年前的往事，如今仍历历在目。

20 世纪 30 年代，我家四代同堂，生活很富有。祖父是出身于私塾的老学究，喜欢在儿孙们面前讲些清末他所知道的事和万世师表的孔夫子的轶事。

1932 年初春，我刚 8 岁。祖父为关心孙儿们和村里几户有钱人家子弟的读书问题，按清末私塾的模式在家里办起一所私塾。在我读书期间，前后聘了两位老先生。先是桐山南门的黄笃渊先生，他爱讲故事，其中不少是寓言，学生听了很受启发。后来换成管阳张兴南先生，他善弹月琴，常使学生陶醉在优美的琴声中。当时学生只有十几人，大多数是我们家族中的孩子。

石塘里私塾授课中（陈孔同 绘）

先生的待遇，除食宿由创办人负责供给外，每年还要付给先生 50 担谷子（每担合 120 市斤）。在私塾读书的学生，每人一年负担 3 担谷子。先生的卧室很宽敞、幽雅、明亮，窗前放一张三面有抽屉的方桌，桌上放着四书五经和文房四宝。床旁的方几上放一把发亮的铜烟筒，床下放一个尿壶。每天清早，由学生轮流伺候先生，先把盛有汤水的脸盆送到先生的房间，然后倒尿壶、换烟筒水并把烟筒擦得发亮。这些"弟子服其劳"的事情做完后，再把三菜一汤并米饭放在木制的六角茶盘上，送到房间，让先生用膳，三餐如是。节日宴请先生由我的祖父陪膳，频频举杯敬酒。学生在节日里也争着请先生到家里过节，先生一般不去，偶尔去一两家，那么这家学生就会在同学面前竖起拇指说，先生我能请到，感到很荣幸。

　　我家很宽敞，庭院厅堂好多处，私塾学堂设在屋东的回廊厅。厅正中靠墙放张八仙桌，谓之"定书桌"。桌左边放把靠背竹椅，供先生上课时坐着教书。桌靠墙处置个香炉，用长 0.5 米、宽 0.15 米、顶端剪成尖形的竹片衬厚纸装在香炉上，上面写着"大成至圣孔夫子先师香位"，每天由一位学生点燃三支香插在香炉上，这天便开始上课。学生的课桌，是从自家带来的有两个抽屉的长方形梳妆桌，分别排在定书桌前方的左右两边。

　　早晨上课时，学生们坐在自己的座位上默读，等待先生指定某一个学生去授课。学生带着课本，打开要背诵的某页叠在一起到定书桌前，手捧课本先向孔夫子牌位拜一拜，再向左把书本放在先生面前，转身背朝先生背诵昨天先生指定的某一本书某一页中的某一段。背诵完，先生用朱笔在某页上签个时间。周而复始，直至背诵得烂熟，成了顺口溜，才不再背诵。背诵毕，接受先生"定书"。所谓定书，就是教新课，先生用方言教一句，学生跟着念一句，先生很少甚至没有解释。每个学生都要接受定书，因为学生程度不一，课程内容各异，先生用两个小时把所有的学生逐一教毕，才下令休息片刻。这时十几个学生"哗"的一声跑到院子里做"捉迷藏"或"孵猴蛋"的游戏。先生一喊"上课"，大家坐在位上开始朗读，每个学生口中发出"子曰，子曰"的读书声。上午休息两次。午餐后，先生休息，学生学习毛笔字。下午把明天要背诵的书本逐本地念，复习旧课。新课背诵得不流利或背诵得不好，先生会原谅的；旧课不会背诵则罚打巴掌，或跪在孔子香位前面。

　　私塾没有暑假。每逢节日，先生送给学生一件小礼品，家长回报先生红包。

　　到了每年冬至前数日放寒假，先生的行李由我家佣人挑着随同先生回家。这就是后人所说的"圣人不吃冬至丸"。来年正月元宵开学，创办人宴请先生。

　　我在私塾读了五年，读完《三字经》《左传》《幼学》《诗经》《易经》等。当时这些书背诵得烂熟，因不懂内容的意义，现在都还给了先生，但对我的思想起了潜移默化的影响。我至今还以"吾日三省吾身，为人谋而不忠乎？与朋友交而不信乎？传不习乎？"作为为人处世的准则。

点头籍诗家选介

✎黄宝成

点头人文荟萃，涌现出不少享誉鼎邑乃至全国的诗家。现选介如下：

梅上英（1809—?）　讳正扬，字肇言，号鹤守，别号单云，道光十九年（1839）取入府学第二名文生员。著有《柏柳二十景》存世。

萧功超　字卓甫，廪贡生。历任龙岩州学及闽清、漳平、永定、顺昌诸县教谕。生平喜为白话诗，信口而出，摇臂而来，嬉笑怒骂皆成文章。所作《塾师》《衣匠》《柘底寺怀古》等篇，迄今尚脍炙人口。

张育章（1891—1945）　原名守典，柏柳石桥头村人，生于书香世家，幼承医训，好吟咏诗词，诗友遍及闽东各县，唱酬往来，不绝如缕。喜文学游戏，曾作端午楹联"艾蓄三年使君去病，蒲生九节益母延年"，引经据典，嵌入药名，颇见工巧。

罗谨临（1915—1996）　毕业于福建省立第三中学，先后任教于福鼎桐北学校、点头中心小学；曾为点头中心小学校歌谱曲，后从事医务工作。太姥诗社社员，作品散见于《太姥诗讯》，撰有《余辉楼俚曲》。

朱挺光（1916—2004）　号晚晴，福建省立三都中学毕业，先后于福州道山小学、闽江小学、福鼎桐城、秦屿、点头等小学任教，曾为点头中心小学校歌创作歌词。退休后被聘为福鼎政协文史委员，政协联谊会理事。第一届《太姥诗讯》编辑，第三届太姥诗社副社长，撰有《晚晴斋唱酬集》《晚晴斋唱酬续集》。

方东（1918—1990）　字中训，号德东，后井人，福州师范学校毕业，太姥诗社常务理事、《太姥诗讯》编辑、福建书法协会会员。曾任福鼎工商联秘书长，商业局第一任局长。退休后被聘为福鼎政协文史委主笔。擅长诗词，作品散见于《太姥诗讯》《太姥诗词》等刊物，有作品入选《太姥诗社三十年诗词选》。

蓝振河（1926—2008）　笔名蓝天，畲族，1946年福鼎简易师范毕业。福鼎文化馆副研究员，太姥诗社第一届副社长，第二、三届常务理事。曾任福鼎民间文艺协会主席，福鼎文化馆宣教股股长、文艺创作组组长。擅长畲歌、民谣创作，撰有《闽东畲歌格律浅说》收录《民间诗律》一书，有诗作入选《太姥诗社三十年诗词选》。

福鼎市第九中学简介

福鼎市第九中学始建于 1968 年 10 月，初为点头学区"戴帽"初中（小学附属初中）。1975 年正式成为完中，定名为点头中学。1981 年秋，高中部改为职业高中。1997 年秋，更名为"福鼎市第九中学"。为适应点头镇经济社会的发展和教育布局的调整，2009 年与点头镇初级中学合并，成为今天的福鼎市第九中学，简称"福鼎九中"。

学校距离市区 15 公里，交通便利，占地 66 亩，建筑面积 12148 平方米。作为农村中学，虽然存在着办学条件差、资金不足等困难，但学校努力弘扬"崇德博学，求实创新"的校训精神，遵循"让每个学生都获得成功"的办学理念，牢固树立"规范加特色的学校，育合格加特长的学生"的办学宗旨，"五育"并举，狠抓校风、教风、学风建设，注重办学效益。学校在上级主管部门的正确领导下，秉持"快乐学习、健康成长"的办学理念，发扬"锲而不舍、鼎力争先"的精神，围绕"创建闽东知名的优质农村中学"的办学目标，通过重构学习、重构课堂、重构课程、重构学校等教育教学活动，致力于特色品牌创建和精细化管理，全面推进学校内涵建设及教育质量提升，办人民满意学校。学校以培养"有道德、有志向、有特长的合格人才"为学生发展目标，并根据学生兴趣爱好，成立了茶艺社、美食社、国画社、文学社、羽毛球社、街舞队、篮球社、乒乓球社、轮滑社、十字绣社等社团组织，在校团委和学生会的领导下开展活动，积极参加上级开展的各类竞赛，并多次获奖。特别是篮球社，代表学校参加福鼎市中学生篮球赛多次获得冠军。这些社团活动的开展不仅丰富了学生的课余生活，还提升了学生的综合素质，最终帮助学生实现"自我管理、自我教育"。

为适应初中开齐开足省办课程和职高专业发展的需要，学校有针对性地开展校本培训工作，有选择地开展专项培训，提高多元化能力。学校为初中教师创造培训条件，大力支持和选送教师参加各级各类培训；同时与福鼎市职业中专、福建天丰源茶业公司、福建盈浩工艺品公司等联合办学，为职高教师达成"双师型"目标，进行选择性转岗培训，促进学校师资配备最大优化。

近年来，学校坚持"科研兴教、科研兴校"战略，不断加强教学常规管理工作，实施"公开课常态化，常态课公开化"制度，在初中部以"课堂三·四·二模式"

为载体，开展重构高效课堂教学研究，不断提升学生参与课堂活动的积极性和主动性，让学生在"自主、合作、探究"中学习。学校大力开展课题研究工作，在科研课题的带动下，教师的科研能力得到了大大的提高，营造出了良好的教科研氛围，为福鼎九中打造农村中学高效课堂奠定了良好的基础。职高部设有白茶、计算机和工艺美术等专业，以高职招考为培养人才的突破口，做精做强白茶等专业，加强与企业、高职院校的联办对接，进一步扩大职业高中的招生规模和区域影响力。

学校坚持"德育为首、育人为本"的宗旨抓德育工作。以体育节、艺术节、读书节、科技节为载体，以班级为单位，根据学生的身心特点、成长规律，面向全体学生，合理利用课程资源，以"培养学生做一个好人"为育人目标，扎实开展"孝心教育"活动，提升学生的核心素养和生命质量，凸学校德育特色。以地方特色产业为依托，以校企合作的模式，开门办学、开放办学，充分挖掘和利用优质的社会资源，不断打造以"白茶文化"为主题的特色文化，努力培养既有文化内涵又有实践能力的合格人才，让每一位学生获得最充分的发展。

学校先后获得"福建省劳动技术教育先进单位""福建省农村教育改革先进集体""福建省党政工共建先进教工之家""宁德市农村教育改革先进单位""福鼎市先进基层党组织""福鼎市文明学校""福鼎市素质教育先进学校""福鼎市平安先行学校""福鼎市德育工作优秀学校"等荣誉。

福鼎九中

（本文由福鼎市第九中学提供）

点头中心小学简史

✎ 朱国练

点头镇地处福鼎市南郊，依山面海，地灵人杰，物产丰富，经济发达，历来重视发展教育。忆往昔，百年老校风雨漂泊，历任先贤，辛勤耕耘，荫蔽后人；看今朝，点头小学生机盎然，春风化雨，桃李芬芳，誉享福鼎。

岁月沧桑起学校

点头中心小学由萧景森先生创办于清光绪三十二年（1906），校址设海乾路文昌阁，为私塾学堂。设斋教学，启蒙以识字为主，采用《三字经》《五言杂字》《千字文》为教材，继则攻读《幼学琼林》《古文析义》《千家诗》和四书五经等。后因学童逐年增多，校舍无法容纳。1925年，清庠生朱少徐邀秀才蓝菁莪、石次华和商界陈鸬生、朱子明、陈岩生等热心教育人士一道筹建崌山小学，成立学校董事会，推选朱少徐为董事长，协助校长解决各种经费筹措及相关修缮等事宜。校舍借用坐落在街尾的临水宫，聘请林际春先生为第一任校长，学童30多人。

点头小学旧址（朱国练 供图）

此时的崀山小学仍属私塾性质，办学经费靠四处募捐。当时经费来源，主要有下列几项：校董们带头捐助，如朱少徐、陈鹄生、陈岩生等都捐出不少；取得当地神庙田产头人同意，将田租半数献给学校；得到各行业的大力支持，如点头渔业、米业、蛎灰窑及出口的竹木业等；得到县里的设备资助。林校长在朱校董等积极支持帮助下，艰苦创业，成绩显著。

1927年，县长黄鼎翰响应国民政府教育改革，把全县私塾、学堂改名为官立小学，崀山初等小学因此而得名。官立学校开办，家长纷纷送子女入学，教室及课桌椅骤然紧缺。为解燃眉之急，开明人士朱子明将歇业的碗窑碗厂中所有木料无偿献给学校做成课桌椅和修缮教室，他的儿子朱挺光也从福州回乡执教，献身家乡教育事业。

朱挺光先生爱国、爱教。1940年抗战期间，为声援抗战，他与音乐教师罗谨临创作校歌一首，为当时师生所传唱。退休后，他被聘为福鼎太姥诗社副社长兼编辑，为后人留下900多首的旧体诗和30多篇的散文。

1931年，福鼎教育局通令各校，校名均以所在地命名，因点头学校地处桥头溪边，于是更名为"桥头小学"。校长林际春为人老成持重，平易近人，精通文学，尤工书法，为世所赏，从事教育，不遗余力，深受学生家长信赖和崇敬。许多家长慕名带着孩子远道而来，寄宿学习。学校经他苦心经营，学生数从开办时30余人增至150余人。学校教员3人，四种程度分3个班教学，一年级和二年级为单式，三、四年级为复式。

1932年，农村国校陆续开办。点头农村第一所"后井国校"于1932年3月在后井保开办，整合了私塾资源，让村里更多儿童受到良好教育。1935年3月"翁江国校"在萧氏宗祠开办（当时翁江归属点头）。1937年3月，"浮柳国校"在浮柳（柏柳）保开办，1939年3月"果阳国校"在西华宫开办；同年，在时任福鼎教育局长梁翰秋的支持下，"后梁国校"在后梁祠堂建办。"果阳国校"第一任校长容瑜珍女士，乃辛亥革命元老、民国议员朱腾芬夫人，系广东香山县富商容家之名门闺秀，是刚正不阿、乐善好施朱香溪先生贤媳，做女校长实属难得。1944年3月，"后昆国校"在后昆（后坑）新厝里庄宅开办。同年3月，"江美国校"在江美保开办。1944年9月，"莲州国校"在举州马仙宫开办。

1938年6月，县教育局派第一中心小学教师林时端和缪景铭到点头筹建县立第三中心小学。为把桥头小学改造成第三中心小学，见多识广的李得光先生立下汗马功劳，经他耐心说服，群众才同意把神像搬走（大部分神像移居妈祖宫），并就学校前面空地建造校舍，直透后墙，中留天井，两边分为教室、阅报室、群众询问处和传达室等（1992年被拆除），连同原校舍，规模颇大。县派校长叶荫樟，学生180多人。

1940年叶荫樟校长离任，调秦屿中心校长李慕章接替。学校聘用第一中心小学老教师缪景铭等执教，阵容整齐，条件较好，连续数年在全县举行的各科比赛蝉联冠军，如作文、算术、史地、体音和演讲等。学校破天荒派出 50 多名运动员参加县小学生运动会，女队成绩突出，获得多项个人第一和团体冠军。教学质量全县首屈一指，学生升学率高于各校。

1942 年李慕章离职，由陈怀亮继任校长，学生已达 248 人，有 5 个教学班，教员 7 人。1943 年，福鼎大刀会作乱，学校被迫停课半个月，校舍遭破坏，财物受损失，后报经县局拨款修复，元气虽有损伤，但教学质量尚无下降。

1949 年，迎来全国解放，学校更名为"点头小学"，学制为六年制。

欣欣向荣新篇章

解放初期，百废待兴。点头小学迎来发展的大好时光，第一任校长李良光先生以身作则，任劳任怨，学校教师精诚团结，信心百倍，个个以校为家，一心扑在教育事业上。学校还配合政府开展土地改革和抗美援朝运动，进行反帝反封建的思想教育。教师义务参加填写土地证工作，写宣传标语，教唱革命歌曲，开展打腰鼓，练习节目等，文艺活动搞得热火朝天。

1956 年全日制完全小学覆盖全镇各大队。全日制完全小学指白天上课，年级完整的学校。当时所有学校办学条件极其艰苦，校舍不是设在宫庙，就是设在祠堂，教师工作、吃住在里头，晚上还教"成人识字班"，课后又要改作业，同时见缝插针挨家挨户家访。在自然村"教学点"任教的条件更差，白天在空旷大厅上课，一至二年级或一至三年级复式，教师一人连轴转，时常喊破嗓子，夜里孤身寄宿村民家里。边远山村教师一周只回一趟，每周日下午，得备足一周粮食和下饭菜品，不顾山路崎岖，一路肩挑手提，艰难徒步到校，在校一待就五天半。

不堪回首的动荡期

1966 年，"文化大革命"爆发，政治风波迅速席卷教育界。1967 年 11 月，红小兵取代中国少年先锋队，并冠名"红卫兵小将"，学校几乎停课，开始全国大串联。

1968 年春，学校复课，原"秋季"招生，变为"春季"招生。同年，公社为解决学生上中学难问题，决定创办"点头小学附设初中班"。"点头小学"随之更名为"点头学校"。

1969 年柏柳小学开设初中班，任命陈中砥老师为校长。之后，还有 3 所完小相继开设初中班：大峨小学 1971 年设，1973 年停，校长黄品龄；果阳小学 1975 年设，校长朱有齐；马洋小学 1976 年设，1980 年停，校长詹峰。柏柳和果阳校初中班，曾一度停办，复办后，但终因校舍简陋教、学设施不配套、师资力量薄弱、生源逐年减少等因素于 2003 年彻底停办。

1973 年学校恢复"秋季"招生，同时进行学制改革：小学六年制改成五年制，儿童限 7 周岁入学；中学六年制改成四年制，初高中各 2 年。

1973 年，中、小学完全分离，中学校舍设在小学正对面杨府爷岗上，占地 20 亩，取名为"点头中学"，小学恢复"点头小学"称谓。

生机勃发质量好

"文革"之后，设立在人民公社里的"教革办"更名为"点头学区"，"教革办主任"随之改为"学区校长"，由原教革办主任郑庆银继续担任。郑庆银校长工作一丝不苟、真抓实干。学区采取"分类要求，分类指导，逐级推进，逐步提高"的管理策略，多渠道集资推进小学"十配套"建设，以提高各校办学硬件。

1983 年，区一手抓质量，一手抓普及，教育教学质量全面稳步提升。1985 年人民公社在临水宫西侧划拨耕地 3 亩多，拆除"临水宫"正大门，沿溪边盖起一座四个教室的砖混结构教学楼（两年后盖了第二层）。校长郑大平接班后，鼓足干劲，加快发展，到 1988 年全镇大小学校总数多达 99 所。

1989 年为腾地给大峨水库，大峨小学实现整体搬迁，从山区搬到点头集镇所在地（大峨新村）。1991 年政府出资 16.3 万元，在中心校操场的西侧建一幢 658 平方米的三层教学楼，最终实现所有班级从临水宫中搬出来。

1997 年，在郑兆学接任学区校长的第二年，拆除临水宫上厅西侧两层砖木结构旧楼（1968 年建），教育局拨款 32 万元在原地建一座 1200 平方米四层综合楼，进一步满足学校发展需要。1997 年，经过近 7 个年头的攻坚克难，"两基"工作通过省验收，1998 年通过国家验收。

新世纪开拓进取

2002 年秋，市教育局下文将"学区"改为"中心小学"，"学区校长"改称"中心小学校长"。如今的点头镇是中国白茶特色小镇及滨海茶乡中心城镇，孕育而生的白茶文化便悄然走进校园，激励着师生勇敢推开"白茶特色学校"的大门，也推动了点头中心小学的深度改革与发展。学校自 2015 年起连续两届评为宁德市"文明学校"，2017 年获福鼎市乡镇"十佳学校"，2018 年被评为宁德市第一届"文明校园"。

附：

点头小学历任校长一览表

序号	姓名	性别	履职时间起讫	备注
1	萧景森	男	1906—1925.8	兼任，时为私塾
2	林际春	男	1925.9—1938.6	宸山小学
3	叶荫樟	男	1938.6—1940.8	第三中心小学
4	李慕章	男	1940.8—1942.8	第三中心小学
5	陈怀亮	男	1942.8—1949.8	第三中心小学
6	李良光	男	1949.9—时间不详	点头小学
7	池方结	男	具体时间不详	点头小学
8	米守翰	男	具体时间不详	点头小学
9	施绮霞	女	1957.2—1959.8	主持中心校工作
10	潘道洲	男	时间不详—1964.8	点头小学
11	池方炳	男	1964.9—1967.8	点头小学
12	高英德	男	1967.9—1968.8	点头小学
13	郑庆银	男	1968.9—1970.8	点头学校
14	缪挺銮	男	1970.9—1972.1	点头学校
15	郑庆银	男	1972.2—1974.8	点头小学
16	郑庆银	男	1974.9—1986.8	点头学区
17	郑大平	男	1986.9—1993.8	点头学区
18	李观禄	男	1993.9—1996.8	点头学区
19	郑兆学	男	1996.9—2001.8	点头学区
20	罗有岩	男	2001.9—2012.10	点头中心小学
21	林开德	男	2012.11—2019.12	点头中心小学
22	吴永民	男	2023.1至今	点头中心小学

点头小学校歌

1940 年，朱挺光先生在点头中心小学任教时作了一首校歌，由音乐教员罗谨临谱曲，当时颇为师生所爱唱。校歌歌词如下：

宸山环抱，点水长流。

美好的溪山怀抱里的吾校哟！

你是培养民族健儿的园地，

你是创造国家人才的工厂。

许多小朋友，在你的春风化雨中，

茁壮成长！

努力！努力！

努力锻炼身心，勤求智能，

向时代的新潮流追上，

恢复我国家和民族的荣光！

扫盲运动

 庄纯穗

　　新中国成立初期，全国5.5亿人口中有4亿多文盲，文盲率高达80%，是世界上文盲人口最多的国家之一。文盲，成为我国发展道路上的拦路虎。新中国刚刚成立，一场轰轰烈烈的扫除文盲运动便在全国范围内展开。扫盲班遍布工厂、农村、部队、街道，人们以前所未有的热情投入学习文化的热潮中。如此大规模并卓有成效的扫盲运动，创造了人类历史上的奇迹。

1972年点头山村夜校（傅克忠 摄）

　　扫盲运动为农民打开了知识的大门，从而实现了自身的解放，特别是妇女的解放。1993年，《中国教育改革和发展纲要》提出，在20世纪末，我国要如期实现基本普及九年义务教育和基本扫除青壮年文盲的战略目标（简称"两基"）。为达到"两基"验收标准，任务十分繁重。

　　各乡镇把扫盲运动视为一项政治任务，各级政府从上至下非常重视，层层落实任务。为迎接省地"两基"验收，县财政投入了大量的经费，在努力普及九年义务教育

的同时，加强扫盲工作。为此，各地成立了扫盲领导机构，县教育局成立"成教股"，乡镇成立"两基办"，学区副校长专职负责扫盲工作，并配备专职扫盲老师。学校还规定，全日制教师必须兼任扫盲工作，教师的绩效、职称晋升、年终的评优、评先要与"两基"验收挂钩。

扫盲工作如火如荼地开展着，各地因地制宜，制定了多种多样的扫盲班，有晚班、午班、农闲班、妇女班。当时的扫盲班，条件很艰苦。首先是学习地点，大都是借用小学校舍。为了村民就近上学，对离学校远的自然村，就借用生产队的仓库或者民房大厅。教师们为了赶时间，在没有其他交通工具的情况下，只能跑步到各村授课。课桌椅也是五花八门，有条桌，有饭桌和长短椅子，能用就行。其次是照明问题，那时乡村还未普及电灯，有的学员就用上了玻璃罩的手提灯（这种灯既可以照明，又不怕风吹），有的用墨水瓶改装小煤油灯，有的就用小蜡烛。晚饭后，学员三五成群来夜校，放学后成群结队提着灯，打着手电回家。扫盲班的学员大多是青壮年，姑娘居多，也有大叔、大娘、大嫂。

当年的学校校舍，大多是宫宇、祠堂、仓库或民房改建的，教师分配在哪所学校，就安心生活在学校。教师们常年生活在艰苦的初小校或是双人校，有的教师一家子在学校工作生活，逢年过节都没离校。他们白天在学校上课，晚上到夜校兼课，教学员识字、教唱革命歌曲。如果是在完小校或是多人校，教师们就要轮流到附近村庄去上夜校，也没有任何报酬，可是大家都毫无怨言，感觉这也是自己分内的事。

那段时期，我们学区的领导经常下乡检查评比。为了树榜样、立标兵，促进扫盲工作顺利开展，每学期都按计划组织老师参观典型夜校和先进扫盲班。我镇三沙溪小学有个池宗喜老师，由于他在佛塔垅村办的妇女扫盲班成绩显著，荣获了"宁德地区扫除文盲先进教师"称号；龙田、大峨新村、观洋的扫盲班也办得有声有色，夜校书声琅琅，歌声嘹亮，曾经受到县教育局的表彰；海屿、孙店、后坑、翁溪、和尚岩等初小校，扫盲班也办得扎实，群众学习热情很高。

县成教股还经常组织专职扫盲干部到各乡镇夜校考核和验收。有一次，县组织的乡镇干部到龙田村验收，领导自带考卷，当场抽查。为严肃考场纪律，防止弄虚作假，还要核对派出所户口册中的学员姓名、年龄、性别，并对号入座。学区领导下乡检查夜校，重点查看的是扫盲班的课程表、教学进度、教案、点名册中学员出勤率和学员作业次数以及批改情况。那段时间大家特别紧张，生怕脱盲率不达标，省地验收不过关，拖全县的后脚。

当年的扫盲运动虽已成为历史，但对于我们这一代人来说依然记忆尤深。

点头医疗卫生发展概况

石维奇　陈永年

点头镇依山傍海，市井繁华，交通便利，文化活跃，在悠久的历史长河中，涌现出一批精通医理的能人。清乾隆三十年（1765），点头孙店郑开泽开设松下堂中药铺，为福鼎县第一家专营中药铺。清光绪元年（1875），夏盛钊从桐山溪西桥迁到点头开办夏广裕中药铺，历经5代累计有学徒、伙计百余人，先后分散到各地开业，有的远涉台湾及东南亚等地开办中药堂。夏广裕中药铺以精制丸、散、膏、丹而闻名，质优效良，货真价实，故生意兴隆。1945年，该店分为"夏三益""夏福记""夏柏记"三家，1956年5月实行公私合营。

杏林回春，医苑竞晖，有先医者张育章（1891—1945），原名守典，柏柳村石桥头人，出身于书香世家，幼承医训，学有渊源，文学修养与医学造诣俱见才华。1911年迁点头镇，开设菊泉堂药店，坐堂行医，崇尚王孟英学说，以善治温热病著称。20世纪30年代福鼎的红军游击队缺医少药，张育章君同情革命，不避风险，常深入翁溪、柏柳诸村，秘密为红军治病。张育章君为人安详和气，俭朴文雅，好吟咏诗词，喜文学游戏，尝作端午楹联"艾蓄三年使君去病，蒲生九节益母延年"，引经据典，嵌入药名，颇见工巧。

中医郑敏生，福鼎点头镇孙店村人，幼家贫，12岁辍学外出当中药店学徒，同时自学中医，后遇名医梅亭，颇得指点，嗣回点头开设得寿堂药店，自己坐堂应诊，医道法宗仲景，方药平易，不取珍异，每愈剧疾。20世纪30年代医名正噪，求诊者甚众，尤为本县沿海黄岐一带群众所敬仰，甚至有只见其人而病已减三分之誉。他精力充沛，学验俱优，虽诊务繁，犹自撰写医案，其手稿多篇被选入《福建中医医案医话选编》（1963年）。郑敏生于1962年被定为福鼎县名老中医。

为响应政府号召走集体联合办医道路，1956年5月，在点头由李国安等5人首办联合诊所，到1958年10月人员逐年增加到16人，有西医李国安（负责人）、陈承律、陈仲雁、中医郑敏生、郑锦方，药剂员夏德淦、李承根、吴春敦、朱桂中、郑章华，外科医生池淑庭，护理员庄秀静；产科接生员曾碧梅等。按"自愿结合、自筹资金、自主管理、按劳分配"的原则，建立联合诊所。从1956年5月举办联合诊所到

20世纪60年代末，10多年的时间，办医地址换搬好多处，先是点头街尾、中街、上水碓，都是租用民房，后在1963年10月由当时点头区委协调安排横街里长寿宫，1968年5月又搬到桥头天一宫。虽然当时办医居无定所，但老一辈的医务工作者都在简陋的院舍、在医疗设备短缺的条件下努力工作，他们吃苦耐劳，分工有序，不但安排好门诊、出诊、取药、注射等工作，还抽调人员下乡调查、防治各种传染病。特别是20世纪60年代末70年代初，春季小儿麻疹和夏季副霍乱病流行，保健院全体工作人员在上级医疗机构领导下，协调配合，全力以赴，夜以继日地抢救治疗病人，大大降低病死率，得到政府和群众的赞扬。

为了响应毛主席"把医疗卫生工作的重点放到农村去"的指示，20世纪60年代末至70年代初点头卫生院迎来了一批医学院校毕业的大中专医疗技术人员，其中有福建中医学院本科生郑朝煊（福州）、福建医学院本科生陈天民（福州）、上海医学院本科生龚咸心（上海），专科院校毕业的护士庄秀静、陈秀玲（浙江平阳），助产士谢金茶（莆田）、汪秋菊，检验科张新华（福清）等。卫生院还增添了X光与检验设备，从此有了门诊部、住院部、放射科、检验科、妇产科、手术室等功能科室。

20世纪70年代中期，随着医疗事业的发展与人民群众医疗保健需求的增加，由郑朝煊副院长负责选址编报计划向省、地、县卫生主管部门报批经费，在桥头"天一宫"前空埕建成点头卫生院综合门诊楼，二层半900平方米，为开展各项医疗服务、方便病人就医和住院改善了条件。后因医院业务和住院病人增加，卫生院又紧邻周边居民住房，会影响当地群众正常生活，便于1986年迁往新院址。

改革开放给卫生事业的发展注入新机，1985年5月，由国家拨款、政府批地，选址土盐仓对面空地5.9亩为医院建院用地，当年计划筹建，次年建成，业务用房面积1952.2平方米。到2019年底，在职职工65人，在编49人，临时人员16人。在编医技人员45人，其中高级职称3人，中级职称12人，初级职称25人。医院核定床位40张，院内设有门诊部、住院部、公共卫生科、儿童保健室、预防接种门诊、放射科、检验科、B超室等科室，配备数字化X光机（DR）、彩超、全自动生化分析仪、血液细胞分析仪、微量元素分析仪、黑白B超等医疗设备。全镇18个行政村，3个社区居委会，共设有23个卫生所（室），共有乡医38人。点头镇卫生院担负着全镇辖区内4万多人的日常疾病诊治防控以及公共卫生服务的全面工作。

2016年以来，卫生院先后被中共福鼎市委、福鼎市人民政府授予"福鼎市十三届文明单位"，被国家卫计委授予"全国群众满意乡镇卫生院"，被中共宁德市委、宁德市人民政府授予十三届宁德市级"文明单位"，被中共福鼎市委、福鼎市人民政府授予"2013—2017年度福鼎市社会治安综合治理表现突出集体""全市先进基层党组织"等称号。

　　近年来，随着医疗设备不断更新和完善，医院的各项发展和变化巨大，力争做到"群众满意""政府放心"。点头的医疗卫生事业正在年轻一代医务工作者的努力工作下稳步发展，走在全市基层卫生院的前列。

　　点头卫生院历任院长、支部书记有李国安、池淑庭、夏修桥、孙文灿，雷鸣、陈世欢、郑朝煊、王树璞、张承智、陈起杜、吴秉俊、朱桂中、石维奇、陈永年、王亦鸣、陈清茂、吴思苗、潘世才、林宣辉、赵兴校、邓其礼。副院长有陈月华、张春生、李华、方振吉等人。

点头卫生院（石维奇 摄）

附：

点头镇村级卫生所（室）一览表

序号	名称	执业地点	设置单位	诊疗主要科目
1	柏柳村卫生室	点头镇柏柳村	点头卫生院	农村医疗预防保健
2	大峨村卫生室	点头镇长春街 87 号	点头卫生院	农村医疗预防保健
3	大坪村卫生室	点头镇大坪村 26 号	大坪村村委	农村医疗预防保健
4	点头村海乾卫生室	点头镇海乾路	点头卫生院	农村医疗预防保健
5	观洋村岐尾卫生室	点头镇镇江路 113 号	观洋村村委	农村医疗预防保健
6	观洋村卫生所	点头镇观洋村	点头卫生院	农村医疗预防保健
7	果洋村卫生所	点头镇果洋村	果洋村村委	农村医疗预防保健
8	过笕村卫生所	点头镇过笕村	点头卫生院	农村医疗预防保健
9	后井村卫生所	点头镇后井村	后井村村委	农村医疗预防保健
10	后梁村卫生所	点头镇后梁村	后梁村村委	农村医疗预防保健
11	江美村卫生所	点头镇江美村	点头卫生院	农村医疗预防保健
12	举州村卫生所	点头镇举州村	举州村村委	农村医疗预防保健
13	龙田村卫生所	点头镇龙田村	龙田村村委	农村医疗预防保健
14	马洋村卫生所	点头镇马洋 38 号	马洋村村委	农村医疗预防保健
15	三沙溪卫生所	点头镇三沙溪村	三沙溪村村委	农村医疗预防保健
16	山柘村卫生所	点头镇山柘村	山柘村村委	农村医疗预防保健
17	上宅村卫生所	点头镇上宅村	上宅村村委	农村医疗预防保健
18	文昌卫生所	点头镇文昌葡萄场	点头村村委	农村医疗预防保健
19	翁溪村卫生所	点头镇翁溪村	点头卫生院	农村医疗预防保健
20	西洋美村卫生所	点头镇西洋美村	西洋美村村委	农村医疗预防保健
21	点头村后坑卫生室	点头镇下街 71 号	点头村村委	农村医疗预防保健
22	点头村卫生室	点头镇点头村	点头卫生院	农村医疗预防保健
23	点头村文昌卫生室	点头镇点头村	点头卫生院	农村医疗预防保健
24	点头村镇江卫生室	点头镇点头村	点头卫生院	农村医疗预防保健
25	龙田新村卫生室	点头龙田新村永安路	龙田村村委	农村医疗预防保健

（本表由黄宝成整理）

1996 年点头卫生院改革整顿纪实

王亦鸣

在市场经济大潮的冲击下，福鼎市点头卫生院自 1990 年以来出现了负债经营、人心不齐、医疗技术骨干自行承包门诊、预防保健不能正常开展、后备人才青黄不接等一系列问题，群众意见较大，引起了上级主管部门和有关领导的关注。

1996 年初，福建省卫生厅厅长魏忠义带队莅临福鼎市考察，并召开"整顿卫生秩序，加强农村卫生院建设"会议，就农村卫生院出现宏观失控、经济滑坡、管理不善、微观混乱等状况进行调研，特别把福鼎市点头卫生院列为重点整改单位，并要求福鼎市政府在年底前将整改情况向省政府汇报。

为了落实省卫生厅的意见，1996 年 3 月，经福鼎市政府和卫生局研究决定，选调成都医学院卫生管理系毕业的黄崇羽及年富力强、思维活跃的陈清茂两位，组成新的领导班子进驻冷清的点头卫生院。我们团结全院干部职工进行二次创业，不折不扣地遵照市政府（96）综 94 号文件和市卫生局（96）鼎卫 53 号规定的要求，对点头卫生院进行改革整顿。

首先，重视从政治思想工作入手，以"院兴我荣、院衰我耻、团结奉献，科技兴院"的点院精神和"救死扶伤、严谨防治、敬业创新、文明服务"的办院宗旨，逐步规范职工的思想行为，培育职工对集体的向心力，自觉归队，保证整改工作如期进行。同时大力治理卫生环境，耗资两万元，整修了住院部和药品仓库，补充了急用的医疗设备，开设了家庭化病床和计生病区，健全了功能科室，实行了 24 小时应诊制，改变了过去卫生院脏、乱、差、冷现象，院容院貌焕然一新，为病员提供了一个文明整洁的医疗环境。

接着，新班子制定了 8 章 80 条《点头卫生院管理大纲》和《点头卫生院统一管理操作方案》，并于 7 月 31 日如期出台了"规范组合、集资办医、定额核算、统一管理"的整改模式；初步建立起"一长""五科""十室"的塔形管理体系；依法对 16 家院外承包门诊和 7 家无证诊所进行了关、停、并、转或取缔处理；重新按照《医疗机构设置规划》要求，组合设立了 4 个院外门诊，由院部定点、定编、定员、定额进行群体经营，恢复了职工的主人翁地位。至 8 月 1 日，顺利地实行了三权归院的乡村一体化管理，重新发挥了卫生院的整体功能。

第三，卫生院努力塑造文明窗口的崭新形象，充分利用会议、墙报宣传好人好事，批评违纪行为，树立了对病人接待热心、诊治精心、回答耐心和廉政廉医的行业新风，以推动卫生院两个文明建设的开展。并且，为活跃卫生院的党、工、团、妇活动，及时选送5位职工作为光荣出席镇党代会、人代会、妇代会、团代会、市工会的代表，努力提高卫生院的社会地位和政治地位，争取各级领导和部门对卫生院的关心与支持。

第四，根据门诊紧缺药品，卫生院又长期亏损无力采购的实际困难，发动职工自愿集资7万多元，作为门诊药品经营的启动资金，并采用借水行舟、负债经营的策略，开展公关活动，从地区二级药品供应站、柘荣、灵溪、市公司等医药单位赊销药品、器械近8万多元，组建了完整的卫生院医药仓库，从而保证了门诊经营活动的顺利开展，及时解决了乡村一体化管理后的药品流通调拨的燃眉之急，唱活利用别人资金充分周转使用这出好戏。

此外，卫生院又向管理要效益，大力控制非业务性支出，努力增收节支，为医院创造可观的经济效益，从而使集体经济逐步复苏，开始跃出低谷，并第一次从账面上消失了赤字。

常言道：改革成败在于人，治院的根本在于依靠职工，正是全院职工的共同努力，才赢得了二次创业的好开端。

在整顿卫生院的基础上，卫生院组织有关人员深入农村各所，分期分批对卫生所进行清理整顿。组织乡医、个体医学习《医疗机构管理条例》《药品管理法》《传染病防治法》等法规和市政府、卫生局的有关文件，结合各村实际情况，进行整、治、改，统一开展了卫生所登记换照工作；利用世行贷款，选送5位乡医到市卫校培训，把全镇卫生所全部纳入乡村一体化管理，实行"五定一奖"的改革模式；在集镇新街新建大峨卫生所，调整充实了果洋卫生所和观洋卫生所，严格制止集镇和重点村办医乱、乱办医的违法行为。同时，选择大峨、观洋两村为村级初保试点村，调整充实了镇初级保健委员会和村初保领导小组的成员与行动规划，紧紧围绕农村脱贫致富奔小康的工作主线，宣传初保，开展初保。

特别是防保（防疫保健）计生工作，根据点头卫生院防保工作薄弱环节，院班子积极开发领导层，充分利用各种场合、各种方式向干部群众宣传防保工作的重要性，取得各级领导的理解与支持。镇委林书记亲自为计划免疫工作进行电视讲话，把甲肝防治、小麻普服等工作纳入党委议事日程，及时给予研究布置，并兑现1996年经费，以资卫生院防治之用；分管镇长吴剑秋经常过问卫生工作，亲自主持防保传单的发放

点头

和宣传栏的出刊。

由于党政领导认真贯彻预防为主方针，激励了卫生人员进一步做好防病灭病工作：全年开展食品卫生体检 260 人次，安排学校体检近千人，及时完成麻疹、卡介苗、百白破、小麻糖丸、流脑、乙脑等疫苗接种。在夏季急性肠道传染病流行期间，及时组织防疫人员上街进市场，进行食品卫生检查，召开乡医例会布置防治，有力地卡住了传染源，避免了霍乱疫情的发生。对于甲型肝炎的防治工作，及时向政府汇报，用政府行为推动学生注射疫苗。对于妇幼工作，实行了婴儿出生证明登记和婴儿体检，建立了家庭化产房，对全镇托幼机构的儿童进行体检；在抓新法接生、消灭空白点的同时，提高产科质量，健全妇幼保健网和爱婴医院；紧密配合政府行动，圆满完成"计生四术"任务。卫生院还配合镇人武部认真完成了 1996 年度征兵体检任务，得到了有关部门的好评。

1996 年《福建卫生报》以《以整顿医疗秩序为突破口，福鼎加强农村卫生院建设》为标题，对福鼎市点头卫生院改革整顿取得成效做了报道。

朱挺光事略

🌿朱乃巽

先父朱挺光，号晚晴，1917年生于果阳，2004年卒，享年88岁。

高祖朱益攀自清道光年间从果阳后门垅搬迁焦坑后，就给整个家族营造了良好的学习环境。曾叔祖朱腾芬众弟兄和祖父子朱明、叔祖朱敏龄都有较高的古典文学造诣，我父也受到陶冶，奠定了爱好诗文的基础。我父以优异的成绩从福建省立三都中学毕业，经教育厅师资培训，先后被派往福州道山小学、闽江小学、福鼎桐城小学、秦屿中心小学、点头中心小学等任教，所到之处都受到欢迎，离开时备受挽留。1940年，先父在点头小学撰写了反响强烈、颇受学生欢迎的校歌，抒发了爱国情怀。

解放前夕，我父被金钗溪乡民推荐为乡长。他任职乡长期间，关心乡民疾苦，扶危济困，还鼓励学生勤奋学习，成绩优异者发给奖学金。为了支持解放战争，他曾暗中故意让金钗溪乡部的炮台门虚掩着，任浙南游击队搬走枪支。为此，国民政府解除了我父亲的乡长职务，还把他打入太爷岗关押了好几个月。后来，我祖母坐轿赶往县府多方周旋，我父才免于重刑，并提早释放。后问及缴枪坐牢一

1998年朱挺光在《山海之歌》
开幕式上致开幕词（陈雪兰 供图）

事，他只是遗憾地说："错过了去延安的机会。"原来他当时是想上延安参加抗大的。

福鼎解放了，部队进入点头，我父亲第一个贴出欢迎标语，第一个插上五星红旗。区长林昌瑜了解了我父亲当乡长时的事情后，安排他在点头联丰米行当了会计。

我父亲拥护公私合营政策。在福鼎县财务会议上，他提出改革创新账目的方案和一厂多经营增加收入的建议，得到了上级的肯定和重视。在加工饴糖、榨油生产上，他认真研究提高出榨率和出油率的方法，变糖渣、油渣为食饼，创造出粮食供应低标

准时期的替代食品。他的成功经验在县里的现场会上得到了推广。

先父的后半生以诗为友，以文结缘，经常为寺院、庙宇、宗祠等写碑文、撰谱序、作楹联，给婚丧喜庆打对句等。他还踊跃参加省内外征诗投稿，举办了点头老人会十周年庆，并举行折枝诗会，吟咏十二景观。时任点头镇党委书记的吴本坤在《山海之歌》征诗会上题写了"集山海华章，扬点头美名"的刊头语。他还与两广、江浙、湖南各诗社交往频繁，幸得广西龙城"起飞"唱魁首，诗文入选广西藤县江勒竹诗社，获优秀文学奖；获故乡一枝春诗社二等奖，入选《故乡一枝春诗集》，他还参加本省市系列诗会，曾连中三元，先后承宁德、霞浦、罗源等诗社聘任词宗。

先父先后被聘为市政协文史委员、政协联谊会理事，为第三届太姥诗社副社长、第一届《太姥诗讯》编辑，著有《晚晴斋诗文集》和续集二卷，累计集诗 900 首、文 30 篇。他还获市政协"先进工作者"称号，屡受市镇"老有所为"奖励。

附：朱挺光先生诗选

梅接桃李五首

一

冰姿端不事繁华，风格超凡自一家。
任是争春桃李艳，还看花外一枝斜。

二

清节高标自古夸，暗香浮动影横斜。
何妨降格盟桃李，同是群芳谱上花。

三

孤山佳植傲芳时，托足清门志岂移。
应是独居怜寂寞，邀来春艳伴寒枝。

四

岁寒三友谊相联，底事梅花遽改弦。
赢得小园添异彩，却教松竹笑当年。

五

寒梅破腊李桃开，微逐芳尘嫁接来。
君子大夫浑摒弃，新欢怎把旧忘怀。

杭州灵隐寺济公像

盛传韵事在人间，色相犹留偶像看。
故弄玄虚醒世道，佯狂纵酒出禅关。

游苏州拙政园

命名拙政意深长，宦海浮沉哪有常。
浮翠楼前苏子笔，玲珑馆里杜陵章。
寒芳破腊通幽径，春艳连枝映画堂。
千载名园开老眼，浑忘此处是他乡。

马峰夕照

夕阳笔底镜中容，写景描神各有宗。
暮霭浮金登衽席，晚霞撒彩上山峰。
举头仍恨星辰远，搦管还欣翰墨浓。
阳谷回车睁眼笑，黄昏献颂抒心胸。

悼李华卿先生

驱驰南北饱风霜，磊落胸怀斗志强。
冷对千夫横怒眼，抗衡权霸露锋芒。
红旗指引立功绩，烈火煅来出好钢。
不慕虚荣闻里闲，特邀身价重闽疆。
农工民主趋团结，阔论雄谈见报章。
正望征鸿长振翼，何期竖子困腾骧。
缅怀革命千秋业，归老林泉晚节香。
漠漠云天传噩耗，临风凭吊泪沾裳。

朱有为先生

陈孔同

朱有为先生，1924 年生于福鼎点头西洋美村石塘里。少年时家道殷实，其祖父在家乡开办私塾，他在私塾里读了 5 年书，积累了丰富的国学知识。他经常在我面前提及他的两位私塾先生，一位是桐山南门黄笃渊先生，另一位是管阳的张兴南先生。他对这两位童年时代的恩师从不忘怀，特别是张兴南先生，不仅教国学，还善于弹月琴，他经常用月琴伴奏为弟子们上音乐课。那年代，在一个僻壤穷乡的私塾里开设音乐课，是十分罕见的事。因此，每当朱有为先生谈及儿时的私塾生活，都特别激动。1944 年，他考入福建省立三都中学高中部。解放后，他以优异成绩考入华东师范大学，后因家庭原因就读于福州大学数学系，是当年福鼎县为数极少的大学生之一。

朱有为先生在点头中心小学教过书，在白琳中心小学当过校长，后调到福鼎一中任数学老师。由于生性直爽，敢于直抒胸臆，表达不同见解，1957 年偕家小回点头西洋美村石塘里老家务农。为了全家老小的生计，在农闲时候，他经常拉板车运木炭，往返于福鼎和苍南之间。由于体力高度透支加上食不果腹，一度胃病严重。他怕死于途中无人知晓，便在自己的胸前挂上家庭住址和姓名。这种苦难的生活一直延续多年，直至重回福鼎一中任教。

朱有为先生一生历尽坎坷，受过不少苦难，但他心胸乐观豁达，在艰难困苦之中恪守着一个知识分子的道德操守。他一边务农拉车，养家糊口，一边手不释卷，坚持研究学问。他生前那间不到 12 平方米的小阁楼里，经常高朋满座。客人中有干部，有归侨，有同事，有朋友，有学生。他们在一起谈古论今，一起交流学问，好不开怀，情形正如《陋室铭》中所写的，"谈笑有鸿儒，往来无白丁。"他怀有助人为乐的高尚品格，因此深得人们的爱戴。

1988 年的一天，朱有为在桐山街道上发现一名小女孩病倒在地，在多人围观而无人救助的境况下，当即叫来三轮车，将女孩送往县医院门诊及时就医，并替她付清医疗费。事后女孩的父母感激万分，带女儿专程从管阳来桐城找到朱有为家，让女儿拜其为干爹。此事至今还被传为佳话。

朱有为之父朱敬伍在 20 世纪三四十年代为苏区做了不少工作，他的家当年是闽浙地下党的一个交通站。

政协之友联谊会成立二十周年合影（前排右二为朱有为）

退休后，朱有为一心扑在福鼎市老年人工作事业之中，参与创办了福鼎老年大学并兼教务主任。他曾担任福鼎退休教师协会秘书长达十年之久，亲历了退教协办公楼从筹划到竣工的整个过程。他还主持创办了退教协《晚晴》期刊，为退休的老教师"老有所养，老有所乐，老有所为"提供了活动平台，并多次荣获省、地、市"老年人工作先进工作者"光荣称号。朱有为是福鼎《太姥诗社》《福鼎文史》创刊者之一，参与了《福鼎地方志》和《福鼎第一中学校史》的编辑工作。朱有为还是福鼎市第八届、第九届政治协商会议委员会委员，他利用有生之年积极参政议政，为弱势群体发声，为福鼎的发展与繁荣建言献策。

朱有为的一生是勤奋的一生，是睿智的一生，是行善的一生，虽无惊天动地事，却留正气在人间。

忆父亲陈深炳

陈孔同

我父陈深炳生于 1926 年，少年时就读于点头桥头初小，曾与朱挺光、蓝振河同窗。17 岁那年，他为谋生计赴磻溪，开始了教书育人的生涯。

新中国成立后，他在点头中心校任教。当时百废待兴，许多工作都需要教师的帮忙，校长李良光为了支持政府土改工作，组织教师义务填写土地证，上街教唱革命歌曲，表演街头剧，宣传党一系列方针政策。父亲踊跃参加，书写各类宣传标语。办宣传栏，父亲更是当仁不让，点头街区墙上的政治标语，从解放初期至"文革"几乎都出自他一人之手。公社许多墙报编排抄写事务长期都托付于父亲，为了赶时间，他有时晚上要加班到午夜两三点才回家，但是始终毫无怨

陈深炳像

言。他乐观开朗，常将"做别人事，学自己艺"当作口头禅聊以自慰。

父亲曾任点头龙田小学、点头后梁小学、点头观洋小学三所完小校校长，为当地农村教育事业的发展做了大量工作。父亲知识面广泛，使得他不论在中心校还是在完小校开展的各项工作中游刃有余；加上他做事积极主动，任劳任怨，从学区校长到大队干部，人人有口皆碑，退休后还有许多农村社员经常来看望他。父亲一生多次被评为"福鼎县先进教育工作者"。

父亲在我们六个兄弟姐妹心中是标准的慈父形象。父亲事必躬亲，善于用行动教化子女，从不对子女发号施令，我们从他身上看不到一丝的家长威严，却能从心底感受到父亲的可敬可畏。父亲一生谦卑自律与世无争，文儒的处世态度和勤劳朴实的持家风格让我们兄弟姐妹受益匪浅。他言谈轻声细语，喜欢用诗句、成语、名言对发生在生活中的事物表达看法。他常以"一粥一饭当思来之不易，一丝一缕恒念物力维艰"教育子女。他在家一有闲暇就吹口琴、笛子或写写画画，让孩子们耳濡目染。父亲手巧，想象力丰富，他制作的"大头舞"面具憨态可掬，学生戴上它表演，观众赞不

绝口。父亲还会糊纸鸢，制作鱼灯、虾灯。退休后，他曾多次为碗窑、果阳、龙田三支龙灯队制作龙头和龙尾，制作过程围观者众。

父亲和母亲朱秀钗曾被派往福安师范进修一年，常说"时间虽短，获益颇深"，可见他对此事感念至深。热爱社会主义、热爱新中国是父亲内心真情的呼唤，所以但逢文艺创作，必以歌颂祖国歌颂党为主题。2008年，两个孙子先后考研成功，他欣然命笔写下诗句，表达爱国爱党之情，并嘱咐孙儿学成之后不忘报效祖国。诗曰：

> 长次二孙榜究生，日音分系各攀登。
> 十年面壁为酬国，学府培才龙虎腾。

父亲热爱郊游，每到一处总爱抄录楹联。旅游归来，他常用诗句表达感受。2005年秋，点头退教协组织退休教师游览柘荣县东狮山，回家后他即赋诗一首：

> 轻车早发柳城游，胜境风情满眼收。
> 新塑群狮迎远客，旧留绿野起高楼。
> 宏开国运人民福，拓展市容车马稠。
> 今日腾飞非易事，全凭党委掌鸿猷。

父亲是福鼎《太姥诗社》的会员，退休后常与少年同窗蓝振河、朱挺光、林型标一起切磋诗词，也常应福鼎文化馆之约创作美术、书法作品。父亲师承长兄陈深焯（比他大十八岁，因在点头画纸伞而闻名），国画以山水花鸟见长；书法练过舒同体，但他的字不落俗套，个性鲜明，丝毫没有摩碑临贴的痕迹。他常以郑板桥"人各有一体，何必摸（模）人之体"的典故启迪自己，坚持自己的书法风格，许多行家里手对他的书法作品赞叹有加。

如今，父已作古，我追思无穷，笔不尽意。且以朱挺光先生祝我父八十华诞的一首律诗作结：

> 学俯培才老劲道，能书善画乐吟讴。
> 文坛点将称高手，左海题名数一流。
> 调寄南州联雅韵，艺传西苑结丝绸。
> 同林比翼双飞宿，潇洒胸怀不计秋。

附：陈深炳先生诗选

颂福鼎点头

一

横截新堤碧海瀛，风微帆影縠纹平。
稻花浪浪香千里，林立高楼百业峥。

二

金盘美景君当记，入夜潮声伴磬声。
消暑不眠桥畔坐，两三渔火是瓜坪。

咏兰

拔剑腰间臂挽弓，谁家闺秀仿从戎。
花开娜袅幽香馥，卸却戎衣伴野翁。

放风筝

袅袅东风添逸兴，轻筝自作上高巅。
顽童共趣何为晚，垂暮红霞尚满天。

垂钓

金乌淡淡水悠悠，绿树浓荫好遣愁。
坐爱清溪垂钓处，风摇竿影月当头。

记郑庆银校长

陈中砥

郑庆银像

郑庆银，1944 年生，福鼎市点头镇孙店村人。1962 年，郑庆银于福鼎一中高中毕业后，选择回到点头农中任教。入校不久，即被学校派到福安师范进修，一年后分配到点头小学任教，后又到柏柳小学任校长。1965 年他参加社教，"文革"时曾在福鼎县革委会秘书组工作。由于他要求继续从事教育工作，后又调回点头公社政工组任副组长兼教革办主任。教革办后改为学区编制，郑庆银一直担任点头学区校长、支部书记长达 20 年之久。1986 年 6 月，郑庆银调任福鼎县实验小学任校长，1995 年升任福鼎市教育局副局长兼任福鼎市教育工会主席。

郑庆银在点头任职期间，多次被评为镇、县教育先进工作者。1985 年在点头学区任校长时还荣评"福建省教育先进工作者"。1989 年于县实验小学任校长时，又荣获"福建省优秀教师"光荣称号。

郑庆银一生忠于党的教育事业，爱岗敬业、苦干实干的工作精神着实令人感动和称赞。

我是 1964 年调来点头小学任教的，当时与郑庆银同一寝室达一年。郑庆银任学区校长时，我在柏柳小学担任校长。1980 年，因工作需要，我调入点头学区担任副教导主任。1982 年，市教育局任命我为点头学区副校长，此后我与郑庆银相处与共事的时间更多了，从而也增进了我们彼此间的相知相友。

20 世纪 70 年代末、80 年代初，改革开放的东风吹遍神州大地。为顺应形势发展，聚力加强农村教育之需，郑庆银与时俱进，坚持一手抓教育质量，一手抓普及教育，与点头学区全体老师一道，一步一个脚印地努力开创了点头教育工作的新局面。当年的那场教育改革，我记忆犹新。

为了抓教育教学质量，郑庆银对学校各项工作都抓得十分细致，凡事讲究实效。当时学区每学期初都要召开全体教师会议，下达学校工作计划，宣布人事调整。为了抓落实，郑庆银与学区办公室全体成员每学期至少于期初、期中、期末 3 次以上分赴各所学校了解组织入学、教师备课、批改作业、家访、巩固学额等情况。郑校长每次下乡总要深入课堂听课 1—2 节，与老师共同探研课堂教学改革。学区每学年还举行一次统考，对稳步提高教学质量有了很大的促进。郑庆银知道，提高教育质量，师资是关键。为此，很重视在职老师文化业务的培训。点头学区教师进修站成立后，他及时组织未及普师程度的部分公、民办老师，每月两次利用周末时间到学区参加培训。培训班成效显著，学区站曾被福鼎县教师进修校评为"福鼎县教师进修培训先进站"。

郑校长非常重视党员党性教育，重视培养和吸收骨干教师入党。支部定期上党课，每月定期召开一次党员学习会，组织学习和开展思想交流。支部还把培养和吸收教师入党列入支部的议事日程，并把培养入党积极分子的任务分配至每个党员，借以"一对一"交朋友、传帮带。郑校长还常常找申请入党的老师促膝谈心，支部及时地把具备入党条件的老师吸收入党，增添了党的新鲜血液，壮大了学区骨干教师的队伍。1986 年，学区党支部被评为"福鼎县先进党支部"。

为了树先进、学榜样，每年教师节，学区都开展评选"先进教育工作者""优秀教师""优秀少先队辅导员"等活动。郑庆银格外关心学生身心的全面发展，配备了富有长期少先队工作经验的老师担任学区总辅导员，帮助各校积极开展各项生动活泼、富有教育特色的主题队会。每年六一节，学区还组织评选"优秀队员""优秀队干""三好生"等活动。学区还重视开展青少年群众性体育活动，点头学区连续开了十届中小学生运动会，赛前各小学精心筛选选手，积极备赛，开幕式当天还举行盛大的"踩街"游行。点头学区曾被福建省体委评为"福建省教育系统先进体育单位"，除获得奖牌外，还奖励几十套少年运动服。

普及初等教育是 20 世纪 70 年代末、80 年代初农村教育工作的主要任务之一，这是一项十分繁重的任务。当时上级要求学龄儿童入学率和巩固率"双达"98.7% 以上，郑庆银为此操尽心思，多方举措，并要求学区全体老师坚守岗位，全力以赴。老师们经常翻山越岭、几次三番上门动员和组织适龄儿童入学，可是谁都没喊苦叫累。各校在确保办好全日制小学的同时，还要兼办扫盲班。个别下肢残疾的无法上学的学龄儿童，老师还不定期送教上门。柏柳下属企篓、亭面、乃旧三个自然村，地处偏僻山区，有 10 多个学龄儿童。因山高路远，无法外出读书，梅学炉老师勇挑重担，主动接受在这 3 个自然村办巡回教学任务。他每周要挑着衣被，走东村进西村，每村一周巡回执教，群众十分感动。梅学炉曾被评为"宁德地区优秀教师"。经过上下一心的艰辛付出，点头学区连续多年"双率"均达98.7%以上，居福鼎县前列。

20世纪70年代，农村小学还肩负成人教育（扫盲）任务。当时学习文化也成为农村青壮年之需求，岐头、举州、马冠、玉窑岗、江美等校的扫盲班都办得红红火火。岐头小学扫盲班办得早，学员多，坚持办学时间最长，扫盲成效高，成了我县成人教育的示范点。

当年，上级还要求农村小学开办附设初中班。郑庆银十分重视，决定"先抓试点稳步铺开"。他在柏柳小学筹办附设初中班时，一再强调要充分挖掘潜力。虽然上级没有分配大专毕业的老师来校任教，但学区在师资的配备上重视让老师各施所长。因此，除了外语课，语文、数学、理化等初中课程基本开齐。柏柳校还腾出楼上一大厅作为初中寄宿生寝室，学校还办了小食堂，学生食宿方便，家长也就放心了。接着学区先后在大峨小学（1971年）、果阳小学（1975年）、马洋小学（1976年）也陆续开办了附设初中班。当时，这4所附设初中班虽然在教学设备、师资配备等方面不及镇、县完中，但当时这种办学形式有利于小学毕业生就近入学，有利于缓解农村家长的经济负担，还是很受欢迎的。

那时候，学区的教育经费比较紧缺，农村办小学多是设在祠堂或宫庙里，民办小学都是借用民房。在那艰苦的岁月里，郑庆银依靠各级领导的重视，依靠地方群众的热心支持，得以逐步改善办学条件。1985年，在点头镇领导的高度重视以及点头横街六队社员热心支持下，学区争取到了3亩多耕地，用于扩大点头小学操场，并于沿溪正大门盖了砖混结构的4间教室（两年后接盖二层），初步解决了邻近村学生入中心校念高小难的问题，学生数也随着逐年增加。对于农村小学，郑庆银总是精打细算，重点解决校舍维修和添置课桌椅等费用。

由于积劳成疾，工作中兢兢业业、默默奉献的郑庆银，70岁时已是重病缠身，他走得太早些，令人惋惜。作为曾经相处23载的挚友，只能在心底默默地说：郑校长一路走好！

记郑大平校长

庄纯穗

因为编写需要，我们专访了原点头学区郑大平校长的遗孀、年近 80 高龄的庄秀静女士。庄秀静是点头卫生院退休医生，当提起郑校长时黯然垂泪，说大平才 58 岁就离开了，至今已 27 年。

郑大平 1936 年农历五月二十五日出生于点头，家住横街口，他的父亲在自家开了一间酱油店，勉强度日。郑大平是郑家独子，自小瘦弱高挑，8 岁时到点头中心小学读书，并以优异的成绩毕业。他不谙经商，却热心于文教，15 岁那年毅然离家，来到秦屿财堡小学任教；18 岁时，被县教育局选调到福安穆阳师范学校进修。

郑大平校长工作照

与他同时参加学习的有方鼎生、何锦屏、陈承德等几位老师。

郑大平师范毕业后被分配到福安赛岐中心校任教，后又调去下白石学校担任校长。时逢柘荣从福安县划分出来，成立了柘荣县，上级决定抽调部分骨干教师支援山区教育，他便被派往东源学区担任校长。在这期间，他与庄女士相识相爱，建立家庭。1966 年，郑大平又调往柘荣边远山区的英山学区任校长。英山乡处在崇山峻岭之中，密林茂竹，夏天溪流湍急，冬天雪花飞舞，生活十分艰苦。又逢"文革"，又常受批斗，工作的繁重，精神的压力加上水土不服，他终于病倒在办公室，是英山群众用担架把他抬出大山，送进福鼎县医院治疗。他被诊断为严重的肺结核，在当时医疗条件下，这种病没有特效药，只能隔离治疗。在医院病榻上，他依然心系教学工作。

后来，组织上考虑到他的健康问题及夫妻长期分居等状况，把他调回了福鼎。调回福鼎后，他先后在桐北小学任教导主任、校长等职务。1982 年，他调回了点头老家，开始任学区教导主任，协助郑庆银校长工作。1986 年，郑庆银校长调到县实验小学任校长，之后接任学区校长直到病逝，在教育战线上兢兢业业工作了 42 年。

郑大平生性耿直、心胸豁达，任劳任怨，忠于职守，从不以权谋私。其 4 个子女初中或高中毕业后无一个被照顾安排到教育部门工作，个个都是自谋职业。庄女士是福鼎卫校第一届毕业生，原在县医院工作。她说，那时夫妻俩工资微薄，常囊中羞涩，只能缝缝补补度日。孩子们放暑假时，就提着冰棒筒沿街叫卖；寒假则在家卷鞭炮、缝雨伞以补贴家用。郑大平从不让妻子参加学区活动，也反对她过问人事调动问题，始终坚持着当校长的底线原则。

1988 年，点头全镇有 18 所完小、30 几所初小校和单人校，还有果阳、柏柳、马洋 3 所初中班。为了迎接国家、省、地"两基验收"，学校的基建工作非常繁忙，堪称历届校长之最。郑大平带病坚持工作。首先是点头中心校的扩建。1991 年拆除旧临水宫中大厅，筹资 16 万在操场边建起一排 600 多平米 3 层 9 个教室的教学楼，大大改变了中心校的办学条件；1992 年又在学校后门建起了教师宿舍楼，解决了教师住宿难的问题。农村各完小和初小的校舍，多数是他在任时，新建或扩建起来的。那时，3 所初中班，没教室、没教师、没教学设备，请求校长帮助解决。龙田新学校的校址选定、观洋小学的扩建、后坑与孙店村的校址纠纷等，还有果阳、过览、甚至海屿初小校的新校舍，郑校长都必须亲力亲为。他下乡调研、写报告、筹集资金，千头万绪的工作需要他协调，有时是夜以继日地与村干部、群众开会商讨。

"两基验收"任务繁重、时间紧迫、工作量大。作为校长的郑大平事必躬亲，以身作则，坚持到地区验收结束。由于积劳成疾，他终于病倒在工作岗位上。在医院的病床上，他还是不断地打报告、写材料。弥留之际，他依然念念不忘点头的教育事业。1993 年 9 月，郑大平积劳成疾，肺结核转为肝癌，因医治无效，去世。

郑大平校长真是"捧着一颗心来，不带半根草去"。

夏广裕堂

陈雪兰

夏广裕堂是点头驰名遐迩的中药铺名号。据《岐阳夏氏宗谱》载："前岐夏氏书房朝琨第六代孙祖弟字盛钊，兄弟有三，排行第二，于1875年举家从桐山溪西桥迁徙点头安家落户，在火墙里创建中药堂一所，商号为夏广裕堂。"广裕堂开业时，红灯高挂，喜炮震天，围观民众百余人，热闹非凡。时有温州叶同仁堂大药行赠联"广种福田为民强国，裕收道地利物济人"以示庆贺。

广裕堂历经5代人，距今已有120多年历史，其培养的药剂生和学徒工达上百人，艺成出师后，他们便分散各处开设药店，有的远涉新加坡、马来西亚、缅甸等地经营药业。

广裕堂创办伊始，夏盛钊就立下"宗传济医广积德，踵门施药裕民福"的家训，公平交易，不二不欺，怜困周急。广裕堂医药兼营，不仅货源充足，品种齐全，还善于聘请名医坐堂，其配制的香连丸、香砂六君丸、冰硼散、如意金黄散、生肌散、太乙膏、九香膏、七三丹、红升丹、黄升丹等"质好色新"，深得顾客信赖，故其门庭市井，求诊者应接不暇。

相传，点头曾有一个16岁男孩被恶犬咬伤脸部，血肉模糊，臃肿如瓢，生命危在旦夕。男孩家人哭着上门求救，广裕堂便以自家精制丹药，通过内服、外敷等方法为男孩精心施救。短短5日，小男孩就奇迹般脱离危险，7日内即能吞饮食物，10日不到，受伤部位已见新生肌肉，1个月后男孩脸部便痊愈如初。广裕堂救人危急且施药不吝，街坊邻里无不交口称赞。老

温州"叶同仁堂"赠联

街群众还送给药店一匾额，书题"范仁"二字，尊其为医者典范。

民国是广裕堂药业发展的鼎盛时期。第三代店东夏念堃，尤其善于经营管理业务，对企业更能审时度势，并广找门路拓展药业。他除了对温州、宁波、上海等地药行进行挂钩外，还经常到东北、山东、山西、陕西等地成批采购地道药材，又将地产药材销往外埠。期间，广裕堂还向台湾运销乌药、黄精、瓜蒌、陈皮、淡竹叶、天门冬、金银花等药材。由于他经营口碑好，销路宽，广裕堂药业声名远播。

1945年，为了扩大经营方便乡里，夏广裕堂在永丰中街分设了夏三益、夏柏记、夏福记三家药铺。

夏广裕药堂（陈雪兰 摄）

1956年实行公私合营，夏广裕和夏三益、夏柏记、郑德寿、吴九余堂、江宝生、永生、久大等10家药铺计18人，合并为3个公私合营医药门市部。1969年，夏广裕堂转为国营商店，后并入点头供销合作社位于下街石门头的医药经理部，夏肇进担任医药经理部经理。

夏肇进生于1941年，是夏念堃次子，为广裕堂第四代传人，其遵祖敬宗之风，勤于族内孝道之事，崇信言行，俨然可敬。1984年底，点头花炮厂发生爆炸事故，死伤甚多，其状极惨。夏肇进亲率子辈和店内员工日夜赶制祖传烧伤药膏，以最快时间无偿为众伤员敷药治伤，药效显著其救死扶伤精神和人品深得广众赞颂。

1990年点头供销社破产，夏肇进率儿子夏明坚、夏明波、夏明贵恢复宗祖创立的夏广裕堂，先后在点头中街和点头海墘路353号设立门店，医、药兼营。

夏广裕堂自创立以来，历代店东始终以祖训为宗旨，承启祖业，光前裕后，对乡里贫困病患，不吝接济施药，众口皆碑。如今，夏广裕堂已传承至夏盛钊的第五代手中。夏肇进虽已杖朝之年，依然悉乐捐助公益，带领着孩子们为重振家声不懈努力。

畲医蓝氏

✎ 陈雪兰

在点头观洋村南山下，有一个蓝姓的畲医世家，其治疗小儿疳积传承至今已有29 代。

清乾隆时期，蓝氏先祖携家从福安溪叠迁入管阳天竹，清末时蓝家理移居点头观洋。蓝家理是蓝氏治疗小儿疳积 27 代传承人，点头民间称他为"草鞋先生"。据传清代时，点头镇上有一大户人家的儿子得了小儿疳积，以致面黄肌瘦、小腹膨隆。为此，大户把各路名医抬轿请到家中救治，却始终不见成效，后有人向他举荐了蓝家理。蓝家理不愿乘轿，只身一人，穿着草鞋，背着一麻袋草药徒步上门为小儿治病。小儿服下蓝家理配制的三服草药后，疳积马上就痊愈了。从此，"草鞋先生"声名鹊起，前来求诊者络绎不绝。

蓝振提是蓝氏治疗小儿疳积 28 代传承人。据蓝瑞秀介绍，治疗疳积所用的药材都是青草药，为此，蓝振提经常带着干粮进入深山老林采集青草。他还对祖上流传的秘方不断进行完善，经他治疗的患者，往往药到病除，周边乡镇的许多患者都慕名前来求医问药。蓝振提十分讲究医德，他遵循祖训，拒绝收礼，若是亲戚上门求医，也要象征性收费，其医风医术在点头广为美谈。

如今，第 29 代传承人蓝瑞秀依旧坐诊观洋村南山下，坚持用祖传的青草药秘方为 15 岁以下疳积患者治病。畲医疗法虽然取材于随处可见的植物，但是，治疗小儿疳积的青草药有些只生长在原始的高山密林深处，由于森林的退化，蓝瑞秀夫妻俩常常为了一方青草药跑到磻溪大洋山深处去寻找药材，有时还得远到寿宁的森林中去采药。每有患者上门求诊，他必当安神定志，慎之又慎。

1000 多年来，畲族人民采用草根树皮、虫豸壳石等天然动植物来防治疾病，畲医药在民间占有一定的地位。特别是近些年来，返璞归真、还我绿色药物的呼声高涨起来，畲医药的传承和发展已逐渐为人们所认识。

（本文根据蓝瑞秀口述整理）

中医郑敏生

🍃黄宝成

郑敏生（1895—1975），原名有宽，敏生乃其字，号克明，福鼎点头镇孙店村人。幼家贫，12岁辍学外出当中药店学徒，同时自学中医，潜心攻读各种医学经典，寒暑不辍，不久就对医学有了卓然的领悟，能通其意，守其法，师古不泥古，临症用药，损益周详，常活人于沉疴之中。后遇名医梅亭，颇得指点，医术日益精湛，尤其擅长针灸。嗣回点头开设"得寿堂"药店，自己坐堂应诊，善于辨证施治，方药平易，不取珍异，20世纪30年代医名正噪，求诊者甚众，尤为本县沿海黄岐一带群众所敬仰，留有"只见其人，未服其药，而病已减三分"之誉。

郑敏生肖像（陈孔同 绘）

郑敏生精力充沛，学验俱优，虽诊务冗繁，犹自撰写医案，其手稿多篇被选录《福建中医医案医话选编》（1963年）。其中《寒中厥阴》一案，说理遣药尤为奇特，被转载于《福建中医药》杂志。其医案内容摘录如下："朱某妻，福鼎王孙人。因经期洗冷水，而发恶寒腹痛，四肢厥冷。延张某先生治疗，服药三剂，病症加剧，张君辞之，荐余以代。诊得脉沉细欲绝，四末厥冷，小腹疼痛，舌苔淡白，额汗淋漓，神昏欲脱，症属厥阴中寒。询病者症状时，病家告曰：'初病只有恶寒腹痛，服张某当归四逆汤二剂，表散太过，致汗出不止……'张君乃余友，医学颇有功底，非泛泛者流。此症用当归四逆汤，原属不错，今病不去而加剧，何也？思良久，方悟其故。将原方去生姜，加细辛等四味分量，嘱服二剂。今原方虽稍变分量，其作用大异于前，可能获效。病家始信余言，服一剂而汗收，再服厥回肢温，痛止神清。改拟圣愈汤加味三剂而愈。"

郑敏生为医多年，临床经验丰富，尤其精通针灸，治病时常常针药并重，当时受到福鼎医界的广泛称道。若遇疑难杂症或高危病人，必留神号脉，不离"三部九候"，诊断病因，开方必先立案，从不马虎。他态度和蔼，言语幽默，常引范仲淹"君看一叶舟，出没风浪里"以示徒，比喻医道艰险，从医临症，有如风雨操舟，既备壮胆热忱，更要谨慎细心。1962 年，他被定为"福鼎县名老中医"退休后，以杯酒盆花自娱，终年 81 岁。

曾碧梅二三事

✎ 宋国莲

　　曾碧梅（1884—1982），女，点头颇负盛名的助产士（接生员）。她祖籍浙江省平阳县麻步镇环山村，20世纪20年代初与点头上街章先生结为夫妻。曾碧梅信奉基督教，精通英语，擅长接生，以精湛的接生技术尽最大能力让婴儿平安降生、产妇安康，点头乡民都尊称她"会姆"。

　　女人一生当中，最凶险的事是生孩子。20世纪80年代以前，产妇都是在家里分娩。当年交通不便，医疗资源和医疗设备差，没有B超，产妇也没有进行任何的孕检。产妇是否发生足位产（先出脚）或臀位产（先出屁股）——乡下人统称为"莲花胎"，和脐带绕颈等情况，事先都不得而知。遇到这几种情况，产妇和胎儿随时都有生命危险，稍有差池，便是一尸两命，一个家庭就会解体或在无尽的悲伤痛苦中度过。产妇一到临盆，助产士只能凭接生经验来判断产妇是否顺产。曾碧梅医生无论严寒或是酷暑，不分白天与黑夜，也不管路途远近，只要产妇需要，她就背上接生箱，随叫随到，无怨无悔。曾碧梅一生接生无数，她以高超的接生技术和无限的爱心、耐心，把一个个难产产妇从生死边缘拉了回来。

　　1962年农历十二月二十四日，点头高女士生育头胎，年纪轻，胎位不正，临盆时频频呕吐伴随着阵阵剧烈的疼痛，这在产妇临盆时实属罕见。当时情况非常危险，曾医生凭着多年的接生经验，用轻松的语言告诉产妇，像她这种情况民间叫"田螺孵"（即田螺产子，一边吸水一边吐水产子，并不停地安慰产妇）。她唯恐产妇撑不住，一合眼就再也睁不开眼，就用诙谐风趣的语言，不停地为产妇讲笑话和讲故事，以缓解产妇的心理压力。一连两天三夜，曾碧梅未曾合过眼，时刻观察着产妇的情况。最终，她用高超的接生技术，帮助产妇诞下了一个健康的男婴。高女士回忆起当年分娩时的惊险经历，至今还心有余悸，言语中对曾医生精湛的接生技术和高尚的医德赞叹不已。

　　1976年农历七月二十九日，横街里林先生妻子临盆，遇到难产。这天，曾碧梅因病在点头卫生院住院。为了妻子的生命安全，林先生迫不得已，硬着头皮到医院请曾医生。曾医生二话不说，拔下挂着点滴的针头，颤颤巍巍地随林先生步行到他家。产妇住在二楼，曾医生年事已高又重病在身，一直没办法爬上楼梯。林先生只好在后面顶着，她手脚并用，好不容易才爬到楼上。一到楼上，不曾休息一下，立即为产妇检查。她发现产妇羊水已破，如果不及时分娩，胎儿就会窒息而亡，产妇也有生命危险。曾医生顶着自己身体高度不适，一边让产妇放松心情，一边为产妇鼓劲，口里喊着吸气、用力、再吸气、再用力……这是一场与时间和生命较量的抢救。曾医生因身体虚弱，整个过程大汗淋漓，但她心里只有产妇的安危和婴儿的平安降生。最终她用自己精湛的接生技术，让产妇在无比凶险的情况下平安诞下一名女婴。这是她接生生涯中迎来的最后一个新生命。曾医生说，接生就是一场无硝烟的战斗，人命关天，无论多难，无论多久，都不能有丝毫马虎，更不能轻言放弃。

曾碧梅医生一生遇到过许多难产产妇，大多在她手里都能化险为夷，她用精湛的接生技术诠释着仁心仁术与大爱。她还把丰富的接生经验传授给她的女儿曾雪华。当年点头接生员汪秋菊、李牡丹等曾拜她为师，她们也传承了曾碧梅医生精湛的接生技术，造福点头人民。

曾碧梅医生离我们而去已经四十年了，但她高超的接生技术、高尚的医德依然在点头人民中口口相传，经曾医生接生过的产妇无不感念她。

赤脚医生

 宋国莲

　　赤脚医生是中国卫生史上的一个特殊产物，他们说乡村中没有纳入国家编制的非正式医生。赤脚医生通常来自两个方面：一是医学世家；二是初、高中毕业生中略懂医术病理者，其中有一些是上山下乡的知识青年。挑选出来后，他们到县一级的卫生学校接受短期培训，结业后即成为赤脚医生。赤脚医生没有固定薪金，许多人还要赤着脚，荷锄扶犁耕地种田，由此得名。

　　当年，点头镇也活跃着一支赤脚医生队伍，他们分布在各个生产大队，一边参加劳动，一边为贫下中农治病疗伤。其中，最杰出的代表人物是李钰凤和陈永年，不管深夜还是风雨交加的日子，只要病人有需要，他们就会赴诊，并认真地为病人看病、打针、送药。在点头人民的心中，李钰凤和陈永年都是救死扶伤、医德高尚的好医生。

　　李钰凤医生是当年点头卫生院老院长李国安的女儿。她于1968年12月上山下乡，在过笕大队当知青；1969年春到县防疫站培训半年后，回到过笕大队当了一名赤脚医生；1971年3月至1974年9月，她被选送到福建省医科大学学习，主攻内科、儿科、妇科，学成后分配在宁德地区第二医院当医生；1981年调往白琳第二卫生院副院长；1997年回点头卫生院，直至2004年退休。李钰凤医生医德高尚、医术高超，特别擅长儿科，1992年被评为"宁德地区先进工作者"。

　　陈永年医生的父亲陈承律是点头名医，也是医学世家。1968年春，陈永年上山下乡，后成为一名赤脚医生。回城后先是安排在点头供销社工作，后调到点头卫生院坐诊。1979年春季，他被福建省统招成为一名医科大学的学员，经过坚持不懈的努力，毕业后他成为一名全科医生。

　　点头镇还有很多默默无闻的普通赤脚医生，江美村丹福医生就是其中之一。当时，江美村医疗站有一位姓罗的正式医生和赤脚医生丹福。罗医生退休后，就剩下丹福一人守着医疗站，负责着3个自然村2000多人口的医疗服务，工作量之大可想而知。那时，不管是刮台风还是雷雨天，不管是白天还是三更半夜，哪里病人需要，丹福二话不说就背起药箱出诊。

想当年，我在岐头单人校任教，白天教一年级到五年级，晚上还要给识字班上课。由于超负荷的工作，加上营养不良，患上了严重的胆囊炎。有一天深夜，我胆囊炎突然发作，痛得死去活来，吐到连胃酸都吐干。当时医疗站离我家有 3 里路，因没有公路，都是走小路，夜间行走更要多加小心。可看到我家人来请，丹福马上背起药箱连夜赶到我家。还有一次是在全县民师转正考试的前夕，我又突然病倒，而且比任何时候都要严重。那天恰逢台风，海水淹没了堤内小路，家里人没办法到医疗站请医生，只好请我家附近的土郎中为我看病。土郎中说我是劳累过度、太瘦、体弱引起的"没力"腹痛，需要进补，还敦促我先生立即炖高丽参给我吃。我先生便到快坐月子的人家借来一条高丽参炖了，希望我喝了参汤会好起来。当我喝下参汤后，病不但没减轻，反而越发重了，全身发黄，呼吸困难，意识模糊，痛到晕厥。我先生不顾狂风暴雨，立即去请丹福医生。他立即冒雨赶到我家，给我打了止痛针，并要我立即到点头卫生院抢救，要不有生命危险。我先生急忙请村里人帮忙，冒着台风肆虐的危险，用船把我送到点头卫生院抢救。

当年的赤脚医生虽然不光鲜也不富有，甚至有点卑微，但却用羸弱的身躯守护了一方平安。他们的出现，解决或缓解了我国广大农村地区缺医少药的问题，在广大农村地区普及卫生知识，除"四害"，根除钩虫病、丝虫病、疟疾等传染病等方面做出了巨大贡献。

李成九和“阿九班”

✍ 陈爱珠

大约在清光绪二十年（1894）前后，京剧传入温州，当时称“新戏”，一时兴起热潮。到了民国时期，温州地区出现了许多名噪一时的京剧班社，“大三庆”京剧班就是其中之一。这些京剧班邀请了当时沪上许多京剧名角加盟，还开设科班，聘请来自北京的京剧老师执教，培养京剧新秀。

李成九是点头人，9岁那年进入“大三庆”剧班正式学习京剧，从此走上演艺之路。旧社会学戏十分艰苦，夏练三伏、冬练三九自不必说，还得伺候师父，稍不留神就得挨打。正所谓严师出高徒，先生三年科满时才12岁，启蒙戏便是《黄鹤楼》。他扮演的周瑜，一炮走红，人送雅号“十二红”。早年间，他的行当是小生，饰演了很多名牌剧目，演技日臻成熟，后因变声倒仓（行内话）改行老生。李成九不愧是科班出身，演一行是一行，不管是表演唱工老生、做工老生或是武老生，他都注意刻画人物形象，渐渐地有了自己的代表作，如《鹿台恨》《十五贯》《跑城》《追韩信》等。

新中国建立后，各地先后成立了剧团，戏剧也走上了比较正规的道路。1953年，李成九和同乡苏秉选一起创建了一个京剧班“阿九班”。“阿九班”成立后，好戏连台，每场戏李成九先生都担纲主角，京胡伴奏便是苏秉选。他表演《鹿台恨》中的比干极富激情，《跑城》中的徐策神态粗犷、动作激烈，《十五贯》中的况钟沉稳含蓄，做工戏《追韩信》中萧何唱做俱佳。他处理每个人物的情绪转承递进十分恰当，并用声腔把人物性格刻画得入木三分，加上后台有苏秉选拉得一手好京胡，常常博得满堂彩，“阿九班”很快声名鹊起，名闻鼎邑。

1954年，“阿九班”被福安专区接收成为职业剧团，命名为“华声京剧团”。1958年，剧团下放回福鼎，华声京剧团改名为“福鼎京剧团”，剧团归属县文化局领导。

1956年，我进福鼎京剧团时，李先生已离团回点头了，但人离名不离。只要剧团巡演回到城关，不管是“华声”也好，“鼎京”也罢，群众总会说：“阿九班回来咯。”他们这样称呼，我们似乎早已经成了习惯，听了也感觉特别亲切、顺耳，本来就是“阿九班”嘛！

1955 年，福鼎华声京剧团全体演职员合影（陈爱珠 供图）

那时候，作为一个县级剧团，又是自负盈亏的性质，必须依靠演出的收入才能生存。戏路除了由各县文化馆安排到剧场演出外，其余空档自行解决。幸好，浙江省邻县每年都可以上演几个月，本县内台基（行话）不多。我在剧团待了那么多年，印象最深的是我的第二故乡点头。

演戏是需要观众的，观众才是演艺人的衣食父母，戏演得再好，没有观众也是白搭。那时点头人口不算多，却有不少京剧戏迷，这种状况在闽东地区是极少有的。可以这么说：整个地区喜爱京剧当属福鼎，而福鼎又以点头为最。记得 1963 年，因戏路拓展不开，就在点头老剧场连演 20 多个夜场，票房收入大大超出了预期。这且不说在乡镇是绝无仅有的，就是在县、市也是少有的记录。

点头人爱戏，每场演出，说是万人空巷也不为过，就连周边龙田村和马洋村等村村民也都结对来点头看戏，每场戏票更是早早被一抢而空。剧场内观众挤得水泄不通，那些买不到戏票的，他们每晚就蹲守在剧场外听戏。看多、听多了，老街上的男女老少几乎都会哼上几句京剧曲牌了。走在路上，也总能看到有人摇头晃脑哼着"龙格冬、龙里格龙格冬"，一副陶醉的模样。虽然很多人不识简谱，也不会戏词，只会原始的"工尺上"，但丝毫不影响他们听戏看戏哼戏的热情。

也就在这段演出期间，我认识了李成九先生，我们一见如故，很是投缘。李先生人很平和，经常和我聊起梨园界的趣闻轶事，我对这位老艺人倍加尊重。

由于"文革"，剧团停演古装戏。"文革"结束后，文艺园地里百花齐放，争奇斗艳，古装戏重新占领了舞台。爱看戏的点头人止不住喜悦的心情，马上组织人员准备请戏。可是，职业剧团排戏需要一个漫长的过程，况且十年没演古装戏，演员阵容已是青黄不接了。

不过还是点头人有能耐，决定以联社为基础，前台有李先生和我，伴奏有苏秉选老师，后台锣鼓板有现成的，配角就地取材，就这样，一个新的"阿九班"组建起来了，排几出折子戏不算难。说排就排，节目最后选定京剧中著名的剧目《打渔杀家》。李成九先生演萧恩，我扮演萧恩女儿萧桂英。这是一出文武并重的戏，十分考验演员的功底。那时，李先生已年近花甲，虽离别舞台已有20多年，但一排练就看出是高手，正应了那一句："行家一出手，就知有没有。"他不愧是幼年学艺，基本功依然十分扎实！出人意料的是，业余的配角个个都那么有天赋，经过短短几天的培训，还真像那么回事，令我折服！

京剧《打渔杀家》剧照

听说"阿九班"开演京剧，演出当晚，人山人海，盛况空前，来自四邻八乡的观众把老剧场都快挤破了。随着李成九先生幕后一声："开船喽！"台下即刻寂静无声，所有人都全神贯注地看着戏。我们按准纲准词来演，任凭内行外行都无可挑剔。李成九先生表演的唱、念、做、打样样精彩，苏秉选的京胡拉得悦耳动听，台下观众看得如痴如醉，掌声、喝彩声此起彼伏。50分钟的戏很快演完了，但群众都说没看够。次日，我们又加排了中国戏曲的传统剧目《宇宙锋》，我扮演赵高的女儿赵艳容。

这次演出，我们本来准备演两场，但经不住观众强烈要求，又增加了一场。其实再加演几场也无法满足观众的需求，不敢说戏有多好，而是点头人太喜爱京剧了。这次的演出是成功的。一是演员完全由点头人组成，是名副其实的点头京剧班；二是它不但使老观众过了一把戏瘾，也让一代小观众知道什么是传统戏，填补了十年的空白。后来，我们又排演了很多折子戏，都是场场爆满，也收获了很多戏迷粉丝。

可惜的是，这种情况存在的时间太短暂了，犹如昙花一现，开放时绚丽，瞬间就凋谢了。世事沧桑，如今阿九班已渐渐被人们淡忘。能和李先生搭档同台，我也算了却了一桩心愿。他虽故去已久，但他的舞台艺术形象依然会留给津津乐道的人们……

点头

关于电影的回忆

✍ 陈 贵

看无声电影

1942 年，我 8 岁，在原点头小学礼堂观看无声电影，这是点头首次放映无声电影。放映人员是厦门来的，将无声 16 毫米电影放映机架设在用两个站梯搭成的小平台上，用脚踏发电机供电，放映幕面不大，所放映的电影内容是上海黄浦江码头商业活动的影像，放映员一边放映一边解说画面内容。当时年龄虽小，但记忆犹新。

首次回故乡放映有声电影

1951 年 8 月，福建省文教厅在福州祭酒岭创办本省第一期电影放映训练班，我有幸被招为学员。同年 11 月训练班结业，学员编成 8 个小队，第七小队和第八小队负责闽侯和福安两个专区的农村巡回放映电影。放映队配备长江 FL16 毫米电影放映机和 Π3/2 型水冷式 750 瓦发动发电机。当时因电影拷贝少，只带《钢铁战士》《吕梁英雄》两部黑白片，在两个小队之间轮流放映。这就要求两队放映点要靠近，采取"齐头并进"的办法，便于联系和换片。1951 年底，电影队曾到点头放映电影，当时的同志有吴培萼、林竟同、丁钧华、陈世善、潘光近、连求心等人。这是点头镇第一次看到有声电影。

我参加第一期电影放映训练班学习结业后，班部派我等 4 人到苏南文教学院电影放映专业班再学习。1952 年 5 月我被编入省文教厅电影放映第七小队，任小队长。我们带着电影放映机和影片《白毛女》，先到闽侯地区长乐、连江、罗源等县巡回放映。到 1952 年底，我才第一次回到故乡点头放映电影。我们到达点头的前一两天，周围十几华里的亲戚朋友闻信都赶来点头做客，街市顿时显得特别热闹。放映场所设在海墘下广场，当我们挂起银幕时，乡亲们争着在银幕前排起长板凳，很快就把放映桌到银幕前的空地挤满了。乡亲们把发电机叫"电头"，把电影叫"电戏"。当看到《白毛女》影片开映不久，赵大叔放羊抽烟时，烟斗里冒出烟来，大家不约而同地"哇"了一声，感到非常稀奇。放映中还时不时听到观众惊叹和激动的声音。看完电影，附近村的观众点燃火把回去，火光萦绕似一条长长的红龙。这天点头像办了一场盛大的喜事一样，热闹非凡。

长江 FL16 毫米电影放映机（陈贵 摄）　　南京 F16-4 型 16 毫米放映机（陈贵 摄）

电影放映设备的变化

新中国成立前，农村文化生活几乎是一片空白，农民们不知道什么是"电影"。新中国成立后共产党和人民政府十分重视文化事业，逐步建立发展了农村电影放映网。点头电影业是从无到有、从小到大迅速发展起来的。1953 年底全省文化部门电影队增到 30 个小队（每个专区有 3 个小队）到农村巡回放映电影，点头镇所在地一年能看一至二次，放映设备是长江 FL-16 毫米放映机。

1954 年，福鼎成立电影教育工作队（小队），我任小队长，队员有陈周宝、毛春辉、王瑞泰，负责全县各乡镇巡回放映电影，大约 1 个月到点头放映 1 次电影。1955年，福鼎县有两个 16 毫米电影放映队，新增陈贻明、唐木水、洪鸿培、叶永固、黄光银同志，点头群众每月可看 2 次电影。1956 年福鼎县有 3 个电影放映队，配有南京F16-4 型 16 毫米放映机，成立了福鼎电影放映工作站，陈贻明任站长，新增放映员

有张明梨、高水官、蔡存根、杨之时、蔡敏琼等人，点头群众看电影次数也增到每月3次以上。

松花江牌 5501 型 35 毫米座机（陈贵 摄）　　长江 FL-35 型 35 毫米提包机
解放 103 型 35 毫米提包机（陈贵 摄）

由于电影放映队伍迅速扩大，电影放映设备定期维修工作也必须跟上，我被调省电影机械修理厂学习修理技术，后调到福安专区担任修理员。

1958 年，福鼎城关建立 35 毫米电影放映站，配备长江 FL-35 型 35 毫米提包机。双机放映 35 毫米影片，电影的声光质量比起 16 毫米电影提高很多，看电影不要等待停机换片。1962 年点头也配备解放 103 型 35 毫米提包机，1964 年点头海墘下妈祖宫左侧人民会场落成后，点头也建立 35 毫米提包机电影放映站，观众从露天看电影转为室内观看电影。

1981 年，省电影公司为了支持发展农村集镇电影院，下拨 60 万元贷款给宁德地区电影公司，宁德地区电影公司研究决定下拨 30 万元贷款给福鼎电影公司，指定支持兴建点头电影院（当时我在宁德地区电影公司任副经理）。1982 年，点头电影院落成后，福鼎县电影公司决定把福鼎影院原松花江牌 5501 型 35 毫米座机安装到点头电影院，从此，点头镇人民看到了声光俱佳的电影，朱奋邦同志任点头电影院经理（兼放映员），配两名放映员。

点头电影院外景（陈贵 摄）

  我从事电影行业工作 40 余年，回想 1942 年那一场无声电影仍然历历在目，也见证了点头的电影事业从无到有，从小到大。如今我已年近 90，每当回想从事电影行业的一生，不禁感叹岁月如梭、人生如影。

活跃在点头的一支文宣队

✑ 陈爱珠

20 世纪 70 年代初，样板戏风靡全国，每天广播喇叭里播放的、电影院里放映的、人们嘴里哼哼的全是样板戏，学唱样板戏成了一种时尚。为了进一步推广普及，县里下达任务，各公社必须组织一支业余的"毛泽东思想文艺宣传队"（简称文宣队），以学演样板戏为主，并结合形势和中心工作，宣扬好人好事，参加 1970 年国庆期间由县委宣传组主办的文艺汇演。上级指示明确，基层就立马响应并着手筹办了。

文宣队虽是业余的，可公社党委十分重视，在挑选人员的过程中，分管领导亲自把关。对入选的队员要求是：男女演员要五官端正能歌善舞，音乐组要具备吹拉弹打（打击乐）的本领。招收对象以知青为主，还有省地下放干部、社会待业青年等。负责考核的老师是专业的，经过两天时间的认真筛选，择优录取 20 多人，暂定演员 18人，音乐组 7 人，由屠镇甫任总监；编导 2 人，由陈大坚和黄静负责；队长由洪桂约担任。一支初具规模的文宣队就这样正式成立了。

文宣队成立时，距离汇演的时间只有两个月，时间紧，任务重，全体演职员分部就班。编导组找素材开始编写节目；音乐组自带乐器训练磨合；演员分为两组，一组歌舞，一组戏曲。最紧张的当属歌舞组，因为导演是省团的老师，她构思的是一个大型歌舞，对演员基本功要求较高。虽说这些队员有些才艺基础，一般歌舞还行，但这回不同，毕竟是代表点头公社参演，要取得好成绩，必须加强训练难度。时值 8 月，三伏酷热，队员们每天集中训练，挥汗如雨，这样坚持半个多月，功夫不负有心人，队员们练就了劈叉、舞刀、鹞子翻身等较难度的动作，导演开始正式排练了。

经过反复斟酌推敲，最后确定排练剧目是一部史诗般的大型歌舞。内容跨度大，由多个舞蹈组成，每个舞蹈都各具特色，难度系数较高，每个造型都按专业水准要求，从内容创作到动作的编排，花费了老师的一番心血。大家一次次排练，一次次加工，力求完美，严师出高徒，终于打造出一个堪称经典的节目。样板戏倒是不难，因为选的是《红灯记》里的《痛说革命家史》片段，是李奶奶和铁梅的对手戏，剧中两个角色是由两位专业改行的演员扮演，京胡伴奏也是由专业改行的琴师苏秉选操琴。演戏可以模仿，京胡必须真功夫，这是点头文宣队独家优势，对起戏来得心应手，没有耗费太多时间。同时，队里还排出对口快板、表演唱、小话剧等，前后只花了一个多月的时间，一台形式多样、内容丰富多彩的节目便可以和观众见面了。

节目排好了，首先要向公社领导做汇报演出。群众听说有戏看，早就把小剧场塞得水泄不通。演员提前化好妆，男生女生统一身穿绿军装，他们平均年龄20来岁，风华正茂，一眼望去，男生帅气女生靓丽，特显英姿飒爽。晚7点准时开演，当报幕员报出第一个节目大型歌舞时，台下报以热烈的掌声。演员们既紧张又兴奋，随着音乐昂首挺胸登台了。毕竟是经过严格认真的排练，整个舞蹈节目历时20多分钟没出差错，尤其是其中的大刀舞最为突出。集体舞领舞很重要，该舞蹈领舞者的乐感很好，肢体动作协调，在整个舞蹈中起到关键的作用。他们在台上表演，歌曲由幕后伴唱，舞至高潮时，只见6位舞者手挥大刀齐刷刷凌空跃起，耍着刀花落地定格造型。台下的观众不由自主地拍掌高声叫好（假如说大型歌舞是个经典之作，大刀舞即是经典中的经典）。观众经久不息的掌声就是对这个节目最高的褒奖。接下来的节目按顺序有条不紊地进行着……最后当然是样板戏，电影虽然已放映过，真人演出还是很受欢迎的。汇报演出圆满结束，领导上台给予充分的肯定，观众还是意犹未尽，久久不肯散去。首演成功，大家心里十分开心。

那个年代文化生活十分匮乏，参加观看首演的大队支书们纷纷要求文宣队送戏下乡。公社领导决定做拉练式的巡演，既能满足群众需求，又能使这支稚嫩的队伍有实践的机会。在夏于民书记的带领下，文宣队走遍了点头山区十个大队，由于节目短小精悍，随到随演，深受群众的欢迎。

结束了山区所有大队的演出，考虑到时间实在太紧了，剩下几个附近的暂时不去，待汇演后再巡演一回。不料，这些大队有意见了，说是"打龙灯不能欺村"，必须同等对待，不可厚此薄彼。公社领导觉得在理便答应了，于是又让文宣队白天继续排练，晚上送戏下乡，演完当晚返回。这样的安排，对小青年来说还能接受，只是队里还有两个拖儿带女的，夜里小孩无处可托的，只好牵着抱着去了。

让人头疼的是，那时的农村一无公路，二无电灯，舞台照明用的还是租来的汽灯。像马洋、江美、龙田等地，就几公里的路程，虽然是小路倒也平坦，夜间行走起来勉强还行，可是，有的大队是处在大山里，夜间行走山路，困难可想而知。让我最难忘的是那次到观洋半山生产队的演出。地名半山，名副其实就在半山腰，要走很长一段山路。出发时，我6岁的女儿让队友牵着就已经气喘吁吁，走走停停，把她累得够呛，小的一个刚满周岁，得全程抱着。演铁梅的那个演员，她的小孩更小，平常抱着不觉得多累，可是抱着在夜里登山还是不曾有过的。幸好队友们争相帮忙，轮流抱着才准时赶到了演出地点。看到那么多扶老携幼陆续从四处赶来的人群，以及他们脸上洋溢着的兴高采烈的神情："今晚有戏看啰!"我们一下子忘记了疲劳和辛苦，都尽着自己最大的努力把戏演好!

等演出结束，整理好道具，已经是夜里10点多钟了，几个小孩早已沉沉入睡，我的女儿怎么推都推不醒了。没办法，洪队长自告奋勇，说让他来背小孩下山。那晚没有月亮，根本无法看清路面，全队仅有一把手电筒，照了前面的，照不到后面的，我们20几个人只好手牵手慢慢往山下挪。洪队长因为背着小孩，无法与人搭手，只能凭着感觉跟着，当他走至一段泥沙小道时，脚下一滑，哧溜顺坡滑下了好几米，幸亏他人高力气大，马上就刹住了。这一下，孩子也被惊醒了，终于可以牵着走了，到家时已是午夜时分，万籁俱静了。

高强度、快节奏的演出方式虽然辛苦，却使演员得到了很好的历练，大大提高了演出的质量。更值得一提的是当年霞浦驻军部队，由师长亲率样板戏到各县做示范演出。在福鼎县城演完之后，单选点头公社做示范点，提出和文宣队共同举办联欢会。这么高水准的团体竟然和我们同台演出，大家由衷感到一种荣幸，更是一种考验。军民联欢是政治任务，必须努力完成。我们选出自己最优秀的节目参演，演出过程中部队音乐组还为我们助演。谢幕时部队首长上台与演员一一握手，并说道："一个公社文宣队，能有如此演出水平相当不错，尤其样板戏更加难得!"这场联欢会更拓展了我们的视野，也让我们学到了很多很多。

经过两个多月的磨炼，这个经过精心挑选的文宣队整体水平不错，涌现出一批文艺骨干，男的有陈振团、刘德灼、何树鸿、陈相秀、洪桂约，女的有陈月嫦、钱惠璇、赖雪娥、李香兰、陶雪珍。他们自身有艺术天分，加上不懈的努力，而且扮相俊美，能歌善舞，能演戏，比较全面。整个团体有很强的凝聚力，队风好，队员之间互相关心，互相学习，共同提高。

转眼国庆节到了，汇演日期在即，领导在参赛前做了动员和鼓励。在队长的带领下，文宣队到县里参加汇演。当时，福鼎县有11个公社及县直机关单位选送20多支代表队，分作3天6场日夜演出。各代表队互相观摩，所有的代表队亮相之后，唯有点头代表队的歌舞表演过程中，演员与观众形成了自然的共鸣，台上情绪饱满，台下掌声雷动，这是其他代表队所没有出现的效果。样板戏更是独树一帜，观众看完直呼过瘾，在众多的节目中脱颖而出。我们文宣队选送的两个节目都得到评委的认可，并入选为最佳节目向县委领导做汇报演出。

这支文宣队一开始就被众人看好，演员们也果然不负众望，载誉而归。这荣誉虽称不上有多大，可也算是为点头人民争了光！

　　汇演归来，分管领导脸带笑容给全队作了口头表扬，说："得了好评要戒骄戒躁，继续努力，多排好戏，更好地为人民服务。"那时是政治挂帅，每个人都有一颗热爱文艺的心，虽无任何报酬，大家依然初心不改。文宣队里的知青们白天下地劳动挣工分，晚上集中排练。除了自编节目外，他们还一鼓作气排了好几出样板戏里的折子戏，如《军民鱼水情》《智斗》《深山问苦》等。更难得的是，这些戏里的主角均由队里的骨干担任，他们不但形象好，经过磨炼，演技也大幅度提高，关键在于还能把人物模仿得惟妙惟肖，具有很强的可塑性。他们若是走上专业之路，定是可造之才！

　　有了这些戏压轴，加上自编自演的节目，无论是春节、元旦、国庆，群众都有戏可看，他们打心眼里喜爱这支文宣队，每场演出都报以热烈而持久的掌声。群众的认可就是演员们最大的回报，只要有新的精神，全体队员必以迎战的姿态赶排节目。他们到街头、田间进行宣传演出，特受群众欢迎，影响大，效果好。当年，点头文宣队在全县范围内不敢称绝无仅有，那也是为数不多的。

　　后来，随着政策的落实，省地下放干部陆续回到了原单位，文宣队的知青们也逐步上调离开点头。队里少了这些主力后，别说排新戏，就连原有的节目也无法上演。为此，公社领导还专门召开了会议，宣布文宣队暂时解散。这支历时两年的文宣队虽然不存在了，但它还是给点头人民留下了良好的印象。有人还专为我们这支文宣队编写了一段顺口溜：

　　　　　　点头文艺宣传队，歌舞戏曲样样会。
　　　　　　男女演员扮相美，形式多样巧搭配。
　　　　　　台上演者汗湿背，台下观者如痴醉。
　　　　　　参加汇演得好评，不负众望载誉归。

　　这段顺口溜一时间广为流传。

民
·
风
信
俗

龙灯趣事

🖋 陈孔同

点头果阳村、碗窑村和龙田村的龙灯鼎邑闻名。果阳村龙灯、碗窑村龙灯和龙田村的龙灯各具特色。果阳龙灯头大额突，龙尾上翘，龙虬九节，黄金龙甲，威风无比；碗窑青龙身长七丈，色彩花俏，龙颜慈祥；龙田舞龙历史最悠久，始于明朝初期，龙形古朴，憨态可掬。平时，各村的龙身都放在临水宫或宗庙里，每到春节或民俗活动时，才会将龙身请出。依舞龙习俗，将龙身请出时，都会接上新塑的龙头龙尾，举行点睛仪式，然后组织人马在冬季干燥的田间地头演练舞龙功夫，培养新手。

龙的首尾是传神之处，要将龙灯舞得活灵活现，首尾必须保持呼应。舞好龙头难度极大，龙头嘴巴的一开一合，眼睛的一张一闭都要有戏剧性，加上龙头个大力沉，通常双人轮番上阵才能完成一套动作。舞龙珠的表演者在龙灯表演中起着指挥员的作用，他对舞龙的整个套路了然于胸。龙珠在挥舞的"公转"过程中还要"自转"，在戏龙、抢珠的表演中，龙珠紧密配合龙头表演，幽默诙谐，让人捧腹。

20 世纪五六十年代，点头的春节舞龙活动最为活跃。除了本埠有果阳、碗窑、龙田三条龙灯轮番上演，还有外地龙灯也时常光临，于是出现群龙闹春，古老的大街小巷人潮涌动，春意盎然。每当龙灯队到达之前，就有先遣人员预先沿街发放写着某龙灯名号的红色纸套。龙灯队入境了，走在龙灯队前头的是手提旗牌引路的管账先生，他一路收受各户人家赠送的装在预发套子里的红包，同时指引龙灯表演线路。若是人家有特殊要求的，还会通过旗牌"请龙入室"，就是将龙灯请进自己的家中走一圈，希望借助龙灯的喜气能给家庭带来吉祥。

点头街上的四境（回龙境、永丰境、上清境、长春境）和十里（广顺里、游厝里、茂兴里、振盛里、袁厝里、源兴里、长顺里、泉通里、萧厝里、合义里），是各路龙灯闹春活动的必经之地。十里都有较为宽阔的天井和较高的廊墩，是舞龙的好地方。春节期间，如遇里中有老人寿庆，这些大户人家还会邀请龙灯到大宅子舞上一场。

每逢这时，这些大户人家阔绰的门头上定是灯笼高挂，厅堂里寿匾高悬，大厅两旁花果飘香，一派祥和喜庆的景象。人们早早立于门口，摆放着烟花爆竹等候，只等龙灯队一到便鞭炮齐鸣。加上龙灯队的锣鼓声和唢呐声，一时间，门里门外热闹非凡。当舞龙人精神抖擞地舞出"龙拜寿"等精彩路数时，围观的人群就会报以热烈的掌声。这时，头人就会不失时机地将一个大红包毕恭毕敬地塞送到旗牌手的怀里，寿星自然另备红包。那威武生风的巨龙在震耳欲聋的鞭炮鼓乐声中定会更加卖力地舞上一段，再绕着整座大宅游上一圈，随后，冲出大门转到下厝继续闹春。

碗窑龙灯表演（朱乃章 摄）

舞龙灯是个体力活，点头人有句俗语叫"打龙灯不欺村"，意指龙灯队一旦入境，再苦再累也要一舞到底，更不能避穷趋富，一定要富贵贫贱一视同仁，以免引来非议。有时会有几条龙灯同时出现，于是大街小巷锣鼓声、唢呐声、鞭炮声不绝于耳。

到了元宵夜，家家户户门前那各式各样的传统灯笼里烛影摇红，昏暗的街灯下，一群穿着新衣的男孩子一边使劲地甩着"单声响"，一边等待龙灯的到来。大人们也手持木棒连接的"小红鞭"，为接龙气做好充分准备。

较早的时候龙灯内部照明装置是手电筒，光浅色淡，但在昏暗街景的衬托之下龙灯还是显得那么耀眼明亮。龙灯队从点头古道"十八岭级"茶亭开始，经上街往下街蜿蜒而下，吹鼓手鸣锣开道，好事者尾后紧随，旋转飞舞的龙灯在朦胧的夜色里划出一道道柔美的光影，煞是好看。当龙灯队驻足表演时，人们立即点燃手中久握的鞭炮，一时间，硝烟弥漫，烟雾中的龙灯如猛蛟出海，时隐时现，蔚为壮观。

点头三支龙灯队历史悠久，舞龙技术娴熟，套路设计各领风骚。在 1995 年福鼎

撤县设市的庆典中，三支龙灯队应邀参加了彩街游行。2007年，在福鼎民俗文化技艺比赛中，点头果阳龙灯队和碗窑龙灯队技压群雄。在福鼎第九届白茶开茶节中，碗窑龙灯队以家传的独门技艺三层高台舞龙表演，博得全场观众的热烈喝彩。

点头龙灯，经过历代舞龙人的不断传承和改进，龙的形象更加栩栩如生，龙灯表演的动作套路、花样更加新颖。舞龙活动正向形象化和艺术化发展，尤其是碗窑龙灯，已成为点头民俗风情中一道靓丽的风景。

与众不同的点头线狮

陈孔同

狮子为百兽之尊，古人将它当作勇敢和力量的象征，认为它能驱邪镇妖，保境安民，所以逐渐形成了在春节和其他重大活动里舞狮子的习俗。

唐代诗人白居易的《西凉伎》里曾有舞狮情境的描述："西凉伎，西凉伎，假面胡人假狮子，刻木为头丝作尾；金镀眼睛银贴齿，奋迅毛衣摆双耳，如从流沙来万里。"可见，在唐代已有类似现代的狮子舞了。

在一千多年的发展中，狮舞形成了南方北方两种不同风格，南狮随文，北狮承武，各领风骚。它们有个大的共同点，那就是"狮形人体"，那舞狮郎身披狮被，脚套爪鞋，狮头狮尾两人共舞或单人独舞，利用狮形道具，模仿狮子的动态逗乐于众。

点头线狮的表演方式与众不同。他用竹篾扎成狮形，身长过米；外围用纱布包裹，头尾四肢都形成相对独立的部件，下巴可以张合，双眼用灯泡镶嵌，毛鬃用绒线粘贴，再辅以描画，形象栩栩如生。完工的狮子用尼龙绳子连接多个定滑轮吊挂在花轿似的专用狮架中，架子为木质结构，体积约 2×2×3 米。狮架在拉力的作用下容易摇摆，须由多名壮汉抬行以保证架子的稳定性。

点头线狮的运动全靠人力拉拽，四五个壮汉在狮架后面手抓连接狮身的绳子，在鼓点的指挥下完成各项动作，忽进忽退（定滑轮可以改变力的方向）、忽蹲忽站、忽收忽放，目的是使吊挂的狮子表演生动有趣，如摇头摆尾、搔痒舔毛、左右翻滚、前冲后坐等。线狮前冲时目标是张开大嘴咬到吊挂在上前方的红绣球。在线狮前方还有一人，他手提火炬，口含煤油，适时喷火，当线狮外冲的瞬间，他便对着火炬喷出口中煤油，顿时产生巨大的火焰，此时狮子刚好扑到火球，动作潇洒，做到稳、准、狠，一步到位，这叫"狮子抢火球"。这套动作技术含量很高，观赏性极强。

拉线耍狮是项苦力活，需要耍狮人吃苦耐劳、通力合作、刻苦训练才能做好。线狮表演的整个过程高潮迭起，妙趣横生。听说还有双狮抢绣球的绝活，投入的人力物力翻倍，难度陡增。

点头线狮是福鼎一绝，初见于 20 世纪 30 年代。时有点头中街人陈崇山先生

（1909—1960）能书善画，以笔墨为生，常年为点头归侨陈明达先生开办的伞店画纸伞，其伞画闻名遐迩。他心思巧妙，逢年过节都会制作龙头灯、鱼灯、荷花灯等多种花灯出售。陈崇山的线狮制作灵感源自提线木偶，刚开始是用竹篾制作小狮灯，将小狮灯吊装在四脚朝天的板凳脚上（简易狮架），在狮子尾部系上绳子，用手拉动狮子供孩子们戏耍。后来，他开始制作大型线狮并组织街坊的青年人练习舞狮套路。

点头线狮是点头人民喜闻乐见的民俗表演节目之一。当年，担当线狮表演任务的多为搬运站工人，他们身强力壮又常在一起，配合默契。线狮表演一般都是在春节期间举行，表演者们抬着线狮从街头顶到街尾，过夏姑桥上岭头坪，后调头沿公路经区公所回到点头搬运站结束。线狮上街表演时，一路锣鼓喧天，唢呐齐鸣；线狮所到之处，乡亲们早有鞭炮等候，外加红包犒劳，沿途人群紧随，热闹非凡。观众都特别喜欢看耍狮人的拉绳动作，所以狮架后头围观的人群更为密集。线狮给古老的点头街区带来了吉祥和欢乐。

线狮表演（朱乃章 摄）

碗窑村九月九传话节

朱乃章

传承不息的碗窑话

清康熙初期，从汀州府迁移到闽浙交界地区的客家人，先后有三批，分别在现在的福建福鼎管阳的后溪、点头的碗窑和浙江苍南的桥墩。如今，只有碗窑村把汀州话完整地延续下来。

据《余氏族谱》记载："连城县姑田镇溪口村余族始祖橙公系由余公第六十三世之后裔，橙公第十八世裔孙'应'字辈有一十八位堂兄弟在康熙年间避乱分散迁居，应燥、应本迁居福鼎管阳后溪等地，后为始祖，应波、应主、应隆、应前、应周、应连、应祥七公居迁福鼎点头碗窑等地。"

碗窑村是福鼎客家人的主要聚居地，现有 30 余户 100 多人。碗窑村因先民从事烧窑制碗而得名。余、黄、邓三姓于清康熙初期，一同自福建汀州府（现龙岩市连城县姑田镇溪口村）迁入，带来烧碗工艺和闽西客家方言（汀州话、天州话或姑田话，现称碗窑话）。三姓族人远离故乡不忘乡情，每年九月九要举办祭祀活动庆祝五谷丰登，感念先祖的功德。节庆期间还要开展"传话"活动，新进门的媳妇必须说上三句以上碗窑话，由老一辈们检验对不对，通过了才能参加祭祀活动。这便是碗窑村传话节的由来。

"文革"时期，村里停止九月九祭祀活动，转为每家每户各自操办。改革开放后村里只有中老年一辈才会讲碗窑话。后裔子孙为了保护传承碗窑话，于 2015 年重新恢复九月九传话节活动。

重获新生的传话节

近年来，碗窑九月九传话节活动增加了不少内容，如考媳妇、教学方言、转石磨、打年糕以及舞龙灯等。

传话节的核心环节是"传话"，即传授新媳妇碗窑话。"考媳妇"就是媳妇们要接受老一辈人"考试"。考试的内容是说碗窑话的水平。老人们组成评判团，新媳妇轮流上阵，对日常用品、称谓、饮食、服饰及节日生活等，全用碗窑话答题。这一天，小孩子们也要向长辈们学习碗窑话。期间，村民们还会用碗窑话演唱民谣。

九月九传话节活动现场（朱乃章 摄）

舞青龙灯是福鼎客家人流传已久的民俗活动，也是传话节的保留节目。碗窑村舞青龙灯始于清乾隆年间。龙身为 9 节，长 22 米，全身为青黄色，共有"龙缠柱"等 30 余套动作。青龙起舞，锣鼓声与唢呐声交织在一起，龙珠挥动，引龙飞舞，盘旋起伏，煞是好看。

转石磨。只见一村妇将浸泡过的米舀入磨眼，身着盛装的小伙子轻松地推动石磨，经过石磨的转动，石磨内的米被磨成米浆，从夹缝中流到磨盘上。石磨寓意"好事多磨""时来运转"，告诉人们要经受得起生活的磨难。

打年糕。1 位村民捧着蒸桶将桶内蒸熟米团倾倒在石臼内后，5 位村民用粗木棍捣米团，之后由有力气的村民轮流不停地捶打米团，一边捶打米团，一边吆喝客家歌谣，最后将打好的年糕分给现场村民品尝。大家一边尝着新鲜出炉的"年糕头"，一边看着精彩的客家歌谣演唱表演，其乐融融。

2017 年，碗窑村新建的"传艺楼"正式启用，陈列展示部分是独具当地客家民俗风情的非遗文化、民俗工艺、村史村貌等，让传承模式从单一言语的传承拓展到了包括历史文化、传统技艺、传统医药、传统习俗在内的各类主题民俗文化的传承。

2018 年，碗窑村九月九传话节被列入第四批福鼎市非物质文化遗产名录。

马冠山与马仙信俗

✎ 黄宝成

马冠山雄踞于宸山之西，陡峭似锥，一峰独秀，高不可攀。"马峰夕照"是点头十二景之一，每当夕阳西坠，马冠山在落日余晖中如诗如画。清代白琳翠郊吴念祖游览马冠山时触景生情写下《冠峰凌云》诗曰："嵯峨拔地气何雄，云雾熏蒸望缈濛。谁得履跻登绝顶，翘闻鸡犬吠空中。"马冠山成了点头地标性的自然景观。

马冠山（陈雪兰 摄）

马冠山是马仙信仰的发源地。据传，马仙原是唐朝乾符年间一名官家小姐，四五岁时父亲遭人陷害，母亲带着她隐居山林。长大后，她悉心侍奉母亲，母亲离世后入昆田山（马冠山）炼丹，后无人再遇，人们皆云已成仙。明万历《福宁州志·山川》载："曰马冠，曰昆冈，曰昆田。山连亘二十一都、二十二都，高耸凌空，望如半月，山脊吐雾，可知雨阳，相传女仙马真人炼丹仙去，井臼犹存。"清嘉庆《福鼎县志·古迹》载："马仙炼丹于此，仙去，井臼犹存。"宋代诗人杨谆游历马冠山时，留诗一首，诗云："陈家宅废桑畦暗，马道冠亡羽观空。惟有山南古程氏，雕檐一簇翠烟中。"杨谆系宋长溪人，宋理宗绍定五年进士，知崇安县。诗中"马道冠亡羽观空"，说的便是马仙修道马冠山羽化一事。

一直以来关于马仙的起源众说纷纭，清人俞樾在《春在堂随笔·卷五》有如下记叙："余自浙入闽，行经福鼎县境，见一岭上有马仙娘庙，不知何神也。及检《福宁府志》，乃有二说。《方外志》云：马真人，温麻里马氏女也。乾符中，入昆田山炼丹仙去，今丹井曰尚存。又《外纪》云：寿邑有马仙者，相传江南人女，随父宦来闽。抵寿，年甫十八，死于鸬鹚村。乡人庙祀之，祈祷辄应。倭寇寿城，黄昏时，忽见旌帜，仿佛有女将率兵至。倭骇甚，遁去。此二说者，未详孰是。壬甫兄云：'是必一人，而传者异其词。'"这些绚丽多彩的传说，使得马仙文化越发神秘与厚重。

据说马仙深谙炼丹，云游四海，悬壶济世、求雨祈子、降魔伏寇也都在她的职责之内。宋太祖赵匡胤将妈祖、陈靖姑、马仙娘并封三大女神。宋真宗曾先后两次敕封马仙娘为"灵泽感应马氏真人"及"懿正广慧马氏真人"。马仙娘娘由于受到了朝廷的正式敕封，于是影响逐渐扩大，明清后成为闽地百姓祈福禳灾的主要神灵之一，各地建造了许多马仙宫作为马仙娘娘的行宫。

这里需要说明的是，马冠山修道的马仙与浙江省景宁的马仙是两个不同时代的神祇。景宁马仙，原名马元君，其民间信俗始于唐朝初期，后于宋景德元年（1004）传入柘荣并流传，现柘荣东狮山成为"马仙洞府"。

"山不在高，有仙则名"。马冠山常年祥云缭绕，瑞光万里，引人入胜，马仙信仰使得点头白茶小镇更具韵味。

妈祖祭典巡安活动

朱乃巽　朱有东

点头妈祖宫背倚宸山，面朝沙埕港，始建于明朝，清康熙年间重建。自 2000 年复宫后，恢复了春秋两祭，祭典的规模亦年胜一年，由小型的宫内庙祭逐渐演变成中大型户外参拜仪式。又因福鼎是中国白茶之乡，点头是福鼎白茶核心产区，故而妈祖祭典中揉入了诸多白茶文化元素。

妈祖巡安绕境布福作为妈祖信俗的重要一部分，传承至今已逾千年。点头历次的妈祖巡安活动中，以 2019 年第二届妈祖文化节的规模最为盛大。

第二届妈祖文化节于 2019 年农历三月十七日举行。祭祀台设于妈祖宫前广场上，台正中悬挂着"第二届福鼎（点头）两岸妈祖文化节"横幅。上午十时，祭典仪式隆重开始。全体参祭人员身着古装，斜披绶带。点头妈祖宫黄德美会长为主祭。在抑扬顿挫、富有韵律的司仪声中，主祭、陪祭、与祭等各就各位，鼓手队伍就位，迎神、上香、奠帛（先盥洗）、读祝文，行"三跪九叩"礼，行"三献礼"，奏"三献乐"（献舞），焚祝文祝帛，送神（又行"三跪九叩"礼），最后在悠扬神圣的乐曲声中礼成。整个祭典过程庄重肃穆。

祭典结束，鸣铳三响，开始妈祖金身巡游保平安活动。游行队伍由海上丝路方队、妈祖金身方队、宋装女舞生方队、八仙过海方队、七彩布方队、平安灯方队、民俗舞龙方队、鱼灯方队、十八家茶企彩车方队等 21 个方队组成，沿着宸山大街有序徐徐而进。

队伍前头是一方巨大的横幅，上书"第二届福鼎（点头）两岸妈祖文化节　两岸妈祖一家亲·共圆中国梦"。

海神妈祖金身端坐于銮驾之上，她头戴凤冠、冕琉，身着霞帔，外披斗篷、云肩，饰缨珞，环佩叮当，彩带飞扬。十八位头戴金盔、身披甲胄、各持刀枪剑戟的"神将"护卫着銮驾左右，场面蔚为壮观。

七彩布方队是由 20 米长的七色长布组成，绵延几十米。持者边行边抖动长布，长布翻涌，泼剌奔进，犹如大海的波浪。八仙、各水族流连嬉戏其间，尽情欢舞。蚌精彩壳翕张，风姿绰约；龟丞相脖子伸缩，滑稽毕现；大龙虾威风凛凛，执枪穿梭……赫赫有名的八仙也翩然而至，铁拐李一瘸一拐，步态蹒跚；曹国舅身着朝服，敬捧笏板；韩湘子长笛横吹，悦耳悠扬；吕洞宾仙风道骨，长髯飞扬；何仙姑衣袂飘飘，莲花为伴……

喧天的锣鼓声中，一条巨龙蜿蜒而来。在鼓、锣、钹、唢呐等乐器的伴奏下，龙珠上下飞舞，龙身随之做着各种的动作，不断地穿、腾、跃、翻、滚、扭、戏、缠，"龙摆尾""龙蟠柱""抢龙珠"……各种姿态优美炫目，气势逼人。

平安提炉方队、宫灯方队来了，诸多佳丽身着古装，手提香炉、宫灯，款款而行，香烟缭绕、香气袭人；宫灯艳丽、光彩耀人。旗袍方队一众女子身着大红绣花旗袍，手撑花伞，婀娜多姿，姿态万千。

一艘仿古楼船缓缓而来，红色巨帆上书写着"妈祖心·两岸情·共圆中国梦"几个大字。18艘装满茶叶的彩车是由18家知名茶企出资建成，或仿古，或新式，或浅灰，或橙色……形态各异，色彩纷呈，于十多班乐队喧闹的管弦乐中悠然行驶着。妈祖金身所到之处，信众夹道迎接。

记忆中的中秋节

罗维进

中秋节又近，天空还是那片天空，月亮还是那个月亮，可我心中的中秋节已离我远去了。

我的中秋节，在八月初一就进入了倒计时，饼店早早就挂出了彩色的连环画"饼花"，如果你选中哪一张，饼店伙计便会把它剪下来，贴在你包好的月饼上。那饼花实在太精致了，色彩非常鲜艳。关公的卧蚕眉，张飞的络腮胡子、长枪红缨，每一个细节都画得一丝不苟。饼店的饼花在一天天地增多，昨天的遮住了前天的，今天的又把昨天的盖住了。我们十岁左右的孩子，散学后把书包往家里一扔，就满街地跑去饼店看一天一个样的饼花。其实也是留个小小心眼，为自己的中秋月饼早早挑选几张可心合意的饼花。年复一年，随着学的字多了，从那些花花绿绿的图画中，就能读懂看懂饼花的内容，我就是从饼花中知晓了桃园三结义、王佐断臂、高宠挑滑车……

中秋节一天天逼近，节日气氛也一天浓似一天，饼店花招也一天一个样。最令我牵肠挂肚的是那饼店门楣上挂着的随风飘曳的纸条，上面用毛笔工整地写着灯谜。我不看饼花，天天拉着爸爸的衣襟，把爸爸拖到灯谜下，要爸爸猜。要知道猜中有奖呀！小奖是一个薄薄的巴掌大的月饼，大奖是一个一口咬下去满嘴流油的"麻精"。还有饼塔，那饼塔是从大到小七至十个饼叠在一起，有的上面还插有一个小面人。当然，那上面的灯谜也极为难猜。

我记得有一个饼塔灯谜，谜面画着一张长长的猪嘴，打一字，从初七到十三都没人猜中。到了十四晚上，爸爸对我说："我们猜'猪嘴'去。"我不相信地问："您能猜中?"爸爸点点头。我们来到那饼店前，爸爸一把扯下那张"猪嘴"的灯谜纸。人们哄地围了上来，个个满脸疑惑：猜中了？这时，老板从店中走了出来，笑吟吟地问："猜中了?"爸爸说："是'咳'字吧！猪为亥，猪嘴不是'亥'字旁添个'口'吗?"周围一片哗然。老板把一个十层的饼塔递给爸爸，我心里一阵狂喜："哇，十个饼呀!"爸爸从上面拔下猪八戒面人递给我，又向老板借来一把刀，只见他把上面小饼一分为二，大的切成四块、六块、八块，一叠饼分成几十份，爸爸把一块块饼分给了围在旁边的小孩。那场面我至今仍历历在目。

最有趣的算是猜动作哑谜了。我看见有一家饼店门口几天来老是围着一群又一群人，店廊上铺着一张竹床，上面放有一床被，谜纸上写着"猜三国人名三"。十四晚上，只见一个人在竹床前挠了下头皮，"哇"一声怪叫，引得人们都围了上去。只见他量了一下被的长边，又双手捏着被长边的两角，使劲将整床被向上抖了几下，便把被搭在肩上走了。这时有人上前拉住被子不放，大家一看，原来是老板。那个表演谜底动作的人与老板相视一笑，大家似乎还在云里雾中，老板解释说："他量被长的一边，是'云长'；把整床被抖飞了起来是'张飞'；他把被拿走，我要把被留下，便是留（刘）被（备）了。"听得解说，大家哈哈大笑。有几个老人捋须点头，直叫。"妙哉！妙哉！"那个猜中灯谜的人只拿了饼塔中的一个饼，并向老板要了一张饼花。老板替他把饼包好，贴上饼花，递给跟在他屁股后的一个小孩，其他的饼也都切开分了。

十五到，饼店门口一下子冷清了下来，家家户户早就收了店。孩子们极不安分地吃完那丰盛的中秋晚宴，便用筐箩、盆子盛着月饼，放在自家门外的柜台上，或放在搬出来的几子上，上面还放着一个大大的柚子，柚子上插着点燃的一根香和一双烛子，口里念叨着："中秋饼，圆又香；中秋月，明又亮。大饼来敬月，小饼大家尝。"

这时街上热闹了起来，小孩们坐在月饼案前敬祀月亮，那些十六七岁的年轻人走街串巷，评赏各家的饼花好与差，爱闹恶作剧的还会把你的柚子抢走，孩子们一哭，家里人便又抱出一个柚子补上："柚子让大哥哥们吃，我们还有呢！"于是孩子们不哭了，"又念叨起中秋饼……"来。

这些年轻人不知从何处搞来磨盘上的上盾（有的是用大石头），上面站个人，双脚顶着磨盘，向后倒去，后面一个人又着他的腋窝撑住他，左右各有一个人拽着他的双手，四人一用力，推着磨盘向前滑。我们称它为"犁石"。犁石发出隆隆的响声，一时间响声越来越多、越来越大，街上行人都避到沿街的屋檐下，一个个大石从身边飞奔而去，隆隆声震耳欲聋。这种事情是绝不会被责骂的，看到大石从身边驰过，大人们还笑着指指点点，也许是勾起他们儿时的不少回忆吧！"犁石"还有个典故呢！据说是戚家军抗倭寇时摆的空城之计，后人为了纪念此事，演变成中秋夜特别的一种体育活动。过了中秋夜，其他时间是不禁自绝的。

月上中天了，柔和而带有凉意的月光如水如银，镀得人间一片梦幻般静谧、温馨、祥和。瞌睡虫爬进了亢奋了好几天的孩子们的鼻孔，他们打着呵欠，倚在父母的身上，连月饼也忘了吃，在阵阵隆隆的犁石声中进入了香甜而又美妙的梦乡……

这，才是我的中秋节。只是已经走远了，不知会不会再回来。

点头粽子习俗

🍃黄宝成

　　福鼎民间谚语云："未吃端午粽，寒衣不好送。"说的是粽子既是一种可口应时的节令美食，又是标志季候转换的时节物品。点头自开埠以来，端午节就有包粽吃粽的传统，并且保持着多彩的粽子制作技艺，在 20 世纪 90 年代，点头粽子街逐渐形成并闻名遐迩。

　　点头粽子有角粽、脚呢粽、头年粽、枕头粽、秤锤粽等，每一款粽子都有其独特的外包装，形状不一，各有寓意。秤锤粽包得方方正正，其制作工艺另辟蹊径，将竹叶裁剪后，通过折叠拼装成立方体，然后装上米馅加盖，由于形似古代的秤锤，故称，意取"秤砣小小压千斤"之意。"头年粽"，五个一串寓意"五子登科"，十个一串寓意"十全十美"。"角粽尖尖、绿带绑腰"，说的就是"角粽"的形态和包裹的形式。"喜粽"，在一个大粽子里面裹着一个小粽子，寓意添丁。"枕头粽"状若枕头，一般个头较大，端庄大气，人称"粽中之王"。

点头粽子街制作场景（黄宝成 摄）

点头粽基本上采用糯米为主料，内填猪肉、红豆、土豆、豌豆、蜜枣、红枣、咸鸭蛋等辅料。这些粽子或甜或咸，清香馥郁，诱惑着无数过往的人们。苏东坡诗云："不独盘中见卢橘，时于粽里觅杨梅。"这正是人们喜爱馅类粽子的真实写照。

点头粽制作工艺传承古法，可不要小瞧它，其技术含量相当高，一个粽子要经过十余道工序，都是纯手工制作。其传统工艺要求：一要包得巧，做到有棱有角，外表美观大气；二要视粽子的品种决定捆扎松紧。

点头粽因其独特的地方风味，深受十里八乡群众的青睐。端午来临，娘家要给刚出嫁的女儿送节礼，娘家送"头年粽"到男方家里，叫"送节"。送头年十分讲究，除了"头年粽"外，需配八大礼：白鲳鱼2条，寓意年年有余、有头有尾；酒2瓶，醋2瓶，寓意好孙；酱2瓶，线面2包，寓意长寿；红糖2包，意指生活甜蜜；扇2把，送公婆；红包2个。近年来，许多外乡镇的客户纷纷在点头粽子街订购"头年粽"，生意十分红火。

点头是白茶之乡，到了茶叶上市的季节，点头粽子街的粽子更是供不应求。由于粽子携带方便，很多上山采茶的人们常购买粽子上山做点心或当午餐，粽子从节令商品走进了日常消费。

"彩缕碧筠粽，香粳白玉团"，点头粽子形态各异，色香味俱全，粽子街一年四季粽香四溢，在粽香与唇齿的邂逅中，那丰富的寓意让人身心愉悦、回味无穷。

十三太保茶轿

陈振团

点头凤山寺供奉着"广泽尊王",其圣号为"威镇忠应孚惠威武英烈广泽尊王",还有郭圣王、郭王公、圣王公、保安尊王等称谓。据传,广泽尊王俗名郭忠福,生于后唐同光元年(923)二月廿二日,七岁时为葬父而卖身,牧羊奉母,乡邻称为"郭孝子"。成神后,他与依娘(妙应仙妃)共结天盟,生下十三太子,称"十三太保"。长大后十三太保被分封到各地,协助尊王保境安民。

明清时期,随着闽南人的不断拓迁,广泽尊王信俗传到了闽东。每逢广泽尊王诞辰和成道之日,点头的百姓都要设宴祈福,举行祭祀民俗活动,十三太保巡安民俗表演活动就是其中之一。明末清初,点头的十三太保巡安民俗活动甚为隆重。改革开放后,随着传统文化的复兴和白茶产业的发展,十三太保巡安活动被赋予了新的内涵。2007年福鼎市首届民俗文化节和2011、2017、2018、2019这4年的福鼎市开茶节期间,点头乡贤巧办"十三太保茶轿"参与踩街,祈求国泰民安,茶乡风调雨顺,茶叶增产,茶企兴旺,茶农增收。

十三太保茶轿巡安活动,最前面是鸣锣开道,紧接着是回避、肃静牌、香庭、銮驾、万人伞,绣旗(旌幡)在前引导,6个少女身着宫女戏装提灯引驾,再接着是由13个茶企冠名的茶轿。十三太保由民间挑选8至10岁的少年儿童装扮而成,茶轿上分别有一个太保端坐箱上,且每个太保都有自己固定的称谓和固定宫名,两旁有红、黄两班威武雄壮的八将护驾。最后是民间乐队。表演方阵的核心部分是太保茶轿。太保茶轿有13顶,造型精致讲究,装饰华美艳丽。茶轿分为红、黄两种颜色。黄色茶轿只有一顶,造型和规格都比较特别,是为大太保(太子王)专驾,其余的太保座驾均统一为红色。轿身为木制长方形框架,于中部固定在两根具有韧性的细圆木轿杆上,轿底用木板封闭,上放可坐单人的靠背坐箱。轿顶及左、右、后用帷帐封好,前设可掀动的轿帘,两侧轿帷多留小窗,另备窗帘。各面帷帐均绘以吉祥图案,显得小巧华贵,漂亮典雅,具有浓厚的地方特色。

十三太保茶轿巡安表演方阵沿着崦山回龙境、永丰境、上清境、长春境等四境巡游,场面壮观,加上央视的现场直播,更是把"点头开茶节"民俗活动推向高潮。

洪云厚与点头布袋戏

宋国莲

　　洪玉厚先生是福鼎市第二批非物质文化遗产"点头布袋戏"项目传承人。他生于1950年，1965年学艺，师从堂叔洪如星，其师祖为点头镇翁溪村人池尚妹——1980年12月"福鼎民间艺人协会"发给演出证的艺人之一。

　　看到我们登门拜访，洪玉厚先生非常开心，他说现在的布袋戏是福鼎非物质文化遗产，代表性传承人除了他还有许明金、范世图。他们早年都经过严格的学习和训练，掌握各种基本功，演技娴熟，并能坚持演出至今，口碑良好。

洪玉厚在表演中（宋国莲 摄）

　　布袋戏由一人一台组成，戏台是一米见方的木质台架，四周加围布幔而成，分前、后、上、中、下5扇，相折连为一体。前台由下架和天花板组成，中扇是雕刻龙凤花鸟的遮屏，称加官屏。艺人在后台操作木浦时，可通过雕刻图案的小缝隙来观察戏偶的各个动作及台前观众看戏时的表情。遮屏左右各有20厘米宽的小门，称小面廉，上贴"出将""入相"，旁边各有楹联。后台上下对掀，张挂当晚表演所需且已装扮好的戏偶。其他如头盔、刀枪等道具，放在加官屏下，方便艺人拿到布幔上。

布袋戏角色分生、旦、净、末、丑，以闽南话唱腔为主，吸取南（声尾音长）北（声尾音短）两派腔调精华，分出轻、重、缓、急、吞、吐、浮、沉等各种音调，以福鼎方言道白，叙述人间悲欢离合，使剧情更加通俗易懂。

布袋戏集民间音乐、雕刻、彩绘、刺绣为一体，由掌中操纵戏偶进行综合展演，其故事内容多取材于汉、唐、宋、元、明、清等朝代的历史故事和民间传说。洪玉厚先生最拿手的好戏有武打戏、宫廷戏、审案戏、连本戏等，至今保留下来的主要有《八仙庆贺》《双狮戏球》《粉妆楼》《万花楼》《三打白骨精》《八美楼》《宋太祖征南唐》《玉技刀》《罗通扫北》《薛仁贵征东》《薛丁山征西》《薛刚反唐》《七剑十三侠》《大闹三门街》等历史传统剧目，特别是连本戏，本本连接，环环相扣，是观众和行家公认的地方特色戏。

洪玉厚先生演出时，坐在戏箱上，集吹、拉、弹、唱、口动、手动、脚动（两只脚踩四种乐器）表演于一身。在幕后，他一边用手熟练地操纵戏偶，表演各式各样的动作，一边模仿各种人物声调诠释剧情，或唱或说或道白，时而还插入一些幽默有趣的桥段，绘声绘色，引人入胜。他双脚踩踏各种乐器，在乐声和说唱中，一个个雕刻精美的戏偶展现在人们眼前，逼真传神，活灵活现。

布袋戏演绎人间七情六欲，道尽世间善恶美丑。曾有人这样形容布袋戏："艺师身坐四方台，一口道尽千古事。双脚踏响交乐器，十指弄成百万兵。"演完戏，布袋戏的所有行当全部装在两只戏箱中，戏台前后四扇互折靠拢中扇卷起台幔。一条扁担挑起"戏班"，走村串乡，不受人力和场地限制，想去哪演就去哪演。哪里想演，随时派一个人去就可以请到艺人，非常大众化。实谓："方台可演万般事，箱中能容世上人。"

农村或集镇的中老年人，对于通俗易懂、简便实惠的布袋戏尤为青睐。20世纪七八十年代，是布袋戏最兴盛的时

布袋戏戏偶

期，仅点头镇就多达 30 多个戏班，每场演出的观众少时有 200 多人，多时达 500 至 600 人。每到一个地点演出，附近几公里甚至几十公里的村民都赶来看戏。可是，想请演的地方多，加上外乡镇的人都慕名而来请戏，布袋戏出现了"供不应求"或争抢的场面。

1985 年后，随着电视进入寻常百姓家，及其他因素的影响，布袋戏市场冷淡，许多艺人纷纷转行，昔日盛况不再。

布袋戏凝聚了传统戏曲的精华，以通俗易懂的唱腔，展现了一段段精彩的历史典故，演出了一段段脍炙人口的佳话。我们期待这项瑰丽的传统艺术能够得到良好的保护和传承，也期望我们的后代，可以读懂并领略这项传统艺术的独特之处，并继续去传承和发扬。

池云秋与福鼎桐诗

陈孔同

唱桐诗在点头流传的历史已久，直到解放后，点头民间的唱桐诗、对桐诗、盘桐诗活动还很流行。可以说，桐诗是点头群众喜欢把玩的"老古董"之一。当时点头街道曾璧珠、林如松、包道赠、陈三杰和海屿陈阿宝等，都是老一辈的唱桐诗高手。

前些日子，我们拜访了福鼎桐诗传承人池云秋先生，他向我们说起了他和桐诗结缘的一些经历。

池云秋，1948 年出生，点头上宅银坑村人，今年 73 岁。他小时候在大垅小学读过三年书，辍学后在家放牛，参加生产劳动。每到农闲时，他就喜欢看些章回小说，如《朱元璋打天下》《说岳》《水浒》《封神演义》等，此外，还喜欢看木偶戏、拇指戏，还有就是桐诗了。他说，桐诗就是指用福鼎方言唱的诗或歌，又称筒诗，可唱可诵，诵又多于唱，故称之为"诗"，或唱或诵，都叫作"唱桐诗"。

池云秋在表演中

那时农村许多民俗活动都有唱桐诗。他说自己文化程度虽然低，但是记忆力极强，所以经常能从书里读到的或是听到的传统故事中汲取素材，编成桐诗唱诵，自娱自乐。在他的影响下，村民池云宝、池兰弟以及邻近的碗窑村村民余振翻都成了桐诗的爱好者。他们经常在一起自编自唱或两两对唱，渐渐地，在当地拥有了一些名气和粉丝。由于他们歌词内容信手拈来又通俗易懂，所以村中有民俗活动时，人们都会邀请他们盘桐诗，增加节日气氛。

"文革"年间，桐诗一度销声匿迹。20 世纪 80 年代，改革开放后，人们开始追求多元化的生活方式，许多消失已久的民俗活动开始逐步走向街头，唱桐诗活动也渐渐兴起。1986年，点头曾举行过一场大型的桐诗擂台赛，那是池云秋第一次参加大型的盘桐诗比赛，当时的情景他至今记忆犹新，历历在目。

那场擂台赛由点头名人林长和发起。那时候，点头电影院门口有个灯光篮球场，每天赛事不断，全县乃至浙江矾山、苍南各路的篮球队也经常到点头参加篮球比赛。每当夜幕降临，这里便灯火通明，观众里三层外三层将灯光球场围得水泄不通，就连路过点头的车辆也时常"停车坐爱球场晚"。林长和看着眼前这热闹的场景，萌生奇想：他要组织一个更加轰动的赛事，而且气势要超过灯光球场。他想到了唱桐诗比赛，于是，牵头发起一场点头群众喜闻乐见的桐诗擂台赛，邀请池云秋参加比赛，池云秋欣然应允。

当时擂台赛分甲乙两方，甲方就是池云秋和他的诗友余振翻，乙方由点头过笕村神仙冈道教门生雷家友及其同门师兄弟等人组成，并邀请福鼎著名艺人姚仁贵作为赛事裁判。两个擂台就搭在点头电影院后埕，相向而立。林长和又将此次赛事遍告白琳、磻溪、桐山等邻近乡镇。这种前所未有的搭台盘桐诗比赛，如同一石激起千层浪，在十里八乡中反响非常热烈。1986年中秋次日即农历八月十六晚上，赛场四周大灯通明，场地中央人头攒动，点头以及多个乡镇的桐诗爱好者1000多人翘首以待。8点整，一通鼓声过后，双方桐诗高手荣耀登台，赛事开始。池云秋用桐山话开场："十六没火月也光，桐诗开口情难当。这多观众台下站，交椅临时没得搬。"乙方接盘："别讲交椅没得搬，南山砍柴请鲁班。你那桐诗唱是好，脚酸背痛也心甘。"

诙谐幽默的桐诗通过高频扩音器，一句一句回响在点头街市的上空，听众越来越多。台上歌如潮，台下人如海。双方对阵，你来我往。擂台攻守，随编随唱。拼的是见识，比的是机敏。桐诗歌手人人伶牙俐嘴，随时应变，出口成章，充分展现了原生态桐诗的乡土气息。台下观众听得如痴如醉。这场桐诗比赛通宵达旦，第二天上午8点才结束。

桐诗赛事意义重大，它让老一辈人找回曾经的记忆，也让年轻人领略到桐诗的艺术魅力。点头桐诗传唱人池云秋、余振翻、雷家友等一时间名声大噪。

后来池云秋在点头组织唱桐诗团队，每年在元宵、二月二、三月三、佛日等民俗活动中表演唱桐诗，深受群众欢迎。2005年开始，点头桐诗人与桐山、前岐、山前、贯岭等地桐诗人联袂在桐山溪畔开展更加大型的桐诗表演活动，引起城里市民的广泛关注。每年夏天的夜晚，桐江两岸灯火辉煌，座座跨江大桥霓虹闪烁，江面凉风习习，许多纳凉散步的人不约而同地聚集在彩虹桥下，欣赏那质朴无华、乡土气息浓郁的盘桐诗表演。时间一久，桐诗夜景成为福鼎城关的一道亮丽风景。

点头唱桐诗现场

　　2012年元旦，福鼎市桐诗协会成立，任命池云秋为福鼎市桐诗协会副秘书长，会员中点头人士近半。同年，福鼎桐诗被列入宁德市市级非物质文化遗产名录。2013年央视七套《聚焦三农》栏目派记者到福鼎采访并录制资料，专访池云秋；《福鼎视野》电视栏目主持人叶潇潇和工作人员也到点头召集桐诗人录制《桐诗专栏》节目，制成VCD，用现代的影视手法包装传统的民俗，推陈出新，古为今用。点头桐诗传唱人池云秋、林昌锦、余振翻、夏须喜、丁振礼、夏华情、张世平、夏雪云、吴克伟等努力配合电视台在八尺门录制《唱鱼名》，在大嶂山录制《玄武岩》，在资国寺录制《百花名》，在点头普照山公园录制《百鸟朝凤》，等等，出了不少专题节目。

　　据池云秋回忆，点头桐诗传唱人自1986年开始，参与福鼎政府举行的大型活动有桐山大桥通车典礼、太姥山首届文化旅游节、龙安开发区成立庆典、福鼎白茶开茶节以及庆祝建党六十周年和七十周年文艺活动等。2017年，他们被中共福鼎市委宣传部聘为"理论宣讲轻骑兵"，成为宣传我党在改革开放时期思想理论、方针政策最接地气的宣讲团成员。这正是：

　　　　　桐诗古老作用新，宣讲团中轻骑兵。
　　　　　家国情怀接地气，通俗易懂又好听。

老街里的童谣

🖋 庄纯穗

点头横街里老房子是沿着普照山麓盖成，老街两旁是高高低低的木构平房，有的是二层小阁楼。旧时没有电扇，更没有空调，弯曲狭长的街道，老房子里十分闷热。特别是夏天，太阳炙烤着大地，将近黄昏，人们用清水洒地，才感觉到些许的清凉。待到热浪徐徐散去，老街就逐渐热闹起来了。横街口有唱嘭嘭鼓的，上水碓有说评书的，门楼里有演布袋戏的，大帝宫戏台有表演提线木偶的。

老街上的人们各有所好，有的去听曲有的去看戏。老街两旁的屋檐下，三三两两的老妪坐在木凳、靠椅上，边乘凉边唠嗑，有的老翁光着膀子躺在竹床上聊着天南地北的事。蚊子"嗡嗡"地叫着，满街都是用蒲扇打蚊子的声音。

这时候街巷就是伢子们的天堂，小屁孩唱着"长长社，起起磕"的儿歌玩老鹰抓小鸡的游戏；女孩子们三三两两一起跳橡皮筋、跳房子；男孩们捉迷藏、孵猴蛋，玩得不亦乐乎。有的孩子就偎依在奶奶身旁或是坐在妈妈怀抱里，唱着祖辈流传的童谣："松柴莱，莱柴哥，船里外公讨外婆，外婆生我奶，我奶生我姐妹哥，大哥细哥都有嫂，就我尾弟没老婆，皇天叫起做大水，大水流去齐齐毛。"

儿歌说的是从前，常有一家生八九胎、养六七个孩子的，家里子女多，不但养不活、养不起，长大了也娶不上老婆，只好打一辈子光棍。姑换嫂、童养媳、入赘别家、典当老婆的都有。难怪尾弟央求皇天发洪水，"大水流去齐齐毛"啦！

这边唱完，那边奶奶摇着睡床里面的宝宝，边摇边唱道："悬米锥，米锥悬，鸭姆生蛋还厝人，细个掏来吃，大个还别人。""锯古锯，锯烂柴，阿茂老马（老婆）会泡茶，茶叶两粒仔，碗里两尾虾，爬来爬去变大虾。"

还有调皮的男孩，要爱作弄人，就唱着："点点答答，观音菩萨，哪人放屁，股章给贼割。"

这边妈妈接着唱："正月摇摇，二月挞佻（玩耍），三月吃墓酒，四月才起手，五月插番薯，六月可以榴（挖），七月七月半，八月是中秋，九月登山高，十月吃白饭，十一月穿棉袄，十二月过大年。"

妈妈唱完，那边婆婆如泣如诉地唱起："咕咕咕（布谷鸟），七岁、八岁做媳妇（童养媳）。阿爹阿妈嫌我细，妞妞细细有本事。扛楼梯，上米缸，拿竹椅，铺眠床，鸡叫头梳光，鸟叫出闺房。担心鸭母没生蛋，担心猪母毛米糠，担心阿叔毛阿婶，担心小姑毛嫁妆，担心阿妈年又老，担心阿爹冇寿方……"

听奶奶妈妈唱儿歌，一个小姑娘也脆声声地跟着唱："红鸡角，飞过墙，一格一格洗衣裳……"

在夏日的夜晚，老街上的儿歌声总是此起彼落，你方唱罢我登场，总也唱不完，这些下里巴人的方言歌谣、乡村俚语，伴随着孩子们快乐成长。

现在老街寂静了，往日热闹不复存在，但家乡的老街，故乡的童谣，儿时的桐诗，永久在老街人的脑海中萦绕，温馨而亲切，带着深深的乡愁。

横街里（陈雪兰 摄）

六仙传奇

庄纯穗

六仙，点头正一派道家传承人代表，俗姓谢，师从清末孙店杜仙，是当时福鼎道教著名学者。磻溪黄岗凤阳圣南仙师在江西龙虎山修道期间，杜仙师偕徒六仙千里迢迢到访龙虎山，拜会圣南仙师。圣南仙师感其诚意，不吝赐教。圣南仙师系江西龙虎山正一教嫡传弟子，造诣极深，名噪闽浙诸县。杜仙师徒经圣南仙师悉心指点，得正一派精髓。

六仙在 20 世纪五六十年代福鼎同道中声望很高，被尊为道行深厚、法力超常的道长。特别是沿海一带，提起"六仙"，都敬为"仙人"。

六仙的道观在横街上南境大帝宫边。前有一棵大榕树，枝繁叶茂，一条虬根突出，状如蟒蛇，弯成拱门。过树根门，沿阶而下，有两口井，是有名的横街里水井。六仙常替乡邻小孩子"修惊"或为群众"顺星""禳关"，大家称他"六仙公"。

（本文根据谢德懿口述整理）

物华吟赏

吴洋人的竹艺情结

🌱 黄宝成

吴洋，是点头镇西洋美村下辖的一个自然村，古时称"牛垟"。据《福宁府志》和清嘉庆《福鼎县志》载："十六都乌石门辖牛垟、乌石两村。"《庄氏家谱》载："鼎邑十六都牛垟始祖庄钦元，因乱随父由福建安溪迁入平阳对雾山，康熙三年转迁福建福宁二十三都牛垟。乾隆四年福鼎设县改为十六都牛垟。"随后，附近的兰下、灰斗岗自然村吴姓始祖也于康熙年间由平阳迁入。目前，吴洋、兰下、灰斗岗三个自然村常住着 80 多户、400 多人口，世代以种稻植茶和加工竹器为生。

吴洋竹椅子（黄宝成 摄）

吴洋村气候温暖湿润，雨量充沛，盛产的毛竹是竹器加工的优质原材料。吴洋人的竹器制作技艺世代相传，聚居在这里的吴、庄两姓人家，几乎家家户户以制作竹器为业，使村子成了远近闻名的竹器专业村。

坊间盛传，福鼎自设县伊始，吴洋人便会选取优质竹材，择技艺精湛老师傅精心制作竹器赠给新到任的县太爷，以示祝贺。那时，在福鼎城区的大街小巷遇有衙役赶街，每每问及挑竹器者为吴洋村民必给予放行。

竹器技艺加工在吴洋村至少有两百年的历史，早就与村民生产生活息息相关。吴洋村生产的竹器品种繁多，有大竹椅、小竹椅、竹床、轿篮、站轿、文椅、躺椅、竹排椅等。这些竹器产品广泛用于农村家庭的生产生活，成为农耕文化中不可缺少的元素，同时也是城镇居民的生活必需品。在众多竹器中，吴洋人生产的竹椅和竹床享誉鼎邑，其文椅融雕刻、书法、绘画于一体，以实用、美观、富含文化内涵而著称。

20世纪六七十年代，福鼎县企事业单位以及文人的书房、画轩的办公文椅，大多为吴洋人所生产。文椅靠背通常雕刻着梅、兰、菊、竹等精美图案以及福、禄、寿、囍等吉祥文字，还有"为人民服务""团结、紧张、严肃、活泼"等时代标语，有着浓郁的"书卷之气"，故称"文椅"。吴洋村制作文椅的高手，当属老工匠吴家灼、吴生顺。他们制作的文椅样式考究，制作精美、扎实耐用，深得十里八乡群众的交口称赞。吴洋人生产的小竹椅在福鼎沿海渔村十分畅销。小竹椅有别于小木椅，小木椅笨重，遇水易腐，小竹椅结实耐用，移动方便，很受渔民喜爱，他们家家户户挖海蛎都需要小竹椅，需求量很大。

吴洋竹床是吴洋村的另一张名片。在没有空调的年代，福鼎普通老百姓家家备有竹床，以供夏季使用。其特点是环保，散热性好，纹理天然，色泽高雅，气味芬芳，有益身心健康。夏季使用竹床不仅凉爽舒适还易于移动。每到夏季，在星空灿烂的夜晚下，老百姓都把竹床搬到户外露宿，十分惬意。在缺衣少食、生活捉襟见肘的非常年代，竹床由于物美价廉而深受普通老百姓的欢迎，吴洋竹床更成了抢手货。

轿篮是加工工艺比较复杂的产品，不但外形小巧美观，而且扎实耐用。吴洋竹艺师傅根据婴幼儿的年龄特点，精心构思，以"四面合围"的设计理念生产轿篮；以松紧适度的插丁调节，将好动的宝宝牢牢地固定在座位上。有的轿篮还在宝宝的前面安装托盘，可放些饼干、糖果、奶瓶之类，托盘之上的横框上装有五六个竹管的圆圈，供孩子玩耍。还有一种叫站轿的竹艺品是专供可站立的幼稚孩童使用，不设座位，4个粗壮的椅脚间，以均匀的竹片条连接围合，孩童立于其间，便能自由施展拳脚，哪怕大人下地干活也不必担心孩子闯出安全范围。轿篮、站轿作为传统的婴幼儿用具，走进千家万户，伴随着一代又一代婴幼儿的健康成长。

俗话说："良田千顷，不如一门手艺。"吴洋人与竹结缘，摸索出一种谋生技艺，前辈倾囊相授，后生勤奋好学，邻居之间相互切磋技艺。在家庭的熏陶下，通过创新，许多能工巧匠也应运而生。耄耋之年的竹器制作艺人吴家包，20世纪七八十年代长年在白琳柴头山、店下巽城、马山一带走村串户加工竹器产品，由于技艺精湛，深得村民喜欢。他每天可得工钱3元，一个月收入有八九十元，这在当时算是高收入了。但在那特殊的年代，生产队是不允许村民单干的，外出接活必须征得生产队的同意，过年回家时还得上交工分款。十一届三中全会之后，农村实行包产到户，吴洋村的艺人就自由多了，他们可以在家里边干农活边加工竹器，也可以在毛竹林丰富的村庄安营扎寨生产竹器产品。

一件竹器产品的制作工艺相当复杂，须经过砍竹、锯段、刨皮、划线、凿洞、钻孔、烘弯、绑扎、钉钉等十几道工序才算完成。每每加工三五天，他们就要把竹器挑到10多里外的点头集镇或20多里开外的福鼎城区售卖。当时山区交通落后，物资外运都靠手提肩挑，如果要赶在上午八九点集市最热闹时段销售，一般得在清晨三四点钟就要出发。他们肩上挑着沉重的竹器工艺品，手里拿着手电筒在羊肠小道中行走两三个小时才能到达集市，露水夹杂着汗水，着实辛苦。等售卖完全部竹器，他们从街市带回大米、猪肉、鱼类等生活必需品。

一根竹子，成就了吴洋人的竹艺人生。竹韵悠悠，一件件竹器作品进入千家万户，烙下了一个个家庭的生活印记。然而，岁月流转，随着经济的发展和生活方式的改变，竹器制品到了20世纪80年代后逐渐被塑料、金属制品所替代，竹器市场日渐萎缩，竹器产业逐渐从"宽街"走进"窄巷"，目前面临着后继无人的窘况。尽管如此，村里的部分艺人仍在坚守，如吴家铁、吴维海等人对竹器产品不断创新，依然备受消费者的喜爱。

对于竹艺传承人来说，竹子是他们一辈子的挚友，在经纬交错的时光中，他们坚守指掌上的工艺，延续着先辈的传承，让我们感受到工匠的那份情怀与执着。

长坑火笼

在点头流传着这样一句话：山柘土畲，长坑火笼。点头长坑村制作火笼历史悠久，相传始于清朝年间，这里村民忙时耕种，闲时编笼，成了远近闻名的火笼制作专业村。

长坑是点头西洋美村下辖的一个自然村，地处西洋美长坑的峡谷里。这里群山环抱，地肥竹多，尤其是毛竹纤维长且韧，富有弹性，是编火笼的好材料。长坑村聚居着朱姓人家，人口不多，编火笼却出了不少知名的师傅。

长坑狭谷深幽，一水中流，人们临水而居。每逢冬季，风生水起，严寒难耐。当年一位聪颖的朱姓人外出学习制作火笼技艺，学成归来，砍竹编笼，取暖御寒。村民争相效仿，火笼技艺从此代代传

长坑火笼（黄宝成 摄）

承。在漫长的历史长河中，长坑人在耕种之余做火笼、卖火笼，从不间断。

长坑火笼以其精巧耐用而闻名。制作火笼取材于当地的毛竹，以多年老竹为佳，取材一般选择在农历七月。俗话说"七竹八木"，七月的竹子最好，不易生虫。砍下毛竹，破成需要的竹块，而后削去竹皮，制成竹篾，浸水、晾晒后，在一张长凳上固定好两片刀片，将篾丝放进刀片之间抽拉，抽成宽度均匀的竹丝；而后用这些竹丝编织出笼状的竹器，将烧制好的陶钵用竹条固定在笼中。这一工序技术含量高，一般由

点头

家里经验丰富的长辈掌持，以确保陶钵牢牢稳定在笼中。然后编上火笼脚。编火笼脚要先绕竹丝，需要手指十分灵巧，一条长长的竹丝在篾匠手里欢快地跳动着，随着手动笼转，层层环绕、密密匝匝的细篾条交织成喇叭状的火笼脚，十分精美。

火笼中的陶钵，是本镇马洋硋窑生产的。马洋村硋窑的黄土黏性强，因受海里咸水雾气浸润，土质柔韧性也强。马洋硋窑烧制出的陶钵，耐烤不易破损。

冬春时节是长坑人制作火笼的旺季，市场需求量大，火笼供不应求。清嘉庆《福鼎县志》载："鼎邑虽属闽地而邻于浙，其气候实与福州稍异。如春初间常雨雪，较寒于冬……小雪以后，霜华满地，辄作严寒。冬至既交，则雪常盈寸，此乃邑中一岁之气候也。"由于福鼎山区冬天异常寒冷，在电器还没普及之前，火笼是一种不可或缺的取暖器。冬日的普通人家，特别是老人为抵御严寒，基本上家家户户都有一个以上，甚至人手一个。每餐饭做好后，人们用火铲取出灶膛里刚烧完的柴火，放进陶钵，有时加点木炭，再用热灰盖住用来取暖。

火笼刚做成时，外观还是翠绿的，烤火时竹子清香四溢。待用上几年，火笼的外围及提梁不但变成了橘红色，而且被抚摩得溜光圆滑，透出几分时光雕刻出的古朴。

火笼不仅可以给人取暖，还可以当"烘干机"。那时候，人们生活困难，每逢冬季来临，老人、小孩衣裳单薄，整天都是抱着火笼取暖；在阴雨连绵的天气里，衣服晾不干，小孩的尿布没办法换洗，聪明的妈妈们会拿出家里所有的火笼来烤尿布。

火笼，在旧时作为取暖器，还是女儿出嫁的必备品。以前在福鼎，女儿出嫁，家人要准备一双火笼，里面放两包炭，预示着女儿、女婿的生活过得红红火火，事业兴旺发达。

如今在村头，在家门口或者一堵避风的墙下，老老小小拎着火笼晒太阳的场景不在了。长坑篾匠挑着一担担火笼走出村口的情景再也看不到了。火笼已渐渐消失在人们的视野里，只留在人们美好的记忆中了。

油纸伞的百年回顾

 陈孔同

　　回忆点头油纸伞行业，首先让人想到的是归国华侨陈明达。1919 年，14 岁的点头中街人氏陈明达经人介绍到福州拜师学艺。师傅黄猪猪是中亭街一带很有名气的油纸伞工匠，见陈明达聪明伶俐、尊师敬业，对这位来自福鼎的徒儿十分喜欢。在黄师傅的精心指导下，陈明达将 3 年工艺 2 年学成。1922 年，16 岁的陈明达便回家乡点头开始制伞谋生。他的伞店取商号"福鼎点头陈兴盛重油名伞"。然而，时逢国内战乱频繁，百业凋零，他的伞店生意日益萧条。这时，他的福州师傅黄猪猪已转到香港经营伞业，来函邀请他到香港帮助打理业务。1928 年，22 岁的陈明达拜别父母来到香港。香港大都会的伞界精英、各路名伞让他大开眼界。没过多久，由于香港市场竞争激烈，苦于资金单薄，难与当地豪商抗衡，师傅决定收山。陈明达则到亚细亚炼油公司油轮上当水手兼油漆工，开始了长达 20 年的海外漂泊。直到 1948 年，已经是 42 岁的他只身一人回到祖国怀抱。此时家中父母早已离世，兄弟姐妹天各一方。为了重振家声，陈明达中年娶妻生子，在点头重操旧业，再度打出福鼎点头陈兴盛重油名伞招牌，养家糊口。

　　新中国成立后，人民开始安居乐业，购买力日益增强，陈明达伞坊的纸伞销售量逐渐增多。眼看单枪匹马难于应付市场需求，于是邀请少年好友、同为中街人氏陈崇山加入，并聘他为陈兴盛伞坊画伞师。

　　陈崇山，生性开朗，闲时喜欢钓鱼打鸟，常与点头文化人陈三杰、兰菁莪、林如松等吟诗作对，他能书善画，尤以没骨山水、写意花鸟见长。当年点头年轻人结婚，婚床里的"十一扇""五堵花"中的山水花鸟，基本上都出自他的手笔。平时屋檐下一张方桌，文房四宝，笔墨营生。他子女成群，生活窘迫，好友陈明达邀请其为伞作画正合时宜。此后的十年间，伞因画而增色，画缘伞而扬名，陈兴盛重油名伞声名远播。

　　福鼎民间认为，纸伞模仿宫廷御用黄罗盖伞而成，撑伞者八面威风，可以辟邪驱恶，因此民间流传女儿出嫁撑伞、婴儿出门撑伞、祈福求神撑伞的习俗。千年来，油纸伞的文化认同早已超越它的使用价值范畴。

言归正传，时有点头果阳村蛇溪垅人氏朱乃成，经常往返于福鼎福州之间经营茶叶生意。解放前夕，福州到处兵荒马乱，茶叶生意难以维系，朱乃成在家一筹莫展。正当苦于生计之时，见自己山上旧竹新篁拔地而起，毛竹纤维长且坚韧，忽然萌生制作纸伞的念头。农村人用竹编箩编篓出售早已司空见惯，而想到伐竹制伞却无先例。他将想法告诉妻子王月秀，立即得到她的支持。1950 年朱乃成从桐山十字街请到一位名叫祖端（音）的师傅，住在他家中专门传授油纸伞制作工艺。师傅年过半百，夫妻俩尊师如父。师傅也是性情中人，知恩图报，将手中伞艺悉数传授。一年之后，夫妻俩基本掌握油纸伞的关键技术。1954 年，朱乃成举家搬迁点头老街租店制伞谋生。朱乃成伞店是继陈明达之后的点头第二家伞店。

1956 年，我国实行社会主义手工业者合作化，目的是提高生产效率，降低生产成本。陈明达、朱乃成两家伞店合并经营，取名"福鼎点头陈兴盛名伞雨伞小组"，租用点头中街江祥意店面营业。陈明达负责内业，朱乃成负责购销（霞浦进伞骨，北港进发线，泰顺进棉纸），陈崇山仍是客聘画伞师。三人合作默契，伞组生意风生水起。

"文化大革命"爆发，朱乃成一家被下放回果阳蛇溪垅老家，雨伞小组不宣而散。下放期间，朱乃成夫妇也利用农闲做些纸伞，让儿子朱有松肩挑手提到邻近村落叫卖。此时陈明达已年届六旬，他依旧不离本行，在家制伞维持家计。他的长子陈振西已长成翩翩少年，次子陈振煊也到了学艺年龄，跟了父亲学了两三年的伞艺。陈振煊说，父亲还有一门绝活，他能应顾客的要求，在细如掌指的伞柄上快速刻上伞主人的姓名、诗句或馈赠文字，清新隽永，让纸伞锦上添花。

1977 年，点头成立手工业联社，将点头裁缝社、农器厂、染布行、蚊香厂、陈兴盛伞坊收归联社集中管理。此年陈明达年已古稀，联社为了继续发展点头伞业，自建伞厂，聘请陈明达为伞厂技术指导，招收年轻人学习制伞，车间设在缝纫社 3 楼。当年跟随陈老师傅在联社学习制伞的青年工人有陶美玉、林家国、邱新奇、朱乃智、陈振煊等。在宽敞的制伞车间里，男女工人靠壁依次而坐。有的装伞骨，有的系发线，有的糊棉纸。陈振煊说，棉纸逐层上糊，干了才画花。伞花干后刷柿浆，柿浆一夜干后刷桐油，桐油也需一夜干透。还有一种是刮花，一边刮花一边刷桐油（桐油由炉底、镜珠和桐油煮成）。所谓"重油名伞"就是指纸伞经多次重复上油，伞面油光锃亮，美观耐用。完成上面工序，还要装伞帽，套伞柄，嵌伞键。说到伞键，他有点动容：油纸伞的伞键没有弹簧设置，完全靠角度吃力。相传它是鲁班发明的，也叫虎尾键，伞开合上万次都不会坏。一把精工的油纸伞，工序多达七八十道。

20 世纪 80 年代，随着社会工业化的发展，手工油纸伞逐渐淡出人们的生活圈，取而代之的是金属布伞。点头联社伞厂为适应市场需求，转向金属布伞加工，任命许阿发为厂长，郑广荣为采购，增加就业人员，扩大生产规模。联社伞厂和全国各行各业一样，正好赶上改革开放历史潮流，迎来了点头伞业的第一个春天。

　　从陈明达 1922 年赴福州学艺归来，开办点头第一个伞坊至今，掐指算来，制伞业在点头已有百年历史。百年来，以陈明达为代表的两代伞人的奋斗足迹已被历史尘封，庆幸的是陈明达后人以及他当年培养的高徒至今犹在。

点头

染布坊

　🖉陈孔同

　　点头染布行业，起于 20 世纪三四十年代。时有陈广顺、振盛隆两家染行在点头抢占商机，它们是点头最早的两家染布行业。

　　历史上，点头地处闽浙交通链上，街上商客行人络绎不绝，沿街店铺生意兴隆。生意人中流传着这样的一种说法：生意兴隆通四海，财源茂盛入三缸。"三缸"指的是染缸、酒缸和酱缸。他们认为，染布、酿酒、酱鲲三个行业是让人眼红的高利润行业。尤其是染布，"一缸朱色百丈锦"，是公认的一本万利行当。

　　时有点头中街陈广顺染坊老板陈炽纣（1883—1974），是点头著名茶人陈炽昌的胞弟，因在陈家兄弟中排行最小，人称"纣尾公"。纣尾公是一位精明的生意人，年轻时靠开布行起家，后来发现布行与染布有商道上的内在关联，且染布高利润，于是在其兄陈炽昌的帮助下，利用陈广顺后门宽阔的场所开起染坊。他先从柘荣请到黄庆梅、郑斌两位师傅操办染坊事务，后来有贯岭茗洋人为逃壮丁只身到点头的染坊拜师学艺。陈广顺染坊为点头新生行业，生意红火，老板陈炽纣也因此在点头声名大噪。

　　点头上街的洪振盛，自远祖从泉州迁居点头，到洪宝清已是第七代。洪宝清之妻吴美娇（1890—1984）出生于白琳翠郊贞房大宅院，是个大家闺秀。她知书达礼，记忆力过人，只是红颜薄命，19 岁嫁到洪家 98 天后，丈夫洪宝清英年早逝。吴美娇青春守寡，恪守妇道。几年后，她抱养了一名男孩，并取名为洪瑞隆。为了生活，她教会比她小 7 岁的小姑洪五妹针线女工，姑嫂俩靠做绣花鞋、盘古鞋、流海环出售度日，后来又兼营卖酒。待有了积蓄，便在上街洪振盛附近购置房产——沿街店面三榴，后门建酒库酿酒，前门经营酒店和布店。这时养子洪瑞隆已长大成人，她便将商号命名为"振盛隆"，意在重振家业。据她的侄儿吴本山先生回忆，当年福鼎布商进货，或东渡台湾或北走温州，但多数商人因"台湾赚钱台湾使，台湾钱财不过海"之客观条件制约，一般都是到温州进货。当年福鼎到温州两百里古道，没能阻挡这位女老板的经商意志和前进的步伐。一位缠足的小脚女人，每次到温州进货事务全由自己打理。她一路或步行或雇轿，翻山越岭到龙港乘舟两三天才到温州。回程货物雇人力挑夫，自己随后护送到家，一路艰辛不言而喻。后来，她发现染布市场需求量大，好赚钱，又在洪振盛祖宅后门办起了染布坊。振盛隆在鼎盛时期，家中有布行掌柜、酿酒工人、染坊师傅、学徒、帮厨及娘家兄弟、侄儿一干人马近二十人，三餐都要安排两桌伙食。也就是这时候，她又用赚来的钱，买得与自家相邻的榴房一座，送给曾经与她一起做针线活、共度时艰的小姑洪伍妹一家居住。吴美娇是点头当年远近闻名的守妇道、重情义的女人和生意场中的女强人。

陈广顺和振盛隆两家染坊，解放前在点头经营时间达三十年。直至解放后的1953年，国家对私有制商业和手工业实行社会主义改造，开始公私合营，将振盛隆、陈广顺两家布行估价并入点头供销社。洪陈两家的家属吴幌人、赖时中、陈永景按政策安排在供销社工作，成为第一批社员。后又实行手工业联营，将"振盛隆""陈广顺"两家染坊合并为点头染布小组，归点头手工业联合社管理，实行工资制。手工联社染布小组工场设在"广顺里"。员工有洪达弟、陶赞兴、刘修云、陈明云。坊间设备有锅灶，染缸，两只高两米多、口径两米多的大榍桶，担缸板，搅拌棍，踹布石，印花板，晾布架等，一应俱全。

据陈炽纣孙女回忆，当年染布坊里水蒸气日夜升腾。前锅水温较高用于溶解染料和染布，后锅用于固色。两只大榍桶桶底周边用砖头架高，中间用木炭草灰暗火保温，桶中液体用于浸染布料。浸染是将经清水煮过去掉"浆力"（织布时经线黏固剂）的布从锅中捞出控水晾干后，放入染缸中浸泡适当时间，让白布充分吸收染液中的颜色，捞出来置于担缸板上略沥浮水，再用木桩木棍拧水，然后搭在晾布架上晒干。如用檗黄染黄色，用莲子壳染褐色，用槐花染绿色等，均为浸染。用蓝靛染蓝色就是最具代表性的浸染。经煮去掉浆力的布放入调好蓝色的大缸里浸泡半个小时，捞出拧去水分上晾布架晾晒，经风一吹，布色就渐渐地由黄变绿，最终变成蓝色。蓝色是当时社会最常见的服装色调。染坊行业对联"竿头悬翠绿，缸内起金花"即是对此的生动描绘。

古法印染是当年广顺里染坊的一大艺术看点。染坊师傅们都是中国传统染布工艺的传承人，他们在平展的布面上铺几片用牛皮镂空的民间图案印花版，用石灰和黄豆粉合成防染浆，用刮刀将它刮到印花版面上，待防染浆全干后下染缸，染透后晾干除去布面上的防染浆，这时出现在我们面前的是千变万化、绚丽多姿的蓝白世界，简直美到极致，比起青花瓷也毫不逊色。

陈冰如老人说，她当时还是一位初中生，周末回家最喜欢干的事就是帮助师傅拉印花板，后来也学会刮花。当年送到染坊加工的面料，基本都是农妇用"腰机"织的苎麻粗布，只有经过染坊加工，才能使手织粗布成为有花样、有色彩、质地松软的面料。

点头有将祖传特色的各种面料，用于制作嫁女娶媳用品的习俗，如服饰、围裙、被套、枕巾、背巾等。直至今日，人们"上梁吉庆"用来装压梁米的五斗袋还是苎麻布染制品，它结实耐用，可以代代相传。

当年广顺里后门厝宇的廊墙上、空埕上常年晾晒染品。它们长短不一，色彩缤纷，在阳光的照耀下如彩练一样让人赏心悦目。但是，如果遇到天气突变，大雨即将到来，工人们全都停下手中的活儿跑到场上收布料，那时与大雨抢时间的紧张情形又使人十分揪心。

染坊的最后一道工序是踩光。"踩光石"形同元宝，业内称元宝石，重达三四百斤。工人将染好干透的布料用卷布棍卷成圆柱体形状，平置于光滑的踩光板上，上压元宝石，手抓木架扶手，双脚踩在元宝石两端用脚力来回滚动。效果相当于现在的熨烫，使布面光鲜无褶。

到了20世纪六七十年代，机织花色布匹已广泛占据市场，社会新陈代谢脚步加速。"昼出耕耘夜织麻"的男耕女织时代渐渐隐入历史的天空，广顺里染布组的大型作坊生意日渐式微。被生意人说是最好赚钱的染布行业已危机重重，染坊已无大块布料加工，只有那些"新三年，旧三年，缝缝补补又三年"的少数穷人，时不时提些旧衣被到染坊染色，染布组员工为了生计也只好顺势而为。据20世纪70年代补员进入广顺里染布组的洪仕文师傅陈述，他当时在染布小组劳动，月工资只有19元。那时，他们每天都要分头下乡，肩挑篮筐到农家收取需要染色的旧衣物。一般早上四五点出发，爬山越岭挨村挨户一路收纳，晚上七八点才到家。第二天又将染过的衣物按标识一路送还物主，边送边收每天步行四五十里，风雨无阻，十分辛劳。

到了20世纪80年代后，随着社会的进步、生活水平的提高，人们西装革履、绫罗披身已是司空见惯，谁还会想起曾经陪伴人类几千年的传统染布行当呢？振盛隆和陈广顺两家染坊也逐渐被历史尘封。如今，只留下洪振盛后门和广顺里厅内两块沉睡的踩光石见证着染坊曾经的兴盛与衰落。

林记客栈印记

🍃 林明森

　　点头横街人文发祥于明代，繁盛于清、民国时期。那时，柘荣、管阳一带的山民们越过石马岭，沿着柏柳、翁溪古道南下，经大坪、后坑，抵达点头横街，他们源源不断地把山货挑到横街进行交易。为了满足南北客商在点头投宿歇脚，横街里许多客栈应运而生。

　　民国时期人们一向把旅馆叫作"客栈"，把住宿叫作"写号"或"打铺"。横街里客栈很多，其中"林记客栈"的经营一直延续到 20 世纪 70 年代。

　　林记客栈的前身是"游记客栈"，客栈坐落在福鼎点头镇横街 7 号，为 2 层木质结构，占地面积 101.49 平方米，建筑面积 232.65 平方米，楼上楼下共有 6 间房。

林记客栈旧址（林明森 摄）

　　和横街里的其他客栈一样，游记客栈也有它的标志，那就是悬挂于屋檐下的长方形白纸灯笼。灯笼两面都写有联语，意境深邃，不仅装点了客栈本身，也充满文化味道。游记客栈经营有方，每天宾客盈门，声名远播。

那时候，人们远行主要是靠步行或是乘马车。日薄西山，商贾、挑夫、赶脚路人无不急于寻找安身之处。每每这时，横街里客栈门楼上的灯笼早早已经点亮了，店主和伙计早早立于门前，殷勤地招呼着南来北往的客人。老街上，不时传来各种叫卖声，车马喧嚣声，以及夹杂着东西南北口音的谈笑声，整条老街热闹非常。

新中国成立初期，因土地变革，迁居在外的游氏族人，纷纷将自己名下的房产转让他人。20世纪40年代末，林家以租赁经营方式接手游记客栈延续经营。1955年，林家向房主刘康桂以时价人民币420元买下了游记客栈，并正式更名号为"林记客栈"。由于店主人善良好客，并且费用相比别家客栈相对便宜，客栈生意十分红火。住店的多为泰顺、柘荣、福安、霞浦等地的生意人。旅客最多时有十几二十个，平时也有七八个人。客栈按时价收取旅客每人每晚住宿费2角、伙食3角或5角不等；20世纪60年代因为物价原因，客栈收取客人每晚住宿费5角、餐费1元左右；70年代收费又有所提高，每人每晚住宿费1.5—2元，餐费2元左右。

每当夜深时分，客栈关门后，店主都要站在账房的写号台前，声调悠扬地向客人宣布一些诸如"门窗请关严""灯火弄熄灭""小心防盗贼"等注意事项。第二天客人结账时，他们又会亲自送他们出门，还不忘交代"住宿小店若满意，欢迎二回再来歇"等热情相邀的话语。

那时，横街商业较为发达，客栈生意竞争也很激烈。很多店老板经常拽着客人的行李就往自己店里带，因此客栈之间常常发生纠纷、争吵。但是，林记客栈却从来不争不抢，一直是靠信誉赢得了一批固定老客户。

林记客栈是小本经营，其设备也很简陋，房间只备床、桌、椅、被褥，住店的除了小商小贩，还有一些从事手工和行走江湖的外来人员，如磨剪刀的、算命的、挑货郎的等。客房的墙壁上至今还留有当年旅客的涂鸦，从中依然可以领略出当时社会的世态百相和民俗风情。

后来，横街从中街口逐渐向海边和街尾虾姑桥延伸，海堤围垦后，新的街市更是日新月异，横街里繁华不再，客栈生意也日渐萧条。20世纪70年代中期，横街里最后一个客栈——林记客栈也消失在了人们的记忆当中。

横街箍桶作坊

🌿黄宝成

　　横街曾经是点头镇最繁华的街巷之一。横街的南边有一家木桶作坊，做木桶的师傅名周阿秀，点头本地人，13岁开始拜师学艺，1965年在家开作坊箍桶，风风雨雨走过了65个年头。点头人都知道横街有个做木桶的周师傅，来找他订制木桶的人不少，有些还是远道慕名而来的。

　　据周师傅回忆，旧时做桶行业十分吃香，请师傅做木桶要提前约定。在集体化年代，箍桶匠工钱颇高，东家待师傅如上宾，所以从事箍桶这个行业的人很多。

　　箍桶是一个很古老的行业。北宋时期欧阳修《归田录二》中提到的"木马子"，《辞源》解释为木制的马桶，说明至少在北宋时期已经有了箍桶匠这个行业。20世纪五六十年代，普通老百姓的生活中很少有铝制品和塑料制品，最为常见的就是陶质与木质的容器了。木质的容器由于结实耐用，在人们的生活中更是得到

周阿秀老师傅（谢发树 摄）

广泛的应用，这样就为箍桶生意提供了广阔的市场。

　　从前，每个家庭都有好几个形状不一、用途不同的木桶。如蒸饭的饭甑、打水的水桶、洗身体用的澡桶、洗脚的足桶、妇女用的马桶以及全家人合用的尿桶等，用途

涵盖吃喝拉撒，形制各式各样。闺女出嫁时，娘家都要陪嫁马桶、脚盆和水桶，俗称"三件套"——马桶称作"子孙宝盆"，寓意早生贵子；脚盆称作"聚富宝盆"，寓意健康富足；水桶称作"财势宝桶"，象征事业有成。

20 世纪 80 年代后，木桶渐渐被新兴的塑料、铝制品代替，做桶行业受到了冲击，周师傅的几个师兄弟都改行换业，可他始终坚守本行业。周师傅说："一些木制器具是任何产品都替代不了的，如酿酒时蒸米的大饭甑，在现时的农村依然很常见。这种饭甑口径 0.6 米至 0.8 米之间，体高 0.8 米至 0.9 米，能蒸几十斤的糯米。"

箍桶匠因擅长制作圆形的木质生活用品，因此也被称为"圆作木匠"。箍桶是个精细活，要做好一只桶需要很多道工序。一般的制作流程是按照自内而外的顺序，经过拉料推刨、拼板上箍、钻眼拼接、打箍、沟槽上底板、打磨等繁杂工序。周师傅说："旧时，木桶的使用年限长达几十年，因此在制作上，除了要求外表圆滑光洁，更重要的是每处木板边缝都必须紧实拼接、浑然一体，做到滴水不漏。"

箍桶的工具也很讲究，需去铁匠铺定做。箍桶匠除了常用的锤子、斧头、凿子等工具外，还需要内外圆刨、圆凿、刮刀等打磨工具。比如，打造圆滑形态的桶壁表面，就需要借助各种圆刨。内圆刨主要用来打磨内壁，而外圆刨则用来拼接木板缝隙，使之刨得平滑些。

周师傅现在基本上做些小的饭甑，口径约 0.3 米至 0.4 米，给小家庭用来蒸饭非常理想。如果有人需要，他偶尔也做泡脚的木桶。木桶相比塑胶制品，具有卫生、无污染等优点，且手工制作的木桶质量可靠，让人足浴时有种亲近和回归自然之感，很受消费者的欢迎。

随着社会的进步、科学的发展，特别是家庭卫生间的革命，抽水马桶、陶瓷面盆、浴缸等洁具相继出现，使得木质的马桶、澡桶、脚桶等乡村古老的容器逐渐退出了生活的舞台。在点头集镇附近，除了周师傅坚持老本行外，已经没人会干这活了。周师傅说："我已经 78 岁了，快做不动了。我没带徒弟，担心这门箍桶手艺很快就会失传。"

也许，"箍桶匠"这个称呼会成为一个符号，永远留存在人们对乡村生活的记忆里，而那些古老的木制容器，只能静静地躺在时光的某个角落里了。

话说点头美食

庄纯穗

　　人们都晓得点头米粉汤清爽可口、经济实惠，殊不知点头还有许多琳琅满目的小吃、美食，不但摆在街头巷尾，而且登上大雅之堂，成为大厨的名菜。

　　说起米粉汤，要数"米粉华"最出名。他的粉汤是用猪骨头熬的，不油不腻。虾卤是最好的，甜且香。米粉条润软而不烂。白菜、葱、青辣椒加上煎蛋饼或几片猪头肉，现煮现卖，乘着热吃，实惠又爽口。

　　点头"扁食节"可是老字号的小吃店。他店里的扁肉，上等的面粉擀出的皮，薄如蝉翼，精肉为馅。在清汤中放入扁肉，捞起加入葱花、姜末或紫菜等佐料，闻之香气扑面，令人食欲大开。过去哪家来了客人，都会到"扁食节"店铺泡碗扁肉，用盆篮子提回家给客人当点心。

　　肉燕也是点头特色小吃之一。肉燕皮制作很是讲究，要挑选肥猪后腿瘦肉，不能含一根肉筋，用木槌打成肉泥，并且要选上等淀粉，和着肉泥，经过好几道工序，擀压出薄皮。馅是剁细的精肉，加葱末、味精等佐料，包成如一朵朵豆荚花似的生肉燕。上锅的肉燕，根据食客喜好，加酸加辣，这碗中的肉燕晶莹剔透，色香味俱全，使人垂涎欲滴。

　　"鱼片溜溜"要数"没牙金"的肉丸鱼片店正宗。鱼片选用鲜鮸鱼，剔除鱼头、骨骼，削出鱼肉，剁成泥，用精盐水和着细薯粉，用手反复揉搓。这些加工过程都是厨师纯手工制作。下锅后与有弹性的溜溜片混煮，上锅时加上葱花、姜末、辣椒。吃在口中又韧滑又香脆，鱼香、粉香相得益彰、美不胜收。"正是这个味！"大家都这么说。

　　提起"糖仔尾"的手工糖仔，点头老居民都会啧啧不已。他的手艺巧，能造出各色糖果、花样甜食，如姜母糖、麦芽糖、花生糖、糯米糖、馍馍、炒米糕等。

　　"牛肉生"的牛杂、"煎包其"的煎包、"千峰面馆"的手打面，在点头都小有名气。还有小笼包、饺子、菊粿、锅边糊、九重粿、麻糍仔、春卷、薄饼、米粽等，都妇孺皆爱。

提起点头小海鲜，绝对是名声遐迩。点头滩涂广阔，港道弯曲，潮起潮落，淡咸水交汇，海产品特别鲜美，营养丰富，比如江美的青蟹、海屿的跳跳鱼、赤脚礁的姆蜊、青屿头的鲈鱼、瓜坪的泥蚶都是点头的特产。章鱼、海蜈蚣是纯野生的，而且以点头为上品。一斤左右的淡水野生鲈鱼最抢手，价格也不菲，是坐月子妇女和术后病人的最佳补品。

餐桌上、酒宴中、宾馆里以这些海产品作为食材，由厨师加工成的菜肴，像红膏姆饭、酸菜海蜈蚣、笋丝跳鱼汤、紫菜海蜊丸、九节虾燕、炒章鱼、冷盆泥蚶、清炖鲈鱼、水煮活鱼、红烧黄鱼等，都是上品佳肴。

点头老街市（谢发树 绘）

"诗怀礼禄生"

🌱陈雪兰

　　每一个人的心中都有一条老街，那狭长的街巷和一扇扇咿咿呀呀的木门后面都深藏着一段岁月的温情。老街是小镇的记忆，而老街上的那些老字号就承载了老街的历史变迁和市井烟火的千般韵味。在点头老街，至今还屹立着这么一家百年老店陈茂记，老街人亲切地称之为"诗怀礼禄生"。

百年老店"陈茂记"（陈雪兰 摄）

　　"诗怀礼禄生"是陈诗怀、陈礼禄、陈崇生祖孙三代人的名字，他们以擅长烹饪福鼎传统老菜"二十四大碗"及"八盘五"而名动福鼎。"二十四大碗"据传是宋皇室后裔迁居点头时带来的宫廷菜谱，之后流入民间；"八盘五"则从"二十四大碗"演变而来的。清光绪二十五年（1899），陈诗怀出生于点头镇孙店村陈厝里，他的父亲是孙店有名的厨师。早年间，点头孙店是闽浙古官道必经之路，北面经观洋通桐山过分水关可直达浙江省。孙店又是点头最早形成集市的是地方，曾有"孙店半爿"街之称，沿街商铺林立，并开有当铺、酒家、客栈，闽浙两地还有来自中原地区的客商及贩夫走卒常往来于此，或投宿或歇脚，街市十分繁华。陈诗怀从 13 岁开始便随父学习烹饪福鼎传统老菜"二十四大碗"，他天资聪颖，到 16 岁时便深得烹饪精髓，并在厨艺比赛中屡屡夺冠，成为当时孙店家喻户晓的少年厨王。由于自小在孙店就受到中原文化和古越文化的影响和熏陶，所以他烹饪的菜肴不仅具备闽菜炒、煎、煨、糟的传统特色，又兼具苏菜和浙菜的平和、清香、翠嫩、爽鲜的风味。老辈人说，当时陈家父子在孙店烹制的"二十四大碗"，其香味醇厚，人闻其香百步之内无不颐逐逐然，歆羡向往。

1918 年，20 岁的陈诗怀举家搬迁至点头老街，在永丰中街置了两间铺面，自起炉灶经营传统老菜。他秉承父辈教诲，苦心经营"二十四大碗"及"八盘五"，每到陈家的灶头炊烟升起，其烹制的菜香便弥漫整个街市，食客纷至沓来，对其厨艺都是赞不绝口。渐渐地，老街人若是家中有客到访，都愿意到陈诗怀店中预定几样菜品。为此，陈诗怀特地定制了大号的食盒，每每做好菜肴都会放进食盒让来人提回家去，以最大程度上保持着菜肴的原味和鲜度；有时还亲自提着食盒送至顾客家里。后来，镇上有大户人家办宴席的也都开始邀请陈诗怀上门烹饪陈记"二十四大碗"，四邻八乡凡有大型民俗活动也都会请陈诗怀前去主厨。陈诗怀对于乡邻的热情相邀，无论风霜雪雨，不论路途远近从不多收酬金。如此处事风格很快赢得了小镇人的尊重，他也因此名声大噪，不仅店里门庭若市，上门邀请他前去主厨"二十四大碗"的人更是络绎不绝。陈家因此渐入佳境，收入颇丰。

陈诗怀不仅厨艺精湛，为人也是宽厚仁慈，但凡邻里间有需要接济的，他都慷慨解囊，修桥、补路、建庙之类的善举更是不胜枚举。1952 年，他还亲自组织街坊邻里在永丰老街兴建了联丰粮食加工厂，为乡邻们的大米加工提供了极大的便利。老街人感念其恩德，都尊称他为"诗怀公"，还把粮食加工厂所在的那条小巷命名为"诗怀巷"。如今，"诗怀巷"依然在老街的深巷里，静谧而安然。

陈诗怀的儿子陈礼禄（又名陈位禄，生于 1919 年）长大后，就在自家店里跟着父亲陈诗怀学习烹饪传统菜，他制作的各式菜品清鲜醇厚，荤香不腻，深受食客的青睐和喜爱。陈礼禄延续着父辈的精神，潜心钻研各大菜系的原料、调味和烹饪手法，并对传统"二十四大碗"和"八盘五"的菜谱加以大胆创新，增加了牛肉丸、肉片、鱼片等纯手工制作的美味汤品，其中"陈记牛肉丸"更以柔、润、鲜、脆驰名小镇内外，引得许多外乡的食客也都慕名前往一试。

那时的老街店店相连，店外有摊，人头攒动，山民、渔民手提肩挑，各种叫卖声、吆喝声不绝于耳。陈礼禄得知许多店家喜好陈记牛肉丸却是脱不开身后，每天都会挑着牛肉丸食担去街市走一圈，往往是不出街角，食担就空了。若是十里八乡请了戏班唱大戏，村上人也都会来请他的牛肉食担前去摆摊捧场。不管山高路远，他都是挑着那副食担前去，一头是水和木炭，一头是制作好的牛肉丸和碗筷以及各种调料；若是遇到风雨路滑，尽管艰难辛苦也从不爽约。陈家后人至今还保留着这幅食担，和食盒一起陈列于老店门前，它犹如一张久远的明信片，向后人展现了老街曾经的特色和人文情感。

陈家食担（陈雪兰 摄）

陈礼禄不仅传承了父辈精湛的厨艺，也传承了父辈宽厚为人的行事风格，他扶危济困，乐善好施，同样赢得了街坊邻里的爱戴。解放后，他的厨艺也备受美食业界的推崇。1955 年，陈礼禄以陈家菜品"二十四大碗"为基础向县工商联申请注册了"陈茂记"商标。同年，他被推举为福鼎县工商联基层业务骨干并登入名册，收存至福鼎县档案局。1963 年，他又被选为福鼎市工商联执委和第二饮食公司经理。

1965 年，作为"陈茂记"第三代传承人的陈崇生（生于 1947 年）继续传承了祖辈的厨艺，用心烹饪老菜"八盘五"，特别是牛肉丸的手工制作技艺和口味更加独特。1971 年，因家中缺乏帮手，陈崇生决定单一经营牛肉丸，并在自家门面正式竖起"百年老店·陈记牛肉丸"的招牌。自那以后，陈崇生以牛肉丸作为主业苦心经营，创新制作了牛杂、酱牛肉、牛肚、牛尾巴等各种风味的小吃和点心。陈崇生制作的牛肉丸既重视原料的本味，更重视调料的搭配，酸甜苦辣咸，入嘴有脆感，听闻有脆声，真是在家的人吃不够，在外的人想念它。也不知何时开始，老街人说起他家牛肉店都直呼为"诗怀礼禄生"了。

"诗怀礼禄生"这个名号，意味着老街人对陈家祖孙三代厨艺和信誉的肯定。人世间浮浮沉沉，而陈记却历经朝代更迭和沧海巨变依然屹立不倒。说起其中奥秘，陈家第四代传承人陈家和指着招牌上的八个字"祖辈传承，匠心手艺"说："这就是我们'陈茂记'的生存之道。"

所谓"传承"，就是承上启下，继承并延续下去；而"匠心"，就是心思巧妙，独具匠心。据陈家和介绍，"陈茂记"几代人一直延续着祖上的教诲，不管是从原材料的选用还是制作的每一道工序都力求做精、做细、做专、做实。

陈家和于 1995 年从父亲手里接手了这家百年老店,至今也有 26 年了。每天早上五点多,他就会赶到城关中心市场挑选新鲜的大水牛肉,买完回家便开始除筋膜、切肉、棒打,再精心调制高汤。每一个环节每一道工序都不敢马虎与懈怠。为了保证陈记牛肉丸的品质,陈家和依然每天亲自去孙店白墓下的古井,取来井水调制高汤和牛肉丸。这些年,他坚守着老店,大胆创新,他秘制的牛肉系列卤制品香味口感俱佳,颇具祖上厨艺的精髓。

近年来,陈家和先后获得福鼎市地方风味小吃职业技能竞赛"特色小吃奖""太姥金厨奖"等荣誉;在福鼎市商务局、福鼎市文体和旅游局、福鼎市餐饮烹饪与服务行业协会举办的餐饮(小吃)系列评选活动中,"陈茂记"又先后荣获"小吃名店""福鼎特色菜"等称号。2022 年,"陈茂记"成为福鼎小吃制作系列团体标准执行单位,同年 10 月,"陈茂记牛肉丸"被中国烹饪协会评为"中华名小吃"并列入中餐特色美食名录。

陈家和说,这些年,随着传统文化的兴起,来点头老街探访老店的人越来越多,他希望通过新媒体和互联网平台的宣传,吸引更多的店家以连锁店的方式加入"陈茂记"。与此同时,他又以曾祖父"陈诗怀"的名字向国家知识产权局申请注册了"陈诗怀"商标,决心以匠心传承祖辈手艺,让八方食客都能享用到陈家这独特的百年风味。从陈家和坚定的语气中,我看到一个百年老店正悄然"重生"。

老话说,酒,是陈年的香,店,还是老字号的好。谈话间,又有三五食客上门,点名要他家的牛肉丸。这时锅里的水也已沸腾了,只见陈家和左手托着牛肉丸,右手拿着汤匙,熟练而快速地把牛肉馅划拉到大锅里,接着迅速拿出几个瓷碗,分别放进姜丝、醋、味精和其他调料,再盛上秘制的高汤。大约过了两分钟,他用笊篱迅速将牛肉丸捞起,放入碗中,再撒上葱花,顷刻间醇香扑鼻,一碗碗热气腾腾的牛肉丸便可以上桌了。

永丰中街"诗怀巷"(陈雪兰 摄)

只短短的几分钟时间，陈家和划肉、加料、装碗一气呵成，动作娴熟，干净利落。听到我们的赞许，他说，想当年他姐姐的速度更是惊人，一分钟划肉可达百多粒，而且是用手在沸水中操作的，和姐姐相比他自叹不如。

　　看着眼前这碗牛肉丸，沉浮着红色的牛肉，摇曳着黄色的姜丝，还有碧绿的葱花点缀其中，令人赏心悦目。舀一小勺入口，顿时香、甜、酸、辣各种滋味在唇齿间萦绕，那牛肉丸又嫩又滑，又松又脆，不擅长吃辣的人吃得龇牙咧嘴，喜辣的却是大呼过瘾。

　　走出老店，站立诗怀巷前，只见他家门楼上书写着"陈茂记"的金字招牌在阳光下熠熠生辉，回望店里，窗明几净，又是座无虚席。问渠那得清如许，为有源头活水来，陈家四代人正是靠着对传统技艺的忠诚维持和精益求精的匠心制作，才能在残酷的市场竞争和变幻莫测的市场环境中从容走到了今天。

　　也许多少年以后，老街的后人说起这家百年老店又该称呼他"诗怀礼禄生和"了吧！我想，只要精神传承下去，就一定会的！

（本文部分文字根据陈家和口述整理）

点头

吴记扁食

陈雪兰

　　总会在不经意间想起老家从前的街景，想起那时街上的一群人，还有那群人创造的一道道美食，其中百般味道至今还是小心翼翼地珍藏在我的舌尖和心间，时时回味、念念不忘。

　　印象中的老街就是一条窄窄的街巷，上街、中街、下街还有横街弯弯绕绕，悠长悠长的。街道两旁是清一色木制二层小楼，一楼皆为铺面，颇有明清街市的韵味；街市上永远是人声嘈杂，热闹非常，有供销社综合商场、诊所、书店、理发店、杂货铺，还有海鲜市场；街角处的糕饼点心和各种各样的小吃让人一望流涎；街上还有流动的肉片食担、牛肉食担和扁食食担，以及手拎竹篮沿街叫卖的"馍馍"和"马蛋"，那香气溢满了整条街道，引来一群小孩跟在屁股后面学着吆喝作乐。

吴记扁食店原址及周边街景（陈雪兰 摄）

在我的记忆中，中街的人气是最旺的，镇上好吃好玩的几乎都汇聚在这半条街上，我和小伙伴们时常在此流连。最让我眼馋的，是"扁食节"店里的扁食。

扁食节本姓吴，全名吴忠节，他是吴记扁食的第二代传承人。从扁食节父辈开始算起，"吴记扁食"传至今日历经四代，已是百年老店了。早年间，祖辈们租不起铺面，只能肩挑一副食担走街串巷讨生活。食担的一头是冒着热气的汤锅，底下是几根木柴；一头是两层的架子，上层放置包好的扁食，下层是抽屉，里面装着碗筷和勺子，还有酱油醋等调味料。他家的扁食是不愁卖的，晃晃悠悠从街头到街尾走一趟，食担就空了。

到了吴忠节一代，他家的扁食在四邻八乡中渐渐有了名气，很多大户人家办寿宴、喜宴、月子宴等都会请他们上门制作扁食。吃过他家扁食的人，无不对吴忠节的手艺赞不绝口，于是就有了"扁食节"的名号，以至于周围各村乡凡有搭台唱戏的时候，也都有人特意过来邀请他家的食担过去摆摊。不过，制作扁食的所有材料，包括柴火都要自己随身携带。扁食节经常独自一人肩挑食担跋涉于乡野山道之间，没有车马的助力，其中辛苦不言而喻，若是碰上风霜雪雨，行路之难更是可想而知了。我们曾专门拜访了吴记扁食第三代传承人吴本灼吴老伯，老人家已 91 岁高龄，但思路依然清晰，说起先辈们的这段往事仍是感慨万千。

凭着勤俭和努力，吴家终于在镇上中街谋得了一席之地，真正树起了"吴记扁食"的招牌。吴本灼传承了先辈的手艺，并在服务上和料理上加以创新并发扬光大，于是，热情的老街人也送给他一个名号"扁食灼"。

直至今日，那一副食担依然收藏在吴家老房子的阁楼上。一副食担，伴随着吴家先辈们走过一个个风雨兼程的日子，撑起了一个家，撑起了一个百年老店。也许，在吴家人心里，这副食担已不是简单意义上的食担了，它是吴家的一分子，承载着吴家几代人的奋斗史，更是见证了他们的辛酸历程和沧桑过往。

吴家的扁食历来以皮薄、馅香、汤美闻名镇上。不管是扁食皮还是肉馅的制作，他家都是纯手工完成的，扁食皮选用的面粉也都是上品，和面、揉面、擀面，每一道工序更是精心、到位，特别是最后一道"坐棍"，不但要求细心还得有耐心。

"坐棍"即压面，就是在案板上搁一支竹棍，然后人骑在棍子上，在擀过的皮上一遍遍来回重复按压。要想把一张扁食皮压到近乎透明，必须要"坐棍"几十遍甚至上百遍的。

小时候，我们小孩很喜欢围观"坐棍"。当人和竹棍共振的时候，案板上便传来"嘚嘚"的声响，那姿势就如人骑着竹马在案板上驰骋，就感觉特好玩、有趣。

据说经扁食节坐棍过的扁食皮既经得起煮又能做到薄如蝉翼，若是把那扁食皮摊在有字的书本上，皮下的每一个字都能清晰可现，令人拍案称绝。

吴家扁食入口即化，其原因还在于馅上。不但要求猪是晨间新宰的，而且猪肉的位置也是有讲究的，一般是选用猪大腿上的纯瘦肉，这里的肉质纯净脆嫩。买来的猪肉是不得下水的，得先将腿肉去除筋膜，顺肉纤维横切成较大块状或条状，再放在木墩上用木槌敲打，敲打时要掌握关键技巧，即将瘦肉竖打，这样可以保留肉纤维中的水分，直至肉烂如泥方可，装盘完毕撒上一些虾粉，馅也就成了。

吴本灼老伯说，在计划经济年代，他家扁食店常常为买不到猪肉而发愁。那些年，买猪肉都要凭肉票的，就是有肉票也得天不亮就去排队等候，迟了就没有了，去求肉店里熟悉的师傅给走个后门，也只能买得一两斤猪肉。实在买不到猪肉的时候，他们就用鸡蛋和本地小海鲜做馅料，就是把蛏和小虾煮熟压成碎末再与压碎的炒鸡蛋混合调制成馅。他说，这种馅料的扁食也是别有一番滋味的，来店里的食客都吃得津津有味。

当年吴家的扁食只有两种价格，小碗3毛，大碗5毛。那时，要想吃到3毛钱的扁食，我得存够1个月的零花钱。有时候实在嘴馋得很，就姐妹几个均分，虽然只能分到一两个，也能吃得叭叭咂嘴，如今想来仍觉有趣。

至于那5毛一碗的，平常时候，老街上的人是不敢奢侈的。若是家有贵客，这5毛一碗扁食就是最隆重的一道待客点心了。每每这时，买扁食这个差事是不劳家长们费心的。我在家是老二，差事多是派

食盒（陈雪兰 摄）

给大姐的，偶尔也会轮到我，任谁领命都是欢呼雀跃而去的，吃不到现成的，闻闻那香气也是开心的。

扁食是现点现包的。在等待的过程中，我最爱看老板娘包扁食了。扁食馅是早已调制好了的，只见她左手是一打裁得四四方方的扁食皮，右手一根小木棒，一粒肉一张皮，在她手中轻轻一绕，眨眼间一个个姿态优美的扁食便扭捏成形，摆放于盘中活像一只只翩翩起舞的白蝴蝶，煞是好看。

炊烟袅袅升起，靠街边的土灶已是焰火高涨，两个锅里的热水从木盖的缝隙里不

断蒸腾而出，只等水如蟹目连珠的时候，扁食就可以下锅了。扁食下锅后，灶里的柴火就得熄灭，只留柴头罨烟让锅里的扁肉慢熟。待扁肉自然浮出水面，掌勺的便用小笊篱迅速捞起，放入由新鲜猪油、豆油、米醋、紫菜等佐料调和好的清汤中，再撒上香葱和胡椒粉，顿时那诱人的葱油香、肉香扑鼻而来。一口热腾腾的扁食入口，那薄薄的面皮含在嘴里滑滑的，舌头一碰就破，那肉馅也不用着细嚼，即刻间就已融化在你的口中，香、甜、酸、辣各种滋味在口齿间交汇，让人味蕾大开，吃的人大呼过瘾，看的人垂涎三尺。

若是要带回家招待客人，店家就会准备一个手提的点心盒，点心盒四四方方的，透着精致。一碗氤氲着清香的扁食配上清新雅致的食盒，瞬间上了档次，一路提着回家也感觉特有面子，而对于远道而来正饥肠辘辘的客人来说，这样一碗盛满亲情的扁食足以胜却人间美味无数。

在我们小镇，有个不成文的规矩，上门做客，对于主人家奉上的点心是不可以吃尽的，碗底或多或少须得留下一些，俗话说是"有吃有剩"，当然，主宾之间通常都是要相互客气一番的。最是等不及的是家中那些早就眼巴巴瞅着的小孩了，不等客人走至门外，那碗底几个的扁食早已经囫囵吞进肚子里面去了。

我一直以为，在那个没有味精的年代，吴家的扁食脆、嫩、香、甜，定是有家传秘方配制的。吴老伯笑着说，哪有什么秘方，清汤就是开水，里面除了豆油、米醋、白胡椒外就再也没别的料了，只不过这些佐料可都是本地山海里面土生土产的，除了用料用量适当，还有就是用心去调制罢了。我想，正是这"用心"二字，才真正道出了吴记扁食传承百年的秘诀。一个小小的扁食，皮里蕴含着吴家人的勤劳和坚忍，包着的馅就是几代人的本心和匠心！有了这颗"心"，美食才有了情感的温度，有了浓浓的人情味。

如今，吴本灼的两个儿子也早已自立门户，各自在镇上开了一家扁食店，招牌皆上书"百年老店·吴记馄饨店"，所用的高汤也多是大骨熬制而成，且味道香醇浓厚。也许正是由于味道太过浓厚，我愈发怀念起那碗淡淡的清汤来：奶白、清亮、透明，摇晃着那绿珠似的葱花，那里面有故乡山的味道，有那片小海的味道，有家的味道，糅杂着岁月的痕迹和儿时的清欢。

传说，扁食是古代美女西施发明的美食，并为它取名馄饨，但我还是喜欢称它扁食，虽然不够文雅，但装满了乡土情怀。一碗扁食，才下舌尖，又上心间。

（本文部分文字根据吴本灼及其儿子口述整理）

朱记鲨鱼片

宋国莲

点头有许多名小吃，最让我心心念念的数"朱记鲨鱼片"。

起先，"朱记鲨鱼片"是在点头旧街尾摆小摊。点头围垦成功后，建起了农贸市场，他们一家就到市场摆摊卖早点，一摆就是20年。那时掌勺的是掌柜朱世银，其妻负责烧火、收拾碗筷、收钱。

朱世银的妻子陈秀儿，2009年与我相识于跳广场舞中，是我广场舞的学员和舞友。她活泼开朗、热情好客，我从此和她家的鲨鱼片结下了不解之缘。我几乎每天都要上她家摊位上买上一碗鲨鱼片，加上溜溜和酸笋丝。吃着鲜味无比的鲨鱼片，喝着酸甜带辣的汤，早餐就这样打发了。后来他们夫妻年纪大了，为了省

林国静在制作食品中（宋国莲 摄）

下摊位租金，最重要的是图个方便，就在自家里开店。刚在家里开店时，灶台设在屋檐下，进门一间摆着两张桌子，一张可以坐四人；里面一间，是制作鲨鱼片的作坊，因为地点偏僻，客源不多。后来经过微信的转发，来他家吃鲨鱼片的客人络绎不绝。客人多了，店里坐不下，就在小院子里再摆上桌子。

我们这些舞友和店主是老熟人，夫妻俩也从不把我们当外人，店里客人多了，我们就让他们先招待客人，这个时候秀儿总是会说：让老师久等了。这时，我就踱到里

间，看阿银在那揉鲨鱼肉泥。阿银是个精干的老头，话不多，店里的鲨鱼片，大都是经他的手揉出来的。他告诉我："做这鲨鱼片，要先给鲨鱼剥皮剔骨，再剁成肉泥，撒上淀粉，用双手反复揉捏；揉鲨鱼肉泥不但是个体力活，还是个技术活，揉的劲道要均匀，不能太重，也不能太轻；揉的时间越长，鲨鱼片黏性越强，吃起来越有弹性。"

到如今，他们在家里开店已经 6 年了，不受时间制约，客人随到随开火。陈秀儿是个合格的掌勺人，客人一到，她不慌不忙，熟练地点火烧水，那一锅铲的鲨鱼泥在她手中飞快地成了鲨鱼片。随着锅里水的烧开，鲨鱼片在锅里翻滚，一瓢上来，不多不少刚好一碗，再随手抓一小把酸笋丝放在碗面，再放点儿碎辣椒，撒上香菜，倒点米醋，一碗热腾腾，色香味俱全的鲨鱼片便摆在你的面前。那一刻，闻着那清香酸辣的味道，吃上一口弹性十足的鲨鱼片，总觉得人间美味尽在点头。

随着点头鲨鱼片的名气越来越大，慕名前来品尝的人也越来越多。可是阿银的年纪大了，揉鲨鱼肉泥的活有点吃不消了，他就把手艺连秘方传给了女婿林国静。

自古道："酒香不怕巷子深。"尽管"朱记鲨鱼片"不在显眼的地方，而是在一条窄窄的巷子里，但是本地的、外地的客人纷纷慕名前来，为的就是吃一碗鲨鱼片。朱记鲨鱼片始终坚持纯手工制作，弹性好，筋道足，吃在嘴里就有了想再来一碗的感觉。他家用的笋丝是用"土里笋"做的，醋是点头农家自酿的米醋，淀粉是管阳最有名的地瓜粉，辣椒也是自家土地上种的，这些纯天然绿色作料做出来的鲨鱼片，当然吸引着人们前来。

"朱记鲨鱼片"不但是点头名小吃，也是福鼎的名小吃。陈秀儿说，他们家已经向宁德市申报"宁德市名小吃"了呢。

大事记

清

康熙年间

重建点头妈祖官。

乾隆二十年（1755）

请旨建陈荣芹妻夏氏节孝坊。重修点头妈祖官。

乾隆二十一年（1756）

知县萧克昌倡建点头社学。

乾隆四十七年（1782）

点头江美村建王孙水闸，并立碑纪事。

嘉庆二十一年（1816）

六月，点头火燃烧房舍数十间。越日，点头再火，燃烧如前。

光绪十六年（1890）

五月二十八日，狂风忽作，坏庐舍，折树木，沿海民船覆没无算。

六月一日夜，风尤烈，点头庙宇、林木毁折尤甚，总督卞宝第奏请帑发赈给。

天主教始开会设社，计入教者二百余人。

光绪三十二年（1906）

基督教在点头建立教会。

开设点头邮政信柜。

宣统三年（1911）

四月，设立邮政代办所，属三都澳邮界。

中华民国

1920 年

英基督教士来点头成立耶稣教堂。

6 月 5 日下午，地震。

9月4日，大风雨，山石崩坠，庐舍人畜多漂没，点头一乡尤甚。是秋，田谷歉收，兼以冬雨连旬，薯米损失极多。

1926 年

12月，国民革命军入闽。督办周荫人潜率所部溃兵数万奔浙，由霞浦过点头，沿途肆掠，气势汹汹。

1930 年

1月，何金标率匪徒数百人由柘荣窜到柏柳，大肆劫掠，当地居民财物被掠夺一空。

1936 年

2月，中共西北区区委在和尚岩成立西北区苏维埃政府。

5月，中共霞鼎县第四区区委在后井河山成立霞鼎县第四区苏维埃政府。

8月3日，鼎平游击队在队长潘世雅的率领下配合福鼎各区肃反队及革命群众三四百人，围攻点头镇福建盐务稽查分所福鼎管理处，打死数名驻防团队兵，抓走管理处丁生，并把该处盐款全部收缴。

10月11日，国民党福鼎第三区署（白琳）派巡官张景良率催征员施得生及县保安队3名队兵到点头镇催收房铺地宅税。此事被鼎泰区游击队探知后，游击队设伏于倪家地至百步溪路口，抓捕施得生及县保安队3名队兵，缴获银圆85元以及一些枪支。

11月17日，国民党福建省保安二旅黄苏部在柏柳制造一次砍杀36人（其中1人未死）的"柏柳惨案"。

11月，翁溪村和尚岩49榴民房被国民党福建省保安二旅黄苏部烧毁，造成200多人无家可归。

1937 年

点头设警察独立分驻所。

1938 年

点头搬运工人郑阿筹等40多人与当地群众一起打砸米业联号，掀起了抗霸护粮的斗争。

1940 年

设点头镇。

1945 年

农历四月间，自福州、长乐北撤的侵华日军独立六十二混成旅5000余人，由霞浦窜入点头，烧杀抢掠，给群众带来灾难。其中，三沙溪竹柴坪25榴民房遭日军烧毁。

柏柳吴成龙成立提线木偶班。

1948 年

5月，点头装设电话。

6月，福鼎城工部点头支部成立，有党员11人，支部书记李良光。

1949 年

5月，在点头经营米厂的点头镇镇长丁梅欢大搞大米漏海，点头群众因此买不到大米，党员张诗穆率领群众冲进米厂，痛打丁梅欢，使其有所收敛。

6月11日，国民党福鼎和泰顺两县县长带着两个保安中队向点头方向逃窜。浙南游击队第一大队长邓福坦奉命率队追歼，消灭了大部分敌人，缴获一些枪支以及福鼎、泰顺两个国民党县政府的印章。

中华人民共和国

1949 年

6月，点头解放，设点头区。

11月，点头区设立武委会。

点头设为福鼎第四区。

1950 年

3月，点头成立农民协会。

3月，为支援中国人民解放军顺利南进，点头成立粮草站。

1953 年

7月，点头镇开展对私营工商业和手工业进行社会主义改造的试点工作。

1955 年

点头卫生院成立，地址在点头镇海乾路343号。

设立点头邮电运营处，12月改为邮电所。

1957 年

1—2月，平阳县农民7000余人流入福鼎县城关、点头，留宿街头，造成社会治安一度混乱。

8月，成立点头公社。

修建973省道福鼎岩前至点头段。

1958 年

8月，成立点头人民公社。

创办点头农业中学，后于 1962 年停办。

1959 年

5 月，建点头观洋乌岩里水库。

点头邮电所改为邮电支局。

1960 年

6 月，恢复点头区。

8 月，点头遭受 8 号台风侵袭，社办点头盐场被冲垮。

9 月 7 日，点头遭受 11 级以上的龙卷风袭击，造成 9 人伤亡，经济损失惨重。

9 月，点头农村公共食堂全部解散。

建点头龙田朱家洋水库。

1961 年

6 月，恢复点头区。

7 月 2 日上午 8 时，点头区街道居民陈某母亲煮食时因烟囱破裂酿成火灾，大火持续 2 个小时，烧毁商业办事处及民房 239 间，受灾 89 户 328 人，经济损失估值时价 32 万元。

1962 年

7 月，建点头柏柳水库。

点头邮电支局改为点头邮电所。

1964 年

复办点头农业中学，办学方式：半耕半读，亦农亦渔。1966 年停办。

建点头人民会场。

1965 年

点头成立广播放大站。

1966 年

9 月 3—4 日，点头遭受台风暴雨袭击，海潮顶托，沿海地带均在海潮、洪水包围之中。7 日台风暴雨接踵而来，加深祸患。点头 250 座瓦房、200 多座草房被吹倒，财产损失不计其数。

1967 年

3 月，点头设立支前收容所。

1968 年

6 月，点头区改为点头公社。

建举州电站。

1969 年

创办点头鞭炮厂。

点头邮电所分为邮政所和电信所。

1971 年

建成观洋半山水库。

1972 年

点头缝纫社创办蚊香厂，生产"燕牌""天马牌"产品。

1973 年

10 月，建后梁水库。

点头公社始通客车。

点头邮政所和电信所又合并为邮电所。

建成大坪玉窑冈水库。

1974 年

2 月，点头进行第一次飞机播种造林。

点头公社举全社之力在大坪村劈山造田。

建成果洋水湖溪水库。

1975 年

福州军区司令员皮定均亲临点头大坪视察，并在县委扩大会议上表扬了大坪开荒造田的成果。

点头中学成立武术队。

1977 年

12 月，大峨水库工程动工。

1978 年

5 月，福安汽车运输公司驾驶员蔡阿模驾驶开往福鼎的油罐车，至点头山柘坪下坡拐弯时，因车速过快而翻车，车上 3 人全被烧死。

修建点柏线。

1979 年

8 月，建成上宅尖兜水库。

点头全日制学校兼办夜校。

1980 年

点头镇初创敬老院。

1982 年

2 月，创办点头老人协会。

9 月，设点头派出所。

建点头电影院，后于 1995 年拆除。

点头鞭炮厂改办县花炮厂。

1983 年

点头公社复为点头区。

1984 年

12 月 22 日下午，点头花炮厂烟花车间彩筒安装工场因灯泡爆炸引起工作台上彩珠和黑火药燃爆，以致隔壁小红鞭车间包装工场连锁爆炸，死亡 5 人，重伤 13 人。

1985 年

3 月，点头围垦工程动工，1988 年 3 月竣工。海堤全长 1570 米，围垦面积 3094亩，总投资达 202 万元。

10 月，建成马冠水电站。

1986 年

点头第二次飞机播种造林。

点头镇创办文化技术学校。

1987 年

2 月，建成柏柳水电站。

点头区改为点头镇。

1988 年

3 月，修筑点头赤脚礁海堤竣工。

点头开展围海造田，开辟新集镇。

点头观洋烟墩被公布为县级首批重点文物保护单位。

大峨第一批移民安置点头集镇。

1989 年

1 月，点头妈祖宫被公布为县级文物保护单位。

1991 年

大峨水库工程竣工。

1993 年

8 月 1 日，省道沙吕线拓宽改造工程动工。至 11 月底，浇灌岩前至点头路段 10

公里沥青路面。

1994 年

6 月，点头镇发生霍乱病。

中共福建省委统战部组织民主党派、工商联负责人及专家、教授 11 人对点头村镇建设进行考察。

1995 年

3 月 6 日至 9 日，福建电影制片厂创汇农业摄制组一行 6 人在点头等地拍摄。

点头设立司法所。

点头被国家建设部确定为 1995—2000 年小城镇建设试点镇。

点头发现福寿螺危害水稻。

点头镇宣布实施初级中等义务教育。

复办柏柳、果阳附设初中。

1996 年

点头镇被国家建设部评为"全国新型村镇建设示范镇"。

1997 年

同年，孙宥古墓被公布为福鼎市人民政府第二批文物保护单位。

1998 年

第五次全国人口普查，点头有 41608 人。

2009 年

7 月，点头全面健身协会成立。

撤并点头镇初级中学。

点头妈祖宫被福建省人民政府公布为第七批省级文物保护单位。

2010 年

7 月，点头中心幼儿园独立。

8 月，点头出现标会风波。

9 月，福鼎市委市政府针对点头镇民间集资标会等社会融资行为进行整顿。

2013 年

朱腾芬墓、梅筱溪故居、举州连山古厝被公布为福鼎市第四批文物保护单位。

撤销点头镇点头、文昌、镇江 3 个居民委员会，设立点头、文昌、镇江 3 个社区居民委员会。

2015 年

点头普照山公园开园竣工投入使用。

中央电视台第七套乡土栏目组到柏柳村拍摄专题节目。

2016 年

布袋戏被列入福鼎市非物质文化遗产名录传统戏剧项目，洪承厚成为该项目代表性传承人。

2017 年

7 月，点头中心幼儿园新建工程竣工并投入使用。

2018 年

2 月，滨海大道点头段正式动工建设。

5 月，由闽商杂志社与福建省农产品市场协会共同主办的"闽商地理·乡村振兴沙龙"在福鼎市点头镇举行。

5 月，点头镇柏柳村入选"全国一村一品示范村"。

5 月，点头碗窑"九月九传话节"被福鼎市录入第四批非物质文化遗产。

2019 年

6 月，点头镇举州村、柏柳村入选第五批中国传统村落名录。

12 月，福鼎庹山书院成立。

点头被评为"福建省商务特色镇"。

2020 年

6 月 29 日，点头镇入选省级乡村治理示范乡镇名单。

点头镇被列为宁德市小城镇综合改革建设试点镇。

2021 年

福鼎市首个白茶诊所在点头成立。

（本文由黄宝成整理）

茶业大事记

清

咸丰七年（1857）

陈焕繁育了福鼎大白茶。

光绪元年（1875）

周开陈自后井移植大白茶到磻溪黄冈，与族人开始种植、制作白毛茶品，应用茶枝压条这种独创的无性繁殖技术，保证了白毛茶基因的纯正。

光绪六年（1880）

点头镇汪家洋村林圣松从老家五蒲发现了一株茶树，跟白毛茶极为相似，但树形大了些，时称"大号白毛茶"。

中华民国

1913 年

在点头过笕村邱良之茶园发现"歌乐茶"品种。

1915 年

2 月，梅伯珍（筱溪）制作的"花香白毫银针"荣获首届巴拿马太平洋万国博览会金奖。

梅筱溪携柏柳村白茶踏上前往南洋的艰辛途程，漂洋过海，把福鼎白茶销往世界。

1939 年

李得光先生创办"福鼎白茶合作社"，并第一个用茶票向茶农收取茶叶。

1941 年

福鼎县政府对福鼎 98 家公司进行统计并登记造册，其中点头有 12 家公司在列，分别是：恒春祥、陈源兴、池春记、联成、协和隆、林春盛、福生兴、建兴、宏泰祥、池春盛、公义记、曾宝源。

中华人民共和国

1965 年

点头龙田李观味受国家委派，作为中国茶叶专家前往非洲马里指导茶叶生产。

1969 年

福鼎引种茉莉花成功，增辟花茶生产线。点头镇的观洋、马洋、宸山、江美等村都有大规模的茉莉花种植。

1976 年

点头大搞密植丰产茶园建设。

1984 年

福鼎"大白茶""大毫茶"经全国茶树品种审定委员会审定，被列为国家茶树良种，推广全国。

1985 年

大白茶经全国农作物品种审定委员会审定，编号为 GS13001-1985，即"华茶 1 号"。同年，大毫茶经全国农作物品种审定委员会审定，编号为 GS13002-1985，即"华茶 2 号"。

点头茶叶初制厂改为初精制联合厂。

1988 年

福鼎市点头镇自发形成闽浙边贸茶花交易市场。

2000 年

3 月，闽浙边贸点头茶花专业交易市场投入使用。

2003 年

6 月 28 日，福鼎市特种工艺茶交易市场在点头镇开业。

2007 年

6 月 15 日，农业部批准立项建设的"国优茶树良种繁育中心"奠基仪式在点头镇大坪村启动。

420

12 月 22 日，福鼎市首家白茶农民合作社在点头镇柏柳村正式挂牌成立。

2009 年

6 月，中国国际茶文化研究会授予柏柳村"中国白茶第一村"称号，刘枫会长题字。

2010 年

3 月 28 日，首届福鼎（点头）开茶节暨"强村富民话白茶"主题征文活动在点头镇大坪村举行。

11 月，点头镇荣膺"福建十大产茶明星乡镇"。

点头镇被列为"宁德市小城镇综合改革建设试点镇"。

福鼎被中国国际茶文化研究会评选为"中华茶文化之乡"。

2011 年

3 月 28 日，第二届福鼎（点头）开茶节在点头镇举行。

8 月，福建省电视台综合频道摄制组到柏柳村拍摄《茶乡情思》白茶宣传片。

9 月，海峡两岸茶业交流协会会长张家坤为柏柳村题写"梅筱溪故里"。

2012 年

6 月，由国家商务部主办的"发展中国家无公害茶叶培训班"，来自埃及、尼泊尔、布隆迪、喀麦隆、埃塞俄比亚、格鲁吉亚、加纳、肯尼亚、马里、马拉维、莫桑比克、尼日利亚、巴基斯坦、斯里兰卡、乌干达等 15 个国家的学员，与 27 名国家农业专员到柏柳村考察观摩福鼎白茶国家级非物质文化遗产白茶制作技艺。

12 月，梅相靖成为国家级非物质文化遗产项目白茶制作技艺代表性传承人。

央视 9 套纪录片频道摄制组来福鼎拍摄大型纪录片《茶》，在点头镇柏柳等地实景拍摄。

2013 年

3 月，福建省海峡卫视一栏目组到柏柳村拍摄《福鼎白茶》专题节目。

2014 年

3 月，第三届福鼎开茶节在点头镇举行。

7 月，湖南卫视一栏目组在柏柳村拍摄《传统和新工艺》《白茶之效》专题节目。

柏柳列入"中国茗村"百佳榜第 16 位，获得太姥授密金匾提名。

2015 年

3 月，第四届福鼎白茶开茶节在点头镇开幕。

中央电视台《芝麻开门》栏目组到柏柳村拍摄白茶专题节目。

2016 年

3 月，第五届福鼎白茶开茶节在点头镇举行。

5 月，福鼎市级非物质文化遗产福鼎白茶制作技艺代表性传承人候选人现场考评展示在柏柳村"白茶古作坊"举行。

2017 年

3 月，第六届福鼎白茶开茶节在点头镇举行。

8 月，点头镇成功获批第二批全国特色小镇，荣获"中国白茶特色小镇"称号。

2018 年

3 月，第七届福鼎白茶开茶节暨中国特色小镇（点头）白茶展销会开幕。

7 月，中国·福鼎白茶小镇（点头）首届民间斗茶赛举办。

2019 年

3 月，以"生态清新福鼎白茶·献礼新中国七十华诞"为主题的第八届福鼎白茶开茶节在中国白茶特色小镇点头镇开幕。

2020 年

第九届福鼎白茶开茶节在点头镇举行。

2021 年

9 月，福鼎市首个白茶诊所在点头成立。

（本文由黄宝成整理）

清末至民国的茶厂

　　1941 年，福鼎县政府曾对福鼎县内 98 家茶厂的各自商号、法定代表人、注册资本金、工厂所在地以及与哪家大的茶公司联营或者独营的情况进行统计并登记造册，其中点头有 12 家茶馆在列。

公司行号或工厂名称	经理人	金额	年龄	籍贯	职务	公司地址	备注
恒春祥	梅筱溪	5000	66	福鼎	主体人	柏柳	恒和盛联号
陈源兴	陈鹤生	4200	53	福鼎	主体人	点头	福兴联号
池春记	池云彬	3600	38	福鼎	主体人	点头	联春泰联号
联　成	陈炽昌	3000	50	福鼎	主体人	点头	联春泰联号
协和隆	梅秀蓬	4500	38	福鼎	主体人	柏柳	恒利盛联号
林春盛	林如成	4200	40	福鼎	主体人	柏柳	恒利盛联号
福生兴	陈光寿	4000	38	福鼎	主体人	点头	福兴联号
建　兴	陈明正	3000	25	福鼎	主体人	点头	福兴联号
宏泰祥	石怀卿	3000	46	福鼎	主体人	点头	联春泰联号
池春盛	池汉生	3000	39	福鼎	主体人	点头	联春泰联号
公义记	吴志达	2800	28	福鼎	主体人	点头	鼎华联号
曾宝源	曾焕齐	2800	52	福鼎	主体人	点头	鼎华联号

　　（资料源自《闽东茶叶历史文化》之《福鼎茶商资料》，为 1941 年 3 月统计）

寺院分布情况

序号	寺名	地点	建寺时间
1	紫云寺	观洋村	梁武帝时期
2	马冠寺	大坪马冠村	唐乾宁三年（896）
3	莲华寺	大峨村梅山	宋
4	国华寺	观洋村	北宋
5	相光寺	宸山村	元朝
6	马洋观音寺	马洋村	明成化元年（1465）
7	普照寺	龙田普照山	明崇祯元年（1628）
8	西兴寺	山柘村吉象山	明嘉靖九年（1530）
9	金磐寺	江美村	清康熙年间
10	四斗庵	马洋村四斗	清乾隆年间
11	汉山寺	大坪汉山	清乾隆年间
12	隐灵寺	观洋村	清乾隆年间
13	兴福寺	观洋村	清乾隆年间
14	九峰寺	山柘村九峰山	清乾隆三十九年（1774）
15	紫竹寺	观洋村	清中叶
16	大觉寺	点头孙店	清同治年间
17	长福寺	马洋村	清光绪十八年（1892）
18	福善寺	观洋村	清光绪二十八年（1902）
19	三官堂（法华寺）	点头村	清末

序号	寺名	地点	建寺时间
20	极乐庵	点头孙店	1916 年
21	法云寺	观洋村	1923 年
22	普清寺	龙田村朱家洋	1944 年
23	光明寺	观洋村荔坑	1948 年
24	金竺寺	西洋美铁帽山下	1958 年
25	泗州佛寺	马洋村	20 世纪 70 年代
26	青龙寺	过觅村	20 世纪 70 年代
27	横溪观音寺	柏柳村	20 世纪 80 年代
28	青峰寺	翁溪村	20 世纪 80 年代初
29	玉佛寺	点头村	重建于 1984 年
30	凤山寺	点头村	1990 年
31	东兴寺	观洋村	20 世纪 90 年代
32	岩水寺	大峨村	20 世纪 90 年代
33	莲台寺	大坪	1999 年
34	岭头寺	大峨	不详
35	灵显寺	后梁	不详

（本表由黄宝成整理）

20世纪90年代正式登记的宗教活动场所

场所名称	地址	负责人	出家僧众数	登记日期
观音寺	观洋	德行	8	1993.12.8
极乐庵	孙店	悟进	7	1993.12.8
国华寺	观洋	世星	16	1993.12.8
普照寺	龙田	题行	3	1993.12.8
西兴寺	山柘	世福	9	1993.12.8
三官堂	点头街头顶	德广	15	1993.12.8
清静寺	孙店	戒辉	4	1995.7.20
隐灵寺	观洋	德秉	12	1995.7.20
福善寺	观洋	悟宝	6	1995.7.20
九峰寺	九峰山	世乡	6	1995.7.20
相光寺	龙田	德忠	8	1995.7.20
法云寺	林家山	戒某	6	1995.7.20
汉山寺	大坪	昌南	12	1995.7.20
长福寺	王孙	戒善	4	1995.7.20
金盘寺	江美村	界淳	10	1995.7.20
普清寺	龙田	世进	6	1998.8
泗海寺	马洋后取	长禅	4	1998.8

点头

426

（本表由黄宝成整理）

进士名录

姓名	朝代	登第时间、榜名
赵汝似	宋	庆元五年己未曾从龙榜
赵师峨	宋	嘉定元年戊辰郑自诚榜
赵兴迈	宋	嘉定四年辛未赵建大榜
赵时镛	宋	嘉定十年丁丑吴潜榜
赵宗坛	宋	嘉定十三年庚辰刘渭榜
赵希绶	宋	嘉定十六年癸未蒋重珍榜
赵时铣	宋	绍定五年壬辰徐元杰榜
赵时镖	宋	绍定五年壬辰徐元杰榜
赵宗铦	宋	绍定五年壬辰徐元杰榜
赵时悤	宋	端平二年乙未吴叔吉榜
赵希僙	宋	嘉禧二年戊戌周坦榜
赵时逯	宋	淳祐元年辛丑徐俨夫榜
赵时鲸	宋	淳祐四年甲辰留梦炎榜
赵时釩	宋	淳祐七年丁未张渊微榜
赵与谦	宋	淳祐七年丁未张渊微榜
赵若瓘	宋	宝祐四年丙辰文天祥榜
赵若琪	宋	宝祐四年丙辰文天祥榜

（本表据清嘉庆《福鼎县志》编制）

土地革命战争时期烈士名录

序号	姓名	性别	生卒年	居住地	职务	牺牲地
1	林奕乾	男	1916—1934	三沙溪	游击队战士	北上抗日战场
2	郑庆盛	男	1910—1934	孙店	区政府人员	磻溪外洋
3	郑庆凤	男	1906—1934	孙店	区宣传员	店下青龙
4	梁其雪	男	1900—1934	后梁	区肃反队员	桐山
5	郑有炒	男	1908—1935	上宅	游击队战士	白琳
6	翁功延	男	1887—1935	大坪	区调查委员	磻溪南广
7	李亚潘	男	1912—1935	观洋	区政府文书	柏柳
8	纪孔太	男	1901—1935	翁溪	区交通员	翁溪
9	朱学企	男	1898—1935	果洋	区交通员	果洋
10	张灵古	男	1918—1936	柏柳	游击队战士	外地失踪
11	雷伯完	男	1901—1936	过笕	游击队战士	外地失踪
12	池云苗	男	1910—1936	后井	游击队战士	外地失踪
13	陈招雪	男	1915—1936	过笕	游击队战士	泰顺峰门
14	林阿坚	男	1916—1936	大峨	挺进师战士	泰顺
15	陈有辉	男	1910—1936	点头街道	游击队战士	泰顺
16	林宗管	男	1913—1936	过笕	游击队班长	泰顺峰门
17	林呈注	男	1920—1936	上宅	挺进师战士	排头
18	赖亚增	男	1911—1936	观洋	区肃反队长	桐山
19	洪秀统	男	1918—1936	大峨	挺进师战士	柏柳
20	袁开铨	男	1915—1936	大峨	游击队战士	外地失踪
21	林代夏	男	1910—1936	大峨	挺进师炊事员	泰顺峰门
22	雷士其	男	1914—1936	大峨	挺进师战士	泰顺峰门

序号	姓名	性别	生卒年	居住地	职务	牺牲地
23	邱邦露	男	1892—1936	柏柳	游击队战士	柴头山
24	郑庆弟	男	1918—1936	上宅	挺进师战士	泰顺峰门
25	石永禄	男	1901—1936	龙田	区交通员	西北区
26	洪三弟	男	1911—1936	大峨	挺进师战士	泰顺峰门
27	郑庆知	男	1913—1936	上宅	挺进师战士	南溪竹阳
28	林学知	男	1907—1936	过笕	游击队战士	泰顺峰门
29	陈恒亮	男	1910—1936	大坪	肃反队队员	点头桥头
30	石昌汤	男	1906—1936	龙田	游击队战士	叠石竹阳
31	池阿烧	男	1908—1936	上宅	闽浙支队战士	叠石竹阳
32	史世注	男	1910—1936	上宅	闽浙支队战士	管洋章峰
33	赵　潘	男	1891—1936	大坪	村抗组组长	白琳
34	章阿妹	男	1918—1936	大坪	挺进师战士	外地失踪
35	王征琴	男	1905—1936	大坪	村宣传员	磻溪黄冈
36	庄流古	男	1888—1936	大坪	村交通员	点头
37	董杨谢	男	1906—1936	大坪	游击队战士	柏柳
38	林宏桃	男	1909—1936	翁溪	游击队战士	浙江青田
39	叶细古	男	1904—1936	翁溪	独立团战士	叠石竹阳
40	陈宏勤	男	1901—1936	柏柳	游击队班长	泰顺
41	连宗财	男	1916—1936	柏柳	游击队战士	泰顺彭坑
42	梁珠成	男	1904—1936	后梁	区通讯员	后梁
43	陈友四	男	1905—1936	大峨	游击队班长	果洋
44	邱以饭	男	1906—1936	柏柳	肃反队队员	桐山
45	张自园	男	1905—1936	柏柳	肃反队队员	柏柳
46	张守寒	男	1914—1936	柏柳	游击队战士	叠石竹阳
47	石春妹	男	1905—1936	龙田	游击队战士	桐山
48	石阿城	男	1907—1936	龙田	挺进师战士	安徽
49	朱国怀	男	1910—1936	龙田	游击队战士	大峨

序号	姓名	性别	生卒年	居住地	职务	牺牲地
50	郑庆仗	男	1908—1936	大峨	肃反队队员	柏柳
51	朱国勤	男	1914—1936	观洋	游击队战士	太姥洋
52	李道钰	男	1894—1936	龙田	区交通员	白琳
53	李秀喜	男	1902—1936	龙田	肃反队队员	点头
54	朱世昌	男	1914—1936	山柘	区肃反队队长	桐山
55	郑正细	男	1917—1936	柏柳	肃反队队员	桐山
56	陈钦禄	男	1918—1936	过笕	青年团人员	磻溪五蒲
57	林祖怀	男	1893—1936	大坪	抗租团团长	白琳
58	纪孔师	男	1898—1936	翁溪	挺进师炊事员	柏柳
59	纪孔银	男	1900—1936	翁溪	区交通员	点头
60	夏守风	男	1914—1936	过笕	义勇军战士	白琳翠郊
61	林宗风	男	1914—1936	大坪	挺进师战士	外地失踪
62	陈云记	男	1901—1936	大坪	村农会干事	白琳
63	林宗定	男	1911—1936	大坪	区肃反队队长	店下
64	林诗坤	男	1916—1936	大坪	青年团人员	白琳
65	李绍溪	男	1911—1936	大坪	独立团班长	北上抗日
66	谢鼎辉	男	1901—1936	上宅	区肃反队班长	太姥洋
67	林绍约	男	1915—1936	上宅	游击队战士	点头
68	郑庆连	男	1905—1936	上宅	区宣传员	柏柳
69	林绍榜	男	1896—1936	上宅	村交通员	点头
70	洪才算	男	1912—1936	大峨	区交通员	点头马冠
71	梁世穗	男	1919—1936	后梁	游击队战士	江西
72	郑有贡	男	1895—1936	郑晋	村分租组长	点头
73	章余发	男	1905—1936	后坑	游击队战士	点头果洋
74	翁功模	男	1912—1936	大坪	游击队战士	点头
75	林进步	男	1908—1936	上宅	义勇军战士	叠石竹阳

序号	姓名	性别	生卒年	居住地	职务	牺牲地
76	朱邦伍	男	1893—1936	果洋	区政府秘书	果洋
77	李露妹	男	1896—1936	龙田	区肃反队队员	桐山
78	彭成业	男	1914—1936	龙田	区肃反队班长	柏柳
79	黄亚营	男	1907—1936	江美	区肃反队队员	果洋
80	林呈聘	男	1905—1936	上宅	游击队战士	白琳烟坪冈
81	罗传细	男	1904—1936	三沙溪	区肃反队队员	果洋
82	林阿山	男	1910—1936	三沙溪	区肃反队队员	果洋
83	梁亦文	男	1902—1936	后梁	区肃反队队员	白琳烟坪冈
84	夏义缝	男	1911—1936	马冠	独立团战士	礌溪
85	吴任敦	男	1910—1936	后井	村交通员	柏柳
86	张自英	男	1909—1936	后井	区财政人员	柏柳
87	雷盛钗	男	1910—1936	后井	游击队战士	管洋
88	史世近	男	1892—1936	大峨	村政府主席	果洋
89	洪如松	男	1914—1936	大峨	村抗租团组长	点头
90	曾程仪	男	1896—1936	后井	区交通员	柏柳
91	张自雷	男	1902—1936	柏柳	区肃反队队员	柏柳
92	邱夏古	男	1905—1936	柏柳	村分租组长	柏柳
93	连宗环	男	1903—1936	柏柳	区交通员	柏柳
94	张若蒲	男	1898—1936	柏柳	西北区委秘书	柏柳
95	叶世娇	男	1912—1936	后井	霞鼎县工作人员	霞浦龟洋
96	范延金	男	1886—1936	后井	村财政人员	管洋
97	彭有宗	男	1895—1936	后井	区政府秘书	柏柳
98	蔡永奎	男	1911—1936	柏柳	独立团战士	大峨
99	方德邹	男	1910—1936	柏柳	游击队战士	柏柳
100	方德茂	男	1906—1936	柏柳	游击队战士	白琳
101	方克敏	男	1906—1936	柏柳	西北区通讯员	柏柳

（续表）

序号	姓名	性别	生卒年	居住地	职务	牺牲地
102	方征培	男	1910—1936	柏柳	独立团战士	柏柳
103	夏必匡	男	1917—1936	柏柳	游击队战士	白琳翠郊
104	徐金就	男	1911—1936	过笕	区肃反队队员	白琳翠郊
105	夏义俊	男	1907—1936	过笕	村分组组长	点头
106	夏义真	男	1911—1936	过笕	区肃反队队员	柏柳
107	李相洒	男	1905—1936	过笕	区肃反队队员	柏柳
108	叶瑞勤	男	1913—1936	翁溪	独立团特务营营长	北上失踪
109	林学玉	男	1911—1936	过笕	区肃反队队员	白琳
110	林秉荐	男	1905—1936	过笕	村交通员	柏柳
111	杨成发	男	1902—1936	大坪	挺进师战士	浙江平阳
112	廖炳栈	男	1900—1936	大坪	挺进师炊事员	北上失踪
113	张乃茂	男	1908—1936	大坪	村政府干部	点头
114	林祖勇	男	1916—1936	大坪	村交通员	白琳翠郊
115	李乃明	男	1911—1936	大坪	村交通员	点头连山
116	陈元赞	男	1904—1936	大坪	村抗租组长	白琳
117	翁扬知	男	1900—1936	大坪	区交通员	点头
118	陈亚学	男	1918—1936	大坪	区勤务员	太姥洋
119	纪孔娜	男	1908—1936	翁溪	挺进师教练员	泰顺峰门
120	叶瑞增	男	1912—1936	翁溪	义勇军班长	店下
121	夏尾妹	男	1913—1936	过笕	区肃反队队员	白琳翠郊
122	林地古	男	？—1936	柏柳	交通员	白琳翠郊
123	杨存包	男	1903—1936	柏柳	游击队战士	柏柳
124	朱亦殿	男	1909—1936	三沙溪	村交通员	大山
125	梅伯荣	男	1911—1936	大峨	浙南游击队战士	泰顺
126	郑在针	男	1898—1936	上宅	挺进师战士	管洋料山
127	林可禄	男	1912—1936	大峨	浙南游击队战士	泰顺峰门

点头

432

序号	姓名	性别	生卒年	居住地	职务	牺牲地
128	林宗勤	男	1911—1936	马冠	区肃反队队员	店下
129	陈志柱	男	1919—1936	大峨	义勇军战士	外地失踪
130	陈志銮	男	1905—1936	大峨	游击队战士	泰顺峰门
131	陈世应	男	1910—1936	龙田	区肃反队队员	外地失踪
132	蔡邦蒋	男	1898—1936	大峨	游击队战士	泰顺
133	梅伯巍	男	1909—1936	柏柳	挺进师战士	泰顺
134	叶细弟	男	1902—1936	后井	区肃反队队员	霞浦大湾
135	吴维桂	男	1901—1936	后井	区肃反队队员	霞浦大湾
136	方征义	男	1907—1936	柏柳	挺进师战士	泰顺
137	陈云开	男	1911—1936	大坪	区肃反队队员	外地失踪
138	纪畲客	男	1908—1937	翁溪	村步哨长	点头
139	梅守贤	男	1914—1937	柏柳	区交通员	点头
140	池云凤	男	1904—1937	后井	游击队战士	柘荣炉坑
141	池云坦	男	1911—1937	后井	游击队战士	柏柳
142	史世耀	男	1892—1937	大峨	义勇军教练员	柘荣炉坑
143	林步桂	男	1903—1937	山柘	游击队战士	果洋
144	庄明卯	男	1910—1937	后坑	游击队副班长	桐山
145	洪才秋	男	1912—1937	柏柳	游击队战士	桐山
146	吴征建	男	1911—1937	后坑	游击队战士	管洋西阳
147	张颜赞	男	1901—1937	西洋美	村交通员	桐山
148	池云论	男	1904—1937	后井	游击队队长	桐山
149	彭允利	男	1915—1937	后井	区肃反队队员	管阳
150	林石数	男	1909—1937	山柘	区肃反队队员	磻溪
151	雷盛敏	男	1914—1937	后井	游击队战士	福安坪洋
152	彭允定	男	1896—1937	后井	区政府秘书	磻溪吴洋
153	雷七妹	女	1920—1937	后井	区工作人员	霞浦金竹

抗日战争时期烈士名录

序号	姓名	性别	生卒年	居住地	牺牲时职务	牺牲地
1	洪才完	男	1918—1937	柏柳	区肃反队队员	柏柳
2	方克桂	男	1917—1937	后井	区政府勤务员	磻溪仙蒲
3	梁亚业	男	1912—1937	后阳	游击队秘书	管洋西洋
4	朱有约	男	1915—1937	山柘	挺进师战士	北上抗日
5	陈兴维	男	1900—1937	观洋	挺进师战士	安徽
6	陈志细	男	1890—1938	大峨	独立团战士	建宁
7	梅秀荣	男	1910—1938	大峨	游击队战士	寿宁
8	石永梅	男	1912—1938	龙田	挺进师排长	皖南
9	洪顺弟	男	1915—1939	柏柳	挺进师战士	安徽

（本表据 2003 年版《福鼎县志》编制）

解放战争时期烈士名录

序号	姓名	性别	生卒年	居住地	牺牲时职务	牺牲地
1	林宗明	男	1905—1949	大坪	解放军战士	漳厦

（本表据 2003 年版《福鼎县志》编制）

中华人民共和国成立后烈士名录

序号	姓名	性别	生卒年	居住地	牺牲时职务	牺牲地
1	江深细	男	1928—1951	点头	志愿军战士	朝鲜
2	袁德金	男	1924—1951	点头	志愿军战士	朝鲜
3	叶士贞	男	1920—1951	翁溪	志愿军战士	朝鲜
4	林呈对	男	1930—1951	上宅	志愿军战士	朝鲜
5	黄和仕	男	1954—1979	后井	解放军班长	中越边境
6	史承回	男	1961—1979	大峨	解放军班长	中越边境
7	翁扬和	男	1957—1982	点头	制药厂机修工	县制药厂
8	叶克滔	男	1948—1982	点头	中成药车间主任	县制药厂
9	陈古弟	男	1942—1982	点头	冰片车间副主任	县制药厂
10	朱 滨	女	1963—1982	点头	制药厂工人	县制药厂

（本表据 2003 年版《福鼎县志》编制）

在外地任县、团（正职）以上职务名录

（1949—1995）

姓名	出生年月	工作单位、职务	附注
叶克守	1912.04	福建省第五军区司令员	1955 年 9 月授予大校军衔
池方喜	1912	浙江军分区驻杭州钱塘江部队驻守，任独立团团长	
林 义	1916.08	华野第十四院行政院长	
董德兴	1917	建宁县县长、福鼎县县长	地专级政治待遇
杜 青	1921.08	龙岩军分区后勤部部长	
张龙钰	1947.12	中共福建省委台湾工作办公室处长	

（本表据 2003 年版《福鼎县志》编制）

省级以上劳动模范和先进工作者名单

（1949—1995）

姓名	性别	所在单位及职务	荣誉称号	授予单位	授予时间
李大洗	男	龙田乡第二农业生产合作社社员	省农业劳动模范	福建省人民委员会	1955 年
张芝芳	男	福鼎医院主任医师	省卫生先进工作者	福建省委、省人民委员会	1960 年
林细妹	女	大坪莲山第四生产队	省农业先进生产者	福建省委、省人民委员会	1964 年
朱月花	女	点头供销社副主任	省劳动模范	福建省委、省革命委员会	1979 年
郑守植	男	县实验小学教师	省先进教育工作者	福建省人民政府	1985 年
李月钗	女	县供销社饭店	省文明建设积极分子	福建省人民政府	1988 年
郑庆银	男	点头学区校长	省优秀教师工作者	福建省人民政府	1985 年
		福鼎县实验小学校长	省优秀教师	福建省人民政府	1989 年
宋国莲	女	点头岐头小学教师	省优秀教师	福建省人民政府	1989 年
史承雅	男	白琳派出所所长	全国颁发居民身份证先进个人	公安部	1991 年
陈成二	男	点头中心小学教师	省优秀教师	福建省人民政府	1991 年

（本表据 2003 年版《福鼎县志》编制）

点头